GRUNDFRAGEN DER GESAMTEN STRAFRECHTSWISSENSCHAFT

Festschrift für
Heinrich Henkel
zum 70. Geburtstag

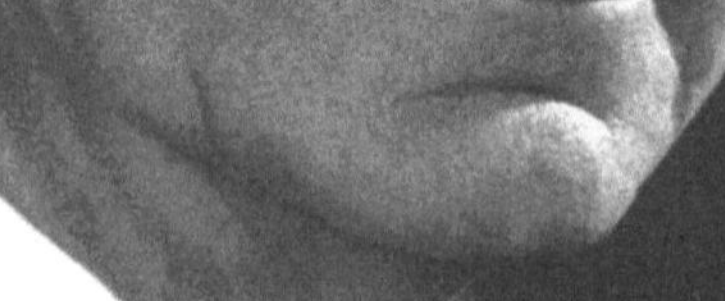

GRUNDFRAGEN DER GESAMTEN STRAFRECHTSWISSENSCHAFT

Festschrift für
HEINRICH HENKEL
zum 70. Geburtstag
am 12. September 1973

Herausgegeben
von

Claus Roxin
in Verbindung mit
Hans-Jürgen Bruns und Herbert Jäger

1974
Walter de Gruyter · Berlin · New York

ISBN 3 11 004925 2

Gedruckt mit Unterstützung der Deutschen Forschungsgemeinschaft aus Sondermitteln des Bundesministeriums für Forschung und Technologie, der Universität Hamburg der Hansischen Universitätsstiftung.

Satz und Druck: Saladruck, 1 Berlin 36
Buchbindearbeiten: Lüderitz & Bauer, Buchgewerbe-GmbH, Berlin 61

HEINRICH HENKEL

zum 70. Geburtstag
am 12. September 1973

dargebracht von

Hermann Blei
Hans-Jürgen Bruns
Karl Engisch
Wolfgang Frisch
Enrique Gimbernat Ordeig
Werner Hardwig
Herbert Jäger
Arthur Kaufmann
Karl Larenz
Werner Maihofer
Karl Peters
Claus Roxin
Hans-Joachim Rudolphi
Friedrich Schaffstein
Eberhard Schmidhäuser
Eberhard Schmidt
Horst Schüler-Springorum
Hans Schultz
Hans Welzel

Inhaltsverzeichnis

Verzeichnis der wichtigsten Veröffentlichungen von Heinrich Henkel

(Auswahlbibliographie)

1. Die Rechtsnatur des Notstandes, Dissertation Frankfurt a. M. 1927.
2. Der Notstand nach gegenwärtigem und künftigem Recht, München 1932, XIV + 164 S.
3. Strafrecht und Religionsschutz, Zeitschr. f. d. gesamte Strafrechtswissenschaft 1931 (Bd. 51), S. 916—957.
4. Strafrichter und Gesetz im neuen Staat, Hamburg 1934, 69 S.
5. Der Parteigedanke im Strafverfahren, Deutsches Strafrecht 1935, S. 129—145.
6. Die Hauptverhandlung im kommenden Strafverfahren, Deutsches Strafrecht 1935, S. 401—431.
7. Die Beteiligung des Verletzten am künftigen Strafverfahren, Zeitschr. f. d. gesamte Strafrechtswissenschaft 1937 (Bd. 56), S. 227—250.
8. Das Sicherungsverfahren gegen Gemeingefährliche, Zeitschr. f. d. gesamte Strafrechtswissenschaft, 1938 (Bd. 57), S. 702—770, und 1939 (Bd. 58), S. 167—237.
9. Das neue schweizerische Strafgesetzbuch im Vergleich zur deutschen Strafrechtsreform, Deutsche Rechtswissenschaft 1939, S. 40—66.
10. Der junge Rechtsbrecher, Zur Neuordnung des Jugendstrafrechts, Europäische Revue 1941.
11. Das deutsche Strafverfahren, Lehrbuch, Hamburg 1943, 511 S.
12. Strafverfahrensrecht (Grundriß), Salzgitter-Hildesheim 1950, 230 S.
13. Strafverfahrensrecht (Lehrbuch), Stuttgart Berlin Köln Mainz, 1. Aufl. 1953, 2. Aufl. 1968, 442 S.
14. Strafverfahren (i. d. Sammelwerk „Die Verwaltung“, herausgeg. v. Giese), Braunschweig 1957, Heft 24.
15. Zumutbarkeit und Unzumutbarkeit als regulatives Rechtsprinzip, in: Festschr. f. Edmund Mezger, München Berlin 1954, S. 249 — 309.
16. „Kollektivschuld“, in: Monumentum Bambergense, Festgabe für Prof. Benedikt Kraft, München 1955, S. 106—128; neu abgedruckt in: Internationales Recht und Diplomatie, Hamburg 1960, S. 37—52.

17. Το Δίκαιον αντι των Ατομικῶν Μεριντωσεων (Recht und Individualität), Athen 1956, 18 S.
18. Μεθοδολογικαι Βασεισ του Μοινικου Δικαιου (Methodische Grundlagen d. Strafrechts), in: Μοινικου Δικαιου, Athen 1956, S. 465—478.
19. Die Zulässigkeit und die Verwertbarkeit von Tonbandaufnahmen bei der Wahrheitserforschung im Strafverfahren, JZ 1957, S. 148—155.
20. Tonbandaufnahmen, Zulässigkeit und Grenzen ihrer Verwendung im Rechtsstaat. Bericht über eine Arbeitstagung, Veröffentlichung des Instituts zur Förderung öffentl. Angelegenheiten, Mannheim 1957, S. 45—56.
21. Zur Frage der Verbindung von Erwachsenen- und Jugendstrafsachen, JZ 1957, S. 565—569.
22. Recht und Individualität, Berlin 1958, 87 S.
23. Der Strafschutz des Privatlebens gegen Indiskretion. Gutachten für den 42. Deutschen Juristentag (1957). Verhandlungen Bd. II, Teil D, Tübingen 1959, S. 59—145.
24. Zur Auslegung des § 357 StPO, JZ 1959, S. 690—692.
25. Der Mensch im Recht, Studium Generale 1960, S. 229—246.
26. Die Bestechlichkeit von Ermessensbeamten, JZ 1960 S. 507—512.
27. Die „praesumtio doli“ im Strafrecht, Festschr. f. Eberhard Schmidt, Göttingen 1961, S. 578—601.
28. Das Methodenproblem bei den unechten Unterlassungsdelikten, MschrKrim 1961, S. 178—193.
29. Einführung in die Rechtsphilosophie. Grundlagen des Rechts (Lehrbuch), München Berlin 1964, 468 S.
30. Der Ausschluß des Verteidigers nach deutschem Strafprozeßrecht, in: Festschrift f. Dimitrios Karanikas, Thessaloniki 1967, S. 213 bis 222.
31. Die „richtige“ Strafe — Gedanken zur richterlichen Strafzumessung. Recht und Staat Heft 381/382, Tübingen 1969, 52 S.
32. Strafempfindlichkeit und Strafempfänglichkeit des Angeklagten als Strafzumessungsgründe, in: Festschrf. f. Heinrich Lange, München 1970, S. 179—194.
33. Die Selbstbestimmung des Menschen als rechtsphilosophisches Problem, in: Festschr. f. Karl Larenz, München 1973, S. 3—25.
34. Ideologie und Recht, Recht und Staat Heft 425/26, Tübingen 1973, 36 S.
35. Das Problem der Rechtsgeltung, in: Gedächtnisschrift f. René Marcic, Berlin 1974, S. 63—87.
36. Bemerkungen zum Verhältnis von Recht und Politik, in: Festschr. f. Hans Welzel, Berlin - New York 1974, S. 31—47.

Das Recht als Gemeinschaftsordnung

Einleitung zur Rechtsphilosophie

Hans Welzel

Recht ist eine Gemeinschaftsordnung: Vornehmlich die Ordnung des Aufbaues einer Gemeinschaft, der Stellung der Gemeinschaftsglieder in ihr und deren Verhältnis untereinander; also vor allem die Ordnung der Willensbildung in der Gemeinschaft, die Ordnung der Rechte und Pflichten ihrer Organe, ihrer Institutionen: der Ehe, der Familie, des Eigentums, des Vermögensverkehrs usf. Diese Ordnungen enthalten ein inhaltlich bestimmtgeartetes soziales Sein-Sollen, das, indem es sich an die einzelnen Subjekte wendet, zur Normordnung (zur Regelung menschlichen Verhaltens) wird, die dem Einzelnen entweder eine Pflicht (ein Tun-Sollen) auferlegt oder eine Befugnis (ein Tun-Dürfen) verleiht. Da die Einzelnen diese Normenordnung auch verletzen können, regelt das Recht auch die Folgen der Normverletzung und wird damit zugleich zur Normenschutzordnung.

Der Sinn des Rechts wird verkürzt, wenn man ausschließlich von diesem letztgenannten Moment des Rechts, dem Rechtsschutz ausgeht, wie es rechtsphilosophische Theoretiker in der neueren Zeit vielfach getan haben. Die Rechtsordnung, so lehrten diese, gehe im Rechtsschutz auf und sie erschöpfe sich in ihm; sie setze dem empirischen Menschen mit seinem bösen oder unbeständigen Willen voraus. „Gäbe es diesen nicht, so gäbe es kein Recht, denn es brauchte kein Recht zu geben[1].“ Ähnlich hatte sich schon *Schopenhauer* (1788 bis 1860) geäußert[2].

Aber offensichtlich wird hier wohl der Rechts*schutz* (Rechts*zwang*) hinfällig, aber nicht das Recht als inhaltlich bestimmte Gemeinschaftsordnung. Auch wenn der menschliche Wille stets sittlich einwandfrei und richtig wäre, so setzt er doch eine bestimmtgeartete Sozialordnung voraus, in der sich seine Willensakte bewegen. Auch wenn die Eheleute gleichsam kraft natürlicher Notwendigkeit ihres Willens stets in Liebe und Treue zueinander stünden, wäre doch eine bestimmtgeartete Eheordnung vorausgesetzt, wie z. B. die Frage der Monogamie oder Polygamie, der Vorrang des Mannes oder die Gleichberechtigung der Geschlechter entschieden sein müßten. Alle sozialen Verhältnisse müssen sich in bestimmtgearteten objektiven Ordnungen bewegen, ganz unabhängig davon, ob die Einzelwillen sie dann kraft natür-

[1] *Binder*, Philosophie des Rechts, S. 358, 646 ff.

[2] Vgl. *Schopenhauer*, Welt als Wille und Vorstellung § 62.

licher Richtigkeit stets erfüllen oder ob sie auch von ihnen abweichen können. *Radbruch* hat in seiner Rechtsphilosophie[3] eindrucksvoll darauf hingewiesen, selbst die himmlischen Heerscharen bedürften, wenn sie ausziehen, eines Exerzierreglements.

Die abgelehnte Auffassung verkennt die Ordnungsfunktion des Rechtes, die dessen primäre Aufgabe ist. Sie geht von dem vielverbreiteten Irrtum aus, daß der Zwang, genauer die Androhung des Zwanges, ein oder gar „das" Wesensmerkmal des Rechtes sei. Diese Meinung ist in der neueren rechtsphilosophischen Literatur oft vertreten worden und kann sich sogar auf Kant berufen: In einem Artikel über das „strikte Recht" (Einleitung E der Metaphysik der Sitten) kann das Recht als das „völlig äußere" betrachtet werden, als „striktes Recht, dem nichts Ethisches beigemischt ist". Es fuße auch dem „Prinzip der Möglichkeit eines äußeren Zwanges, der mit der Freiheit von jedermann nach allgemeinen Gesetzen zusammenbestehen"[4] könne. Diese Auffassung geht auf Thomasius zurück und wird im 18. Jahrhundert zur herrschenden Lehre (Zwangstheorie). Weiterhin noch ein Zitat von Kant: „Recht und Befugnis zu zwingen bedeutet einerlei. Wenn also gesagt wird: ein Gläubiger hat ein Recht von dem Schuldner die Bezahlung seiner Schuld zu fordern, so bedeutet das nicht, er kann ihm zu Gemüte führen, daß ihn seine Vernunft selbst zu dieser Leistung verbinde; sondern ein Zwang, der jedermann nötigt, dieses zu tun kann gar wohl mit jedermanns Freiheit, also auch mit der seinigen, nach einem allgemeinen äußeren Gesetz zusammen bestehen"[5]. Recht ist also „bedingte Zwangsnorm"[6].

Die Gegner der Zwangstheorie des Rechtes berufen sich durchschlagend einmal darauf, daß der Zwang kein Spezifikum des Rechts ist, sondern auch der Sitte zukommen, zweitens aber darauf, daß große Rechtsgebiete des Zwanges entbehren müssen: darunter nicht nur fast das gesamte Völkerrecht, sondern auch die staatsrechtlichen Pflichten der obersten Staatsorgane: quis custodiet custodes ipsos? In der Monarchie den Monarchen — in der Demokratie das Parlament?

Obwohl also der Zwang kein Wesensmoment des Rechtes sein kann, darf nicht verkannt werden, daß der Zwang im Recht eine

[3] *Radbruch*, Rechtsphilosophie, 3. Aufl. 1932, S. 74 Anm. 2.

[4] *Kant*, Akad.-Ausg. VI S. 232.

[5] *Kant*, Akad.-Ausg. VI S. 232.

[6] Hans *Kelsen*, Allg. Staatslehre, S. 47: Jede Rechtsnorm (ist) eine Zwang anordnende Norm; ein bedingter Zwangsakt. Ebenso Rudolf *von Jhering*, Julius *Binder*, Philosophie des Rechts, S. 248 ff., anders dagegen *Binder*, Grundlegung zur Rechtsphilosophie, 1935, S. 142. Gegen die Zwangstheorie Otto *von Giercke*, Deutsches Privatrecht, I, S. 113 unter Hinweis auf das Lehns-, Höfe- und Dienstrecht des Mittelalters. *Stammler*, Rechtsphilosophie, § 41; *Radbruch*, Rechtsphilosophie, 3. Aufl. S. 46, S. 179.

wichtige Rolle spielt, aber nur als *ein* Moment innerhalb eines umfassenderen Wesensmerkmals des Rechtes: der Positivität. Recht ist wirkliche *Ordnung*. Recht beginnt da, wo in der Regellosigkeit eines revolutionären, vorrechtlichen Zustandes des bellum omnium contra omnes Ordnung und Regel hineinkommt. Nur Normen, die das *wirkliche* Gemeinschaftsleben zu ordnen vermögen, können Recht sein, und die idealste Norm, die die Wirklichkeit nicht zu ordnen vermag, kann vielleicht einmal Recht *werden* aber sie *ist* kein Recht. „Es gehört zum Begriff des Rechtes, positiv zu sein[7]."

Im Merkmal der *wirklichen* Gemeinschaftsordnung ist das Normative wesensmäßig mit dem Tatsächlichen verbunden: nur weil und sofern das Recht eine Gemeinschaft *wirklich* ordnet, hat es seinen spezifischen Wert als gestaltende Ordnung. Solange eine Ordnung ein bloß irreales Gebilde bleibt, fehlt ihr der spezifische Rechtswert: die wirkliche Ordnungskraft. In dieser Faktizität des Normativen, d. h. in der Eigenschaft, die das Normative hat, faktisch zu sein und ordnende Kraft zu haben, hat das Faktische normative Kraft: Schon die Tatsächlichkeit einer Ordnung hat, unabhängig von ihrer inhaltlichen Gestaltung, einen gewissen elementaren Wert (gegenüber dem bloßen Chaos) und damit *normative, verpflichtende* Kraft.

Diese normative Kraft der faktischen Rechtsordnung ist weit mehr, als was Georg *Jellinek* darunter verstand. „Der Mensch sieht das ihn stets Umgebende, das von ihm fortwährend Wahrgenommene, das ununterbrochen von ihm Geübte nicht nur als Tatsache, sondern auch als eine Beurteilungsnorm an, an der er Abweichendes prüft, mit der er Fremdes richtet"[8]. Der Grund der normativen Kraft des Faktischen liegt nicht in seiner Richtigkeit („Vernünftigkeit"), sondern „in der weiter nicht ableitbaren Eigenschaft unserer Natur, kraft welcher das bereits Geübte physiologisch und psychologisch leichter reproduzierbar ist als das Neue".

Worauf *Jellinek* damit sachlich hinzielt, dürfte im wesentlichen jene sozialpsychologische Bereitschaft der menschlichen Tiefenschicht zur blind-triebhaften Nachahmung, Anpassung, zur Übernahme fremder Gefühle und Meinungen sein, in der wir — mit Gabriel *Tarde* (1843—1904) — eine fundamentale Tatsache des sozialen Lebens erkannt hatten: der Hang zum Konformismus. Aber in dieser sozialpsychologischen Tatsache liegt zwar das Moment der Angleichung der Verhaltensweisen; der Konformismus ist aber noch nichts *Normatives* i. S. des *Verbindlichen* (vielleicht des Verbindlichfühlens). Dagegen enthält die Überwindung des sozialen Chaos durch eine wirk-

[7] *Radbruch*, Rechtsphilosophie, S. 71.
[8] Georg *Jellinek*, Allg. Staatslehre, 3. Aufl. S. 337 f.

liche Ordnung bereits eine echte Verbindlichkeit, die von einem objektiven Wert ausgeht, eben dem elementaren Wert der wirklichen sozialen Ordnung.

Erst eine zweite Frage ist es, worauf die *Wirklichkeit* dieser Ordnung *tatsächlich* beruht. Hier hat das Zwangsmoment durchaus seine Stelle. Ein wesentliches Moment, das die Befolgung des Rechts garantiert, ist die Macht, die hinter ihm steht. Aber sie ist sicher noch nicht einmal das wesentlichste Moment. Weit bedeutsamer ist die im vitalen Eingliederungsbedürfnis (dem Herden- und Unterordnungstrieb) wurzelnde triebhafte Bereitschaft zur Anpassung und Gefühlsübernahme, also das, was *Jellinek* mißverständlich als „normative" Kraft des Faktischen bezeichnet hatte (was richtiger angleichende Kraft des Faktischen oder Konformismus heißen sollte). Aber zu beiden Momenten tritt — und zwar keineswegs zuletzt — hinzu: das Erfühlen eines echten Wertes: eben der Ordnung. „Durch die Gewalt, meint die Vorstellung oft, hänge der Staat zusammen; aber das Haltende ist allein das Grundgefühl der Ordnung, das alle haben[9]."

Aber welchen Inhalt hat nun diese Ordnung, die das Recht dem Chaos abzwingt und in deren Existenz das Faktische normative Kraft hat? Welchen Wert oder welche Werte verwirklicht sie, daß sie über das bisherige Chaos hinaus *verpflichtende* Kraft besitzt? Die Frage nach den Rechtswerten enthält die entscheidende Problematik des Rechts. Hier ist von vornherein klar zu sehen, daß es nicht *einen*, sondern *mehrere* Rechtswerte gibt, deren inneres, spannungsvolles Verhältnis bestimmned für das Wesen und für das Schicksal des Rechts ist. Ich will sie in drei Punkten auseinanderlegen:

1.

Dabei gehen wir am besten vom Chaos des vorrechtlichen bellum omnium contra omnes aus. Dieser vorrechtliche Zustand ist, wie ihn uns Thomas *Hobbes* klassisch beschrieben hatte, durch die totale Existenzbedrohung aller durch alle charakterisiert, die darum auch die Furcht aller vor allem gebiert. Den ersten Wert, den eine das Chaos überwindende Ordnung schafft, ist die Existenz*sicherung* aller vor allen, die Übernahme des Schutzes vor der gegenseitigen physischen Vergewaltigung. In dieser vitalen Wertregion, der Sicherung der physischen Existenz der Gemeinschaftsglieder, liegt der erste Ordnungswert des Rechts. Die rechtsphilosophische Besinnung hat immer wieder die Korrelation von Schutz und Gehorsam als wesentliches ele-

[9] *Hegel*, Rechtsphilosophie, § 268 Zusatz.

mentares Element des Rechtsbegriffs hervorgehoben. Wer mich nicht schützen kann, kann mir auch nicht befehlen[10]. Protego, ergo obligo. „Schon um des Lebens willen treten die Menschen zusammen — denn vielleicht ist schon im Leben ein Teil des Guten zu finden — und erhalten diese staatliche Gemeinschaft schon um des bloßen Daseins willen aufrecht“[11]. Mutual relation between Protection and obedience, Oboedientiae finis est protectio (Thomas *Hobbes*). *Eine Rechtsordnung* erfüllt erst dann das elementarste Moment ihres Begriffes, wenn sie den revolutionären Kampf aller gegen alle beendet und die Sicherheit der Rechtsgenossen garantiert.

Diese existenzsichernde Funktion der Ordnung ist der Mindestgehalt des Rechtsbegriffes, der das Recht vom Nicht-Recht, vom Chaos, abgrenzt: die Sicherheit *durch* das Recht.

2.

Von dieser Sicherheit *durch* das Recht als der elementarsten Funktion einer Rechtsordnung ist die Sicherheit des Rechts zu unterscheiden. Die Existenzsicherung durch das Recht läßt die konkrete Ausgestaltung des Soziallebens bis eben auf die Sicherung der physischen Existenz noch völlig unbestimmt. Die Ausgestaltung des Soziallebens könnte noch ganz regellos, einfach auf der Willkür eines Machthabers oder einer Oligarchie von Machthabern beruhen. Hier bringt die Sicherheit *des* Rechts einen zweiten Ordnungswert in das Recht: die Regelhaftigkeit, die „Gesetzmäßigkeit“, den Ausschluß der Einzelwillkür. Erst die Regelhaftigkeit des Rechts und in besonders hohem Maße die Gesetzmäßigkeit des Rechts gibt dem Rechtsgenossen die Möglichkeit, in die Zukunft zu planen, weil er im voraus gewiß sein kann, was er tun soll, tun darf oder nicht darf. Die Rechtssicherheit gewährt dem Einzelnen die *Gewißheit* des Rechts. Jeremy *Bentham* (1748—1832) hat vor allem auf dieses Prinzip stärkstens hingewiesen: er nennt es das Prinzip der Erhaltung von „Erwartungen“. Durch sie allein werden wir in den Stand gesetzt, einen allgemeinen Plan für unsere Handlungsweise zu entwerfen; durch sie sind die einander folgenden Augenblicke, welche die Dauer des Lebens bilden, nicht bloß isolierte und gleichsam voneinander unabhängige Punkte, sondern stätig an einander sich anschließende Theile eines Ganzen. Die „*Erwartung*“ verbindet, einer Kette gleich, unsere gegenwärtige Existenz mit der zukünftigen; ja sie geht selbst über uns hinaus zu der uns folgenden Generation.

[10] *Kant*, Metaphysik der Sitten, Akad.-Ausg. VI, S. 319.
[11] *Aristoteles*, Politik, 1278 b.

Das Prinzip der Sicherheit umfaßt die Erhaltung aller dieser Erwartungen: seine Vorschrift ist, daß alle Schicksale, so weit sie von den Gesetzen abhangen, den Erwartungen gemäß seien, durch welche sie vorgebildet worden sind[12]

Die Rechtssicherheit bedeutet die regelhafte Bestimmtheit des Rechtes, an die alle, die Rechtsgenossen ebenso wie die Machthaber gebunden sind. Bestimmtheit des Rechtes bedeutet sogleich *Voraus*bestimm*bar*keit, d. h. Berechenbarkeit des Rechtes. Diese verlangt dreierlei:

a) Positivität des Rechts i. S. der Gesetzheit des Rechtes, insbes. in hohem Maße als geschriebenes, als Gesetzes — Recht (nulla poene sine lege).

b) Möglichster Ausschluß von Generalklauseln und wertausfüllungsbedürftigen Begriffen. Diese tragen ein Element der Richterwillkür in das Recht hinein und beeinträchtigen die Berechenbarkeit.

c) Die Typizität des Rechts. Das Recht darf nicht allzusehr individualisieren, weil es dann die Regelhaftigkeit und Berechenbarkeit verlieren würde (z. B. Festsetzung von generellen Altersgrenzen).

d) Dauerhafte Gesetze, d. h. Dauerhaftigkeit des Rechts. Erschwerung der Abänderung von Gesetzen. Von einem anderen Gesichtspunkt her hatte sich bereits Aristoteles gegen die allzu leichte Gesetzesänderung gewendet: „Das Gesetz erlangt die Kraft, vermöge deren man ihm gehorcht, nur durch die Gewohnheit, und diese entsteht nur durch die Länge der Zeit. Wenn man also die vorhandenen Gesetze allzu leicht mit anderen, neuen Gesetzen vertauscht, so heißt das, die Kraft des Gesetzes schwächen“[13].

In den beiden bisher besprochenen Funktionswerten des Rechtes: — in der Existenzsicherung durch das Recht und in der Rechtssicherheit — ist das Recht eine bloße Zweckmäßigkeitsordnung, d. h. es hat keinen Eigenwert, sondern nur einen Mittelwert als mehr oder minder taugliches Mittel, die Existenz der Rechtsgenossen zu sichern und die Berechenbarkeit des Rechts zu gewährleisten. Hiernach beurteilt sich beispielsweise die Zweckmäßigkeit der Verbrechensbekämpfung. So unterstehen die sichernden und bessernden Maßnahmen des Strafrechts im besondere hohen Maße dem Prinzip der Zweckmäßigkeit („Wenn die öffentliche Sicherheit es erfordert“); ebenso erfolgt das

[12] Jeremias *Bentham*, Grundsätze der Civil- und Criminal-Gesetzgebung, hrsgg. von Etienne *Dumont* nach der zweiten, verbesserten und vermehrten Auflage für Deutschland bearbeitet und mit Anmerkungen versehen von Dr. Friedrich Eduard *Beneke*. I. Bd. S. 276.

[13] *Aristoteles*, Politik, 1269 a.

Einschreiten der Polizei im Falle der Gefahrenabwehr usf. Dieses Prinzip der Zweckmäßigkeit beurteilt sich — für sich allein genommen — ausschließlich nach der *technischen* Eignung der angewendeten Maßnahme zur Erreichung des angestrebten Zweckes. Insofern ist es ethisch völlig indifferent. Hierin liegt die *Gefährlichkeit* der bloßen Zweckmäßigkeitsbetrachtung für das Recht (neuerdings wird es durch das Verhältnismäßigkeitsprinzip" (§ 42 a Abs. 2 StGB) eingeschränkt). Darum kommen zu den bisherigen beiden Funktionswerten des Rechts ein weiterer hinzu: Die Rechtsordnung als gerechte und ethisch richtige Sozialordnung: Dabei wiederum mehrere Stufen:

a) Gerechte Ordnung im engeren Sinne

Die Rechtsordnung muß Gleiches gleich, Ungleiches ungleich behandeln, (vgl. Art. 3 GG). In diesem Sinne enthält die Rechtsordnung nicht bloß einen Mittelwert, sondern einen Eigenwert. Nun erhebt sich dabei eine Schwierigkeit: jeder Lebenssachverhalt ist einem anderen in gewisser Beziehung gleich, in anderen Beziehungen ungleich, (z. B. qua Menschsein sind alle Menschen gleich, aber in ihrer Individualität sind sie alle voneinander verschieden: wann kommt es auf die generellen, wann kommt es auf die individuellen Merkmale an?). Wann ist die Gleichbehandlung, wann ist die Ungleichbehandlung richtig. Wann ist die „arithmetische" (ausgleichende) wann die „geometrische" (austeilende, verhältnismäßige) Gleichheit anzuwenden? Justitia cummutativa und Justitia distributiva —

β) Gerechtigkeit im weiteren Sinne: Die ethisch gerechtfertigte Form der Gleichheit

Bei ihr kommt es auf die material-ethische Richtigkeit an. Diese ist im Einzelfall verschieden: Bei der Steuer ist maßgebend die wirtschaftliche Leistungsfähigkeit, bei der Beamtenanstellung die fachliche Tüchtigkeit, bei der Lebensmittelverteilung die durchschnittliche physiologische Bedürftigkeit; bei der Sozialrente, Geldabwertung, Beteiligung an öffentlichen Angelegenheiten: die einfache Kopfgleichheit. — Hier gibt es keine apriorischen Grundsätze, vielmehr empirisch bedingte, aposteriorische Maßstäbe i. S. der ethischen Materie. Hier handelt es sich um die „Aporie" der Staatslehre[14].

[14] *Aristoteles*, Politik, 1284 b.

γ) *Wahrung der Menschenwürde*

Ein apriorischer Gehalt der ethischen Richtigkeit der Sozialordnung ist aber die Anerkennung des Menschen als selbstverantwortlicher Person. Wenn eine Normenordnung die Menschen nicht als Unterworfene nur zwingen, sondern auch als Rechtsgenossen verpflichten will — und sie kann niemals bloß zwingen, — muß sie die Personenhaftigkeit der Verpflichteten voraussetzen, d. h. als selbstverantwortliche Wesen, die die Forderungen des Rechtes als Verpflichtung nehmen und auf sich nehmen können. Vollends als *gerechte*, d. h. sittlich gerechtfertigte Ordnung, muß sie jeden Menschen als ein zur Selbstverantwortung bestimmtes Wesen, d. h. als Person und nicht als bloßes Mittel für irgendwelche Zwecke anerkennen (Person und Gemeinschaft);

a) eine zweckmäßige Ordnung: Existenzsicherung, Rechtssicherheit;
b) eine gerechte und sittlich gerechtfertigte Ordnung.

Die zweite Wertgruppe (die ethischen Werte des Rechtes) steht zur ersten, der Zweckmäßigkeitsgruppe, im „dialektischen" Zusammenhang.

Verlangt die erste (z. B. die Rechtssicherheit) eine Generalisierung und eine Wertfreiheit der Tatbestände, so verlangt die zweite (die Gerechtigkeit) weitgehend eine Individualisierung und einen Einbau von ethischen Wertbegriffen. Die Tendenzen nach der einen und nach der anderen Richtung überwiegen in den verschiedenen Rechtsgebieten verschieden: im Handelsrecht überwiegen die Tendenzen der Berechenbarkeit, im Jugendrecht die Tendenzen nach der Individualisierung. Im Strafrecht herrscht im Großen und Ganzen die Tendenz nach der Individualisierung; dies aber stärker beim Schuldbegriff und bei der Strafzumessung, dagegen bei der Tatbestandsbildung überwiegt stärker der Zug zur Berechenbarkeit (nulla poene sine lege).

Handelt es sich hierbei um relatives, gradmäßiges Überwiegen des einen oder anderen Gesichtspunktes, so setzt die Wahrung der Menschenwürde allen Zweckmäßigkeitserwägungen eine absolute Schranke. Niemals kann eine Rechtsnorm die völlige Negierung des Personenwertes enthalten. Der Mensch kann hier innerhalb seiner mit Rechtscharakter auftretenden Regelung niemals bloß zum Mittel einer Zweckmäßigkeitsmaßnahme oder bloß zum Objekt anderer Menschen gemacht werden.

Sittlichkeit, sittliche Normen und Rechtsnormen

Werner Hardwig

Das Recht ist ein Inbegriff der Regeln, die das Verhalten von Menschen zueinander, wie es sein soll, bestimmen. Diese Begriffsbestimmung ist aber höchst unvollkommen; denn sie gilt auch für sittliche Regeln, die das Zusammenleben von Menschen betreffen. Außerdem gibt es Regeln des Zusammenlebens von Menschen, die aus irgendeinem Machtwillen stammen können und die weder sittliche noch rechtliche Regeln zu sein brauchen. Unser Hauptproblem soll sein: In welcher Weise unterscheiden sich sittliche Normen, Rechtsnormen und Machtnormen? Wir können auch so fragen: Was ist es an den Rechtsnormen, daß man sie als solche erkennen kann, oder was ist es, daß das Recht zum Recht macht? Was ist das Wesen des Rechts? Obwohl die Frage naheliegt, soll sie doch nicht in dieser Form gestellt werden, nämlich was die Wahrheit des Rechts sei. Hierbei kann zugegeben werden, daß gerade diese Form der Frage sehr verführerisch klingt. Aber sie bringt neben Sittlichkeit, Macht und Recht noch einen vierten Begriff hinein. Wir haben aber schon mit den drei Begriffen Sittlichkeit, Recht und Macht vollauf zu tun, so daß die letzte Form der Frage das Problem unnötig kompliziert.

Obwohl es unserem Thema: Sittlichkeit, sittliche Normen und Rechtsnormen nicht genau entspricht, wollen wir das Schwergewicht unserer Untersuchung auf die Frage legen, was es sei, daß das Recht zum Recht mache. Niemand wird leugnen, daß in einer Zeit, in der sich die Fälle häufen, daß ein Recht durch ein anderes Recht sozusagen und man weiß nie, inwieweit, für null und nichtig, ja sogar für Unrecht erklärt wird, daß also in solcher Zeit die Frage nach dem Wesen des Rechts sehr aktuell sein muß. Allerdings haben wir uns schon wieder soweit in Sicherheit gewiegt, daß man nicht gerade behaupten kann, es handele sich bei diesem Thema um eine Aktualität des Tages. Wenn es nicht gerade um die sogenannte Bewältigung der Vergangenheit geht, dann setzen wir es als selbstverständlich voraus, daß Recht ist, was die Gesetzmaschine hervorbringt. Aber selbst wenn dieses de facto stimmen sollte, so kann es doch heilsam sein, sich einmal zu überlegen, welche Momente es sind, die das Recht zum Recht machen. Bei den üblichen Überlegungen taucht dann meist sehr schnell der Begriff „Naturrecht" auf. In solchen Übergangszeiten wie nach dem Umbruch von 1945 kann dann die Naturrechtsdebatte sehr hitzig werden, um ziemlich bald nach Eintritt der neuen Ordnung abzuflauen. Die Ergebnisse solcher Debatten sind häufig nicht sehr erhebend. Wir wollen nicht behaupten, daß bei unseren Überlegungen mehr herauskommen müßte, und auch nicht glauben machen, wir könnten mit irgendwelchen neuen Ansichten alle Probleme schlagartig lösen. Aber die gesamte Naturrechtsdebatte ist mit einem höchst zweifelhaften Begriff vorbelastet, der so schillernd und vieldeutig ist, daß die Denkkraft schon geschwächt ist, noch ehe man sich darüber klargeworden ist, was Naturrecht sei.

Wir beginnen unsere Überlegungen mit der Frage, was unter einer Norm, und zwar unter einer Norm des Sollens oder unter einer Norm für menschliches Verhalten zu verstehen sei. Eine Norm kann eine Empfehlung, ein Vorschlag sein, wie man sich in einer vorausgesetzten Situation zu verhalten habe, oder sie kann auch eine Art Befehl sein, von dem man nicht abweichen darf. Diesen Sinn einer Norm, daß man von ihr nicht abweichen darf, können wir ihren Verbindlichkeitscharakter nennen. Da das Recht wie auch die sittlichen Normen nach unserer Meinung verbindlich sind, also Imperative sind, von denen eine Abweichung nicht gestattet ist, so gehen wir von diesem Verbindlichkeitscharakter der Sollensnormen zunächst aus. Woher diese Verbindlichkeit kommt, soll uns einstweilen nicht interessieren. Es genügt uns die Erkenntnis, daß dies jedenfalls der Sinn dieser Normen ist. Es gehört zu ihrem Begriff, daß sie als verbindlich gemeint sind. Diese Verbindlichkeit ist bei ethischen und rechtlichen Normen eine unbedingte. Solange sie überhaupt gelten, gelten sie mit unbedingter Verbindlichkeit. Ist dies schon nicht der Sinn von Normen, dann können sie jedenfalls keine Rechtsnormen sein.

Ethische Normen und Rechtsnormen sind unbedingt verbindliche Regeln für ein menschliches Verhalten. Sie wollen daher beachtet werden, wobei man davon ausgeht, daß sie auch beachtet werden können, wenn das Verhaltenssubjekt, an das sie sich wenden, es nur will. Dies bedeutet, daß sie die Willensfreiheit des Menschen voraussetzen. Wir wollen dies hier nur feststellen, ohne daraus ein Problem zu machen, das allerdings gegeben ist.

Nun kann menschliches Verhalten nicht geregelt werden, ohne daß angegeben wird, was geschehen soll. Das bedeutet, daß Normen einen angebbaren Sinn haben müssen. Aber, was geschehen soll, kann wiederum nicht gesagt werden, ohne auch die Verhaltenssituation zu beschreiben, für die das angegebene Verhalten gelten soll. Verhaltensnormen haben daher die allgemeine Form: Wenn die oder die Verhaltenssituation gegeben ist, dann soll oder darf sich jemand so oder so verhalten oder nicht verhalten. Das gilt auch für scheinbar so einfache Normen wie die, daß man einen anderen Menschen nicht töten dürfe. Hier scheint eine Verhaltenssituation nicht beschrieben zu sein. Aber das ist nur ein Schein. Die Verhaltenssituation ist hier so allgemein, daß sie nicht besonders auffällig in Erscheinung tritt. Aber es ist ganz klar, daß das Tötungsverbot für irgendeine Tötungssituation gilt, etwa: Wenn du mit einem Kraftwagen fährst, dann hast du dich so zu verhalten, daß ein Mensch durch dein Fahren nicht getötet wird. Oder wenn du von jemand so gereizt wirst, daß dir der Gedanke kommt, du möchtest ihn totschlagen, dann darfst du das nicht tun usw. Dies bedeutet, daß Verhaltensnormen nur in begrifflichem Gewande auftreten können. Und es ist wichtig, daß dieses auch für ethische Normen gilt. Es gibt keine Verhaltensnormen ohne begrifflichen Inhalt. Gerade hierin liegt für die ethische Norm ein Problem, auf das wir später zurückkommen werden.

Nehmen wir nun etwa die Norm des Tötungsverbotes, dann ist sofort deutlich sichtbar, daß dieses Verbot für bestimmte Tötungssituationen Inhalt einer ethischen ebenso wie einer Rechtsnorm sein kann. Was also diesen Inhalt betrifft, so kann man der Norm nicht anmerken, ob sie ethische oder Rechtsnorm ist. Aber wenn es nicht der Inhalt ist, der — wenigstens grundsätzlich — die sittliche Norm von der des Rechts unterscheiden läßt, dann könnte es vielleicht etwas anderes sein, sei es die Form oder sei es der Aufbau der Norm. Wer der sittlichen Norm zuwiderhandelt, ist böse, wer der Rechtsnorm zuwiderhandelt, tut Unrecht. Aber hier sind das Böse und das Unrecht schließlich nur Namen für ein und dasselbe. Wenn wir fragen, ob sich eine Rechtsnorm darauf beschränken könne, daß sie zur Feststellung diene, was ihr zuwider sei, oder ob sie noch eine zusätzliche Aufgabe habe, dann bemerken wir sofort, daß die Aufgabe der Rechtsnorm mit einer solchen Feststellung unmöglich beendet sein kann. Sie ist so wenig beendet, daß wir jene Norm: „Du sollst nicht töten“ in unserem Recht nicht einmal ausdrücklich formuliert finden, obwohl nicht bezweifelt werden kann, daß sie in unserem Recht gilt. Formuliert ist vielmehr ein anderer Satz, der jene Norm unausgesprochen in sich einschließt: Wer einen anderen Menschen vorsätzlich oder fahrlässig tötet, der wird bestraft. Daß dieser Satz eine Rechtsnorm ist, kann nun nicht mehr bezweifelt werden. Woran liegt das und was ist mit diesem neuen Satz ausgesprochen? Entfalten wir unsere Beispielsnorm, um ihre genaue Form festzustellen, dann lautet sie: Wenn eine Tötungssituation gegeben ist, dann darf man nicht töten; tötet jemand gleichwohl, dann soll er unter bestimmten weiteren Voraussetzungen bestraft werden. Hieraus folgt, daß die Rechtsnorm zweigliedrig mit je einem Bedingungs- und Folgesatz ist. Das erste Glied enthält die mehr oder weniger genaue Beschreibung einer Verhaltenssituation und die Angabe der für diese Situation gesollten oder gedurften Verhaltensweise, das zweite Glied steht zum ersten in einem inneren Verhältnis und enthält die gesollte oder gedurfte Verhaltensweise anderer bei Nichteinhaltung der im ersten Glied angegebenen Verhaltensweise. D. h. auch das zweite Glied unserer Kette enthält die Beschreibung einer Verhaltenssituation, die in der Verletzung der Verhaltensnorm des ersten Gliedes besteht, und die Angabe eines gesollten oder gedurften Verhaltens anderer Verhaltenssubjekte, die nicht mit dem Verhaltenssubjekt des ersten Gliedes identisch sind. Wir können also sagen: Die Rechtsnorm ist eine Doppelnorm, in der das Verhalten von Menschen als Reaktion auf das verbindlich geregelte Verhalten anderer Menschen verbindlich geregelt ist. Wir können unserer Doppelnorm auch noch eine andere Wendung geben, die nicht auf die Nichterfüllung, sondern auf die Erfüllung einer Norm durch das Verhaltenssubjekt des ersten Gliedes abstellt. Dann lautet die Formel: Wenn die oder die Verhaltenssituation gegeben ist, dann darf oder soll sich jemand so oder so verhalten. Verhält er sich der Norm entsprechend, dann darf niemand anderes behaupten, er habe jene Norm nicht erfüllt, und dann darf dieser andere sich nicht so verhalten, als ob jener die Norm nicht erfüllt habe. Diese Wendung ist zwar im Grunde eine tautologische, die besagt, daß jemand, der sich nicht rechtswidrig verhalten hat, sich nicht rechtswidrig verhalten habe und daß demgemäß sich niemand bei seinem Verhalten darauf stützen dürfe, jener habe sich rechtswidrig verhalten. Aber in der juristisch-technischen Sprache wird diese tautologische Wendung immer wieder gebraucht. Ob unsere Formel so oder so gewendet ist, in beiden Fällen dürfte deutlich sein, daß der Schwerpunkt immer darin liegt, wie andere sich verhalten dürfen oder sollen, wenn jemand anderes sich so oder so verhalten hat, wobei der springende Punkt des Rechts am klarsten zutage tritt bei der Wendung unserer Formel, daß das erste Verhaltenssubjekt seine Verhaltensnorm nicht erfüllt hat.

Was wir hier gebracht haben, mag vielleicht einen formalistischen Eindruck machen. Aber der dargestellte Sachverhalt gibt doch einen sehr bedeutsamen Wesenszug des Rechts wieder. Er sagt nicht mehr und nicht weniger, als daß das Recht ein Sozialphänomen ist. Ohne Übertreibung können wir sagen: Das Recht ist der Inbegriff solcher Normen, die verbindlich etwas darüber aussagen, wie jemand sich verhalten dürfe oder solle, wenn ein anderer verbindliche Normen verletzt hat. Gewissen Grenzsituationen wollen wir nicht näher nachgehen.

Demgegenüber sind sittliche Normen immer eingliedrig. Das gilt nicht nur für die Individualethik, sondern auch für die Sozialethik. Jede ethische Situation ist auch dann eine Situation für sich, wenn sie durch frühere Situationen bedingt ist. Es kommt bei ihr nicht darauf an, wie andere sich verhalten sollen oder dürfen, sondern wie man sich selbst zu verhalten hat. Jede sittliche Richtschnur ist daher ausschließlich abhängig von der zu ihr gehörigen Verhaltenssituation. Beim Recht wird die actio immer unter dem Gesichtswinkel ihres Wesens als reactio betrachtet. Im Bereich der Sittlichkeit dagegen ist auch die reactio ihrem Wesen nach actio und wird als solche auf ihren sittlichen Gehalt beurteilt, während ihr tatsächlicher reaktiver Charakter reine Situationsbedeutung hat.

Hieraus folgt: Aus den Vordergliedern der rechtlichen Doppelnorm kann nicht erkannt werden, ob sie rechtliche oder sittliche Norm ist. Wird aber festgestellt, daß sie zu einer Doppelnorm gehören, dann können sie jedenfalls rechtliche Normen sein. Daß sie es nicht sein müssen, liegt daran, daß es auch Doppelnormen gibt, die keine Rechtsnormen zu sein brauchen. Von den Doppelnormen, die es gibt und die keine Rechtsnormen zu sein brauchen, wollen wir nur die Machtnormen berücksichtigen. Eine Machtnorm kann denselben formalen Aufbau wie eine Rechtsnorm haben, ohne daß sie deshalb schon eine Rechtsnorm sein müßte. Nun sind Rechtsnormen freilich auch Machtnormen. Aber nicht jede Machtnorm ist eine Rechtsnorm. Damit verschiebt sich das Problem. Es liegt nicht oder wenigstens nicht so sehr in der Abgrenzung zwischen sittlicher und Rechtsnorm als vielmehr in der Abgrenzung der bloßen Machtnorm von derjenigen Machtnorm, die zugleich Rechtsnorm ist. Die Frage lautet also: Wann ist eine Machtnorm eine Rechtsnorm?

Nun gibt es ein erstes Kriterium, das bereits eine grobe Abgrenzung ermöglicht. Es liegt in dem Sinn einer Norm. Normen können mit dem Sinn gegeben sein, daß zwar die Macht-unterworfenen an sie gebunden sein sollen, nicht aber der Machthaber selbst. Dieser behält sich vor, nach seiner Willkür Normen, die er erlassen hat, zu beachten oder nicht. Wenn dies der Sinn von Normen ist, dann sind sie mit Sicherheit keine Rechtsnormen. Solche können nur dann vorliegen, wenn auch der Machthaber selbst während ihrer allgemeinen Geltungsdauer durch sie gebunden sein will. Auch dieses Moment sieht sehr formalistisch aus und ist es trotzdem nicht. Es besagt nämlich das überaus Wichtige, daß Recht freiwillige Selbstbegrenzung der Macht ist. Der Machthaber unterstellt sich damit selbst seinen Normen und bindet sich an sie, oder genauer: Er gibt seinen Normen diesen Bindungssinn. Damit räumt er anderen die Möglichkeit ein, sein Verhalten als unrechtmäßiges zu qualifizieren, wenn er die versprochene Selbstbindung nicht einhält. Zwar folgt daraus nicht viel, solange er der Machthaber ist. Aber erstens muß er nicht immer Machthaber bleiben und zweitens könnte gerade die Tatsache, daß er seine Macht mißbraucht hat, irgendwann einmal seine Macht erschüttern.

So überaus wesentlich nun der Rechtsnorm die Selbstbindung der Macht ist, sie allein macht eine Norm noch nicht zur Rechtsnorm, obwohl allerdings für das Vorliegen einer solchen schon eine gewisse nicht unbeträchtliche Vermutung spricht. Weitere Momente müssen hinzutreten. Welche sind es?

Bei unseren Überlegungen wollen wir von dem Extremfall ausgehen, daß ein absoluter Herrscher oder Machthaber in seinem Bereich eine Rechtsordnung begründen will. Die erste Bedingung war die, daß er mit den von ihm erlassenen Machtnormen eine Selbstbeschränkung seiner Macht, d. h. seine eigene Bindung an die von ihm erlassenen Normen beabsichtigt. Darüber hinaus aber ist es erforderlich, daß er die von ihm errichtete Ordnung als Schutz- und Friedensordnung verstanden wissen will. Dies bedeutet, daß er die Menschen, die unter die Ordnung fallen sollen, als Schutzobjekte ansehen muß. Das Recht muß diese Menschen vor Schaden bewahren. Eine Vernichtungsordnung oder eine Ausrottungsordnung wäre auch bei Selbstbindung der Macht keine Rechtsordnung. Aber auch dieser Sinn der Machtnormen würde diese noch nicht zu Rechtsnormen machen; denn wenn der Mensch als Schutzobjekt betrachtet wird, dann kann dies auch nur bedeuten, daß der Machthaber seine Machtunterworfenen sich selbst zu eigenem Vorteil erhalten will. Um dies zu erreichen, bedürfte es nicht einmal der Selbstbegrenzung der Macht. Mit anderen Worten: die Selbstbegrenzung der Macht hat nur dann einen Sinn, wenn sie nicht rein formal zu verstehen ist, sondern wenn sie einen substantiellen Hintergrund hat. Wenn wir nach dem tieferen Grunde der Selbstbegrenzung der Macht fragen, dann kann er nur darin liegen, daß der Machtunterworfene nicht bloßes Schutzobjekt ist, sondern einen Eigensinn repräsentiert, den ihm der Machthaber zuerkennt. Die Machtbegrenzung hat die Bedeutung, daß dem anderen ein eigener Bereich zugebilligt wird, in dem er als Mensch ein *Selbst* sein kann und der dem Zugriff des Machthabers nicht unterworfen sein soll. Und in der Einräumung dieser Möglichkeit des Selbstes liegt die Anerkennung des Machtunterworfenen als eines Eigenwertes, dem gegenüber der Machthaber sich selbst Grenzen seiner Macht steckt. Diesen Sachverhalt können wir auch so ausdrücken, daß der Schutzbefohlene nicht nur Schutzobjekt, sondern Person sein soll. Der Schutzbefohlene wird nicht nur als Sklave des Machthabers geschützt, sondern als ein Eigenwert, den der Machthaber für unantastbar erklärt, für unantastbar gerade auch dem Machthaber selbst gegenüber. Die Anerkennung des anderen als Eigenwert oder als Person bedeutet aber nichts anderes, als daß sich der Machthaber nach einer Idee der Gemeinschaft richtet. Für die Qualifikation einer Machtnorm als Rechtsnorm kommt es daher wesentlich darauf an, ob die Machtnorm als Ausdruck einer Gemeinschaftsidee verstanden werden kann. Dies ist das substantielle Kriterium einer Norm daraufhin, ob sie Rechtsnorm sein kann.

Ich möchte aber nicht mißverstanden werden. Mit dem Gesagten ist nicht behauptet, daß eine Gemeinschaft existieren müsse, ja nicht einmal, daß der Machthaber selbst von seiner Gemeinschaftsidee überzeugt sein müsse, sondern nur, daß er eine Gemeinschaftsidee zum Richtpunkt seiner Normen nimmt. Dies könnte auch ein Machthaber, der ein ausgesprochener Menschenverächter ist, und der nicht an die Möglichkeit einer Gemeinschaft glaubt. Aber wenn er Machtnormen erläßt, die einer möglichen Gemeinschaftsidee entsprechen und selbst an diese Machtnormen gebunden sein will, dann sind sie als Rechtsnormen zu qualifizieren. Daß es für die Wirksamkeit dieser Normen von großer Bedeutung sein kann, wenn hinter ihnen auch der Glaube an die Möglichkeit einer Gemeinschaft steht, und daß die Wirksamkeit und Kraft dieser Normen ganz gewiß auch davon abhängt, daß wenigstens in einem gewissen Umfang Gemeinschaft wirklich existiert, brauche ich nicht zu betonen.

Auf die Bedeutung der Normen als Friedensordnung will ich nicht näher eingehen. Es ist leicht einzusehen, daß Schutzordnung und Friedensordnung in einem engen inneren Zusammenhang stehen.

Ferner will ich das Problem nicht näher berühren, daß eine Rechtsordnung nicht nur auf Grund von Machtüber- und- Unterordnung entstehen kann wie in unserem Beispielsfall, sondern auch auf der Ebene der Gleichordnung durch Vereinbarung. Die Grundlinien bleiben dieselben: Der Abschluß einer Vereinbarung bedeutet gleichfalls Selbstbegrenzung der Macht und Abgrenzung von Machtsphären unter der Voraussetzung, daß der Vertragspartner als Person anerkannt wird. Daher steht das Vereinbarungsrecht ebenfalls unter der Idee der Gemeinschaft.

Die Idee der Gemeinschaft ist nichts anderes als die Idee der Sittlichkeit; denn Gemeinschaft bedeutet ein inneres Verbundensein. Verfolgen wir dieses innere Verbundensein bis in eine metaphysisch-religiöse Sphäre, dann gelangen wir schließlich zu dem Grund aller inneren Bindung so, wie etwa das Christentum ihn versteht: der Grund aller inneren Bindung ist das Umfangensein alles Seienden in der allumfassenden Liebe Gottes. Und dieses Umfangensein ist zugleich auch der Urgrund des Sittlichen. Ich kann diesen Gedanken nicht weiter verfolgen. Aber so viel ist doch wohl deutlich, daß wir den substantiellen Hintergrund des Rechts, den wir in der Idee der Gemeinschaft gefunden haben, die sittliche Idee des Rechts nennen können. Sie ist die substantielle Voraussetzung dafür, daß Machtnormen Rechtsnormen sind. Die Selbstbindung des Machthabers ist nichts anderes als die formale Seite dieses substantiellen Verhältnisses.

Um nur einige leicht mögliche Mißverständnisse abzuwehren, soll betont werden, daß sittliche Idee des Rechts nicht eine bestimmte Geformtheit des Rechts bedeutet. Sie bedeutet z. B. nicht, daß alle Menschen als gleich betrachtet werden müssen und daß von Recht dann nicht die Rede sein könne, wenn dies nicht der Fall sei. Solche falschen Annahmen beruhen meistens auf einer Verabsolutierung irgendwelcher sittlicher Normen, wie sie in einer gegebenen Zeit gerade als richtig vertreten werden. Die sittliche Idee des Rechts bedeutet sogar nicht, daß jeder Mensch im Recht Rechtsperson sein müsse. Wohl aber bedeutet sie, daß jeder Rechtsunterworfene als Person, wenn vielleicht auch nur als sittliche Person, anerkannt werden muß. Ein Mensch, der nicht mehr als Person anerkannt wird, fällt aus dem Rahmen einer Rechtsordnung heraus. Er wäre nur noch Machtobjekt. So weit daher der Spielraum der sittlichen Idee des Rechts auch sein mag, er ist nicht grenzenlos. Bei weitem nicht jede Machtnorm könnte von diesem Gesichtspunkt her als Rechtsnorm gerechtfertigt werden. Sicherlich kann in manchen Einzelfällen Streit darüber entstehen, was noch unter die Idee des Sittlichen oder der Gemeinschaft zu fallen vermag und was nicht. Aber es gibt doch immerhin eine Möglichkeit, Normen auf ihren Rechtswert kritisch zu betrachten. Dies scheint mir auch jener Hintergrund des Rechts zu sein, den man nach meiner Ansicht fälschlich als Naturrecht bezeichnet hat. Ich würde keine große Veranlassung sehen, mich über diese falsa demonstratio zu streiten. Wer die sittliche Idee des Rechts als Naturrecht bezeichnen will, der mag es weiterhin tun, wenngleich sich hinter einer solchen falschen Bezeichnung meist eine Begriffsverwirrung versteckt. Das Sittliche des Rechts könnte man auch die Seele des Rechts nennen. Dann hätte die falsa demonstratio dieselbe Bedeutung, als wenn jemand die Seele des Menschen als Mensch bezeichnen würde. Daraus könnten u. U. falsche Schlüsse gezogen werden.

Aber wir wollen dieser mehr begriffstechnischen Seite nicht näher nachgehen.

Jedoch wollen wir noch ein Problem untersuchen, das wir an den Schluß unserer Ausführungen gestellt hatten: das Verhältnis der sittlichen Normen zur Sittlichkeit. Daß es sittliche Normen gibt und daß diese für bestimmte Fälle oder Verhaltenssituationen bestimmte Verhaltensweisen als richtig angeben, von dieser Ansicht pflegen wir mit einer Selbstverständlichkeit auszugehen, die es meistens verhindert, sich darüber Gedanken zu machen, ob Normen überhaupt geeignet sind, sittliche Verhaltensweisen zu bestimmen. Das Wesen der Sollensnorm hatten wir bereits beschrieben. Sie ist die begriffliche Beschreibung einer Verhaltenssituation, für die ebenfalls begrifflich die entsprechende Verhaltensweise angegeben wird. Die Begrifflichkeit einer Verhaltensnorm bedingt notwendig eine Abstraktion. Man kann die Begrifflichkeit noch so sehr differenzieren, sie bleibt notwendig im Abstrakten stecken. Nun ist aber die sittliche Situation selbst immer konkret individuell. Individuell ist nicht nur die Situation für sich als historisch einmalige, individuell ist auch der Mensch, der in dieser Situation steht. Oder noch genauer ausgedrückt: die Bezogenheit der Individualität einer Person auf die Individualität einer Situation gehört mit zur Situation. Man kann das Stehen einer Individualität in einer Situation nicht von der Situation selbst trennen. Hieraus folgt das sehr ernstliche Problem, ob Normen überhaupt geeignet sein können, ein Verhältnis zu bestimmen, das jeder Abstraktion Hohn spricht. Wir können uns heute nur noch über die Naivität wundern, mit der *Kant* seinen kategorischen Imperativ formuliert hat: Handle so, daß die Maxime Deines Willens jederzeit zugleich als Prinzip einer allgemeinen Gesetzgebung gelten könne. *Kant* glaubte, dieses Prinzip des sittlichen Handelns sei rein formal; denn er ging davon aus, daß jeder Inhalt, insbesondere die Gesichtspunkte der Lust, der Zweckmäßigkeit oder der Glückseligkeit das Sittliche in seinem Wesen verfälschten. Aber dieses Prinzip des Handelns ist nicht so formal, wie *Kant* es geglaubt hatte. Es geht vielmehr von unausgesprochenen inhaltlichen Prämissen aus, die, genauer betrachtet, überaus fragwürdig sind. Das Prinzip ist auch viel weniger formal als vielmehr hoch abstrakt. Die unausgesprochenen Prämissen sind: alle Menschen bilden eine Gemeinschaft, in dieser Gemeinschaft sind alle Menschen gleich und frei. Bringen wir diese Prämissen auf ein Schlagwort, dann lauten sie: Freiheit, Gleichheit, Brüderlichkeit. Die unausgesprochenen Axiome des kategorischen Imperativs — jetzt abgesehen von der Freiheit — sind: Jede sittliche Situation läßt sich auf eine allgemeine Formel bringen; denn eine allgemeine Gesetzgebung ist nur denkbar, wenn sich alle Verhaltenssituationen normieren lassen. Jedes Verhaltenssubjekt steht zu diesen abstrakten Verhaltenssituationen im gleichen Verhältnis. Dies bedeutet die Auslöschung der je einzigartigen Individualität eines Menschen im Hinblick auf die abstrakte Verhaltenssituation. Insofern enthält der kategorische Imperativ in der Tat ein formales Moment: das Verhaltenssubjekt spielt praktisch nur noch eine Rolle als grammatisches Subjekt. Es ist beliebig austauschbar. Inhaltlicher Richtpunkt des kategorischen Imperativs aber sind eine überaus geringe Anzahl von Verhaltenswerten: Gleichheit, Freiheit, Brüderlichkeit, wobei diese Verhaltenswerte überdies noch in höchst abstrakter Form geboten werden. Sicherlich ist dieser kategorische Imperativ nicht inhaltsleer. Mit seiner Hilfe können eine Menge von Verhaltensweisen als unsittlich ausgeschlossen werden. Aber die angegebenen sittlichen Werte sind viel zu lückenhaft und abstrakt, um eine geschlossene allgemeine Gesetzgebung entfalten zu lassen. Außerdem ist Gleichheit als *Wert* sehr problematisch. Es lassen sich vielleicht sehr sittliche Ungleichheitssysteme aufstellen. Der kategorische Imperativ ist daher weit davon entfernt, ein überzeugendes sittliches Verhaltensprinzip für alle sittlichen Situationen zu geben.

Der kategorische Imperativ *Kants* widerspricht dem unendlichen Wesen der Sittlichkeit. Jede sittliche Norm widerspricht wegen ihrer begrifflichen und d. h. abstrakten Form dem Wesen der Sittlichkeit. Fragen wir, was der Urgrund dieses unendlichen Wesens der Sittlichkeit ist, dann sehe ich nur eine einzige Möglichkeit einer Antwort: der Urgrund des Wesens aller Sittlichkeit ist das Sein in der allumfassenden Liebe. Da diese allumfassende Liebe nicht unabhängig von einem lebenden Subjekt gedacht werden kann, so kann es nur das Sein in der allumfassenden Liebe Gottes sein. Die Sittlichkeit eines Verhaltens beurteilt sich nicht nach dem Verhaltensziel, sondern nach dem Verhaltensursprung. Ein Verhalten ist sittlich, wenn es aus der Liebe heraus geschieht. Die Liebe ist unendlich; denn sie beläßt dem Verhaltenssubjekt seine Freiheit, sie läßt ihm die Freude und das Glück der Selbstbestimmung. Das Gute ist daher nicht ein Bestimmtes und damit Begrenztes, sondern ein Unbegrenztes, das erst im Verhalten selbst bestimmt wird und immer wieder neu zu bestimmen ist. In der allumfassenden Liebe sind die Verhaltensnormen aufgehoben. Die Liebe hebt die Gesetzlichkeit auf.

Diese Ansicht darf nicht dazu verführen, die sittlichen Normen für gering zu erachten. Der Mensch bedarf eines Festpunktes. Unsere ganze Erziehung, unser Sozialleben, alle sittlich notwendigen Auseinandersetzungen würden in sich zusammenbrechen, wenn man die sittlichen Normen streichen würde. Es ist daher unzulässig, aus der von mir entwickelten Ansicht zu folgern, daß die sittlichen Normen nicht nur entbehrlich seien, sondern uns sogar in die Irre führten. In der Tat: Jede sittliche Norm ist schon deshalb falsch, weil sie als Norm etwas, was seinem Wesen nach unbegrenzt ist, begrenzt. Hieraus folgt aber nicht, daß sittliche Normen auszumerzen seien, sondern daß jede sittliche Norm aus dem Verhaltensursprung wieder aufzuheben sei, wobei dann jedes Aufheben ein Doppeltes bedeutet: eine Negation und ein Bewahren. In der Liebe wird die Norm, wie es ihr zukommt, zugleich negiert und bewahrt.

Damit sind wir zum Schluß unserer Ausführungen gekommen. Unser Thema lautete: Sittlichkeit, sittliche Normen und Rechtsnormen. Wir haben uns bemüht zu erfassen, was eine Norm überhaupt ist und wodurch sich sittliche und rechtliche Normen voneinander unterscheiden. Mögen vielleicht manche unserer Überlegungen einen stark begrifflich-formalen Eindruck gemacht haben, so hat sich vielleicht doch gezeigt, wie eng das begrifflich Formale und das Substantielle miteinander zusammenhängen. Ich habe es nicht als meine Aufgabe betrachtet, mit großen Worten Sittlichkeit und Recht zu preisen, sondern eine möglichst klare Erkenntnis von den Dingen zu gewinnen. Die Nüchternheit unserer Überlegungen könnte dadurch getrübt erscheinen, daß ich von der allumfassenden Liebe gesprochen habe. Ich weiß, daß das Wort „Liebe" der gröbsten Mißdeutung ausgesetzt ist. Hinter diesem Wort vermutet man immer irgendeine Gefühlsduselei, irgendwelche unklaren Verbrüderungsideen und ähnliches. Wir haben aber kein anderes Wort, um das innerste Wesen des Zusammenhanges der Welt auszusprechen. Wir müssen versuchen, in unseren Vorstellungen die farblose Abstraktivität, aber auch den nebelig warmen Dunst dieses Wortes zu hintergehen. Der Mangel, daß wir dieses Wort Liebe nicht richtig verstehen können, liegt vielleicht weniger am Wort als an uns selbst, an der Schwäche unserer Fähigkeit, liebend zu erfassen, eben an der Egozentrik unseres Liebens.

Wenn wir Betrachtungen über das Verhältnis zwischen Sittlichkeit und Recht anstellen, dann ist ihr Hintergrund immer die Frage, was es eigentlich sei, das eine Verhaltensregelung zum Recht mache. Und hinter dieser Frage steht immer die Befürchtung, Macht und Recht könnten möglicherweise miteinander identisch sein. Sicherlich stehen Macht und Recht in einem sehr engen Zusammenhang. Recht ohne Macht wäre nicht Recht, sondern bestenfalls eine Illusion von Recht. Die Macht trägt das Recht und macht es wirksam. Dennoch ist nicht die Macht, sondern die sittliche Idee die Seele des Rechts, wenn wir diese Vorstellung als ein Bild oder als ein Gleichnis annehmen wollen. Die Verbindung von Macht und Recht ist sehr ambivalenter Natur. Macht trägt das Recht und gibt ihm die Kraft der Verwirklichung; sie kann aber auch das Recht verderben. Die Macht hat viele Masken, hinter denen sie sich verbergen kann. Die so oft berufene Dämonie der Macht liegt nicht zum geringsten Teil darin, daß sie sich fast immer des sittlichen Vorwandes bedient. Deshalb wird ein Machthaber kaum jemals bereit sein zuzugeben, daß seine Ordnung nicht einer sittlichen Idee entspreche. Weil man sehr häufig den wahren Ursprung der Machtnormen infolge der sittlichen Tarnung nicht erkennen kann, deshalb kann es im Einzelfall überaus schwierig sein, reine Machtnormen von Rechtsnormen zu unterscheiden. Diese Tatsache zieht oft genug das Recht in eine Sphäre der Zweideutigkeit. Immer wieder werden Menschen durch den Gedanken beunruhigt sein, daß das Recht etwas sei, was gemacht werde. Dem Menschen wäre es lieber, wenn das Recht eine Gegebenheit sei, die man nur aufzufinden brauche. Es ist die Furcht, die uns dazu veranlaßt, das Recht in die Sphäre der Heiligkeit zu versetzen. Aber diese falsche Transzendierung des Rechts ist eine Flucht vor der Wirklichkeit. Das Recht ist nicht ein Gegebenes, sondern eine Ordnung, die uns aufgegeben ist. Wir selbst sind dafür verantwortlich, daß die Seele des Rechts unverletzt bleibe. Wir selbst sind zur Wachsamkeit aufgerufen. Es scheint mir ein Grundirrtum, daß das Recht mächtig sei, ein Volk oder überhaupt Menschen in Zucht zu halten. Die Macht des Rechts beruht auf der Kraft derjenigen, in denen die sittliche Idee und das sittliche Fundament wirksam sind. Fehlt es an dieser sittlichen Kraft, dann kann man vom Recht nicht verlangen, daß es eine sittliche Macht entfalte; denn erst diese sittliche Kraft gibt dem Recht seine Seele und zugleich auch seine Macht, die nicht allein auf der brutalen Gewalt beruht. Mir scheint, man dürfe diese Erkenntnis nicht gering schätzen. Ist sie auch nicht neu, so ist sie doch bedeutsam genug, daß man sie auszusprechen berechtigt ist, auch wenn sie sehr einfach ist und fast schon wie ein Gemeinplatz klingt.

Der Richter als Gesetzgeber?

Karl Larenz

I.

Die Aufgabe der Rechtsprechung ist die Verwirklichung des Rechts im Einzelfall. Es wird heute nicht mehr bezweifelt, daß sie damit an der Fortbildung des Rechts ständig mitwirkt[1]. Rechtsanwendung erschöpft sich nicht in der Subsumtion einzelner Sachverhalte unter den allgemein gefaßten Tatbestand der dem Richter vorgegebenen Norm. Diese bedarf, als eine sprachliche Äußerung, immer wieder der genaueren Erfassung ihres Bedeutungsgehaltes im Hinblick gerade darauf, ob ihr Tatbestand einen Sachverhalt von der Art des vorliegenden trifft. Schon solche „Auslegung" ist, wiewohl der Auslegende nur den Text „zum Sprechen bringen will", nicht nur ein passives, sondern auch ein aktives Verhalten: Der Auslegende wird den Text nur dann zum Sprechen bringen, wenn er ihn in der richtigen Weise befragt. Er tritt an den Text regelmäßig mit einer gewissen Sinnerwartung heran, die ihm dieser im Verlaufe der anzustellenden Erwägungen bestätigen oder nicht bestätigen mag. In letzterem Fall muß er seine Erwartung berichtigen, neu fragen. Der Bedeutungsgehalt wird im Text nicht, wie die Perle in der Auster, entdeckt, sondern er zeigt sich, mittels der auf adäquates Verständnis gerichteten Bemühung des Auslegers, in seinem Bewußtsein neu. Es handelt sich insoweit bei aller Auslegung um ein schöpferisches Tun[2].

Auch unter den von ihm ausgelegten Gesetzestext kann der Richter vielfach nicht einfach subsumieren. Das kann er nur, wenn der gesetzliche Tatbestand in die Form einer begrifflichen Definition übergeführt werden kann, wenn er also durch eindeutig bestimmte Merkmale erschöpfend gekennzeichnet ist. Das ist nicht der Fall, wenn es sich um einen sogenannten ausfüllungsbedürftigen Maßstab oder um die Beschreibung eines nicht scharf begrenzbaren Typus handelt. In diesen Fällen tritt an die Stelle der einfachen Subsumtion die Verdeutlichung des Sinngehalts des Maßstabes oder des gemeinten Typus mit Hilfe von Beispielen, der Vergleich des zu beurteilenden Sach-

[1] Über die Zunahme des Umfangs der richterlichen Rechtsfortbildung in den letzten Jahrzehnten und die soziologischen Gründe dafür vgl. Robert *Fischer*, Die Weiterbildung des Rechts durch die Rechtsprechung, 1971.

[2] Vgl. *Gadamer*, Wahrheit und Methode, 3. Aufl. S. 365: „Der Text bringt eine Sache zur Sprache, aber daß er das tut, ist am Ende die Leistung des Interpreten. Beide sind daran beteiligt."

verhaltes mit solchen, deren Zuordnung unzweifelhaft ist, also eine Analogie; wo es an diesen Möglichkeiten fehlt, richterliche Eigenwertung. Das braucht hier nicht näher ausgeführt zu werden; es genügt festzuhalten, daß der Richter das Recht nicht als einen schon fertigen Maßstab vorfindet, sondern daß er diesem Maßstab, indem er ihn anwendet, erst die letzte Bestimmtheit verleiht, und ihn vielfach weiterbildet. Auslegung des Gesetzes im engeren Sinn (bis zur Grenze des möglichen Wortsinns) und Fortbildung des Rechts durch gesetzeskonforme Lückenergänzung und Konkretisierung der leitenden Prinzipien sind zwei ineinander übergehende Stufen desselben Verfahrens[3].

Ist die richterliche Tätigkeit also auf Normsetzung gerichtet, nicht anders als die Tätigkeit des Gesetzgebers? Sie ist, meinen wir, im Ergebnis zwar „Normsetzung" im Sinne des, wie dargelegt, ihr innewohnenden schöpferischen Monments, von derjenigen des Gesetzgebers aber doch in mehrfacher Hinsicht unterschieden. Mit dem Begriff einer Gesetzesnorm verbinden wir eine doppelte Vorstellung. Einmal schreiben wir den Gesetzen „Geltung" im Sinne normativer Verbindlichkeit, des Gesollten, zu, zum anderen „Allgemeingültigkeit" in dem Sinne, daß sie eine Vielzahl gleichliegender Fälle in der gleichen Weise regeln wollen. Sie haben deshalb einen allgemein gefaßten Tatbestand, an den sie eine Rechtsfolge knüpfen. Den Urteilen der Gerichte kommt normative Geltung nur im Sinne der Rechtskraft zu. Sie beschränkt sich auf den eigentlichen „Spruch", die Entscheidung über die Streitsache, und gilt grundsätzlich nur im Verhältnis der Prozeßparteien. Hier geht es nicht darum, sondern um die in den Entscheidungsgründen genannten Normen und Normkonkretisierungen, auf die das Gericht seine Entscheidung stützt. Sie sind, selbst wenn das Gericht ihnen die Form eines subsumtionsfähigen „Leitsatzes" gibt, anders als Gesetze nicht für die Gerichte verbindlich[4]. Wenn sie dennoch eine gewisse Allgemeingültigkeit in Anspruch nehmen, so ist diese von anderer Art als die der Gesetze. Es ist ein Grundpostulat der Gerechtigkeit, gleichliegende Fälle gleich zu behandeln, an alle Fälle den gleichen Maßstab anzulegen[5]. Der Richter, der keinesfalls „willkürlich" handeln darf, nimmt für die von ihm vorgenommene Auslegung oder Konkretisierung in Anspruch, muß in Anspruch neh-

[3] Vgl. *meine* Methodenlehre der Rechtswissenschaft, 2. Aufl. S. 341 ff.

[4] So auch *Hilger* in Festschrift für Karl Larenz, 1973, S. 112; anders aber *Redeker,* NJW 72, 413. Gegen die Forderung, den höchstrichterlichen Entscheidungen Bindungswirkung für die Instanzgerichte beizulegen, wendet sich auch *Fischer,* a. a. O. S. 26 f.

[5] Zum Postulat der Gleichbehandlung und zur generalisierenden Tendenz der Gerechtigkeit vgl. *Henkel,* Einführung in die Rechtsphilosophie S. 308, 320 f.

men, daß sie „richtig“ in dem Sinne ist, daß sie auf zutreffenden Erwägungen und Beurteilungen beruht. Erweist sich aber dieser Anspruch als gerechtfertigt, so müssen dieselben Erwägungen und Beurteilungen offenbar für alle gleichliegenden Fälle maßgeblich sein. So ist es zu verstehen, daß, wie Heinrich *Henkel* sagt[6], „das in der Entscheidung entwickelte Richtmaß rechtlichen Sollens über den entschiedenen Einzelfall hinaus auch für andere, künftige Fälle normgebende Bedeutung besitzt“.

Die „Allgemeingültigkeit“ der in den richterlichen Urteilen enthaltenen Normkonkretisierungen oder ergänzenden Normen steht also unter dem Vorbehalt, daß die Erwägungen, auf denen sie beruhen, sich auch künftig, für gleichliegende Fälle, als zutreffend, stichhaltig erweisen. Ist das nicht der Fall, dann können, ja müssen die Gerichte von ihnen wieder abgehen, was auch nicht selten geschieht. Dies wird eben dadurch ermöglicht, daß die Gerichte auch an die von einem höchsten Gericht entwickelten Entscheidungsmaximen nicht im Sinne normativer Verbindlichkeit gebunden sind. Nur unter dieser Voraussetzung ist, angesichts der Kompliziertheit heutiger Lebensverhältnisse, richterliche „Normsetzung“ überhaupt tragbar. Der Richter bildet seine Entscheidungsmaxime regelmäßig, und zwar durchaus legitimerweise, im Hinblick auf den von ihm gerade zu entscheidenden Fall. Er kann, wie Rober *Fischer*[7] bemerkt, „die Auswirkung dieser Entscheidung mit all ihren Verästelungen häufig nur schwer übersehen“. Der von ihm entschiedene Fall kann besondere Einzelzüge aufweisen, die das Gericht dazu bewogen haben, ihn gerade so zu entscheiden, ohne daß es sich dieses Umstandes voll bewußt geworden wäre. Der von ihm aufgestellte „Leitsatz“ kann sich dann in späteren Fällen, die diese besonderen Einzelzüge nicht aufweisen, als zu allgemein formuliert erwiesen. Nicht selten werden derartige Leitsätze dann wieder eingeschränkt oder modifiziert. Die Gerichte sind häufig gar nicht dazu in der Lage, die mögliche Tragweite des von ihnen aufgestellten Leitsatzes sogleich zu übersehen, weil ihnen dazu das nötige Anschauungsmaterial und auch die Zeit fehlen. Der Umstand, daß sich besonders die Instanzgerichte meistens an die in den Urteilen der obersten Gerichte enthaltenen Entscheidungsmaximen als „Praejudizien“ halten, daß nicht selten auch der Verkehr in ihnen „geltendes Recht“ erblickt, darf nicht darüber hinwegtäuschen, daß ihnen keine gesetzesgleiche Bindekraft zukommt und zukommen darf, soll die angesichts ihrer Ausrichtung an den zur Entscheidung gelangenden

[6] Einführung in die Rechtsphilosophie S. 64.
[7] A. a. O. S. 27.

Einzelfällen unentbehrliche Flexibilität der Rechtsprechung erhalten bleiben.

Ein weiterer, sehr bedeutsamer Unterschied der richterlichen „Normsetzung“, wenn wir denn diesen Ausdruck beibehalten wollen, liegt in dem Umfang des Beurteilungs- und Entscheidungsspielraums. Zutreffend sagt Marie-Luise *Hilger*[8] „Der Gesetzgeber ist in seiner politischen Entscheidung in den durch die Verfassung gezogenen Grenzen frei. Der Richter ist darüber hinaus an das gesamte gesetzte Recht und an die vom Gesetzgeber gesetzte Wertordnung gebunden“. Sie fügt hinzu, das sollte selbstverständlich sein. Das gilt jedoch nur für den Grundsatz. Wo die Grenzen des für richterliche Normsetzung gegebenen Spielraums im einzelnen liegen, ist, wie wir noch sehen werden, überaus streitig und zweifelhaft. Jedenfalls aber ist die Bindung des Richters an das Gesetz nicht schon deshalb unpraktikabel und kaum noch zu realisieren, weil sie mit seiner Freiheit zu sinn- und sachgerechter Auslegung und Rechtsfortbildung einhergeht[9]. Freiheit und Bindung des Richters werden durch seine Aufgabe bestimmt, das Recht zu verwirklichen. Der Gesetzgeber darf zwar im Rechtsstaat auch keine Regelungen treffen, die den in der Verfassung niedergelegten Rechtsprinzipien oder den Grundrechten widersprechen. Diese lassen aber einen weiten Spielraum für die Verfolgung von Sachzielen, die nicht nur am Gedanken des Rechts, sondern im weitesten Sinn an dem des Gemeinwohls orientiert sind[10]. Solche Sachziele und die zu ihrer Verwirklichung geeigneten Mittel auszuwählen, ist im demokratischen Staat unzweifelhaft Sache des Gesetzgebers. Die Gerichte können nicht über geeignete Maßnahmen auf Gebieten wie Konjunkturpolitik, Währungspolitik, Verkehrspolitik, Umweltschutz befinden. Sie müssen sich darauf beschränken, die vom Gesetzgeber um solcher Sachziele willen aufgestellten Normen auf ihre Verfassungsmäßigkeit hin zu prüfen und sie nach Möglichkeit so auszulegen, daß sie den vom Gesetzgeber gewünschten Erfolg haben. Wo es sich um Regelungen handelt, die in erster Linie dazu dienen, den Rechtsfrieden zu sichern, einen gerechten Schadensausgleich herbeizuführen, den Rechtsverkehr in geordneten Bahnen zu halten und auftretende Interessenkonflikte nach gleichen Maßstäben zu entscheiden, kurz wo spezifische Rechtszwecke im Vordergrund stehen, haben die Gerichte auch Lücken der bestehenden Regelung auszufüllen und die vorgefundenen Maßstäbe weiter zu entwickeln. Immer werden ihnen dabei durch die be-

[8] *Hilger*, a. a. O. S. 112 f.

[9] Das habe ich in meinem Beitrag über „Die Bindung des Richters an das Gesetz als hermeneutisches Problem“ in der Festschrift für Ernst Rudolf Huber, 1973, S. 291, dargelegt.

[10] In dem Sinne, in dem *Henkel*, a. a. O. S. 371 ff. diesen Begriff versteht.

stehenden Regelungen und die ihnen zugrundeliegenden Wertentscheidungen des Gesetzgebers sehr viel engere Grenzen gezogen, als diejenigen, die auch für den Gesetzgeber bestehen.

Es scheint, daß die vorstehend kurz dargelegten, letztlich funktionsbedingten Unterschiede zwischen der normsetzenden Tätigkeit des Gesetzgebers und der Gerichte neuerdings teils von den Gerichten, teils auch im Schrifttum nicht mehr so deutlich gesehen werden, wie das wünschenswert wäre. Einige Gerichte haben damit begonnen, über die Ausbildung der zur Entscheidung eines Einzelfalles erforderlichen Regel oder Entscheidungsmaxime hinaus eine generelle Regelung für verschiedene, vom Gericht tatbestandsmäßig festgelegte Fallgruppen von sich aus aufzustellen und ihr dadurch gesetzesähnliche Geltung zu verschaffen, daß sie erklärten, sich fortan in den Normalfällen an diese Regelung halten zu wollen. In Rechtsprechung und Schrifttum zeigt sich eine weitgehende Unsicherheit über die Frage, wo die Grenzen der richterlichen Kompetenz zur Rechtsfortbildung liegen, die sich aus dem Auftrag der Gerichte, Recht zu sprechen, und aus ihrer verfassungsmäßigen Bindung an „Gesetz und Recht" ergeben. Diesen beiden Fragenbereichen soll im folgenden nachgegangen werden.

II.

Das Bundesarbeitsgericht hat in mehreren Entscheidungen[11] feste Regeln darüber aufgestellt, wann die in einen Arbeitsvertrag aufgenommene Klausel über die Rückzahlung einer empfangenen Weihnachtsgratifikation oder Treueprämie durch den Arbeitnehmer im Falle seiner demnächstigen Kündigung wegen „Sittenwidrigkeit" nichtig sei, wann nicht. Es hat hierbei unterschieden einmal nach der Höhe der gezahlten Gratifikation (nicht mehr als DM 100,—; über DM 100,—, jedoch weniger als ein Monatslohn; ein Monatslohn oder mehr), zum anderen nach der Länge der verstrichenen Zeit und der Kündigungsfrist. Eine dieser Regeln besagt z. B., daß der Arbeitnehmer dann, wenn er eine Gratifikation von mehr als DM 100.—, aber weniger als einen Monatslohn erhalten hat, diese nicht zurückzuzahlen braucht, wenn er so kündigt, daß eine Kündigung frühestens mit Ablauf des 31. 3. des folgenden Jahres wirksam wird. Das Gericht hat hier einen ausfüllungsbedürftigen Maßstab, den der „guten Sitten", nicht nur im Hinblick auf einen Einzelfall konkretisiert, sondern es hat für eine Vielzahl möglicher Fälle einen Katalog aufgestellt, der es ermöglichen soll, für alle diese Fälle die vom Gericht für zutreffend erachtete Rechtsfolge im voraus anzugeben. Zu diesem Zweck hat es

[11] AP Nr. 15, 22, 23, 24 zu § 611 BGB Gratifikation.

fest-bezifferte Unterscheidungskriterien aufgestellt. Damit hat es genau dasselbe getan, was der Gesetzgeber tut, wenn er eine generelle Regelung erläßt. Wenn das Gericht auch seiner Regelung nicht die unbedingte Bindekraft eines Gesetzes verleihen kann, so hat es doch eine dem ähnliche Wirkung dadurch erzielt, daß es erklärte, sich „in den Regelfällen“ an diese seine eigene Regelung halten zu wollen. In ganz ähnlicher Weise ist auch das Bundessozialgericht verfahren. Es hat z. B. festgesetzt, daß eine Unterhaltsleistung an die geschiedene Ehefrau für die Bemessung der Rente dann wegen „Geringfügigkeit“ außer Betracht zu lassen sei, wenn sie weniger als 25 % des Mindestbedarfs eines Unterhaltsberechtigten, d. h. des Sozialhilfe-Richtsatzes, ausgemacht hat[12]. Der Große Senat des Bundessozialgerichtes hat bei der Auslegung des Begriffs „Berufsunfähigkeit“ festgesetzt, der Arbeitsmarkt sei dem noch zu einer Teilzeit-Arbeit Fähigen dann verschlossen, wenn das Verhältnis der für ihn in Betracht kommenden Teilzeit-Arbeitsplätze zur Zahl der Interessenten für solche Beschäftigungen ungünstiger sei als fünfundsiebzig zu hundert[13]. Zu dieser Rechtsprechung bemerkt der Präsident des Bundessozialgerichtes, *Wannagat*, durch sie sollte „die Handhabung der Gesetze praktikabler gemacht und wenigstens eine annähernd gleichmäßige Behandlung aller Rechtsuchenden sichergestellt werden“[14]. Der festgelegte Prozentsatz von 25 % des Sozialhilfe-Richtsatzes beruhe weder auf empirischen Erfahrungen im Sinne exakter Untersuchungen, noch sei er im Wege der Analogie mit einer ähnlichen gesetzlichen Regelung gewonnen worden. Er entspreche auch nicht dem Unterhaltsbegriff im Sinne des BGB. Vielmehr handle es sich um eine „gegriffene Größe“, die das Gericht „dem Grundgedanken der rentenversicherungsrechtlichen Regelung“ entnommen habe. Es ließe sich darüber streiten, „ob diese Verhältniszahl niedriger oder höher hätte ausfallen sollen“; „sicher“ sei aber, „daß diese Quantifizierung zulässig ist“. Zwar sei nicht zu verkennen, „daß dadurch die individualisierende, auf konkrete Fälle abgestellte Betrachtungsweise Schaden nehmen und zu einer nicht befriedigenden Schematisierung führen“ könne. Diese Gefahr sei aber im Interesse der Praktikabilität und einer möglichst gleichen Behandlung aller Rechtsuchenden hinzunehmen.

Es kann nicht verkannt werden, daß Festsetzungen, wie sie hier vogenommen wurden, ein gewisses Maß von Willkür anhaftet. Was anderes wäre eine „gegriffene Zahl“? Ich habe daher schon 1965

[12] BSG 22, 44.

[13] BSG 30, 167, 182 ff.

[14] In der Schweizerischen Zeitschrift für Sozialversicherung, 1972, S. 163.

gegen die Rechtsprechung des BAG eingewandt[15], der Sprung von dem materialen Rechtsgedanken, den das BAG verwirklichen wollte, zu der festen Einzelregel sei hier gar zu groß. Durch die Aufteilung der Fälle nach ziffernmäßig festgelegten Kriterien schneidet sich das Gericht die Möglichkeit ab, die ihm die Generalklausel gewährt, besonders gelagerten Umständen des Einzelfalles Rechnung zu tragen. Man kann solches Vorgehen auch nicht mit der Erwägung rechtfertigen, dieselbe Wirkung stelle sich mit der Zeit auch dann ein, wenn durch eine größere Anzahl von Entscheidungen zu Einzelfällen hinreichende Vergleichsmöglichkeiten für jeden neuen Fall geschaffen seien. Ein solches Netzwerk von Einzelentscheidungen, wie sie auf Grund einer Generalklausel zu ergehen pflegen, ermöglicht zwar eine gewisse Typisierung, stellt aber keine abschließende und subsumtionsfähige Regelung dar. Es läßt immer noch dafür Raum, „das Prinzip im Hinblick auf den Einzelfall weiter zu modellieren"[16]. Der Gesetzgeber, der sich, statt selbst eine Einzelregelung zu geben, mit einer Generalklausel begnügt, hat sich insoweit dafür entschieden, hier einer individualisierenden Betrachtung und damit der Gerechtigkeit im Einzelfall, soweit diese überhaupt zu verwirklichen ist[17], den Vorrang vor der generalisierenden Tendenz der Gerechtigkeit und der Rechtssicherheit zu geben. Sollten die Gerichte diese Entscheidung nicht ebenso respektieren, wie andere Entscheidungen des Gesetzgebers?

Das stärkste Argument der Befürworter der „Richtlinien-Rechtsprechung" des BAG und des BSG ist der Hinweis auf die Massenhaftigkeit der betreffenden Vorgänge. So weist Marie-Luise *Hilger*[18] darauf hin, daß Vertragswerke, die Klauseln über die Rückzahlung von Gratifikationen enthalten, in einer großen Zahl von Betrieben nach einem einheitlichen Muster abgefaßt würden. Es sei „ein legitimes Anliegen der Praxis, mindestens hinsichtlich des jeweils strittigen Komplexes aus diesem Vertragswerk eine umfassende Entscheidung zu erhalten". Hier müsse „der Forderung nach Rechtsklarheit, die als Teil der Rechtsstaatlichkeit ebenfalls ein Verfassungsgebot ist, vor dem Prinzip der Gewaltenteilung der Vorrang eingeräumt werden". Man kann gewiß zweifeln, ob der Forderung nach Rechtsklarheit, die hier als die Forderung nach einer subsumtionsfähigen Regelung verstanden wird, der Rang eines Verfassungsgebots zukommt. Einleuchtender ist der Hinweis, daß den beteiligten Kreisen mit einer nur auf

[15] In meiner Schrift „Kennzeichen geglückter richterlicher Rechtsfortbildungen", 1965, S. 12.

[16] So *Henkel*, a. a. O. S. 360.

[17] Dazu *Henkel*, a. a. O. S. 320, 356 ff.; Recht und Individualität, 1958, S. 16 ff.

[18] Vgl. *Hilger*, a. a. O. S. 121 f.

den Einzelfall bezogenen Entscheidung weniger gedient sei, daß sie vielmehr wissen möchten, ob die Masse der vereinbarten und vor allem, der künftig zu vereinbarenden Klauseln gültig sei oder nicht. Frau *Hilger* schränkt aber dahin ein, die praktischen Auswirkungen müßten sich für das Gericht übersehen lassen. *Wannagat*[19] weist darauf hin, daß die sozialgerichtliche Rechtsprechung die Rechtskontrolle über eine Massenverwaltung ausübe, „die jährlich mehrere Millionen von Bescheiden erläßt". Eine solche Verwaltungstätigkeit könne auf eindeutige, leicht zu handhabende Rechtsregeln nicht verzichten. Sie sei auf Rationalisierung, Typisierung und Berechenbarkeit angelegt und angewiesen. Enthielten die Gesetze derartige Regelungen nicht, so müsse sie die Verwaltung oder der Richter selbst aufstellen, wobei diesem die letzte Entscheidung verbleibe. Man muß in der Tat die Frage aufwerfen, ob im Bereich solcher massenhaft in gleichförmiger Weise ablaufender Vorgänge eine am Einzelfall orientierte, für individuelle Momente stets offen bleibende Rechtsprechung noch am Platze ist. Auf das zunehmende Bedürfnis nach generalisierender Gestaltung, das sich aus der Massenhaftigkeit vieler Vorgänge in Wirtschaft und Verwaltung ergibt, weist auch Robert *Fischer* hin[20]. Er sieht darin einen der Gründe dafür, daß der Verkehr höchstrichterlichen Entscheidungen eine über den Einzelfall weit hinausgehende Bedeutung zumißt, zieht aber nicht die Konsequenz daraus, die Gerichte sollten sich die Schaffung solcher genereller Regelungen, wo sie fehlen, selbst zur Aufgabe machen.

In der Tat scheinen mir die Bedenken gegen eine solche „Richtlinien-Rechtsprechung" nach wie vor doch zu überwiegen. Da ist einmal das Bedenken, das neuerdings *Schlüter*[21] näher ausgeführt hat, daß unsere Gerichte für eine derartige quasi-gesetzgeberichse Tätigkeit nicht hinreichend ausgerüstet sind. Um alle in Betracht kommenden Fallgruppen und alle möglichen Auswirkungen der in Aussicht genommenen Regelung zu übersehen, bedarf es vielfach umfassender Tatsachenerforschungen. *Wannagat* berichtet[22], das BSG habe in einem Fall „auf ein erhebliches Zahlenmaterial und das Ergebnis statistischer und anderer wissenschaftlicher Untersuchungen" zurückgegriffen. Dazu ist jedenfalls nur ein Oberstes Gericht und auch dieses immer nur im beschränktem Umfang in der Lage. Schranken ergeben sich auch aus der Prozeßordnung. Im Zivilprozeß kann das Gericht im allgemeinen nur die Tatsachen berücksichtigen, die von den Parteien vorgetragen, Gegenstand der Verhandlung waren. In der Revisions-

[19] *Wannagat*, a. a. O. S. 162.
[20] *Fischer*, a. a. O. S. 23 f.
[21] *Schlüter*, Das Obiter Dictum, 1973, S. 31 ff., 57 f.
[22] *Wannagat*, a. a. O. S. 164.

instanz ist es für die Einführung neuer Tatsachen zu spät. Das Gericht kann auch nicht, wie es der Gesetzgeber tut, die interessierten Gruppen zu der von ihm in Aussicht genommenen Regelung anhören oder diese öffentlich zur Diskussion stellen. Die Gerichte, die, wenn auch nur in begrenztem Umfang, anfangen, die Rolle des Gesetzgebers zu übernehmen, setzen damit ihre eigene Autorität in gefährlicher Weise aufs Spiel. Solange sie sich damit begnügen, die Gesetze auszulegen, Gesetzeslücken auszufüllen, ausfüllungsbedürftige Maßstäbe und allgemeine Rechtsprinzipien im Hinblick auf Einzelfälle zu konkretisieren, bewegen sie sich auf dem relativ sicheren Boden anerkannter Methoden des juristischen Denkens, richterlicher Entscheidungskunst. In dem Augenblick, in dem sie diesen Boden verlassen, setzen sie sich einer nicht fachspezifischen Kritik aus, der sie kaum gewachsen sein können. Das mag in den bisherigen Fällen noch nicht in die Erscheinung getreten sein, weil hier das Gericht die Verhältnisse leicht zu überblicken vermochte und die beteiligten Kreise bereit waren, die getroffene Regelung hinzunehmen. Das wird aber, wenn die Neigung der Gerichte zu einer solchen Richtlinien-Rechtsprechung wachsen sollte, nicht immer so sein. Schließlich kann man sogar daran zweifeln, ob mit einer derartigen Rechtsprechung auf die Dauer wirklich der Rechtssicherheit gedient ist. Denn früher oder später wird der Wandel der Verhältnisse oder eine von ihnen bisher übersehene Fallgruppe die Gerichte doch dazu veranlassen, ihre Regelung wieder zu modifizieren. Das aber wird das Vertrauen auf die Rechtsprechung, die man wie ein Gesetz zu betrachten sich gewöhnt hatte, in weit höherem Maße erschüttern, als wenn sich die Gerichte dadurch, daß sie näher beim Fall blieben, ihre Flexibilität von vornherein erhalten hätten. Die Ersetzung eines gleitenden Maßstabes durch ziffernmäßig festgelegte Tatbestände sollte daher auf solche Fälle beschränkt bleiben, in denen die Vernachlässigung der individuellen Momente wegen ihrer Massenhaftigkeit und Gleichförmigkeit und mit Rücksicht auf das überragende Interesse an Rechtssicherheit geboten erscheint und das Gericht, ohne daß es hierfür umfangreicher empirischer Untersuchungen bedürfte, die Auswirkungen voll zu überblicken vermag.

III.

Zu der Frage, wo die Grenzen liegen, die der Kompetenz der Gerichte zu einer Rechtsfortbildung über den möglichen Wortsinn der Gesetze hinaus, zur Ausbildung neuer, als „Richterrecht“ zu faktischer Geltung gelangender Normen und sogar Rechtsinstitute gezogen sind, hat sich kürzlich das Bundesverfassungsgericht geäußert[23]. Es

[23] NJW 73, 1221.

ging um die Frage, ob der BGH diese Grenzen überschritten habe, als er für Verletzungen des allgemeinen Persönlichkeitsrechtes die Möglichkeit eines Geldersatzes auch für den immateriellen Schaden zuließ und sich damit über die Norm des § 253 BGB hinwegsetzte. Auf diese Problematik soll hier nicht nochmals eingegangen werden[24]. In unserem Zusammenhang ist zweierlei bemerkenswert. Das Bundesverfassungsgericht stellt ausdrücklich fest, daß es solche Grenzen gibt und im Verfassungsstaat geben muß. Der Richter könne die Wertvorstellungen des Grundgesetzes, sagt es, nicht in beliebiger Weise in seinen Entscheidungen zur Geltung bringen. Fraglich könnten nur die Grenzen sein, „die einer solchen schöpferischen Rechtsfindung mit Rücksicht auf den aus Gründen der Rechtsstaatlichkeit unverzichtbaren Grundsatz der Gesetzesbindung der Rechtsprechung gezogen werden müssen". Zweitens ist festzustellen, daß das BVG dazu, wo die Grenzen liegen, so gut wie nichts gesagt hat. Sie ließen sich, so heißt es, „nicht in einer Formel erfassen, die für alle Rechtsgebiete und für alle von ihnen geschaffenen oder beherrschten Rechtsverhältnisse gleichermassen gelte". Nach welchen Kriterien auf den verschiedenen Rechtsgebieten differenziert werden soll, deutet es mit keinem Wort an. Es beschränkt sich im weiteren darauf, darzulegen, daß die Rechtsprechung der Zivilgerichte zur Frage des Geldersatzes bei Persönlichkeitsrechtsverletzungen innerhalb ihrer verfassungsmäßigen Grenzen geblieben sei, weil durch die Anerkennung des allgemeinen Persönlichkeitsrechtes hinsichtlich der Frage, welche Sanktionen seine Verletzung nach sich zieht, eine „Lücke" in der Rechtsordnung entstanden sei. Diese in verfassungskonformer Weise auszufüllen, seien die Gerichte berechtigt gewesen.

Die Befugnis der Gerichte zur Ausfüllung von Gesetzeslücken ist seit langem unbestritten und unbestreitbar. Um so wichtiger ist es, sich darüber klarzuwerden, wann eine solche *Lücke* vorliegt. Bekannt ist die Formulierung von *Engisch*[25], nach der eine Lücke eine „planwidrige Unvollständigkeit des Gesetzes ist". Der Ausdruck „planwidrig" deutet auf die ursprüngliche Regelungsabsicht des Gesetzgebers als Maßstab hin. Ein Gesetz ist lückenhaft, wenn eine Regel fehlt, die bei voller Verwirklichung dieser Absicht in das Gesetz hätte aufgenommen werden müssen. Die Formulierung soll deutlich machen, daß eine Lücke des Gesetzes dann nicht vorliegt, wenn der Gesetzgeber bestimmte Tatbestände zwar gesehen hat, sie aber nicht in seine Regelung einbezogen hat, weil er für sie die entsprechenden Rechtsfolgen nicht eintreten lassen wollte. Erfaßt sind damit freilich

[24] Vgl. *meine* Stellungnahme zu diesem Beschluß im Archiv für Presserecht 1973, S. 450.

[25] *Engisch*, Einführung in das juristische Denken, 5. Aufl. S. 137 f.

nur die anfänglichen Lücken des Gesetzes. Es gibt aber auch nachträgliche Lücken[26], die dadurch entstehen können, daß infolge einer Veränderung der Verhältnisse, der Entwicklung der Technik usw. Fragen auftauchen, die nunmehr nach der immanenten Teleologie des Gesetzes der Regelung bedürfen, die aber der Gesetzgeber noch gar nicht hat sehen können. Auch durch einen Bedeutungswandel der Rechtsnormen und unter dem Einfluß neuer, in die Rechtsordnung rezipierter Wertvorstellungen können nachträgliche Lücken entstehen. Maßgebend für den Lückenbegriff ist auch in diesen Fällen noch die Regelungsidee, die innere Teleologie des betreffenden Gesetzeswerkes selbst[27]. *Canaris*[28] kennt darüber hinaus die von ihm sogenannten Prinzip- oder Wertlücken, die sich daraus ergeben können, daß ein der gegenwärtigen Rechtsordnung als Sinnganzem innewohnendes Prinzip in ihr keine hinreichende Konkretisierung gefunden hat. Die Feststellung einer derartigen Lücke erfordere einmal den Nachweis, daß das betreffende Prinzip Bestandteil des geltenden Rechts ist, und zweitens den Nachweis, daß es hier nicht durch höherrangigere Wertungen und Grundentscheidungen des positiven Rechts ausgeschlossen wird[29]. Es ist indessen nicht die Meinung von *Canaris*, die Gerichte dürften bestehendes Gesetzesrecht schon deshalb beiseiteschieben, weil es dem hier in Betracht kommenden Prinzip nicht in vollem Maße entspricht. In seiner späteren Systemschrift[30] erkennt er ausdrücklich die Möglichkeit von Wertungs- und Prinzipienwidersprüchen innerhalb der Rechtsordnung an, die auch nicht im Wege der Rechtsfortbildung beseitigt werden könnten. Eine Lückenergänzung scheide vor allem dann aus, „wenn Wortlaut und Sinn des Gesetzes der Annahme einer Lücke eindeutig im Wege stehen oder wenn ein Rechtsfortbildungsverbot gegeben ist". Im Falle der Zulässigkeit des Geldersatzes für immaterielle Schäden bei Persönlichkeitsrechtsverletzungen könnte man nur dann von einer nachträglichen Prinzip- oder Wertlücke im Sinne von *Canaris* sprechen, wenn die Norm des § 253 BGB in ihrer Anwendung auch auf das allgemeine Persönlichkeitsrecht verfassungswidrig wäre. Das wiederum würde, wie *Göldner*[31] überzeugend dargetan hat, den Nachweis voraussetzen,

[26] Über nachträgliche Lücken vgl. *meine* Methodenlehre der Rechtswissenschaft, 2. Aufl., S. 358.

[27] Vgl. *meine* Methodenlehre S. 354 f.

[28] *Canaris*, Die Feststellung von Lücken im Gesetz, 1964, S. 141, 160 ff.

[29] A. a. O. S. 170.

[30] *Canaris*, Systemdenken und Systembegriff in der Jurisprudenz, 1969, S. 119.

[31] *Göldner*, Verfassungsprinzip und Privatrechtsnorm in der verfassungskonformen Auslegung und Rechtsfortbildung, 1969. Vgl. die zusammenfassenden Thesen auf S. 182 f., 208, 237.

daß diese Regelung nicht mehr innerhalb des dem Gesetzgeber überlassenen Spielraums möglicher Konkretisierungen des Verfassungsprinzips liegt. Anderenfalls gilt § 253 BGB uneingeschränkt fort und es kann daher von einer „Lücke“ nicht die Rede sein.

Die Gerichte haben nun aber in der Tat, wenn auch nicht sehr häufig, über die bloße Ausfüllung von Gesetzes- oder Rechtslücken hinaus neue Rechtsgedanken in das geltende Recht eingeführt und diese mit der Zeit sogar zu neuen Rechtsinsituten ausgebaut. Als Beispiele hierfür nenne ich aus dem Gebiete des Zivilrechts die culpa in contrahendo, die Verkehrssicherungspflichten, die Beweislastverteilung nach Herrschafts- und Gefahrenbereichen, das allgemeine Persönlichkeitsrecht und die Rechtsprechung, die den nichtrechtsfähigen Verein fortschreitend von den für ihn nicht passenden Fesseln des Gesellschaftsrechts befreit hat. Einige von ihnen habe ich in anderem Zusammenhang als Beispiele „geglückter richterlicher Rechtsfortbildungen“ bezeichnet[32]. Wir betrachten sie heute als gesicherte Bestandteile unseres Zivilrechtes, obgleich sie aus dem geltenden Gesetz, dem BGB, keineswegs mit den Methoden der „Lückenausfüllung“ abgeleitet werden können. Da sie sich jedoch anderseits unzweifelhaft im Rahmen der Grundwertungen der gesamten Rechtsordnung halten, habe ich hier von einer Rechtsfortbildung „extra legem“ aber „intra jus“ gesprochen[33]. Fragen wir, was die Gerichte zu einer solchen Rechtsfortbildung veranlaßt hat, so dürfte der Grund in den meisten Fällen darin gelegen sein, daß das Gesetz es nicht ermöglichte, der Eigenart bestimmter Fallgruppen oder, im Falle des nichtrechtsfähigen Vereins, Lebenserscheinungen gerecht zu werden. Jede Entscheidung betraf zunächst zwar einen Einzelfall, der aber für eine Reihe von Fällen als repräsentativ erschien. In den meisten Fällen fand das Gericht Anknüpfungspunkte entweder in den bestehenden gesetzlichen Regelungen oder in vorangegangenen Entscheidungen, die, wenn auch vielleicht noch mit einer anderen Begründung, der Sache nach bereits in die neue Richtung wiesen. Solche Anknüpfungspunkte sind für die Rechtsprechung deshalb von Wichtigkeit, weil sie, um das Vertrauen der Rechtsuchenden nicht zu enttäuschen, darauf bedacht sein muß, den Zusammenhang mit der bisherigen Entwicklung nach Möglichkeit zu wahren[34]. Unerwartete Wendungen der Rechtsprechung sind

[32] In der Schrift „Kennzeichen geglückter richterlicher Rechtsfortbildungen“, 1965.

[33] Vgl. *meine* Methodenlehre der Rechtswissenschaft, 2. Aufl. 1969, S. 382 ff.

[34] Über die Bedeutung der Kontinuität der Rechtsordnung vgl. *Hilger*, a. a. O. S. 114. Übernähme das Gesetz diese Funktion nicht, meint sie, so müsse der Richter in gesteigertem Maße darum besorgt sein.

zwar nicht ganz auszuschließen, sollten aber in der Entwicklung des allgemeinen Rechtsbewußtseins mindestens vorbereitet sein.

Es fragt sich nun, ob die genannten Voraussetzungen bereits genügen, um eine solche Rechtsfortbildung „extra legem", aber „intra ius" zu legitimieren, oder ob hierfür mit Rücksicht auf die Funktionsteilung zwischen Gesetzgeber und Richter und die aus ihr sich ergebende Bindung der Gerichte an das Gesetz noch weitere Forderungen zu stellen sind. Denn es ist nicht zu verkennen, daß durch eine derartige Rechtsfortbildung das Gesetzesrecht, auch wenn seine Geltung formell unangetastet bleibt, in sehr bedeutendem Umfang überlagert, modifiziert, umgestaltet wird. In einigen Fällen, so in dem der Rechtsprechung zum nichtrechtsfähigen Verein und wohl auch zur Sicherungsübereignung, war die „Rechtsfortbildung" durch das Regelungskonzept des Gesetzgebers und die eigene innere Teleologie des Gesetzes nicht nur nicht gefordert, sondern ihr sogar entgegengesetzt. Die Gerichte haben sich hier über die erkennbaren Wertungen des historischen Gesetzgebers hinweggesetzt. Es liegt nahe, hierfür das Vorliegen besonderer Voraussetzungen zu fordern. Diese habe ich darin gesehen[35], daß „andernfalls ein Rechtsnotstand, d. h. ein Zustand entstehen würde, durch den der Rechtsgedanke Schaden leiden muß". Dies sei der Fall, habe ich gesagt, wenn ein als „unabweisbar" empfundenes Bedürfnis des Verkehrs durch die Rechtsordnung nicht befriedigt wird (Fall der Sicherungsübereignung) oder wenn die „Natur der Sache" (wie im Falle des nichtrechtsfähigen Vereins) oder ein rechtethisches Prinzip „in einer für das allgemeine Rechtsbewußtsein unerträglichen Weise unberücksichtigt bleibt". Der „Rechtsnotstand", so habe ich hinzugefügt, müsse „evident" und auf andere Weise nicht zu beheben sein. Ich gebe zu, daß mit derartig weitgefaßten Formulierungen noch nicht allzuviel gewonnen ist. In einigen der genannten Fälle, so bei der Beweislastverteilung oder den Verkehrssicherungspflichten, läßt sich wohl nicht sagen, daß andernfalls hier ein „Rechtsnotstand" entstanden sei. Es sind dies jedoch Fälle, in denen sich die Neubildung nicht so sehr weit von der Konzeption des Gesetzes entfernt. Man wird also nur sagen können, daß für die Zulässigkeit einer Rechtsfortbildung außerhalb des Gesetzes um so strengere Anforderungen zu stellen sind, je weiter sie sich von den erkennbaren Wertungen und der Teleologie des Gesetzes entfernt.

Eine Grenze sollten die Gerichte auf jeden Fall einhalten. Es wurde schon anfänglich gesagt, daß es nicht ihre Aufgabe sein kann, Sachziele auf Gebieten wie Gesellschaftspolitik, Konjunkturpolitik, Verkehrspolitik, Städtebau usw. auszuwählen und durch Richterspruch

[35] Methodenlehre der Rechtswissenschaft, 2. Aufl. S. 401.

„verbindlich" zu machen. Dazu fehlen ihnen einmal alle Voraussetzungen hinsichtlich ihrer Ausstattung mit sachkundigen Mitarbeitern und den entsprechenden Sachmitteln, es fehlt ihnen vor allem dazu auch die demokratische Legitimation. Es würde sich um einen zweifellosen Übergriff in den „Kernbereich" der Kompetenz des Gesetzgebers handeln. Der Richter hat sich am Recht zu orientieren und nicht an politischen Zielsetzungen, die *er* gerade für richtig hält. Sicher haben viele Urteile, vor allem die des Bundesverfassungsgerichts, weittragende politische Auswirkungen, und es ist selbstverständlich, daß der Richter diese mit zu bedenken hat. Als Beispiel einer „politischen" Rechtsprechung, bei der das Gericht „ohne Rückhalt am Gesetz" die fehlende Regelung erst habe schaffen müssen[36], wird die Rechtsprechung des Bundesarbeitsgerichts zum Recht des Arbeitskampfes angeführt. Es ging in dieser Rechtsprechung darum, Regeln für den geordneten Ablauf legaler Arbeitskämpfe zu finden, diese von illegalen abzugrenzen und somit auf diesem so überaus wichtigen Sektor des Zusammenlebens den Rechtsfrieden zu sichern. Daß dies eine eminent politische Aufgabe war und ist, ist uns gerade jetzt wieder überaus deutlich geworden. Aber zugleich ging es dabei gerade um die Verwirklichung des Rechts, die Sicherung des Rechtsfriedens. Hätte das Gericht sich der vom Gesetzgeber nicht gelösten Aufgabe, hier Leitlinien aufzuzeigen und zu konkretisieren, entzogen, so hätte dem Rechtsfrieden schwerer Schaden gedroht. Wenn irgendwo, trifft hier doch wohl die Formel von einem sonst drohenden „Rechtsnotstand" zu. Auch hat sich das Gericht hier an oberste Rechtsprinzipien, wie das der Chancengleichheit („Waffengleichheit") der Sozialpartner, gehalten. Seine Rechtsprechung lag daher durchaus im Rahmen der ihm gestellten Aufgaben. Weil hier die vermißte Regelung um des Rechtsfriedens willen unbedingt gefordert war, kann man sagen, daß eine Lücke, zwar nicht des (nicht vorhandenen) Gesetzes, wohl aber der gesamten Rechtsordnung vorlag, die das Gericht, wegen des sonst drohenden Rechtsnotstandes, ausfüllen mußte. Ähnlich war die Situation der Gerichte, als infolge des Inkrafttretens des Gleichberechtigungsartikels des Grundgesetzes weite Teile des bisherigen Familienrechts ihre Geltung verloren, ohne daß die gesetzliche Neuregelung schon erfolgt war.

Von diesen Fällen deutlich unterschieden sind diejenigen, wo eine Regelung oder Neuregelung nicht aus Gründen des Rechts, sondern primär um anderer, etwa gesellschaftspolitischer oder wirtschaftlicher Zielsetzungen willen gewünscht wird. Hier liegt weder eine „Lücke" der *Rechts*ordnung vor, noch droht, wenn sie ausbleibt, ein

[36] *Hilger*, a. a. O. S. 111.

Rechtsnotstand. Wo es nicht eigentlich um Rechtsprobleme geht — d. h. um Probleme, die sich gerade vom Gedanken des Rechts und vom Boden der geltenden Rechtsordnung her stellen —, sondern um Sachprobleme sonstiger Art, ist der Gesetzgeber allein zur Entscheidung berufen. Diese Grenze ist von den Gerichten, soweit ich sehe, bisher in keinem Fall überschritten worden. Dabei sollte es bleiben.

Über Negationen in Recht und Rechtswissenschaft

Karl Engisch

Bei Henri *Bergson*[1] findet man die seltsame Bemerkung: „Die Philosophen haben sich mit dem Begriff des Nichtseins kaum abgegeben. Dennoch ist er oft genug die unsichtbare Triebfeder des philosophischen Denkens". In Wahrheit gilt: dem Nichts und der Negation haben die großen Philosophen seit alters besondere Aufmerksamkeit zugewendet. Es brauchen nur die Namen *Parmenides, Plato, Kant, Hegel, Schopenhauer* genannt zu werden. In der „Gegenwart" sind es *Heidegger* und *Sartre* gewesen, die erneut das „Nichts" in den Mittelpunkt des Nachdenkens gerückt haben. Gertrud *Kahl-Furthmann*, Schülerin von Josef *Geyser*, hat 1934 ein großes und gründliches Werk über das „Problem des Nicht" vorgelegt, das 1968 unverändert in zweiter Auflage in den von G. *Schischkoff* herausgegebenen Monographien zur philosophischen Forschung erschienen ist und für denjenigen, der sich mit jenem Problem des Nicht auf irgendeine Weise beschäftigen möchte, gleichermaßen in der historischen und in der sachlichen Dimension eine unerschöpfliche Fundgrube bedeuten kann[2]. Die Wissenschaft der Logik hat den um das „Nicht" kreisenden negativen Begriffen und vor allem dem negativen Urteil immer wieder einen eigenen Rang als Forschungsgegenstand zuerkannt und insbesondere eine Vielzahl von Theorien über das „Wesen" des negativen Urteils herausgestellt. Logistik und analytische Philosophie (auf welche sich *Fels* a. a. O. bezieht) haben dann das Ihrige getan, um neue Gesichtspunkte und Methoden der Betrachtung aufzuweisen. Als Jurist und Rechtstheoretiker in den Riesenkomplex, der sich um „Nicht", „Nichts" und „Negation" (und was alles damit zusammenhängt) auftürmt, im Rahmen einer kleinen Abhandlung eindringen zu wollen, wäre gewiß vermessen. Es ist das ganz bescheidene Anliegen dieses Festschriftbeitrags, zu zeigen, an welchen Stellen denn gerade nun dem Juristen das „Negative" entgegentritt und das Bedürfnis weckt, über dessen Sinngehalt Klarheit zu gewinnen, vielleicht auch unter Rückgang auf das, was Philosophie und Logik ihm insoweit zu bieten vermögen, wie umgekehrt das Negative in Recht und Rechtswissenschaft unter Umständen dem Philosophen, dem

[1] Schöpferische Entwicklung (deutsche Übersetzung von L'évolution créatrice), 1912, S. 279.

[2] Die Rezension von Eb. K. *Fels* in der Zeitschrift für philosophische Forschung Bd. 25, S. 109 ff., wird m. E. der Leistung von G. *Kahl-Furthmann* und der Ergiebigkeit ihrer Untersuchungen nicht entfernt gerecht.

Logiker, dem Analytiker auch Stoff für sein Forschen und Nachdenken liefern können.

Den Rechtstheoretikern ist die Bedeutung „negativer Größen" im Rechtsbereich natürlich nicht entgangen. Aber gewöhnlich hat man sich nur in Spezialfragen vertieft. Wenn z. B. Gerhart *Husserl* in seiner zu allgemeinerer Umschau immerhin hinstrebenden feinsinnigen Studie über „Negatives Sollen im Bürgerlichen Recht" das Negative mit den rechtlichen Sollen, genauer (nach seinen eigenen Worten:) dem „Sollensgehalt einer Rechtsnorm", in Verbindung bringt, so stellt sich doch alsbald heraus, daß das Negative nur als *Gegenstand* des Sollens ins Auge gefaßt wird, indem nämlich jener „Sollensgehalt" der Rechtsnorm näher als Forderung eines negativen Willensverhaltens bestimmt wird, was uns letztlich in die Bahnen der Dogmatik der Unterlassung im Recht (mit all ihren Spielarten und Derivaten wie: Unterlassungsdelikt, Unterlassungsanspruch, Unterlassungsklage, actio negatoria usw.) einweist. Gibt es aber nicht vielleicht auch eine Negation des Sollens selbst, das dem Sollen als solchem (und nicht nur dem von ihm intendierten *Verhalten)* anhaftet?

Damit sind wir also schon bei einer erweiterten Problemstellung angelangt, auf die wir alsbald eingehen werden, und die auch, wie wir dann sehen werden, neuerdings ins theoretische Blickfeld getreten ist. Wir wollen aber bemüht sein, unseren Problembereich noch etwas mehr auszudehnen und zu verallgemeinern, indem wir — zunächst einmal rein „empirisch" auf Grund dessen, was uns als Juristen geläufig ist — versuchen, die verschiedenen Ebenen ins Auge zu fassen, auf welchen uns das Negative begegnet. Das Thema: „Negationen in Recht und Rechtswissenschaft" zeigt schon an, daß prima facie zwei Ebenen in Betracht zu ziehen sind: die gleichsam ontologische des Rechts selbst und die logische bzw. gnoseologische der Jurisprudenz, wobei gleich zu bemerken ist, daß es sich jeweils um die dort und hier auftretenden Sinngehalte (Rechtssätze, Begriffe, Urteile usw.) handelt, nicht etwa um die *Akte* der Gesetzgebung, der Rechtsfindung usw. Was das Recht selbst betrifft, so gehen wir also — wenngleich dies nicht die einzige Möglichkeit ist — zweckmäßig mit *Husserl* von dem Rechtssatz, der „Rechts*norm*" aus, während wir im Bereich der Rechtswissenschaft das uns interessierende Negative bei den juristischen *Begriffen, Urteilen* usw. aufzusuchen haben. Freilich ist die Trennung nicht allzu scharf. Denn das Recht selbst bedient sich ja in den Gesetzen der Begriffe, seien diese Tatbestands- oder Rechtsfolgebegriffe, und manchmal hat man — was wir freilich nicht tun — die Rechtssätze geradezu als „Urteile" („Aussagen") angesprochen. Auch braucht ja nur daran erinnert zu werden, daß das Recht nicht als absolut selbständiger Objektbereich der Rechtserkenntnis gegenübersteht, sondern durch die juristische Kunst dergestalt mit- und ausgestaltet wird, daß juristische Aussagen über das Recht in dieses selbst gleichsam projiziert werden und damit Normcharakter gewinnen.

Gehen wir aber zunächst einmal mit einiger Unbefangenheit an die Rechtsnorm als solche heran, so sehen wir mit *Husserl* und vielen anderen deren Kern in einem durch sie angeordneten Sollen, das man als Imperativ (als Gebot oder Verbot) auffassen mag oder — wenn wir von der eben bereits a limine abgewiesenen „Urteilstheorie" absehen — als Bewertung oder auch (mit *Larenz*) als „Geltungsanordnung"[3]. Die Frage ist nun zu stellen, ob und in welchem Sinne es auch ein „negatives Sollen" gibt. Wir bemerkten schon, daß *Husserl* den „Sollensgehalt der Rechtsnorm" bei einem negativen Sollen als Forderung eines negativen Willensverhaltens bestimmt. Er sagt näher: „Der negativ Sollende ist ein solcher, der von Rechts wegen einer negativen Handlungsmaxime unterstellt worden ist: er soll nicht-so sich verhalten"[4]. Das muß, wie schon oben vermerkt und wie auch die weiteren Ausführungen *Husserls* ergeben, dahin verstanden werden, daß ein negatives Sollen ein solches ist, das auf ein negatives Willensverhalten gerichtet ist, also etwa auf das, was gemeinhin als „Unterlassen" angesprochen wird. „Unterlassender im Rechtssinn ist, wer das von einer Norm negativen Sollens geforderte negative Verhalten beobachtet. Sagt der Gesetzgeber: Du sollst nicht-so Dich verhalten, so vollzieht das angesprochene Rechtssubjekt diesen Normwillen, indem es sich normentsprechend negativ verhält... Verhält sich der zur Unterlassung Verpflichtete normwidrig, so heißt das: er beobachtet ein Verhalten der Willensinkonsequenz, indem er das Verbotene tut und damit die Norm negativen Sollens negativ aktualisiert"[5]. Ohne nun auf die näheren Ausführungen *Husserls* über das Verhältnis von Verbot und Gebot zum Unterlassen und Tun eingehen zu müssen[6], ist doch, wie schon oben vermerkt, ersichtlich, daß das „ne-

[3] Auf die verschiedenen Einzelinterpretationen des der Rechtsnorm eignenden *Sollens*gehalts kann hier nicht, muß aber auch nicht eingegangen werden. Siehe dazu meine „Hauptthemen der Rechtsphilosophie", 1971, S. 26 ff.; Ota *Weinberger*, Rechtslogik, 1970, S. 193 ff. Es genügt für unsere Zwecke, daß wir die Rechtsnorm als Sollen im Sinne irgendeiner Art von „Anordnung" verstehen.

[4] A. a. O. S. 7.

[5] A. a. O. S. 39.

[6] Dazu habe ich mich früher kritisch geäußert in der Mon. Schr. f. Kriminalpsychol. 24, 1933/34, S. 237 ff., wieder abgedr. in Festschr. f. G. Husserl, 1969, S. 168 ff. M. E. ist der innerhalb der Rechtsnormen selbst anzutreffende Unterschied von Gebot und Verbot sekundär gegenüber dem von Tun und Unterlassen: Gebote sind *auf* ein Tun, Verbote *auf* ein Unterlassen gerichtet. Dazu auch *Androulakis*, Rechtsproblematische Studien über die unechten Unterlassungsdelikte, 1962, S. 60/61, mit Ablehnung *Savignys*, der gebietende und verbietende Gesetze als sich durch

gative Sollen" von ihm verstanden wird vom *Gegenstand* des Sollens her, also von dem her, was in der Sollensforderung *intendiert* wird. Die Legitimität dieser Begriffsbildung ist an sich nicht zu bezweifeln, wie auch offensichtlich ist, daß uns im Unterlassen bereits etwas eklatant Negatives gegenübertritt, sofern man nämlich das Unterlassen nicht dadurch mißdeutet, daß man den Blick auf das *an Stelle* des unterlassenen Tuns etwa (keineswegs immer) geschehene positive Tun richtet, sondern das Unterlassen streng relativ-transitiv versteht: als etwas-Bestimmtes-nicht-Tun[7].

„die logische Form der Bejahung und Verneinung" unterscheidend ansieht. Siehe andererseits *Androulakis*, S. 76: „Positivität oder Negativität des Tuns oder Unterlassens hängen von der Positivität oder Negativität des Verbotes oder Gebotes ab." Hier scheint mir aber nicht die logische Priorität von Tun und Unterlassen gegenüber Gebot und Verbot in Frage gestellt werden zu sollen, sondern nur der Wertakzent gemeint zu sein: das Verbotene („Böse"), das man tut, ist positives Unrecht, das Verbotene („Böse") „unterläßt" man nicht. Führt eine Unterlassung dennoch zu einer Verbotswidrigkeit, so ist sie ein „negativer Modus der Unrechtsverwirklichung".

[7] Siehe statt aller *Androulakis*, a. a. O. S. 37 ff., 50 (zu *Vocke*), 59/60, 70/71 (zu W. *Goldschmidt*). *Androulakis* hat sich besonders intensiv um eine Klärung des Verhältnisses von Unterlassung und Negativität bemüht. Er hat dabei noch einen Unterschied zwischen „Lassen" und „Unterlassen" eingeführt (a. a. O. S. 55 ff., 67 f., 77 f.), und zwar mit der Maßgabe, daß die „Lassung nur dann zur Unterlassung wird, wenn die gelassene Handlung eine *fehlende*, eine nicht daseiende — obwohl sie dasein sollte — ist" (S. 68; charakteristisch nochmals S. 73: „‚Das Böse' kann man wohl lassen, nicht aber unterlassen"; vgl. die vorige Anmerkung 6). Interessant ist, daß *Androulakis* ungeachtet der auch von ihm zum Ausgang genommenen Negativität (s. etwa S. 37 ff., 71 ff.) sowohl des Lassens wie des Unterlassens beiden oder wenigstens der letzteren eine Art Positivität, ja sogar eine gewisse „Realrepugnanz" im Sinne *Kants* zugesteht (s. S. 56: „‚Lassen' ist ein durchaus positiver Begriff ... es ist *mehr* als Nichthandeln, denn es schließt in sich das Moment der Stellungnahme notwendig ein"; S. 48: „Im Lichte der kantischen Unterscheidung ist der repugnierende Charakter der Unterlassung ... als ein *positives* Wesensmerkmal zu betrachten"; S. 68: „Unterlassung ist daseiendes Nichtdasein" (wobei sich *Androulakis* auch auf *Pichler*, Vom Wesen der Verneinung, Blätter für deutsche Philosophie, Bd. 7, 1934/35, S. 206 ff. bezieht, welch letzterer aber, wenn er sich (daselbst S. 208) für die Positivität und Wahrnehmbarkeit der Unterlassung auf das Beispiel des beim Nichtgrüßen wahrnehmbaren „Vorbeischlenderns" beruft, in den oben erwähnten Fehler verfällt, das nebenhergehende Tun an die Stelle des Unterlassens selbst zu setzen); S. 103: „Die Unterlassung als Nichtdasein ist ... vor allem und primär ein ‚Erfahrbares', nicht einfach ein Ereignis, sondern auch ein ‚Widerfahrnis'." S. 104: Die Unterlassung ist nicht „bloß ein Urteil, ein gedankliches Geschöpf", sie „bedarf eines Leibes, einer Physizität"). Lassen und Unterlassen weisen offenbar für *Androulakis* eine gewisse Zweideutigkeit auf, die, wie wir noch sehen werden, vielen negativen Begriffen in Recht und Rechtswissenschaft eignet. Darüber und über das Verhältnis von Negativität und Andersheit wird noch näher zu handeln sein. Auf jeden Fall aber sollte der negative Charakter der Unterlassung nicht außer Acht gelassen werden.

Aber dürfen und müssen wir das „negative Sollen" nicht noch in einer ganz anderen Richtung in Bedacht nehmen, nämlich als *Negation des Sollens selbst?* Diese Frage wurde schon oben gestellt. Wie ist sie nun zu beantworten? Man könnte zunächst daran denken, daß die Negierung eines Sollens als solchen nichts weiter besagt als ein negatives *Urteil*, daß ein Sollen irgendwelcher Art nicht besteht, sei es, daß wir uns als in einem normfreien (speziell: „rechtsfreien") Raum befindlich erkennen[8], sei es, daß das Nichtwollen sich als „erlaubt" darstellt[9], sei es auch, daß sich uns eine Norm (und das in ihr verlautbarte Sollen) als ungültig erweist. Halten wir uns jetzt nur an das letzte, so könnte man allerdings sagen, daß das negative juristische Urteil, das einem Sollen die Gültigkeit abspricht bzw. Nichtigkeit anhängt, nicht nur logische Bedeutung besitzt, sondern — jedenfalls dann, wenn man das Merkmal der Geltung gleichsam in das „Wesen" des Sollens hereinnimmt, die Geltung als eine besondere Art von Sollensexistenz ansieht (was jedenfalls gedanklich möglich ist) — auch *ontologische* Dignität: im negativen juristischen Urteil wird ein nichtexistentes Sollen, eine nichtvorhandene „Anordnung" präsent. Eben dieses nichtexistente Sollen, das im negativen Sollensurteil als negativer Sollenssachverhalt festgestellt wird, wäre dann besonders würdig, ein „negatives Sollen" genannt zu werden und jedenfalls unterschieden zu werden, sowohl von einem auf ein Unterlassen gerichteten (wie wir annehmen wollen: durchaus gültigen) Sollen, wie

[8] Dazu meine Abhandlung in Zges. Staatswissenschaft, Bd. 108, 1952, S. 385 ff., neuerdings namentlich noch: P. *Waldmann,* Der rechtsfreie Raum, Österr. Z. f. öff. Recht, Bd. 22, 1971, S. 113 ff. mit Hinweis auf *Carbonnier.* Da der „rechtsfreie" Raum gelegentlich auch als der „rechtsleere" Raum gekennzeichnet wird, fühlt man sich an dieser Stelle daran erinnert, daß zwischen den Begriffen „Leere" und „Nichts" seit alters eine Affinität besteht. Dazu *Kahl-Furthmann,* a. a. O., S. 235 ff., 293 f. (an der letzten Stelle mit Bezug auf *Hegel,* der Logik I, Ausgabe *Glockner,* S. 88 sagt: „das reine Nichts ... ist vollkommene Leerheit"). Bemerkenswert auch *Bergson,* a. a. O., S. 280 ff. passim. namentlich S. 284 ff., 299 ff.

[9] Auch auf die Theorie der „Erlaubnis" und des ihr verwandten „Dürfens" näher einzugehen, würde jetzt zu weit führen. Wertvoll namentlich: M. *Moritz,* Über Hohfelds System der juridischen Grundbegriffe (Lund und Kopenhagen), 1960, namentlich S. 33 ff.; *Klug,* Bemerkungen zur logischen Analyse einiger rechtstheoretischer Begriffe und Behauptungen in Britzelmayr-Festschrift, 1962, S. 115 ff.; G. H. *v. Wright,* On the Logic of Negation, 1959, S. 24 ff.; *derselbe,* Norm and Action, 1963; N. *Rescher,* The Logic of Commands, 1966, S. 104 ff.; E. J. *Lampe,* Juristische Semantik, 1970, S. 61 ff.; O. *Weinberger,* Rechtslogik, 1970, S. 205 ff.; und jüngst noch (beim Verfassen dieses Aufsatzes noch nicht erschienenen): *Opalek-Wolenski,* On weak and strong permissions, demnächst publiziert in Zschr. f. Rechtstheorie, Bd. 4, Heft 2 (hier wohl gelegentlich Verwechslung von „Erlaubnis" und Ermächtigung z. B. zur Erhebung einer Privatklage). Siehe im übrigen die Literatur in meiner Einführung in das juristische Denken, 5. Aufl., 1971, S. 195 ff., Anm. 6 b ff.

auch von jenem negativen *Urteil*, das die (wahre oder falsche) *Behauptung* aufstellt, daß ein Sollen nicht bestehe.

In der Tat hat in der wichtigen schwedischen Zeitschrift „Theoria" (Bd. 23, 1957, S. 102 ff.) Ota *Weinberger* (mit Zustimmung übrigens von *Opalek-Wolenski* a. a. O.) in bemerkenswerter und durchaus treffsicherer Weise unter Auswertung auch der logistischen Symbolik scharf geschieden zwischen negativen *Aussagen* (Urteilen), die Anspruch auf Wahrheit erheben, und negativen *Sollsätzen* (unter denen sich nach *Weinberger* die *Imperative* als von einem befehlenden Subjekt ausgehend und an einen Normadressaten gerichtet hervorheben). Die letzteren aber — das ist für uns das Wichtigste! — seien wohl zu trennen von Sollsätzen, die ein *Unterlassen* zum *Gegenstand* haben. Denn er meint mit „negativen Sollsätzen" solche Sätze, in denen die Gültigkeit eines Sollens negiert wird, m. a. W.: die Ungültigkeit eines Sollens impliziert wird. Ein ungültiger Sollsatz drückt nach *Weinberger* kein Sollen aus, er besagt, daß ein gewisser denkbarer Sollsatz (etwa das allgemeine Gebot der Abwendung von Gefahren, in die andere geraten sind) zu einem bestimmten Sollsatzsystem (etwa: der Rechtsordnung der Bundesrepublik) *nicht gehört*, in ihm nicht anzutreffen ist. Ein solcher ungültiger Sollsatz ist zwar unvereinbar mit dem Gegebensein eines entsprechenden gültigen Sollsatzes (im Beispiel: dem allgemeinen Gebot der Gefahrenabwehr); es gilt also insofern auch das Widerspruchsprinzip wie in der Aussagenlogik. Es kann aber nicht aus der Ungültigkeit eines Sollsatzes (im Beispielsfalle: aus der Ungültigkeit des allgemeinen Gebots der Gefahrenabwendung) irgendeine weitere Schlußfolgerung auf ein Sollen gezogen werden, während aus der *Unwahrheit* der *Aussage*, daß es regnet, geschlossen werden kann auf die Wahrheit der kontradiktorisch entgegengesetzten Aussage, daß es *nicht* regnet. Interpretieren wir die „Ungültigkeit" als eine Art Nichtexistenz in der Sollenssphäre, so können wir auch sagen: aus der Nichtexistenz eines bestimmten Sollsatzes läßt sich nichts weiter in der Sollenssphäre ableiten. Wenn wir überhaupt von Sollsatznegationen sprechen wollen (was natürlich auch auf ungültige = „nichtige" rechtsgeschäftliche — ein Sollen beinhaltende — Stipulationen zu übertragen wäre), so allenfalls wegen gewisser Analogien zu den Aussagenegationen (wie z. B. der erwähnten Geltung des Widerspruchsprinzips). Auf diesen Gedankengang werden wir später zurückgreifen müssen.

Wenden wir nun aber den Blick zunächst von dem in der Rechtsnorm enthaltenen Sollen zu den Voraussetzungen dieses Sollens, wie sie in den modernen Gesetzen im sog. „Tatbestand" (im weitesten Sinne) zusammengefaßt sind, so ist uns allen bekannt, daß auch hier negative Größen auftauchen. Soeben war schon vom „Unterlassen" als einem „negativen Willensverhalten“ die Rede. Ein „Unterlassen“ ist nun bekanntlich nicht nur *Gegenstand* oder Inhalt eines Sollens (einer Rechtsnorm bzw. eines Anspruchs oder einer Klage, die ja gleichfalls ein Sollen geltend machen), sondern auch an vielen Stellen der Rechtsordnung *Voraussetzung* für ein rechtlich angeordnetes Sollen: etwa für eine Schadensersatzpflicht oder ein Bestraftwerdensollen oder eine (abstrakte oder konkrete) Vollstreckungsanordnung. Aber damit bei weitem nicht genug: Es gibt auch abgesehen von menschlichem Willensverhalten negative Ereignisse und Zustände als Tatbestandsmomente einer Rechtsnorm. Dabei ist jetzt nicht etwa gedacht an rechtlich mißbilligte an sich positive Geschehnisse (Unglücksfälle, Gefahrsituationen), wo im gesetzlichen Tatbestand etwas als wirklich eingetreten vorausgesetzt und nun negativ *bewertet*, also mit einem Unwertakzent versehen wird, sondern an den *Nicht*eintritt von (irgendwie erwarteten) „Erfolgen“, wie z. B. an das Ausbleiben einer Heilung oder eines Gewinns („lucrum cessans“!) oder auch umgekehrt eines Schadens. Selbstverständlich stoßen wir dann im Rahmen negativer tatbestandlicher Sollensvoraussetzungen auch auf die durch Ausbleiben einer aktiven Handlung wirkende Kausalität: die „Verursachung“ eines Ereignisses (das seinerseits sowohl positiv wie auch negativ gewertet sein kann) durch *Nicht*vornahme einer Abwendungshandlung, also die berühmt berüchtigte „Kausalität durch Unterlassung“, an der man gemäß dem Prinzip des „ex nihilo nihil fit“ immer wieder Anstoß genommen hat[10]. Stellen wir uns vor, daß „infolge“ der Nichtvornahme einer rechtlich gebotenen Handlung ein bestimmter „Erfolg“ *nicht* eingetreten ist, so dürfen wir bekanntlich — wie oben schon einmal erwähnt — nicht der Negation in der Weise aus dem Wege gehen wollen, daß wir dem negativen Verhalten jeweils etwas anderes substituieren: der kausalen oder „quasikausalen“ Unterlassung das ihr vorangehende oder neben ihr hergehende Tun oder die (vom Recht oder auch von anderswoher kommende) positive *Erwartung*, daß etwas getan respektive verhindert werde (so relevant diese Erwartung sein mag)[11], ebensowenig dem negativen (ausgebliebenen) Ereignis, das an seine Stelle getretene positive Geschehen. Es ist schon das Negative als solches, auf welches es ankommt, das der Jurist in negativen Realurteilen festzustellen und mit dem er sich dann auseinanderzusetzen hat. Für die als rechtliches Tatbestandsmerkmal häufig figurierende „Kausalität“ verwendet man dann fast

[10] Dazu vom philosophischen und theologischen Standpunkt aus: *Kahl-Furthmann,* a. a. O. S. 254 ff., 266 ff.

[11] Dazu vom philosophischen Standpunkt aus: *Kahl-Furthmann,* a. a. O., S. 100, vom rechtlichen Standpunkt aus vgl. Gallas-Festschrift, 1973, S. 174 mit weiteren Hinweisen (insbes. auf *Androulakis,* a. a. O. S. 101 ff.).

allgemein die Formel der „condicio sine qua non“: ein Verhalten ist dann ursächlich für einen Erfolg, wenn ohne jenes Verhalten der betreffende Erfolg nicht eingetreten wäre. Offensichtlich operiert man auch hier wieder mit (zwei) Negationen („ohne“, „*nicht* eingetreten“); der Jurist muß sich also zunächst das als ursächlich in Frage kommende Verhalten wegdenken und danach überlegen, ob der wirklich eingetretene Erfolg nicht eingetreten wäre. Desgleichen: wenn bei Anfechtung eines Rechtsgeschäfts wegen Irrtums der Anfechtende dem Anfechtungsgegner das „negative Interesse“ zu ersetzen hat, so ist relevantes Tatbestandsmerkmal, daß der Anfechtungsgegner einen bestimmten Nachteil nicht erlitten hätte, wenn er sich nicht auf die Gültigkeit des Rechtsgeschäfts eingestellt hätte[12]. In den Rechtsgeschäften selbst (die ja Tatbestandsmerkmale konkretisieren) kommen auch mitunter „negative Bedingungen“ vor (z. B. in einem Testament die Bedingung für eine Zuwendung, daß der Bedachte nicht heiratet). Schließlich mag auch noch im gegenwärtigen Zusammenhang erinnert werden an die jetzt nicht näher zu diskutierende kontroversenreiche Theorie von der die Normregel mit Ausnahmen durchbrechenden bzw. in Gestalt von Rechtfertigungsgründen und Schuldausschließungsgründen zu Tage tretenden „negativen Tatbestandsmerkmalen“[13]. Hier genügt der Hinweis, daß jedenfalls die Möglichkeit besteht, das Eingreifen einer rechtlichen Gestattung und dergleichen als Einschränkung einer Verbotsnorm durch die negative Wendung: „wenn nicht ...“ aufzufassen („Die Tötung ist verboten, wenn sie nicht zur Verteidigung ... geschieht“).

Wir sind jetzt unter der Hand schon in Berührung gekommen mit allerhand *Begriffen*, und zwar mit sogenannten Rechtssatzbegriffen, d. h. Begriffen, die in den gesetzlich formulierten Rechtssätzen selbst vorkommen, deren das moderne Recht ja nicht entraten kann. Diese Rechtssatzbegriffe stellen auf solche „negative Größen“ ab wie wir sie zuvor betrachtet haben (Unterlassungen, Verursachungen durch sie, Nichteintritt von Erfolgen usw.), erklären sie für erheblich (im gesetzlichen Tatbestand) oder legen sie — z. B. bei Anordnung eines Unterlassens wie in § 1 UWG — als eintreten-sollend fest. Sogleich aber können wir unser Blickfeld nochmals umfassender gestalten, indem wir außer und neben den in Gesetzen verwendeten „Rechtssatzbegriffen“ juristische — rechtswissenschaftliche Begriffe mit negativem Gehalt in Betracht ziehen, seien diese nun Korrelate zu Rechtssatzbegriffen oder seien sie (für die Systembildung, die Rechts-

[12] So die Formulierung von *Larenz*, Allgemeiner Teil 1967, S. 389.

[13] Zu dieser Theorie aus neuerer Zeit namentlich: H. J. *Hirsch*, Die Lehre von den negativen Tatbestandsmerkmalen, 1960; Jutta *Minas—v. Savigny*, Negative Tatbestandsmerkmale, 1972.

vergleichung, die Rechtstheorie, die Rechtsphilosophie, die Rechtspolitik usw.) frei gebildet[14]. Wir treten, wenn wir negative Gebilde in der rechtlichen und juristischen *Begriffs*welt als solcher, und zwar ganz im allgemeinen aufsuchen, mehr und mehr in den *logischen* Bereich über und können uns dann, ohne dem Logiker ins Handwerk pfuschen zu wollen, doch zwecks Klärung dessen, was derartige negative Begriffe beinhalten, wie weit sie überhaupt echte negative Begriffe sind, an logischen Gesichtspunkten orientieren, wie sie die traditionelle Logik herausgestellt hat. (Die Logistik hat zwar mit ihrer Symbolisierung der Negationen für größere Präzision gesorgt, reicht aber nicht hin, ihren Bedeutungsgehalt zu klären, wie dies die ältere Logik sich immerhin hat angelegen sein lassen; heute würde man wohl die „Semantik" für zuständig halten.)

Wir müssen uns dann allerdings von vorneherein hüten, *logische* Aspekte mit rein *psychologischen* zu verwechseln, z. B. der Frage nachzugehen, ob es denn psychologisch möglich sei, sich etwas rein Negatives *vorzustellen*. Schon *Locke* hat bezweifelt, daß es verneinende Vorstellungen gebe, es gebe allenfalls das Nichtvorhandensein (den Mangel) von Vorstellungen. Desgleichen hat *Lotze*[15] wenigstens für die sogenannten limitativen Begriffe (auf welche wir unten noch zurückkommen werden) bestritten, daß sie sich in einer Vorstellung fassen lassen, und auch *Sigwart* hat noch betont: „Eine Vorstellung, die nur die reine Verneinung des Inhalts einer anderen Vorstellung wäre, gibt es nicht"[16]. Mit *Locke* hat sich *Bolzano* auseinandergesetzt: richtig sei nur, daß eine rein verneinende Vorstellung sich auf keinen Gegenstand beziehe[17]. Wie immer man hier als Psychologe urteilen mag[18], logisch interessant ist nur die Frage nach dem gedanklichen Gehalt, der *„Bedeutung"* negativer Begriffe überhaupt und in Recht und Rechtswissenschaft in specie.

Den Begriff des Begriffes als solchen zu erörtern, müssen wir uns freilich an dieser Stelle versagen. Wir setzen schlicht voraus, daß

[14] Darüber ausführlicher in meiner Abhandlung „Die Relativität der Rechtsbegriffe", Landesreferate zum 5. Internationalen Kongreß der Rechtsvergleichung, 1958, S. 59 ff. (nochmals abgedruckt in Festschrift für Emilio Betti).

[15] Logik, Ausgabe *Misch*, § 40. Dazu *Kahl-Furthmann*, a. a. O., S. 131 f.

[16] Logik I, 4. Aufl., 1911, S. 185. Dagegen kennt *Sigwart* sehr wohl negative Begriffe und negative Urteile.

[17] Wissenschaftslehre I, § 89, S. 418/19.

[18] Zur „psychologischen Verneinung" siehe eingehend *Kahl-Furthmann*, a. a. O., S. 412 ff. (mit Bezug auf *Bergson* wäre noch auf „Schöpferische Entwicklung", S. 281 ff. hinzuweisen). In den Bereich der Psychologie gehört möglicherweise auch das Problem, wie weit der Begriff der Unterlassung als Nichtvornahme einer Handlung auf einer enttäuschten Erwartung beruht. Siehe dazu z. B. *Androulakis*, a. a. O., S. 69 f.

Begriff und Urteil logisch zu unterscheiden sind, daß — wie immer man deren gegenseitiges Verhältnis auffassen und bestimmen mag — der Begriff in seiner logischen und sprachlichen Struktur etwas Elementares, das Urteil also — als normalerweise aus Begriffen zusammengesetzt — etwas Komplexeres ist (auch wenn sich dies nur aus der logischen *Analyse* des lebendigen Denkens, das sich unmittelbar in Urteilen vollzieht, ergeben mag). Ferner: nach der bis auf Aristoteles zurückgehenden These stehen nur Urteile („Aussagen") unter dem Maßstab der Wahrheit und der Falschheit, so daß der Satz des Widerspruchs auch nur für kontradiktorisch entgegengesetzte (kategorische) Urteile (U und non-U), nicht aber für kontradiktorisch entgegengesetzte Begriffe (etwa die Klassen: K und non-K) gilt; entgegengesetzte Begriffe können sehr wohl nebeneinander bestehen und sich ergänzen (z. B. als rechtsfähige und nicht-rechtsfähige Lebewesen)[19].

Wir sind jetzt schon bei der bekannten logischen Unterscheidung kontradiktorisch und konträr entgegengesetzter Begriffe angelangt und dürfen sogleich feststellen, daß der Musterfall reiner Negation eben durch den kontradiktorischen Gegensatz (A und non-A; also z. B. rechtsfähig und nicht-rechtsfähig) dargestellt wird, daß jedenfalls solche konträr entgegengesetzten Begriffe innerhalb unseres Gesichtskreises in den Hintergrund treten, die unzweideutig auf beiden Seiten positiven Gehalt haben, mag auch der eine mit dem anderen unverträglich und insofern dann doch wieder dessen Negat sein. Ich denke hier im juristischen Bereich an die gegensätzlichen Begriffe: „rechtlich mißbilligt", „rechtlich gebilligt", wo das eine Mal ein positiver Akzent auf dem rechtlichen Unwert, das andere Mal der gleiche Akzent auf dem rechtlichen Wert des Verhaltens oder sonstigen Bewertungsgegenstandes ruht. Auch der Gegensatz von „schuldig" und „unschuldig" ist so zu verstehen, sofern hier an das positive Feststehen (prozessuale Bewiesensein) von Schuld und Unschuld gedacht wird (also nicht, wenn man den Begriff der „Unschuld" in einem materiell-strafrechtlichen Sinne nimmt und darunter Nichtbegangenhaben oder Nichtvorwerfbarkeit der zur Last gelegten Tat versteht; denn hier handelt es sich um echte kontradiktorische Verneinung).

Häufig ist als charakteristisch für den konträren Gegensatz herausgestellt worden das Vorhandensein einer Reihe von Größen, an deren Enden Extreme stehen, zwischen denen ein „Mittleres" anzutreffen ist[20]. Als Beispiel wird etwa angeführt der Gegensatz von

[19] Vgl. dazu z. B. *Sigwart*, a. a. O., § 22 Ziff. 8, S. 181; *Pichler*, a. a. O., S. 209.

[20] So schon *Aristoteles* (vgl. *Kahl-Furthmann*, a. a. O. S. 115) und aus neuerer Zeit etwa: *Drobisch*, Logik, 5. Aufl., 1887, § 24 a. E.; *Sigwart*, a. a. O., § 22, Ziff. 12, S. 188/89; *Jevons*, Leitfaden der Logik, 1913, S. 24.

warm und kalt, wo als Mittleres lau hervortritt[21]. In unserem juristischen Beispiel wäre das „Mittlere" zwischen rechtlich mißbilligt und rechtlich gebilligt: rechtlich neutral, und zwischen „schuldig befunden" und „unschuldig befunden": „für nicht schuldig befunden" (bei bloßem Nichtbewiesensein der Schuld). So richtig diese Kennzeichnung des konträren Unterschiedes sein mag, so ist für uns im Augenblick wichtiger, daß die Eckposten der Reihe häufig mit positiven Größen besetzt sind. Es muß aber hinzugefügt werden, daß dies nicht notwendig der Fall ist. Es kann am Ende der Reihe auch eine negative Größe auftauchen, z. B. bei der Schwereskala der für ein Verbrechen angedrohten Strafen, die ins Ermessen des Gerichts gestellte völlige Straf*losigkeit*. Ferner ist zu beachten, daß innerhalb der Reihe, in welche sich Zwischenglieder einschieben, auch wieder kontradiktorische Gegensätze auftauchen können, wie sich z. B. der Unterschied von „schuldig" = erwiesenermaßen schuldig und „nicht schuldig" = nicht erwiesenermaßen schuldig als kontradiktorisch darstellt. Für uns tritt also die Kontrarietät nur dort zurück, wo das Gegensätzliche ein rein positiv Gegensätzliches ist.

Andererseits kann es dann ja auch sein, daß das in der Begriffswelt kontradiktorisch Gegensätzliche, wo also ein Begriff Negat eines anderen ist, sich logisch und sprachlich verhüllt. Während z. B. zwar dem Gebot rechts zu fahren das Gebot links zu fahren konträr entgegengesetzt ist, dieweil ja auch die Möglichkeit besteht, in der Mitte der Straße zu fahren und dies u. U. sogar geboten ist, wenn jemand in eine andere Straße einbiegen will, gibt es dem Gebot gegenüber, einem in Fahrt befindlichen entgegenkommenden Fahrzeug nach rechts auszuweichen, als Gegensatz nur das Gebot nach links auszuweichen (das z. B. teilweise im Auslande gilt); hier kann dann jeweils das eine Gebot als Negat des anderen angesehen werden im Hinblick auf die bloß zweigliedrige Alternative, daß man um ein anderes entgegenkommendes Fahrzeug nur rechts oder links herumfahren kann. Bei der Behandlung der Verkehrsunfallflucht durch § 142 StGB hat diese zweigliedrige Disjunktion aktuelle, ja sogar bis zu einem gewissen Grade praktische Bedeutung erlangt. Angesichts des Verbots, sich nach einem solchen Unfall nicht der Feststellung der rechtlich erheblichen Umstände (der Person usw.) „durch Flucht" zu entziehen, kurz gesagt: sich nicht vom Unfallort zu entfernen, hat man erwogen, daß dieses Verbot ebensowohl als Gebot, am Unfallort zu bleiben, aufgefaßt werden kann. So hat *Schmidhäuser*[22] ausgeführt: In § 142 ist „das Gebot, am Unfallort zu bleiben, identisch mit dem Verbot, vom Un-

[21] Siehe z. B. *Kroner*, Logos, Bd. XIII, 1925, S. 114.
[22] Juristenzeitung 1955, S. 433 ff., insbes. S. 435/36.

fallort wegzugehen". „Nur weil nicht-weggehen = da-bleiben und nicht-dableiben = weggehen ist, das Negativum des einen wie des anderen also durch ein Positivum ausgedrückt(!) werden kann, läßt sich das Gebot: dableiben! auch durch das Verbot: nicht-weggehen!... ausdrücken" (welche Konsequenzen daraus dogmatisch und praktisch gezogen werden können, ist hier nicht weiter zu verfolgen)[23]. Dabei muß man sich jedoch vergegenwärtigen, daß der verborgene kontradiktorische Gegensatz nicht unmittelbar auf logischen Erwägungen beruht, sondern nur bei Hinzutreten empirischer Feststellungen, die zu Disjunktionen (Alternativen) verarbeitet werden, als Tageslicht kommt. Primär sind Gegensätze wie rechts ausweichen und links ausweichen oder weggehen und dableiben wenn auch keine konträren Gegensätze (in Ermangelung eines Mittleren!), so doch Gegensätze mit positiven Gliedern, wo sich dann nur unter Zuhilfenahme weiterer Daten das eine Glied als Negat des anderen ergibt[24].

Eine empirische Frage, insonderheit eine Interpretationsfrage ist es dann weiter, ob das Präfix un- und das Sufix -los in einem rein negativen Sinne oder in einem mehr positiven Sinne gemeint sind, ob dabei konträre oder kontradiktorische Gegensätze angegangen werden. Zu „geschäftsfähig" und „zurechnungsfähig" stehen „geschäftsunfähig" und „zurechnungsunfähig" in einem konträren Gegensatz, sofern das Recht auch eine beschränkte Geschäftsfähigkeit oder eine verminderte Zurechnungsfähigkeit kennt, während natürlich „nicht-geschäftsfähig" und „nicht-zurechnungsfähig" kontradiktorisch entgegengesetzte Negate sind. Ob dann „geschäftsunfähig" und „zurechnungsunfähig" bereits mit positiven Gedanken wie z. B. „geistig gestört" verbunden sind, ist reine „Tatfrage", somit psychologische Frage. Die Begriffe „unverzüglich", „unbefugt" (§ 132 a StGB), „Unvermögen" (zur Leistung), „Zahlungsunfähigkeit", „Zeugungsunfähigkeit", „Unbescholtenheit", „Unehelichkeit" sind allesamt eigentlich negative Begriffe, doch schleicht sich gewiß meist auch etwas Positives ein. *Androulakis*[25] sagt: Jeder der Begriffe „zahlungsfähig"

[23] Zu alledem auch ausführlich *Androulakis*, a. a. O., S. 57 ff., bei dessen „komplexen Alternativen" es sich zum guten Teil um echte konträre Gegensätze handeln dürfte. Ein solcher dürfte beispielsweise auch bestehen zwischen dem Verbot: nicht weiterfahren! und dem Gebot: bremsen!, sofern mit dem letzteren die aktive Betätigung der Bremsvorrichtungen gemeint ist.

[24] Aus dem philosophischen Schrifttum wäre hier noch anzuführen *Bergson*, a. a. O., S. 296, der mit Recht betont, daß rein logisch „nichtfeucht" und „trocken" als Gegensätze zu „feucht" sehr wohl zu unterscheiden sind, obwohl faktisch jene erstgenannten Begriffe auf dasselbe zielen. Zur Relativität der Unterscheidung zwischen positiven und negativen Begriffen vgl. auch *Sigwart*, a. a. O., § 43, Ziff. 5, S. 380 und *Ziehen*, Lehrbuch, Lehrbuch der Logik, 1920, S. 551 f.

[25] A. a. O., S. 72.

und „zahlungsunfähig" bildet die Negation des anderen, so daß „kein logischer Grund dafür besteht, den einen zum wesentlich positiven oder negativen zu stempeln"; vom Standpunkt des Gläubigers aus besteht sogar die Neigung, „die Zahlungsunfähigkeit zum ‚Positiven' zu erheben". Wir fühlen uns hier daran erinnert, daß in der Geschichte der Philosophie öfters das Problem behandelt worden ist, ob bei solchen Gegensätzen wie Gerechtigkeit und Ungerechtigkeit, Endlichkeit und Unendlichkeit der erste oder der zweite Begriff den Vorrang hat, welcher der Begriffe eigentlich die Negation des anderen ist bzw. welcher Begriff eigentlich der negative ist. „So hat der Stoiker Chrysipp ... die Gerechtigkeit als Negation der Ungerechtigkeit, die Tapferkeit als Negation der Feigheit darzustellen versucht, und Descartes betrachtet das Endliche als Negation des Unendlichen"[26]. *Kahl-Furthmann* sagt: „Es läßt sich von diesen Begriffen nicht sagen, daß einer für den erkennenden Verstand ... der frühere sei, denn in dem einen Begriff ist immer der Sinn des anderen mitgegeben"[27].

Weiter: Die gerade im juristischen Sprachgebrauch auch häufigen Begriffe „Mangel", „Fehler", „Verlust", „Irrtum" und dergleichen mehr scheinen ebensowohl auf etwas Positives wie auf etwas Negatives hinzudeuten. Ist nicht der „Mangel einer Sache" etwas greifbar Positives (andererseits das verwandte „Fehlen einer zugesicherten Eigenschaft" doch eher etwas Negatives)? Bei der „Fahrlässigkeit" kommt es auf „Mangel an der erforderlichen Sorgfalt", bei der unbewußten Fahrlässigkeit auch auf „Irrtum" über die Folgen des Verhaltens an. Jener Sorgfaltsmangel scheint zwar etwas Negatives zu sein[28], aber er wird sehr präsent in stark überhöhter Geschwindigkeit eines PKW. „Irrtum" wiederum verstehen wir im allgemeinen als positives Auseinanderfallen von Vorstellung und Realität. Aber in der juristischen Definition der unbewußten Fahrlässigkeit tritt sie uns als bloßes „Nichtwissen" um den Kausalverlauf bzw. um die „zum gesetzlichen Tatbestand gehörenden Tatumstände" entgegen. „Verlust des Sehvermögens" (bei der Körperverletzung) ist soviel wie „Blindheit" und entsprechend „Verlust des Gehörs" soviel wie „Taubheit". Solche „privativen" Begriffe wurden schon oft von Logi-

[26] *Kahl-Furthmann*, a. a. O., S. 157. In Anm. 349 auf S. 158 daselbst findet sich auch ein Hinweis auf eine entsprechende Überlegung bei *Heidegger* (in „Kant und das Problem der Metaphysik", S. 236).

[27] A. a. O., S. 160. Vgl. auch *Burkamp*, Logik, 1932, § 162, der in Fällen kontradiktorischer Gegensäätzlichkeit, in denen das negative Glied sprachlich nicht mehr recht erkennbar ist, für „gleichgültig" erachtet, „welcher Begriff positiv und welcher negativ ist" (womit freilich die Negativität des einen Begriffs gegenüber dem anderen nicht in Frage gestellt wird).

[28] Vgl. dazu *Bolzano*, Wissenschaftslehre II, § 136, S. 48 f., und aus neuerer Zeit: *Androulakis*, a. a. O., S. 68, 77.

kern auf ihren eigentümlichen negativen oder positiven Charakter befragt[29]. Aber wie gern und leicht man hier auf einen positiven Gehalt hindeuten mag, so schwingt doch auf der anderen Seite die Negation stets mit.

Dennoch bleiben angesichts aller der im Vorstehenden geschilderten Ambiguitäten und auch angesichts der oben schon einmal erwähnten psychologischen Schwierigkeit, sich etwas Negatives „vorzustellen", die Fragen nicht aus, ob nicht die Negation in allen negativen Begriffen als nur scheinbar zu entlarven ist, ob sie sich nicht grundsätzlich umdeuten läßt in einen positiven Begriff, nämlich den der Verschiedenheit, der Andersheit, des Anderssein. Der Versuch, eine solche Reduktion durchzuführen, ist uralt. Man begegnet ihm schon bei Plato im „Sophistes". Ich zitiere aus diesem Dialog zwei Stellen aus dem 41. Kapitel in der Übersetzung von Otto *Apelt*: „Durchgehends bewirkt die Verschiedenheit zufolge ihres Wesens, daß jegliches von dem Seienden verschieden, also nicht seiend ist". „Wenn wir von Nichtseiendem reden, so meinen wir damit ... nicht ein Gegenteil des Seienden, sondern nur etwas davon Verschiedenes ... Wenn man also von der Verneinung sagt, sie bedeute das Gegenteil, so werden wir das nicht zugeben, sondern nur so viel, daß das vorgesetzte un- und nicht- auf etwas hinweise, was verschieden ist von den darauf folgenden Ausdrücken oder vielmehr von den Sachen, auf die sich die hinter der Verneinung folgenden Ausdrücke beziehen"[30]. Aristoteles scheint nach dem Zeugnis Heinrich *Maiers* dieser Auffassung nicht ferne gestanden zu haben: die Negation ist „die getreue Nachbildung eines realen Getrenntseins"[31]. Wir können aber die Geschichte dieses Austauschs der Negation gegen die „Verschiedenheit" hier nicht im einzelnen verfolgen. Wichtig ist nur die Feststellung, daß diese Lösung des Problems der Negation bis in die jüngste Zeit immer wieder begegnet. So sagt *Ziehen* in seinem Lehrbuch der Logik, das sich

[29] Siehe z. B. *Bolzano*, Wissenschaftslehre II, § 136, S. 48 (Blindheit = Abwesenheit des Sehvermögens bei ursprünglichem Vorhandensein des Sehorgans), *Sigwart*, a. a. O., § 22, Ziff. 13, S. 190/91, *Jevons*, a. a. O., S. 22 ff., insbes. S. 24 f. (bei privativen Begriffen ist „ein Ding einer Eigenschaft beraubt, die es früher besaß oder es zu besitzen fähig gewesen ist"), *Kahl-Furthmann*, a. a. O., S. 117 ff. („privatio est negatio in subjecto"), 155 ff., 196 ff., 514 f. Insgesamt dürfen wir zum Vorstehenden den Satz von *Bolzano*, Wissenschaftslehre I, § 89, Ziff. 4, anführen, daß „die gewöhnlichen sprachlichen Ausdrücke einer Vorstellung selten bestimmt genug sind, um aus ihnen allein sofort zu beurteilen, ob diese Vorstellung verneinend und von welcher Art der verneinenden Vorstellung sie sei". Vgl. zum Vorstehenden auch *Androulakis*, a. a. O., S. 56 f.; O. *Weinberger*, Rechtslogik, 1970, S. 159 f.

[30] Dazu auch C. *Ritter*, Platon Bd. II, 1923, S. 107 f., *Kahl-Furthmann*, a. a. O., S. 404 ff.

[31] H. *Maier*, Die Syllogistik des Aristoteles I, 1896, S. 129.

der negativen Begriffe mit besonderer Gründlichkeit annimmt: „Die Negation hat die ganz allgemeine Bedeutung des unbestimmten ‚anders als‘. Sie entspricht also der allgemeinen Verschiedenheitsvorstellung[32].“ Ferner erklärt Moritz *Schlick* in seiner bekannten Erkenntnislehre (1925): „Der Begriff der Verneinung kann vollständig durch den Begriff der Verschiedenheit ersetzt werden“; „‚A ist nicht B‘ und , A ist von B verschieden‘ bedeuten ein und dasselbe“[33]. Ebenso sagt Victor *Kraft* in seiner Erkenntnislehre (1960)[34]: „Mit der Negation wird die Verschiedenheit bezeichnet“. Und auch *Pichler* in seiner anregenden Studie „Vom Wesen der Verneinung“[35] sagt: Verneinung ist Scheiden, Unterscheiden, Erkenntnis des „Nichtsoseins“ (eventuell auch der Abgeschiedenheit als des Nichtdaseins)[36].

Vor allem ist in einem Dialog zwischen Heinrich *Rickert* und seinem Schüler Richard *Kroner*[37] die Möglichkeit der Auswechslung von Negation und Andersheit zur Sprache gebracht worden, worauf dann noch *Kahl-Furthmann*[38] und *Flach*[39] und auch *Androulakis*[40] eingegangen sind. In etwas widerspruchsvoller Weise hat *Rickert* die Andersheit (als Gegensatz zur Position) der Negation vorangehen lassen, obwohl er selbst erkannt hatte, daß das Andere der Negation gegenüber ein Plus enthält[41]. *Kroner* hat dem anscheinend mit Fug und Recht entgegengehalten, daß wenn im Anderen der Negativität noch etwas hinzugefügt wird, vorausgesetzt ist, daß die Negation der Andersheit vorangeht und nicht umgekehrt. *Kroner* sagt: „Erst muß doch das Ja und das Nein gedacht sein, ehe die Reflexion darüber einsetzen kann, daß beide voneinander verschieden sind“. *Kroner* faßt demgemäß die Kategorie der Negation als eine „Urkategorie“ auf[42]. Die Verschiedenheit, das Anderssein wurzelt in der Negation, es ist nicht umgekehrt. Also Verschiedenheit bedeutet soviel wie Nichtgleichheit, Gleichheit dann entsprechend negativ: Nichtverschieden-

[32] A. a. O., S. 543; vgl. auch S. 643, Abs. 3. *Wundt*, Logik Bd. I, 5. Aufl., 1924, S. 209 gelangt wenigstens für die verneinende Trennung zu demselben Ergebnis.

[33] A. a. O., S. 59.

[34] S. 147.

[35] Blätter für deutsche Philosophie Bd. 8, 1934/35, S. 201 ff.

[36] A. a. O. passim. An *Pichler* schließt sich *Androulakis*, S. 49 an.

[37] *Rickert*, Das Eine, die Einheit und die Eins, 2. Aufl., 1924, System der Philosophie, 1921, S. 50 ff., *Kroner*, Logos Bd. 13, 1925, S. 90 ff., namentlich S. 110 ff.

[38] A. a. O., S. 296, 320, 479/80.

[39] Negation und Andersheit, 1959, namentlich S. 31 ff. Dazu dann die Rezension von R. *Wiehl* in Philosophische Rundschau Bd. 10, 1962, S. 120 ff., namentlich S. 126 ff.

[40] A. a. O., S. 49 ff.

[41] Siehe System, S. 57/58.

[42] A. a. O., S. 111, 112; dazu *Flach*, a. a. O., S. 35.

heit, Negation der Andersheit[43]. Gleichheit und Verschiedenheit (Andersheit) sind einander korrespondierende logische Gegensätze: das eine jeweils die Negation des anderen![44]

Nehmen wir hierzu kurz Stellung, soweit dies für unseren Zusammenhang sinnvoll erscheint (da wir uns ja in die philosophischen Subtilitäten, wie sie gerade bei *Rickert, Kroner* und *Flach* infolge der Dialektik des „Einen" und des „Anderen" und vermittels des Rickert'schen „heterothetischen Prinzips" ins Spiel kommen, nicht verlieren können), so liegt es für den Juristen nahe, an den eben schon zur Sprache gekommenen Gegensatz von Gleichheit und Verschiedenheit anzuknüpfen, auf den er ja dank dem Grundsatz der Gleichheit vor dem Gesetz von einer ganz anderen Seite her stößt. Der Jurist ist gewohnt, diese Gleichheit zu verstehen als Nichtverschiedenheit im „Wesentlichen": was unter rechtlichem Blickpunkt nicht „wesentlich" verschieden ist, darf nicht verschieden behandelt werden. Andererseits steht nichts im Wege, „wesentlich" Verschiedenes unterschiedlich zu beurteilen und anzugehen (z. B. verschiedene Altersstufen). Der Gleichheitssatz verbietet, „daß wesentlich Gleiches ungleich, nicht dagegen daß wesentlich Ungleiches entsprechend der bestehenden Ungleichheit ungleich behandelt werde"[45]. „Sachverhaltlich Gleiches ist rechtlich gleich, sachverhaltlich Ungleiches (Verschiedenes) ist je nach seiner Eigenart rechtlich ungleich (unterschiedlich) zu behandeln"[46]. Gleichheit und Verschiedenheit stehen hier in einer bestimmten Korrelation, und zwar derart, daß normative Gesichtspunkte (im weiten Sinne) darüber entscheiden, ob das eine oder das andere vorliegt. Diese normativen Gesichtspunkte liefern uns also Maßstäbe und Kriterien, an Hand deren wir darüber befinden, ob wir Gleichheit oder Verschiedenheit bejahen oder verneinen sollen. Das eine oder das andere Ergebnis fällt dann gleichsam auf ähnliche Weise „in die Augen" wie Farbgleichheiten und Farbunterschiede bei Einsatz der Gesichtswahrnehmung. Ist es dann vielleicht nur noch eine Frage der Ausdrucksweise, ob wir im einen Falle (wesentliche) Verschiedenheit bejahen und Gleichheit verneinen oder im anderen Falle Gleichheit bejahen und Verschiedenheit verneinen? Mir will scheinen, daß es

[43] Über die Unterscheidung von Andersheit und „das Andere" als ein negativ bestimmtes Positives, das sich in der Anschauung einstellt, lese man *Kroner* selbst nach. Wir können und müssen darauf hier nicht eingehen. Siehe dazu auch *Flach*, a. a. O., S. 35 ff.

[44] Dagegen sieht *Bolzano*, Wissenschaftslehre I, § 89, Anm. 3 (S. 420) den Begriff der Gleichheit schlechthin als bejahend an.

[45] So bereits das Bundesverfassungsgericht in Bd. 1, S. 52.

[46] So die Formulierung von *Mangoldt-Klein*, Das Bonner Grundgesetz Bd. 1, 1957, S. 198.

nicht so ist, sondern daß in der Tat die Verschiedenheit ein gewisses Übergewicht bei der Beurteilung besitzt. Wir forschen zunächst nach Unterschieden und sprechen als gleich nur das an, was nicht wesentlich verschieden ist[46a]. Aber wie verhält sich dann die Verschiedenheit zur Negation? Stellen wir eine relevante Verschiedenheit fest, so meinen wir, daß in diesem oder jenem Punkte der eine Fall nicht so gelagert ist wie der andere. Verschiedenheit ist, wie es *Pichler* selbst fast unwillkürlich formuliert: Nicht-so-sein (oder auch — wovon wir jetzt absehen können —: Nicht-da-sein): Es ist nicht dasselbe, ob ein Kind oder ein Erwachsener eine bestimmte rechtlich relevante Handlung vornimmt (eine mit Strafe bedrohte Handlung begeht, eine Sache kauft). Die Verschiedenheit, die uns „in die Augen gesprungen" ist, halten wir als Nichtgleichheit bzw. als Nichtidentität sub specie des Vergleichsgesichtspunktes fest. So glaube ich, daß wird die Negation, den negativen Begriff des Nichtsoseins nicht entbehren können. Verallgemeinernd dürfen wir dann die These wagen: Eher führt der Begriff der Verschiedenheit seinem Bedeutungsgehalt nach auf den negativen Begriff des „Nicht-so-seins" als umgekehrt der Begriff des „Nicht-so-seins" auf den der Verschiedenheit[47]. Zum mindesten „artikuliert" sich logisch die Verschiedenheit erst in der Negation, in der negativen Abhebung des sich unter diesem oder jenem Gesichtswinkel Unterscheidenden vom Kontrastierenden[48].

Unter der Hand sind wir damit freilich schon vom negativen Begriff vorgedrungen zum negativen *Urteil*, zur verneinenden *Aussage*. Indem wir innerhalb der Welt der negativen Begriffe nicht noch nach

[46a] Hindeutungen auf diese Ansicht glaube ich jetzt auch zu finden in der soeben erschienenen Kommentierung des Art. 3 Grundgesetz von *(Maunz-)Dürig*. In Anm. 1 daselbst heißt es nämlich: „Denknotwendig enthält jede normative Gleichheitsaussage immer einen Vergleich von Verschiedenheiten ... Auch jeder verfassungsrechtliche Gleichheitssatz beruht gedanklich auf der Prämisse einer tatsächlich vorgegebenen Andersartigkeit."

[47] Ebenso *Kahl-Furthmann*, a. a. O., S. 479/80: „Der Gedanke des Andersseins impliziert den des Nichtseins ... Dagegen ist mit der Setzung des Nichtseins nicht auch bereits die des Andersseins gegeben." Im gleichen Sinne dann noch: A. *Meinong*, Über Annahmen, 1910, S. 13 ff. („Verschiedenheit auf Negation, nicht aber Negation auf Verschiedenheit zurückzuführen"! Man soll nicht „aus einem sozusagen lebendigen Urteil die Negation gleichsam heraus-interpretieren wollen".

[48] Zu einem ähnlichen Ergebnis scheint mir *Flach*, a. a. O., S. 37 u. zu gelangen, wenn er sagt, daß es zwar im ontischen Bereich Seiendes oder Positives gibt, daß aber im bestimmenden Denken die Negation ihr Recht gewinnt. Vgl. auch Th. *Lipps*, Logik, 3. Aufl., 1923, S. 33, § 63. Hier liegt dann auch die Wurzel des bekannten Satzes von *Spinoza:* „determinatio est negatio". Dazu z. B. *Bolzano*, Wissenschaftslehre I, § 89, Anm. 6, Sigwart, a. a. O., § 21, Ziff. 5, S. 174/75 (kritisch, aber wohl auch schon in Richtung des im Text Gesagten), *Kahl-Furthmann*, S. 123 ff., *Pichler*, S. 209. Bestimmung ist Abgrenzung, und Abgrenzung bedient sich der Negation.

weiteren Einzelheiten Umschau halten[49], wenden wir uns nunmehr den verneinenden Urteilen zu, ohne verkennen zu wollen, daß gewisse Negationen mit einem Januskopf gleichermaßen der Sphäre der Begriffe wie der der Urteile zugekehrt sind[50]. Das gilt z. B. für die limitativen Negationen, bei denen wir sogleich ansetzen wollen.

Bekanntlich hat schon *Aristoteles* in seiner Schrift Perihermenias (de interpretatione), Kap. 2,3 und 10 wie auch in den Analytika protera Kap. 46 die limitativen Negationen in der Weise eingeführt, daß er „nichtgerecht" von „nicht gerecht" unterschieden hat und demgemäß auch das Urteil: „X ist nichtgerecht" (ein bejahendes Urteil mit negativem Prädikat) abgehoben hat von dem rein negativen Urteil: „X ist nicht gerecht" (Aristoteles selbst bringt dieses Beispiel a. a. O. Kap. 10, sagt allerdings statt „X": „Mensch")[51]. Später haben dann einzelne wie *Hobbes* den Unterschied in der Weise zum Verschwinden gebracht, daß sie das negative Urteil („X ist nicht gerecht") ebenfalls als „propositio, cujus praedicatum es nomen negativum" ausgegeben haben[52]. Aber *Kant* hat dann dafür gesorgt, daß jene aristotelische Unterscheidung wieder zu Ehren gelangte, und zwar mit seiner Dreiteilung der Urteile (und entsprechend auch der Kategorien also der „reinen Verstandesbegriffe") der „Qualität" nach in „bejahende, verneinende, unendliche" Urteile (bzw. der Kategorien in „Realität, Negation, Limitation")[53]. Zwar erkennt er an, daß die limitativen Urteile in der allgemeinen Logik mit Recht den *bejahenden* beigezählt und „kein besonderes Glied der Einteilung ausmachen" würden. Aber für die transzendentale Logik sei der Unterschied doch erheblich, da für diese Art Logik der „Wert oder

[49] Ich denke hier etwa an die Unterscheidung total und partiell verneinender Begriffe. Dazu z. B. *Bolzano*, a. a. O., § 89, Ziff. 3 (S. 416 ff.), *Ziehen*, Lehrbuch der Logik, 1920, S. 543 ff., *Kahl-Furthmann*, a. a. O., S. 151 ff. (mit weiteren Nachweisen.)

[50] Julius *Bergmann*, Die Grundprobleme der Logik, 1895, S. 65 f., 75, will die Negation nur in Beziehung auf ein verneinendes *Urteil* zulassen, da es keine negativen „Bestimmtheiten" gebe, sondern nur positive Bestimmtheiten von Objekten, auf Grund deren Ausschließungen verneinend *ausgesagt* werden könnten. Man muß aber Objektsbestimmtheiten und Begriffsmerkmale auseinanderhalten. Mag es auch keine negativen Objektsbeschaffenheiten geben, so kann es doch negative Begriffe geben. Wie *Bergmann* auch *Sigwart*. Zu ihm mit Kritik: *Kahl-Furthmann*, S. 133/34, die überhaupt S. 128 ff. die negativen Begriffe verteidigt.

[51] Siehe dazu namentlich H. *Maier*, Die Syllogistik des Aristoteles I, 1896, S. 130 ff., *Ziehen*, Lehrbuch der Logik, 1920, S. 638, *Kahl-Furthmann*, a. a. O., S. 129 f., 388 bei und in Anm. 1093. (S. 387 ff. weiteres historisches Material!)

[52] De corpore, Buch I, Kap. 3, Nr .6. Dazu *Ziehen*, a. a. O., S. 640, der aber wohl nicht ganz zu Recht neben *Hobbes* an dieser Stelle *Bolzano* anführt. Vgl. auch B. *Erdmann*, Logik, 3. Aufl., 1923, § 419 (S. 498 f.).

[53] Kritik der reinen Vernunft, Analytik der Begriffe, Erstes Hauptstück.

Inhalt der logischen Bejahung vermittelst eines bloß verneinenden Prädikats" in Betracht zu ziehen sei. (*Kant* bringt das Beispiel der Bejahung dessen, daß die Seele nichtsterblich ist, womit die Seele in den „unbeschränkten Umfang der nichtsterbenden Wesen" gesetzt werde, womit nicht anderes gesagt sei, „als daß die Seele *eines* von der unendlichen Menge Dinge sei, die übrig bleiben, wenn ich das Sterbliche insgesamt wegnehme", und wobei nur „die unendliche Sphäre alles Möglichen insoweit beschränkt werde, daß das Sterbliche davon abgetrennt" sei.)

Schon *Hegel* hat gegen den Begriff des negativ-unendlichen Urteils polemisiert. Es sei nicht „deutlich, was es mit demselben für eine Bewandnis habe". „Beispiele von negativ-unendlichen Urteilen sind leicht zu haben, indem Bestimmungen zu Subjekt und Prädikat negativ verbunden werden, deren eine nicht nur die Bestimmtheit der anderen nicht, sondern auch ihre allgemeine Sphäre nicht enthält; also z. B. der Geist nicht rot, gelb usf., nicht sauer, nicht kalisch usf., die Rose ist kein Elefant, der Verstand ist kein Tisch und dergleichen". Solche Urteile seien, obwohl wahr oder richtig, doch „widersinnig und abgeschmackt"[54]. In der Tat wird man, wie auch in neuerer Zeit verschiedentlich bemerkt[55], vom limitativen Begriff und vom „unendlichen" Urteil einen sinnvollen Gebrauch nur dann machen können, wenn man vom Zusammenhang her dem negativen Gedankengebilde (sei dieses Begriff oder Urteil) einen bestimmteren Inhalt gibt als den „alles außer ...". Mag es auch einmal vorkommen, daß wir nur auf die Feststellung Wert legen, daß etwas jedenfalls „Nicht-Sache" oder „nicht-sterblich" ist und im übrigen offenlassen, in welchen begrifflichen Bereich das Betreffende gehört, so wird man doch zum mindesten stillschweigend unterstellen, daß dieses „Betreffende" (z. B. als Nicht-Sache) mit einem adäquaten begrifflichen Bereich in Verbindung gebracht wird. Wer sagt: Menschen

[54] Logik II (Ausgabe *Glockner*, Bd. V), 1928, S. 90. Vgl. auch *Lotze*, Logik, § 40 (Ausgabe *Misch*, S. 61/62), der das limitative Urteil ein „widersinniges Erzeugnis des Schulwitzes" nennt, sofern z. B. „Nicht-Mensch" nicht bloß Tier oder Engel, sondern auch Dreieck oder Schwefelsäure bedeuten solle.

[55] Z. B. *v. Fries*, System der Logik, 3. Aufl., 1837, § 26, S. 89 („gewöhnlich wird ein gewisser Geschlechtsbegriff vorausgesetzt, unter dem wir *einer* Artbestimmung ins Unbestimmte alle möglichen ihm disjunkten Artbestimmungen entgegensetzen"), *Sigwart*, a. a. O., S. 186/87 (man dürfe nicht vergessen, daß es verschiedene Kategorien gibt); *Wundt*, Logik, Bd. I, 5. Aufl., 1924, S. 130, 205 ff. (man müsse die Voraussetzung machen, daß der negative Begriff mit dem positiven, welcher negiert wird, unter einem und demselben allgemeineren Begriff enthalten sei; dazu mit Kritik: *Kahl-Furthmann*, S. 136 ff.); *Burkamp*, Logik, 1932, § 162, S. 98 („stillschweigend denkt man sowohl Prädikat wie Subjekt auf einen engeren Bereich eingegrenzt beim Urteil ‚a ist nicht grün'"; vgl. O. *Weinberger*, Rechtslogik, S. 159/60.

sollten rechtlich unbedingt als „Nicht-Sachen" angesehen werden und behandelt werden, der meint, daß sie nicht in den Bereich solcher Wesen wie Tiere oder (früher) Sklaven oder zeitweilig (zur Zeit der Entdeckung Amerikas) „Indios" eingebracht werden sollen, denkt aber nicht daran, sie etwa von Mineralien, Möbeln, Säuren fernhalten und unterscheiden zu wollen. Wer erklärt, daß Menschen nicht-unkörperliche Wesen sind, vergleicht sie wohl mit Gott und Engeln, nicht aber mit Zahlen und Ideen. Aber wie immer man hier dem „Unendlichen" Grenzen ziehen mag, die Möglichkeit, auf sinnvolle Art „limitative" Begriffe und Urteile zu bilden, besteht[56] mit der Maßgabe, daß bei ihnen nur die *Prädikate* negativ sind, nicht das Urteil im ganzen verneinend oder verneint ist. (Wie denn auch Urteile mit negativen *Subjektsbegriffen* gegenübergestellt werden können echten negativen Urteilen; z. B. „Nichtbeamte können Anstifter oder Gehilfen bei echten Amtsdelikten sein", oder: „Nichtbeamte können nicht Täter eines Amtsdelikts sein", wobei wir im einen Falle ein positives, im anderen Falle ein negatives Urteil mit negativem Subjektsbegriff vor uns haben).

Fragen wir aber nun, wie sich diese Unterscheidung zwischen (positiven) Urteilen mit negativen Begriffen einerseits und echten negativen Urteilen andererseits rechtlich oder juristisch auswirken mag, so hätten wir in der Sollenssphäre als solcher säuberlich zu unterscheiden zwischen dem Urteil: „A soll nicht b tun" und dem Urteil: „A soll nicht-b tun", in konkreter Ausfüllung zwischen den Urteilen: „A soll („muß") nicht von Rechts wegen bei dem vorliegenden Unglücksfall Hilfe leisten" einerseits und „A soll von Rechts wegen bei dem vorliegenden Unglücksfall Nicht-Hilfe an den Tag legen" andererseits. Dies letztere Urteil nun als affirmatives Urteil mit negativem Prädikat wird uns noch beschäftigen müssen. In erster Annäherung müssen wir es anscheinend als ein auf ein Unterlassen gerichtetes bejahendes Urteil auffassen, also etwa als Wiedergabe des Gebots, beim eingetretenen Unglücksfall „die Hände davon zu lassen" (wie A sich im übrigen betragen mag, bleibt dahingestellt).

Tatsächlich hat man denn auch in neuerer Zeit wiederholt den Unterlassungsbegriff als einen „limitativen Begriff" ausgegeben. *Welzel* z. B.[57] sagt: „es gibt keine Unterlassung ‚an sich', sondern nur die Unterlassung einer bestimmten Handlung. Unterlassung ist darum kein reiner Negations-, sondern ein ‚Limitationsbegriff': sie ist die Unterlassung einer dem Täter möglichen Handlung, die also der

[56] Abweichend *Lipps*, Logik, 3. Aufl., 1923, S. 32/33 (§ 62: das limitierende Urteil ist kein besonderes Urteil neben dem negativen Urteil).

[57] Das Deutsche Strafrecht, 11. Aufl., 1969, S. 200.

finalen Tatmacht ... untersteht". Armin *Kaufmann*[58] ist seinem Lehrer *Welzel* beigetreten mit der Maßgabe, daß er die „Handlungsfähigkeit" als das konstitutive Merkmal der Unterlassung herausstellt, wodurch diese zum „Limitationsbegriff" werde. Handelt es sich hier etwa um einen „Limitationsbegriff" im Sinne von *Kant*? Dies hat *Androulakis*[59] bezweifelt und er hat recht, wenn er à la *Hegel* und *Lotze* darauf hinweist, daß die Unterlassung „unmöglich etwa Stuhl oder Tugend" sei. Unterlassung sei also nur „limitiertes Verhalten", Limitation in dem Sinne, der *Tesar* vorschwebe, wenn er die tatbestandsmäßige Unterlassung (z. B. die Unterlassung der gebotenen Anzeige eines bevorstehenden Verbrechens; siehe jetzt § 138 StGB) interpretiere als jedes Verhalten außer ... (im Beispiel: außer der Verbrechensanzeige, im vorigen Beispiel: außer der Hilfeleistung); hier ergibt sich dann die Sinnhaftigkeit des limitativen Begriffs daraus, daß nur ein „*Verhalten*" gemeint ist. Offenbar liegt auf derselben Linie die Auffassung von *Welzel* und Armin *Kaufmann*, nur daß hier das Verhalten, außerhalb dessen die Unterlassung zu liegen kommt, noch mehr „begrenzt ist" (durch „finale Tatmacht" resp. durch „Handlungsfähigkeit"). Zugleich geht allerdings der limitative Charakter der Unterlassung (Unterlassen ist ein Verhalten bei finaler Tatmacht usw., das nicht das Tun von diesem oder jenem ist) über in den relativen Charakter der Unterlassung als „etwas Bestimmtes nicht-Tun". Insoweit scheint mir dann der spezifisch limitative Charakter unterzugehen, wenngleich die Negativität des Begriffs erhalten bleibt.

Mit dem letzten zeichnet sich schon ab, daß, wenngleich die limitativen *Urteile* als Urteile mit limitativen (und insofern: negativen) *Begriffen* angesehen werden können, so doch nicht *alle* Urteile mit negativen Begriffen (auch nicht alle Urteile mit negativen Prädikaten) als limitativ anzusehen sind[60]. Es gibt nicht nur limitative Urteile, bei denen das Urteil bejahend und das Prädikat negativ ist, sondern es gibt auch andere bejahende Urteile mit negativen Prädikaten (und auch mit negativen *Subjekts*begriffen; letztere heben sich sogar besonders klar ab von den eigentlich negativen Urteilen: das Urteil „Nicht-Zurechnungsfähige können einer Sicherungsmaßregel unterworfen werden" ist deutlich ein bejahendes Urteil, und so macht es auch kein Kopfzerbrechen, in dem Urteil „Nicht-Zurechnungsfähige können nicht bestraft werden" die Negation mit Bezug auf den Subjektsbegriff und die Negation, die diesem verneinenden Urteil als solchem

[58] Die Dogmatik der Unterlassungsdelikte, 1959, S. 49.
[59] A. a. O., S. 44.
[60] Vgl. *Wundt*, a. a. O., S. 207, Abs. 2 a. E.

anhaftet, voneinander zu trennen")[61]. Was aber die Unterscheidung limitativer Urteile als bejahender Urteile mit negativem Prädikat von anderen derartigen Urteilen betrifft, so wird sie allerdings dann schwierig und flüssig, wenn man, wie dies oben geschehen ist, beim limitativen Urteil eine bestimmtere Gattung hinzudenkt, innerhalb deren das: „alles außer..." einen konkreteren Inhalt gewinnt und so allein sinnvoll wird. Wodurch unterscheidet sich etwa das limitative Urteil: „Menschen sind Nichtsachen" von dem nicht eigentlich limitativen Urteil „Wer keine bestimmte Staatsangehörigkeit besitzt, ist staatenlos" oder : „Geisteskranke sind nicht zurechnungsfähig und nicht geschäftsfähig"? Die Frage kann hier nur aufgeworfen und der weiteren logischen Überlegung anheimgestellt werden.

Gehen wir nun davon aus, daß es neben bejahenden Urteilen mit negativen Begriffen (Subjekt- oder Prädikatsbegriffen) echte negative Urteile gibt, die an sich selbst (also nicht nur dank der in ihnen vorkommenden Begriffe) verneinend sind (was allerdings, wie wir schon gesehen haben, gelegentlich abgelehnt wird, z. B. von *Hobbes*), so müßten diese Urteile logischerweise die sog. „*Kopula*" verneinen. Dieser Ansicht huldigte nach H. *Maier* schon *Aristoteles*[62], und man begegnet ihr auch später immer wieder[63]. Dabei ist von einzelnen (z. B. *Sigwart*, dem sich *Erdmann* anschließt) betont worden, daß die Kopula nicht als verneinend, sondern als verneint aufzufassen sei, was aber auf Widerspruch bei *Kahl-Furthmann* gestoßen ist: die Kopula lasse sich nicht verneinen, ohne daß das ganze Urteil „vernichtet", „zerstört" werde, eher müsse sie schon selbst als verneinend betrachtet werden (was allerdings *Kahl-Furthmann* am Ende auch nicht akzeptieren will)[64].

Da es nun mit der Kopula überhaupt und ihrer Verbindung mit der Negation eine problematische Bewandtnis hat, wollen wir für das negative Urteil als solches lieber ausgehen von der Formulierung, daß

[61] Im übrigen möchte ich auf Urteile mit negativen Subjektsbegriffen nicht näher eingehen. Zu ihnen z. B. *Bolzano*, Wissenschaftslehre II, § 136, *Überweg*, Logik, 4. Aufl., 1874, § 69, *Sigwart*, a. a. O., § 20 Ziff. 3, *Lipps*, a. a. O., § 67, *Ziehen*, a. a. O., S. 638, *v. Freytag-Löringhoff*, Logik, 4. Aufl., S. 60 f.

[62] A. a. O., S. 132/3, ferner *Kahl-Furthmann*, a. a. O., S. 383.

[63] Siehe z. B. *Überweg*, a. a. O., § 69 (S. 169: „Die Negation, wodurch nicht ein einzelner Begriff im Urteil, sondern dieses selbst negativ wird, gehört der Copula zu"; dabei Hinweis auf die Scholastiker und *Wolff;* siehe auch betr. *Knauer* dass. S. 174); *Sigwart*, a. a. O., § 20, Ziff. 4 (S. 161/62; die Kopula „das Objekt der Verneinung"); *Erdmann*, a. a. O., S. 501 ff.; *Ziehen*, a. a. O., S. 638 („die Bejahung bzw. Verneinung bezieht sich stets und ausschließlich auf die Kopula"); *Pfänder*, Logik, 2. Aufl., 1929, S. 93, *v. Freytag-Löringhoff*, a. a. O.

[64] A. a. O., S. 385, 387, 495 ff.

in ihm das *Ganze* des Urteils verneint werde[65], was die Logistiker dadurch symbolisieren, daß sie einen Negationsstrich nicht über die einzelnen zum Urteil gehörenden Begriffe setzen, sondern über das Urteil insgesamt, so daß also scharf unterschieden wird zwischen „S ist non-p" oder „Non-S ist non-p" einerseits und „Non(S ist p)" andererseits[66]. Aber damit ist nur ein Ausgangspunkt gegeben, von dem her noch verschiedene Möglichkeiten der Interpretation des negativen Urteils offen bleiben. Wir können sie hier nicht ausführlich behandeln. Es ist auch schon von anderer Seite dergestalt geschehen, daß darauf verwiesen werden kann[67]. Von höherer (nur die gröbsten Umrisse ins Auge fassender) Warte aus gesehen kann man zwei Gruppen von Deutungen des negativen Urteils unterscheiden. Die eine Gruppe sieht dieses Urteil als zu einem vorgegebenen Satzinhalt hinzutretend und stellungnehmend an, mag dieser Satz nun ein Fragesatz sein (so *Bennecke* und *Lotze*[68]) oder eine „Annahme" oder ein „Gedanke"[69] oder eine Proposition"[70] oder — eine weit verbreitete Ansicht[71] —

[65] So schon *Bolzano*, a. a. O., § 136 (er sagt daselbst S. 45/46, „daß die Verneinung... sich auf den ganzen Satz selbst beziehe"). Aus neuerer Zeit vgl. H. G. *v. Wright*, On the Logic of Negation, S. 3.

[66] S. statt aller R. *Carnap*, Symbolische Logik, 1954, S. 8: das Negationszeichen entspricht „dem deutschen Wort ‚nicht', wobei jedoch zu beachten ist, daß es sich auf den ganzen Satz bezieht, während ‚nicht' meist auf einen Teilausdruck des ganzen Satzes bezogen ist".

[67] Siehe etwa *Sigwart*, a. a. O., S. 162 ff. in der Anmerkung, *Störring*, Logik, 1916, S. 74 ff., *Ziehen*, a. a. O., S. 640 ff., *Pfänder*, a. a. O., S. 96 ff.

[68] *Bennecke*, System der Logik, Bd. I, 1842, S. 141 („Beziehung auf ein bejahendes Urteilsverhältnis zwischen denselben Bestandteilen ... sei es, daß uns jemand darum *gefragt* ..."), *Lotze*, Logik, Ausgabe *Misch* (auf der Grundlage der 2. Aufl. von 1880), 1928, § 40, S. 61 („Eine bestimmte Beziehung zwischen S und P ... denken wir uns ... als einen noch *fraglichen* Gedanken ausgedrückt; diese Beziehung bildet den Gedankeninhalt, über den zwei entgegengesetzte Nebenurteile gefällt werden; das eine affirmative gibt ihm das Prädikat der Gültigkeit oder der Wirklichkeit, das andere negative verweigert sie ihm ... Gültigkeit oder Ungültigkeit ... sind als sachliche Prädikate zu betrachten, die von dem ganzen Urteilsinhalte als ihrem Subjekte gelten").

[69] Vgl. G. *Frege*, Die Verneinung, Beiträge zur Philosophie des deutschen Idealismus, Bd. I, 1918/19, S. 143 ff. (jetzt wieder abgedruckt in Logische Untersuchungen, 1966, S. 54 ff.).

[70] *Juhos*, Der „positive" und der „negative" Aussagengebrauch, Studium generale 1956, S. 78 (Proposition = „die Bedeutung eines Satzes, gleichviel ob er wahr oder falsch ist".

[71] Allerdings mit vielen Spielarten. Dazu ausführlich *Kahl-Furthmann*, S. 368 ff. Hier nur einige Belege: *Sigwart*, a. a. O., § 20 (S. 158) sagt: „Objekt einer Verneinung ist immer ein vollzogenes oder versuchtes Urteil, und das verneinende Urteil kann also nicht als eine dem positiven Urteil gleichberechtigte und gleich ursprüngliche Spezies des Urteils betrachtet werden" (dazu dann nähere Ausführungen, wobei charakteristisch ist, daß, wie schon oben vermerkt, die Kopula nicht verneinend, sondern verneint ist. Auch wagt *Sigwart* bereits die Formulierung:

ein perfektes positives (womöglich schon ausdrücklich *bejahendes*) Urteil in Gestalt einer Behauptung bzw. einer Überzeugung[72] oder wenigstens Vermutung. Die andere Gruppe läßt das verneinende Urteil als dem bejahenden „koordiniert“ wie dieses unmittelbar auf einen Sachverhalt zielen, indem die Vertreter dieser Gruppe das Urteil über einen „negativen Sachverhalt“ oder über eine Diskrepanz, eine Trennung, eine Disparität, eine Verschiedenheit, ein Auseinanderfallen der in ihm (dem Urteil) auftretenden Begriffe, ein „die Prädikatsbestimmtheit von dem Subjektsgegenstand abspreizende oder abweisende Hinbeziehung“ aussagen lassen[73]. Es ist schwer zu entscheiden, welche dieser Gruppen das Richtige trifft. Jede hat gegen die andere beachtliche Einwendungen, worüber man sich bei den

„Das Urteil A ist nicht B“ bedeutet soviel als: „Es ist falsch ..., daß A B ist“); an *Sigwart* schließt sich übrigens an: *Bergson*, a. a. O., S. 291 ff.; *Erdmann*, a. a. O., §§ 419 (S. 500/501), 420 (S. 503); er sagt: die Verneinungen sind „den Bejahungen nicht koordiniert, sondern Beurteilungen“. „Die Verneinung ist ... kein elementares Urteil, sondern ein Urteil *über* ein Urteil, dessen Subjekt das versuchte bejahende, dessen Prädikat der Ausdruck der Falschheit dieser bejahenden Aussage ist“; *Geyser*, Grundlagen der Logik, 1909, S. 150 f. („Bejahung und Verneinung die Beurteilung eines Urteils ... Ausdruck für den Akt der Stellungnahme zu einem Urteil“); *v. Freytag-Löringhoff*, a. a. O. (die Verneinung der Kopula „weist den Wahrheitsanspruch des entsprechenden positiven Urteils zurück, erklärt dieses für unwahr ... ist damit positives Urteil über ein Urteil“). Die von *v. Wright*, a. a. O. gemachte Unterscheidung von „falsch“ und „bloß nicht wahr“ („strong negation“ und „weak negation“) lassen wir auf sich beruhen.

[72] Mit dem letzteren Zusatz soll der Reinach'schen Unterscheidung zwischen Behauptung und Überzeugung beim Urteil Rechnung getragen werden, siehe *Reinach*, Zur Theorie des negativen Urteils, Lipps-Festschrift, 1911, S. 196 ff.

[73] Beispiele: *Überweg*, a. a. O., § 69 (S. 168 ff.): Verneinung ist „Bewußtsein der Abweichung der Vorstellungskombination von der Wirklichkeit“; *Drobisch*, a. a. O., § 40 (S. 46): die Kopula ist die Form der Aussage, die „entweder eine bejahende oder verneinende ist, das Prädikat dem Subjekt beilegt oder abspricht“; danach wird noch gesagt, daß man unter der „Verknüpfung“ (durch die Kopula) auch die „Trennung“ zu verstehen habe; *Jevons*, a. a. O., S. 64: das verneinte Urteil „behauptet einen Unterschied oder Widerspruch“; *Ziehen*, a. a. O., S. 643: „Bei dem affirmativen Urteil wird die Gleichheit, bei dem negativen Urteil die Verschiedenheit der Koeffizienten ausgesprochen“ (vgl. damit die bereits oben angeführten Formulierungen von *Schlick* und *Kraft*); *Höfler*, Logik, 2. Aufl., 1922, S. 439 (Bejahung und Verneinung „zwei ursprüngliche, koordinierte Klassen von Urteilsakten“); *Pfänder*, a. a. O., S. 224 ff., von welchem die oben im Text wörtlich angeführte Formulierung stammt. Die Lehre vom verneinenden Urteil als der Überzeugung und Behauptung betr. einen negativen Sachverhalt findet man bei *Reinach*, a. a. O., S. 196 ff. (insbes. S. 231 ff.), wobei auf die Einzelheiten nicht eingegangen werden kann. Hierzu wieder *Kahl-Furthmann*, a. a. O., S. 441 ff. und zum Ganzen daselbst S. 366 ff., 403 f., 424 ff., 489 ff.; *Kahl-Furthmann* erkennt den negativen Sachverhalt als Korrelat negativer Urteile an (z. B. a. a. O., S. 498 f., 503; zusammenfassend S. 504/05).

zitierten Schriftstellern unterrichten kann[74]. Es muß mit der Möglichkeit gerechnet werden, daß für gewisse negative Urteile die eine Ansicht, für gewisse andere negative Urteile die andere Ansicht den Vorzug verdient, ja daß wir u. U. mit mindestens drei Arten von Verneinungen bei Urteilen rechnen müßten: Verneinungen, die sich im negativen Urteil nur auf den Subjektsbegriff oder Prädikatsbegriff beziehen, Verneinungen, welche bei der Kopula ansetzend etwas über einen negativen Sachverhalt vermerken, eventuell über die Beziehung zwischen Subjekt und Prädikat aussagen, und schließlich Verneinungen, die etwas über die Wahrheit bzw. Unwahrheit aussagen, nämlich daß die verneinte Aussage unwahr (falsch) sei. Obwohl die letzte Deutung vielleicht dem psychologischen Befund beim Urteil etwas Gewalt antut, ist sie doch diejenige, die am ehesten dem logischen Gehalt, seinem „Wahrheitswert" und seinen möglichen logischen Konsequenzen gerecht wird; wobei freilich nicht etwa die Negation als solche ausgeschieden, sondern nur mit der Wahrheit der Aussage in engere Beziehung gesetzt wird (denn „Unwahrheit" ist ja gleichbedeutend mit der Verneinung der Wahrheit). Indem wir uns jedoch einer endgültigen Entscheidung in diesem Konfliktsbereich enthalten, wenden wir uns der in unserem Zusammenhang maßgeblichen Frage zu, welche Rolle negative Urteile in der Jurisprudenz spielen.

Da stoßen wir vor allem auf zwei Arten negativer Urteile: einmal negative Subsumtionsurteile und negative Subordinationsurteile[75], d. h. Urteile, die entweder die Subsumierbarkeit eines konkreten (Lebens-) Sachverhalts bzw. einzelner Umstände desselben unter den Tatbestand (bzw. unter dieses oder jenes „Tatbestandsmerkmal") einer gesetzlichen Vorschrift ablehnen oder die Subordinierbarkeit ganzer (mit Artbegriffen erfaßter) Fall*gruppen* unter den Tatbestand usw. bestreiten. Negative Urteile der einen oder anderen Art können nach dem zuvor Gesagten logisch die Gestalt annehmen: es ist falsch, mit Bezug auf den Sachverhalt (bzw. einzelne Umstände desselben) oder mit Bezug auf so oder so gelagerte Fälle im allgemeinen auszusagen, daß darin gesetzliche Tatbestandsmerkmale der Rechtsnorm RN verwirklich seien. Auf der anderen Seite haben wir es dann mit nega-

[74] Z. B. bei H. *Maier* in *Sigwart*, Logik, 4. Aufl., S. 162 ff. Anm. (später auch in „Wahrheit und Wirklichkeit" Bd. I, S. 166 ff.); *Erdmann*, a. a. O., S. 502 ff.; *Wundt*, a. a. O., S. 201 ff.; *Ziehen*, a. a. O, S. 640 ff.; *Pfänder*, a. a. O., S. 97 ff.; *Kahl-Furthmann*, a. a. O., S. 380 ff. Sehr beachtenswert auch *Juhos*, a. a. O., S. 78 ff., der die Ausdrücke „non-p" und „p ist falsch" zwar auseinanderzuhalten gebietet, aber die Möglichkeit der definierenden Zuordnung der beiden Ausdrücke einräumt.

[75] Sie dürften ungefähr entsprechen den von *Wundt* ausführlicher behandelten „negativ prädizierenden Urteilen". Siehe Logik I, 5. Aufl., 1924, S. 205 ff. Zur Unterscheidung von Subsumtion und Subordination vgl. meine Logischen Studien zur Gesetzesanwendung, 3. Aufl., 1963, S. 23 f.

tiven Sollensurteilen zu tun, die erklären, daß ein bestimmtes Sollen als *Rechtsfolge* in abstracto oder in concreto nicht in Betracht komme.

Hier möchte ich mich etwas näher nur noch mit den letzteren befassen, weil wir erneut auf den Dualismus von negativem Sollen einerseits und negativem Sollens*urteil* andererseits stoßen, welch letzteres den Bestand eines Sollens leugnet, ein nicht existentes Sollen *feststellt* oder auch erklärt: „es ist *falsch*, daß ein Sollen dieses Inhalts besteht". Wir sahen ja schon, daß Ota *Weinberger* es für unstatthaft erklärt, aus einem negativen Sollen als solchem, d. h. aus der Nichtexistenz eines bestimmten Sollsatzes (z. B. aus der Nichtexistenz einer Pflicht zur Anzeige eines bereits begangenen Verbrechens) etwas abzuleiten, während aus der Negation (der Unwahrheit (= Falschheit)) einer *Aussage* (eines „Urteils" im logischen Sinne) geschlossen werden kann auf die Wahrheit der Aussage mit kontradiktorisch entgegengesetztem Prädikat (aus „non (S ist P)" folgt „S ist non-P", wobei dahingestellt bleibt, ob „non-P" limitativ oder sonstwie negativ gemeint ist). Nehmen wir als konkretes juristisches Beispiel das negative Subsumtionsurteil: „Es ist nicht wahr, daß A voll geschäftsfähig ist", so folgt daraus, daß A „nicht-voll-geschäftsfähig ist"[76]. Nun ist aber eine *Aussage* die das Nichtbestehen eines Sollens feststellt (also z. B. die Nichtexistenz einer Anzeigepflicht), ein echtes Urteil (nach *Weinberger* eine „Metaaussage" über den Sollsatz), aus dem man muß folgern können, daß ein kontradiktorisch entgegengesetztes Sollen besteht (es besteht eine Nichtanzeigepflicht). Nimmt man dann noch hinzu, daß doch dieses negative juristische Sollensurteil (das die Nichtexistenz des Sollens: der Anzeigepflicht feststellt) in Korrelation steht zu dem negativen Sollen selbst, ja dieses (wenn man so will: als „negativer Sollenssachverhalt") nur urteilend herausstellt, so ergibt sich die merkwürdige Lage, daß aus dem negativen Sollen als solchem das nicht abgeleitet werden kann[77], was sich aus dem dieses negative Sollen feststellenden

[76] Vorausgesetzt ist anscheinend von Ota *Weinberger*, daß es sich bei der Negation des Urteils „S ist P" nicht um ein allgemeines Urteil von der Art „non (*alle* S sind P)" handelt. Denn aus diesem Urteil ... kann bekanntlich nicht geschlossen werden: „alle S sind non-P", sondern nur „einige S sind non-P". Demgemäß gehen wir auch im Text von einem singulären Urteil aus.

[77] Genauer: „non (Du sollst das Verhalten V!)", ergibt nicht: „Du sollst non-V!" (= die Unterlassung von V!), vielmehr ist gleichermaßen möglich: „Du sollst non-V!" und „Du sollst nicht non-V!", ausgeschlossen ist nur (als Widerspruch): „Du sollst V!". Andererseits ist gestattet der Schluß aus „Du sollst non-V!" auf „non (Du sollst V!)" alles dies nach *Weinberger*, a. a. O., S. 127 ff. Ob *v. Wright*, a. a. O., S. 26/7 die gleichen Unterscheidungen im Auge hat, ist mir nicht klar ersichtlich.

negativen Sollens*urteil* sehr wohl ableiten läßt. Ist das nicht widerspruchsvoll?

Machen wir uns die Situation nochmals an unserem Beispiel klar! Aus der Negation der rechtlichen Anordnung: „Du (A) sollst Anzeige erstatten!" (ein solches Sollen „gilt nicht") darf nicht gefolgert werden: „Du (A) sollst nicht anzeigen!" (also „Du sollst Dich jeder Anzeige enthalten!", Du „darfst nicht" anzeigen!). Dagegen aus der *Aussage*: „A soll (nach der Rechtsordnung R) nicht Anzeige erstatten" (= „es ist nicht wahr, daß A nach der Rechtsordnung R Anzeige erstatten soll") kann sehr wohl abgeleitet werden, daß A nach dieser Rechtsordnung „nichtanzeigen" soll. Indessen dürfte der für das Sollensurteil charakteristische Zusatz „nach dieser bestimmten Rechtsordnung R" einen Fingerzeig für die Behebung der Aporie geben. Denn das zuletzt (in einem Sollensurteil mit negativem Prädikat) festgestellte Nichtanzeigensollen besagt nur, daß die konkrete Rechtsordnung die fragliche Anzeige nicht-gebietet. Dabei bleibt ganz offen, ob eine solche Anzeige etwa nach derselben Rechtsordnung erlaubt ist oder geradezu (als mißbilligte Denunziation) verboten ist, desgleichen, ob etwa nach einer *anderen* Rechtsordnung oder aus *moralischen* Gründen (aus Gründen der Loyalität) die betreffende Anzeige (nach begangenem Verbrechen) geradezu geboten ist. Wenn wir dagegen den (nach *Weinberger*) unzulässigen Schluß ziehen von dem rechtlichen Nichtgesolltsein der Anzeige auf das Gesolltsein einer Nichtanzeige, erschließen wir etwas in der Prämisse in der Tat logisch nicht Enthaltenes, nämlich eine Anordnung, die auf *Unterlassung* einer Anzeige gerichtet ist (es ist verboten, anzuzeigen = „Du darfst nicht anzeigen!"). Wenn wir uns dann (in Parallele zu dem negativen Sollensurteil, das mit der Angabe einer bestimmten Rechtsordnung versehen ist) einen irgendwie personifizierten Gesetzgeber hinzudenken, was wir bei einem imperativischen „Du sollst!" gewöhnlich verabsäumen, so wird erst recht offenbar, daß wir aus der Verneinung (wie wir nun ohne weiteres sagen dürfen:) der „Gültigkeit" eines Sollens nicht herauslesen dürfen ein gar nicht ergangenes Verbot, also aus der Ungültigkeit des Anzeigegebots nicht herauslesen dürfen ein Anzeigeverbot. Diese Schlußfolgerung ziehen wir ja auch nicht bei der Ableitung des *Urteils* (der *Aussage*): „A soll nach dieser Rechtsordnung nichtanzeigen", aus dem Urteil: „es ist nicht wahr, daß A nach dieser Rechtsordnung anzeigen soll". Man muß nur das abgeleitete Urteil richtig verstehen, nämlich als die Feststellung, daß diese Rechtsordnung Nichtanzeige als negativen Sollenssachverhalt enthält, beileibe nicht, daß diese Nichtanzeige für geboten erklärt wird (die Anzeige verbietet und nicht erlaubt). Aus dieser Sicht konvergieren dann sehr wohl das rechtliche Sollen als solches und das darauf bezügliche juristische Sollensurteil.

Damit sind wir bereits eingetreten in die Lehre von den Schlußfolgerungen. Vielleicht erwartet man, daß zu den Negationen in der Lehre vom Schluß an dieser Stelle noch mehr beigesteuert werde. Dies ist nun nicht nur aus Raumgründen unmöglich, sondern auch nicht nötig, da Negationen mit Bezug auf (aussagen- oder normologische) Schlüsse entweder bedeuten können: Abweisungen von Schlußfolgerungen als logisch unstatthaft oder Schlüsse aus negativen Prämissen. Für jenes können wir uns begnügen mit den zuletzt gemachten exemplarischen Darlegungen[78], für dieses aber wäre zu sagen, daß wir damit wieder einbiegen in die Lehre von den negativen Urteilen, mit der wir uns ja — gewiß auch nicht erschöpfend — doch genugsam befaßt haben.

Im ganzen war uns ja nur daran gelegen, für die Rechtstheorie, für die wir bei Heinrich *Henkel*, dem Rechtsphilosophen und „Nicht-nur-Juristen", stets ein waches Interesse voraussetzen dürfen, ein — wenigstens in deutschen Landen — verhältnismäßig wenig beackertes Feld anzupflügen.

[78] Weitere Beispiele für zulässige und unzulässige (widerspruchsvolle) Schlüsse bei O. *Weinberger*, Rechtslogik, S. 208, 211 ff., 218 ff.

Gesamte Strafrechtswissenschaft

WERNER MAIHOFER

I.

Der Umbruch vom klassischen Vergeltungsstrafrecht zum modernen Resozialisierungsstrafrecht, wie er sich im vergangenen Jahrzehnt auch in unserem Lande vollzogen hat, ist praktisch wie theoretisch weithin noch unbewältigt. Zwar ist das reformerische Programm Franz von *Liszts* nach dem Leitsatz: „Die Tat ist des Täters!" inzwischen in entscheidenden Einzelhinsichten gesetzgeberische Realität. Doch bleibt die hiernach geforderte Neubesinnung auf eine als zugleich Norm- und Sozialwissenschaft begriffene und betriebene *Gesamte Strafrechtswissenschaft* nach wie vor unerfülltes Postulat. Noch immer stehen Strafrechtsdogmatik und Kriminalpolitik, Kriminologie und Poenologie als Wissenschaften für sich nahezu unverbunden nebeneinander.

Dieser unbefriedigende Entwicklungsstand hat mehrfache Gründe. Zum einen Gründe, die im derzeitigen Stande der *Dogmatik des Strafrechts* (I.), im bisherigen „monistischen Verbrechenssystem", selbst liegen. Zum anderen Gründe, die mit der hierbei bis heute stillschweigend vorausgesetzten *Struktur des Strafrechtssatzes* als „hypothetisches Urteil" (II.) und der daraus folgenden Konzeption der Strafrechtswissenschaft als Normwissenschaft zusammenhängen.

In der *Dogmatik des Strafrechts* herrscht bis heute das dreigliedrige, einseitig auf die *Tat* bezogene *monistische Verbrechenssystem* von Tatbestandsmäßigkeit, Rechtswidrigkeit und Schuld vor, dem nicht nur die gleichgewichtigen Ansatzpunkte für die Einbringung all der auf den *Täter* bezogenen Feststellungen und Wertungen auf der Ebene des Unrechts wie der Schuld fehlen, sondern damit auch die Ausgangspunkte für eine Verklammerung dieser *Systematik des Straftatbestandes* (Straftatsystem) mit der *Systematik der Straffolge* (Strafzumessungssystem), in all ihren normativen und faktischen Aspekten, wie sie erst im Gesamtzusammenhang von Strafrechtsdogmatik und Kriminalpolitik, Kriminologie und Poenologie wissenschaftlich faßbar werden.

Gesamte Strafrechtswissenschaft setzte demgegenüber eine Strafrechtsdogmatik voraus, die bei der Anwendung der Straftatbestände und Zumessung der Straffolgen *Tat und Täter* in all den für die Erfüllung des *Zweckprogramms eines Resozialisierungsstrafrechts* entscheidenden realen und personalen, sozialen und normativen Aspekten und Dimensionen der *„Tätertat"* erfaßt.

Zwar ist die Einsicht heute allgemein, daß es mit dem bisherigen „Flickenteppich" von Einschüben und Anfügungen zum klassischen Verbrechenssystem nicht mehr bewenden kann. Dennoch steht ein überzeugender Neuentwurf in der schon von *Kantorowicz* und *Radbruch* gewiesenen Richtung eines *dualistischen Verbrechenssystems* bis heute aus.

1.

Dieses neue dualistische *Straftatsystem* und zugleich *Strafzumessungssystem* ist jedoch nicht, wie noch *Radbruch* meint, dadurch zu erreichen, daß man diesen Dualismus gleichsam vertikal in das Straftat- und Strafzumessungssystem hineinträgt und so die Ebene des *Unrechts* als bloße Zurechnung der Tat (des „Verbrechens"), die Ebene der Schuld dagegen als Zurechenbarkeit des *Täters* (des „Verbrechers") auffaßt. Ein solcher *vertikaler Dualismus* von Tat und Täter gelangt aus der Sackgasse des klassischen Verbrechenssystems mit seiner Dreigliederung in *Tatbestandsmäßigkeit:* als gesetzliche Umschreibung der *Tat des Täters, Rechtswidrigkeit:* als *Urteil über die Tat*, und *Schuld:* als *Vorwurf gegen den Täter*, nicht heraus.

Mit der Entdeckung „subjektiver Unrechtselemente", aber auch personaler Unrechtsmerkmale, normativer Schuldmerkmale, aber auch „objektiver Schuldelemente" wurde die Verschränkung von realen und personalen Aspekten in Unrecht und Schuld offenkundig.

Ihr vermögen wir in der *Systematik des Straftatbestandes* auf seinen beiden Ebenen des *Unrechts* wie der *Schuld* wie in der hierauf aufbauenden *Systematik der Strafzumessung* auf den beiden Ebenen der *Strafbarkeit* (der Tat) wie der *Strafwürdigkeit* (des Täters) nur in einem Straftatsystem und zugleich Strafzumessungssystem Rechnung zu tragen, das in Art eines *horizontalen Dualismus* aufgebaut ist, und das so *Tat und Täter* auf allen Ebenen von Handlung, Unrecht, Schuld und Strafe zum Tragen bringt.

Das gilt schon für die *Handlung*, in der es nicht nur darum geht, die realen Elemente anzugeben, die eine solche für das Strafrecht relevante *Tat* eines Menschen von irgendeinem Geschehen der Natur unterscheiden, ob man diesen *realen Aspekt* nun mit Kriterien wie: Verhalten eines Menschen gegenüber der Außenwelt mit Folgen für Andere, d. h. als „Verhalten zur sozialen Außenwelt" (E. *Schmidt*), mit „berechenbar sozial erheblichen Folgen" (*Engisch*) oder wie immer umschreibt. Immer bedarf es schon hier auch der Abgrenzung unter einem zweiten *personalen Aspekt* im Blick auf den *Täter* dieser Tat; im Hinblick also darauf, ob das Tatgeschehen überhaupt innerhalb der menschenmöglich voraussehbaren und beherrschbaren Folgen für Andere lag oder nicht, also *Tathandlung* auch im strafrechtlichen Sinne war oder nicht, d. h. *ein für Menschen beherrschbares Verhalten mit voraussehbarem Erfolg für Andere.*

Demselben *horizontalen Dualismus* begegnen wir auch auf den Ebenen von *Unrecht* und *Schuld.*

Auch hier treffen wir schon im *Unrecht* auf *reale Aspekte* der Tat, die deren *Erfolgsunwert als Interessenverletzung* konstituieren. Dazu gehören nicht nur die sogenannten objektiven Merkmale des *Unrechtstatbestandes* (objektive Unrechtselemente), sondern, entgegen einem verbreiteten Vorurteil, auch die subjektiven Merkmale des Unrechtstatbestandes (die sog. subjektiven Unrechtselemente). Dient der mit ihnen vollzogene Rückgriff auf die einer Tat zugrunde liegende „Absicht" bei den Absichtsdelikten, aber auch auf den „Entschluß" bei allen Versuchstaten doch der Extrapolation des Erfolgsunwertes der Tat als eine bestimmte Interessenverletzung, wann immer diese Absicht „in die Tat umgesetzt", dieser Entschluß „zur Ausführung gelangt" wäre.

Wobei es schon für das Unrecht der *Absichtsdelikte* nach neueren Überlegungen allein darauf ankommt, worauf diese Absicht, wäre sie verwirklicht worden, vom Sozialstandpunkt der Anderen her betrachtet, in ihrer objektiven Bedeutung tatsächlich hinausläuft; nicht jedoch darauf, ob der Täter sie von seinem Individualstandpunkt in ihrer Bedeutung, etwa als rechtswidrige Zueignung in § 242 StGB, richtig gedeutet hat.

Nicht anders bei den *Versuchstaten*, wo es im Unrecht ebenso auf das „subjektiv Gewollte in seiner objektiven Bedeutung" vom Sozialstandpunkt der Anderen ankommt; und erst in der Schuld darauf, wie der Täter diese seine Tat in ihrer Bedeutung in Wissen und Wollen erfaßt hatte.

Aus denselben Gründen geht es für das Unrecht der *Vorsatztaten* allgemein ausschließlich darum, ob der Täter mit seiner Tat, so wie sie in ihrer objektiven Bedeutung vom Sozialstandpunkt der Anderen sich darstellt, einen gesetzlichen Tatbestand verwirklicht hat, wobei es für diese Betrachtung als Unrecht zunächst nicht darum geht, von welchem inneren Wissen und Wollen (Vorsatz) diese äußere Tat getragen ist. Dieser Rückgriff auf das innere Wissen und Wollen und damit auch auf die subjektive Bedeutung, die diese Tat vom Individualstandpunkt des Täters her betrachtet hat, ist eine Frage erst der Schuld. Auch und gerade wenn das innere Wollen sich in eine äußere Tat übersetzt und umgesetzt hat, tritt es, zumindest für die

Unrechtsbetrachtung vom Sozialstandpunkt der Anderen her, hinter die im äußeren Tatgeschehen liegenden Bedeutungen zurück. Bleiben hier bei mehrfacher Bedeutung Zweifel, welche der Taten der Täter tatsächlich bewußt und gewollt (vorsätzlich) verwirklicht hat, dann erfolgt diese Auswahl aus mehreren möglichen Bedeutungen endgültig erst mit der Feststellung entsprechender Schuld im Schuldtatbestand. Demgegenüber hat die sogenannte finale Verbrechenslehre diese verschiedenen Gesichtspunkte der Deutung eines Tatgeschehens in Unrecht und Schuld schon bei den Absichtsdelikten wie bei den Vorsatztaten überhaupt miteinander vermengt und damit die Strafrechtsdogmatik zunächst auf einen Irrweg geführt.

Schon im Unrecht und nicht erst in der Schuld, wie die klassische Verbrechenslehre annahm, stoßen wir aber auch auf personale Aspekte der „Tätertat": auf nicht nur subjektive, sondern personale Unrechtselemente, welche nicht im Unrechtstatbestand, sondern im *Unrechtsvorwurf* relevant werden. Bei ihnen geht es nicht mehr um bloße *Zurechnung einer Tat* in Hinsicht auf ihren Erfolgsunwert als tatbestandsmäßig umschriebene Interessenverletzung, sondern um den *Vorwurf gegen den Täter*, eine in ihrem *Verhaltensunwert als Normverletzung* zu mißbilligende Tat begangen zu haben. Alle bei den Pflichtdelikten uns begegnenden sogenannten besonderen Rechtspflichtmerkmale, aber auch alle bei den Fahrlässigkeitstaten zu prüfenden allgemeinen Pflichtmerkmale, bezogen auf die nach der jeweiligen sozialen Rolle und Lage des Täters objektiv gebotene und mögliche Sorgfalt eines „ordentlichen Kraftfahrers", „ordentlichen Arztes" usw., haben mit diesem über die bloße Feststellung der Erfüllung eines Unrechtstatbestandes durch eine Tat hinausgehenden Unrechtsvorwurf gegen den Täter zu tun. Erst dadurch wird die Tat schon objektiv (personal) im Unrecht und nicht erst subjektiv (normativ) in der Schuld zur *„Tat des Täters"*.

Derselbe *horizontale Dualismus* aber liegt auch der heute allgemein sich durchsetzenden Aufgliederung der *Schuld* in *Schuldtatbestand* und *Schuldvorwurf* zugrunde, die sich aus der Entdeckung von objektiven Schuldelementen auf der einen und der Ausbildung eines normativen Schuldbegriffs auf der anderen Seite durch Reinhard *Frank* entwickelt hat.

Auch hier geht es, wie zuvor auf der äußeren Ebene des Unrechts, nun auch auf der inneren Ebene der Schuld um dieselben *realen und personalen Aspekte*, die den *Erfolgsunwert* einer *Tat* als *Interessenverletzung* konstituieren, wie den *Verhaltensunwert* als *Normverletzung*, die der *Täter* dieser Tat damit zugleich auf sich lädt.

Um den ersten realen Aspekt der *Zurechnung des Erfolgsunwerts einer Tat als bestimmte Interessenverletzung* geht es zunächst im

Schuldtatbestand. Sie erfolgt auf dieselbe Weise wie schon im Unrechtstatbestand nicht nur an positiven Merkmalen, welche die typischen Begehungstatbestände einer bestimmten Interessenverletzung benennen, sondern auch an negativen Merkmalen (sog. negativen Tatbestandsmerkmalen), welche die typischen Aufhebungstatbestände in Fällen bestimmter Interessenwahrnehmung usw. umschreiben, hier beiderseits bezogen nun auf die Tat, wie sich nicht mehr äußerlich vom Sozialstandpunkt der Anderen betrachtet, sondern innerlich vom Individualstandpunkt des Täters nach seinem Wissen und Wollen zur Tatzeit sich darstellt.

Diese *Aktualschuld* ist danach nicht nur eine Frage des Wissens und Wollens, bezogen auf die positiven Merkmale des jeweiligen Unrechtstatbestandes (gesetzliche Tatbestandsmerkmale), sondern ebenso auch auf negative Merkmale der Unrechtsaufhebung wie etwa im Falle der Notwehr, welche ebenso über den Erfolgsunwert einer *Tat* als Interessenverletzung entscheiden. Dies ist der Grund, daß eine Aktualschuld des Täters für die Tat nicht nur dann entfällt, wenn er im Tatbestandsirrtum positive Tatbestandsmerkmale (z. B. die „Fremdheit" der Sache in § 242 StGB) verkennt, sondern auch wenn er über den Erfolgsunwert einer Tat deshalb irrt, weil er irrig das Vorliegen von negativen Tatbestandsmerkmalen (etwa im Falle der Putativnotwehr) annimmt. Dies ist der Grund, warum wir auch bei einem solchen *Irrtum über den Erfolgsunwert der Tat als Interessenverletzung* im Falle der Putativnotwehr, bei der ja der Täter nach seinem Wissen und Wollen glaubt, eine *erfolgswerte Tat* (der gerechtfertigten Interessenwahrnehmung) zu vollbringen, diese nicht erst als Verbotsirrtum (über den Verhaltensunwert) entschuldigen, sondern bereits als *Tatbestandsirrtum* (über den Erfolgsunwert) behandeln.

Wie oben im Verhältnis von Unrechtstatbestand und Unrechtsvorwurf, bezieht sich auch hier erst der *Schuldvorwurf* auf die eigentlich *personalen Aspekte* der Tat: den *Vorwurf, den wir dem Täter aus dem Verhaltensunwert einer bestimmten Normverletzung* machen. Anders aber als bei der „Schuld" in bezug auf die realen Aspekte der Tat (im Schuldtatbestand), geht es hier nicht mehr um Aktualschuld an der Tat, sondern um *Dispositionsschuld* des Täters in bezug auf die zu mißbilligende Normverletzung, aus der wir einen Vorwurf gegen den Täter erst dann erheben, wenn wir sagen können, daß diese Tat für diesen Täter nach den auf seinem Lebensweg in seinem Lebenskreis erworbenen Einsichten und Fertigkeiten als Unrecht nicht nur einsehbar, sondern auch vermeidbar gewesen wäre.

Damit gehen wir auch für den Schuldvorwurf gegen den Täter nicht von apriorischen Fiktionen aus, sondern von empirischen Fakten. Sie ist dabei im Regelfalle *Individualschuld*, bezogen auf die persönlichen Einsichten und Fertigkeiten *dieses Täters dieser Tat*, und wird nur in Ausnahmefällen, wie etwa dem einer Kindstötung „in oder gleich nach der Geburt“, also bei Vorliegen sogenannter objektiver Schuldelemente, auf jene generalisierte und objektivierte *Sozialschuld* zurückbezogen, die ein *solcher Täter einer solchen Tat*, nach den in einer solchen Extremsituation vorauszusetzenden Einsichten und Fertigkeiten auf sich lädt. Was zur Folge hat, daß wir einen von dieser Normalreaktion individuell nach der einen wie anderen Seite abweichenden Täter nach der generellen Disposition beurteilen, die jemand in solcher Rolle und Lage hat, ein bestimmtes Unrecht einzusehen und es zu vermeiden; es sei denn, seine innere Verfassung unter diesen äußeren Umständen überschreitet die Grenzen etwa der „Bewußtseinsstörung“ nach § 51 StGB, und vermindert oder schließt so seine Schuldfähigkeit überhaupt aus.

So wie es bis heute an der allgemeinen Einsicht fehlt, daß schon im Blick auf die äußeren und inneren realen Aspekte der *Tat* sich im Schuldtatbestand die positiven wie die negativen Tatbestandsmerkmale des Unrechts „widerspiegeln“, und so dieselbe Saldierung des *Erfolgsunwerts einer Interessenverletzung*, die wir schon im Unrechtstatbestand vornehmen, in der Saldierung auch der positiven und negativen Merkmale des Schuldtatbestandes wiederkehrt, so nicht minder in Hinsicht auf die äußeren und inneren personalen Aspekte am *Täter*, auf die wir im Verhältnis von Unrechtsvorwurf und Schuldvorwurf bei der Beurteilung des Verhaltensunwerts einer Normverletzung stoßen.

Auch dabei gibt es eine Widerspiegelung und Wiederkehr der diesen personalen Aspekten zugehörigen positiven und negativen Merkmale. Messen wir doch die Schuld zunächst an den positiven Verhaltensmaßstäben des generellen Sollens und Könnens: der objektiv und generell gebotenen und möglichen Sorgfalt eines *solchen Täters* in solcher Rolle und Lage, und vergleichen sie mit der subjektiv und individuell gebotenen und möglichen Sorgfalt *dieses Täters* in seiner Rolle und Lage. Auf eben dieses Gebotensein bzw. Verbotensein eines solcher Rolle und Lage gemäßen rechtlichen Verhaltens bezieht sich auf der Ebene der Schuld das, was wir das *Unrechtsbewußtsein* nennen, mit dessen Fehlen in einem Falle unvermeidbaren Verbotsirrtums bzw. Gebotsirrtums wir darum auch den Vorwurf der Schuld ganz oder teilweise entfallen lassen.

Auch hier umschreiben wir schon im Unrechtsvorwurf mit negativen Merkmalen die besonderen Ausnahmefälle, in denen die für den Regelfall geltenden Verhaltensanforderungen aufgehoben sind, wie etwa im Falle strafrechtlichen Notstandes nach § 54 StGB, in dem die Grenzen des einem Täter in bestimmter Rolle und Lage zumutbaren Normgehorsams überschritten sind. Auch das Vorliegen solcher negativen Merkmale im Unrechtsvorwurf kann der Täter etwa im Falle des strafrechtlichen Putativnotstandes irrig annehmen und so einem *Verbotsirrtum* erliegen, der den Schuldvorwurf ausschließt; im Unterschied zu dem oben behandelten Fall des Irrtums über das Vorliegen der Voraussetzungen des § 53 StGB (also im Falle sogenannter Putativnotwehr), in dem bereits der Schuldtatbestand in Folge eines Tatbestandsirrtums aufgehoben ist.

Auch auf der Ebene der Schuld bestätigt sich uns so der oben schon für die Ebene der Handlung und des Unrechts festgestellte horizontale Dualismus des *Straftatsystems*, mit seinen durchgängig auf Tat und Täter bezogenen realen und personalen Aspekten der *Straftat*, seien sie für den Regelfall gefaßt in *positive Umschreibungen:* Gründe einer bestimmten Interessenverletzung und Normverletzung, seien sie für den Ausnahmefall gefaßt in *negative Umschreibungen:* Gegengründe gegen eine Interessenverletzung wie bei Notwehr nach § 53 StGB und entsprechend der Putativnotwehr im Unrechts- und Schuldtatbestand, und von Gegengründen gegen eine Normverletzung, wie bei Notstand nach § 54 StGB und entsprechendem Putativnotstand im Unrechts- und Schuldvorwurf.

2.

Demselben *horizontalen Dualismus* von Tat und Täter wie schon im *Straftatsystem* begegnen wir auch im *Strafzumessungssystem*, dessen wissenschaftliche Ausarbeitung in all seinen realen und personalen Aspekten trotz aller groß angelegten Anläufe heute noch immer in den allerersten Anfängen steht. Gerade hier aber läge der entscheidende Ausgangspunkt für eine Verklammerung nicht nur von Strafrechtsdogmatik und Kriminalpolitik, sondern ebenso auch mit Kriminologie und Poenologie in Hinsicht auf das für jede wissenschaftlich begründete und gerechtfertigte Strafzumessung unentbehrliche Wissen um die tatsächlichen „Ursachen“ des Verbrechens wie die tatsächlichen „Wirkungen“ der Strafe.

Das gilt schon für die *realen Aspekte* der Strafzumessung, die sich auf die verschiedenen Sichten beziehen, die über das *Wie* der *Strafbarkeit der Tat* entscheiden. Bei ihm geht es zunächst um die Beurteilung des *Unwerts der Tat* in all den auf ihren Erfolgsunwert in Unrecht und Schuld bezogenen realen Aspekten, nun nicht mehr, wie im Straftatsystem, unter dem Gesichtspunkt: *Ob überhaupt* ein solches tatbestandsmäßig umschriebenes Unrecht und entsprechende Schuld vorliegt, sondern unter dem Gesichtspunkt: *Wie schwer* solches Unrecht und solche Schuld, im Vergleich mit den innerhalb der Straftatbestände und Strafrahmen als typisch vorausgesetzten und vorkommenden Begehungsweisen wiegt.

Schon dieser *reale Aspekt* der Strafbarkeit der Tat erstreckt sich immer aber auch auf eine Beurteilung der *Sozialschädlichkeit der Tat,* d. h. auf die aus dieser Einzeltat folgende mehr oder weniger große Störung der Rechtsordnung oder Erschütterung des Rechtsvertrauens. Das wird eindrucksvoll sichtbar in den auch hier im Ausnahmefall eingreifenden negativen Gründen, die zu einer *Aufhebung der Strafbarkeit der Tat* führen, obwohl doch das Unrecht oder die Schuld der Einzeltat zur Tatzeit sich in nichts geändert haben; in Fällen etwa der Amnestie, mit der wir die Strafbarkeit einer Tat nachträglich aufheben, weil wir die Sozialschädlichkeit solcher Taten inzwischen für mehr oder weniger gering erachten.

Das gilt ebenso aber auch für die personalen Aspekte der Strafzumessung, die sich auf die verschiedenen Sichten beziehen, die über das *Wie* der *Strafwürdigkeit des Täters* entscheiden. Auch bei ihr geht es nicht einfach nur um eine Beurteilung der *Verantwortung des Täters* in bezug auf all die personalen Aspekte in Unrecht und Schuld, aus denen sich ergibt nicht mehr nur ob *überhaupt* dem Täter vorwerfbares Unrecht und entsprechende Schuld vorliegen, sondern *wie* groß dieser Verhaltensunwert ist, den der Täter mit seiner Tat auf sich geladen hat.

Auch dieser *personale Aspekt* der Straftwürdigkeit des Täters erstreckt sich zugleich immer auch auf eine Beurteilung der mehr oder weniger großen *Sozialgefährlichkeit des Täters,* wie sie über den Tatzeitpunkt hinaus, zum Entscheidungszeitpunkt über eine bestimmte Strafe oder Maßnahme gegeben ist. Auch hier anerkennen wir in Ausnahmefällen eingreifende negative Gründe, die zu einer *Aufhebung der Strafwürdigkeit des Täters* führen, wie in Fällen etwa der Begnadigung, obwohl sich auch hier nachträglich nichts an der Beurteilung der Verantwortung des Täters zum Tatzeitpunkt geändert hat, wohl aber an der Einschätzung der Sozialgefährlichkeit des Täters zum Entscheidungszeitpunkt.

Zu einer umfassenden Würdigung der „Tätertat" in all ihren realen und personalen Aspekten gelangen wir auch hier so nur in einem *dualistischen Strafzumessungssystem* mit seinen positiven Elementen in Hinsicht auf die Strafbarkeit der *Tat,* aber auch auf die Strafwürdigkeit des *Täters;* aber auch den bis heute systematisch nicht lokalisierten negativen Gründen, welche nachträglich die Strafbarkeit der *Tat* wie die Strafwürdigkeit des *Täters* entfallen lassen; aus Gründen, die beiderseits über die im *dualistischen Straftatsystem* beurteilten realen und personalen Aspekte der „Tätertat" hinausgreifen.

Nur durch eine solche Erstreckung des Strafzumessungssystems über die im Straftatsystem vollzogene Beurteilung der *Einzeltat* hinaus auch auf die *Auswirkungen der Tat auf die Gesamtgesellschaft* und die *Entwicklung des Täters bis zum Entscheidungszeitpunkt* vermögen wir die bisher verlegen am Rande mitbehandelten Gesichtspunkte der sogenannten Generalprävention und der Spezialprävention in die Strafzumessungserwägungen systematisch mit einzubringen und ihnen so den angemessenen Stellenwert im Gesamtzusammenhang jener *Systematik des Straftatbestandes und der Straffolge* zu geben, die wir Straftatsystem auf der einen und Strafzumessungssystem auf der anderen Seite nennen.

Entscheidend ist jedoch, daß wir dabei unsere Hinsicht auf beide Seiten des *Strafrechtssatzes: Straftatbestand und Straffolge* nicht, wie in der bisherigen Reinen Strafrechtswissenschaft, auf die *normative Dimension* bornieren, sondern in einer künftigen *Gesamten Strafrechtswissenschaft* zugleich an der *sozialen Dimension* orientieren, auf die sich Straftatbestand wie Straffolge als ihre jeweilige gesellschaftliche Wirklichkeit beziehen.

II.

Bis heute wird die logische und systematische *Struktur des Strafrechtssatzes* wie die aller Rechtssätze als sogenanntes „hypothetisches Urteil" aufgefaßt. *Strafrechtstatbestand* und *Straffolge* mit ihrem Grundmuster: „Wer das und das tut, wird so und so bestraft, es sei denn, daß . . .!" werden als *Wenn-Dann-Regeln* (mit Ausnahmen) bezeichnet, die so im Gesamtzusammenhang eines *Konditionalprogramms* stehen, nach dem auf bestimmte vom Strafrecht mißbilligte Aktionen mit entsprechenden vom Strafrecht vorgesehenen Reaktionen geantwortet wird.

1.

Diese bis heute beliebte Sicht ist auch und gerade für das Strafrecht in zweifacher Weise schief. Einmal dadurch, daß sie die *Strafrechtssätze als Bestandteile eines Konditionalprogramms mißversteht*, dessen Erfüllung von der Strafrechtspflege nur einfach die mehr oder weniger schematische und reaktive Anwendung eines schon vom Gesetzgeber in seinen Konditionen: Wenn-Dann vorgegebenen Programms fordert. Diese Strafrechtsauffassung läßt sich allenfalls für das frühere Vergeltungsstrafrecht des Übel für Übel durchhalten, bei dem es in der Tat allein darum gehen konnte, bei Vorliegen bestimmter Voraussetzungen einer Tat die ihr entsprechenden Folgen über den Täter zu verhängen, nicht mehr und nicht weniger: Eine Strafe, die adäquate Reaktion der Allgemeinheit auf das Übel ist, das der Täter mit seiner Tat als hierfür konditionale Aktion begangen hat, über den mit der Strafe darum das Übel verhängt werden muß, das „seine Tat wert war“ (quia peccatum est), wie ein solches Vergeltungsstrafrecht des Übel für Übel programmatisch sich definiert, ohne Rücksicht darauf, ob mit solcher Strafe der Zweck erreicht oder verfehlt wird, den Täter in Zukunft von solcher Übeltat abzuhalten (ne peccetur).

Sieht man demgegenüber mit dem heutigen *Resozialisierungsstrafrecht* die Strafe als „Zweckstrafe“ (Franz von *Liszt*), dann werden damit auch die *Strafrechtssätze zum Bestandteil eines Zweckprogramms.*

Auch ein solches Programm bleibt an bestimmte Wenn-Dann-Regeln (mit Ausnahmen) gebunden, um Unsicherheit bei den Betroffenen, aber auch Willkür bei den Anwendern auszuschließen (nullum crimen, nulla poena sine lege). Es ist in einem freiheitlichen Rechts- und Sozialstaat unter diesen unabdingbaren Voraussetzungen auf einen doppelten Zweck programmiert. Zum einen ist ein solches Resozialisierungsstrafrecht damit nach dem *Rechtsstaatprinzip* auf jenen Zweck verpflichtet, den schon Franz von *Liszt* mit der Formel umschreibt: größtmöglicher Rechtsgüterschutz der Anderen bei geringstmöglicher Rechtsgüterverletzung beim Täter. Zum anderen ist es nach dem *Sozialstaatsprinzip* auf den Zweck verpflichtet, diesen größtmöglichen Rechtsgüterschutz der Anderen mit den wirkungsvollsten Strafmaßnahmen gegen den Täter zu gewährleisten; wobei das Strafrecht selbst nur als die „ultima ratio der Sozialpolitik“ gilt. Mit alledem wird die Strafrechtspflege auf ein Zweckprogramm verpflichtet, das weit über die reproduktive Anwendung eines Konditionalprogramms bei Vorliegen bestimmter Voraussetzungen hinausgeht, und die produktive Handhabung des Rechts in Hinsicht auf bestimmte Zielsetzungen fordert; ja im verantwortlichen Austrag von Zielkollisionen und Zielkonflikten, wie sie auch und gerade in einem Resozialisierungsstrafrecht auftreten.

In einem solchen, in einem freiheitlichen Rechts- und Sozialstaat nach wie vor als Tatschuldstrafrecht gestalteten und gehandhabten Resozialisierungsstrafrecht gilt die *Schuld* nun nicht mehr, wie im früheren Vergeltungsstrafrecht, als Maßstab für den Inhalt, sondern für die *(Ober)Grenze* der Strafe; in Entsprechung zur *Generalprävention* als dem Maßstab für die *Untergrenze* der Strafe; und im Unterschied zur *Spezialprävention* als dem in einem Resozialisierungsstrafrecht letztgültigen *Inhaltsmaßstab* der Strafe. Er allein kann den Ausschlag über Art und Höhe der damit innerhalb des durch die Obergrenze der Schuld und die Untergrenze der Generalprävention: „Verteidigung der Rechtsordnung" gesteckten Rahmens der *„gerechten, weil notwendigen Strafe"* (Franz von *Liszt*) geben.

2.

Die hiermit geforderte produktive Handhabung des Strafrechts im Austrag all der aus diesen unterschiedlichen Grenzbestimmungen und Zielsetzungen der Strafe folgenden Feststellungen und Wertungen unter dem Gesichtspunkt der *Strafbarkeit der Tat* wie der *Strafwürdigkeit des Täters* geht schon im richterlichen Alltag über die Thematik einer reinen Normwissenschaft weit hinaus. Denn wie anders als mit Methoden der *Sozialwissenschaft* vermöchten wir schon bei einfachsten Erwägungen zu Generalprävention oder Spezialprävention zu der auch hier zu fordernden an Sicherheit grenzenden Wahrscheinlichkeit gelangen; bis hin zu Prognosetafeln über die bei Vorliegen bestimmter Indikatoren wahrscheinlichen Prognose künftigen Täterverhaltens und voraussichtlicher Rückfallhäufigkeit.

Jede solche Feststellung und Wertung bei der Anwendung des Zweckprogramms eines Resozialisierungsstrafrechts überschreitet die bisherigen Grenzen einer Reinen Strafrechtswissenschaft als Normwissenschaft, hin zu einer *Gesamten Strafrechtswissenschaft*, begriffen und betrieben als *Norm- und Sozialwissenschaft* zugleich. Sie überschreitet unvermerkt auch die Grenzen des in den *Strafrechtssätzen* als „hypothetischen Urteilen" vorgegebenen Gegenstandes, deren beide Seiten: der *Straftatbestand* wie die durch eine Kopula verbundene *Straffolge* ausschließlich auf die *normative Dimension des rechtlichen Sollens* sich beziehen soll; auf jenen „geistigen Überbau" also über die gesellschaftliche Wirklichkeit, in dem sich die *soziale Dimension des gesellschaftlichen* Seins sowohl in Hinsicht auf die Voraussetzungen des Straftatbestandes in der Wirklichkeit wie die Auswirkungen der Straffolge in der Wirklichkeit allenfalls mittelbar in darauf bezogenen normativen Kriterien „widerspiegelt".

Begreift man dagegen das Recht nicht nur als einen „Spiegel" zur *rechtlichen Erkenntnis der Wirklichkeit*, sondern als ein „Werkzeug" zur *rechtlichen Veränderung der Wirklichkeit*, zu der die Analyse der „Ursachen" des Verbrechens in der sozialen Realität auf der einen Seite ebenso gehört wie die Kontrolle der „Wirkungen" der Strafe in der sozialen Realität auf der andern, dann muß man schon den Rechtssatzbegriff nach beiden Seiten des Straftatbestandes wie der Straffolge hin um die jeweiligen sozialen Dimensionen erweitern, auf die sich die juristischen Kriterien im Straftatsystem und Strafzumessungssystem beziehen.

Damit setzen wir an die Stelle des zweigliedrigen idealistischen Rechtssatzschemas: Rechtstatbestand — Rechtsfolge, der bisher als Normwissenschaft begriffenen Reinen Strafrechtswissenschaft, das viergliedrige *realistische Rechtssatzschema* einer künftig als Norm- und Sozialwissenschaft betriebenen Gesamten Strafrechtswissenschaft: *Rechtswirklichkeit — Rechtstatbestand — Rechtsfolge — Rechtswirkung*. So gelangen wir schon vom Gegenstand solcher Wissenschaft her zu einem Rückbezug der jeweiligen *normativen Dimensionen* auf die *sozialen Dimensionen*, in Hinsicht auf die gesellschaftlichen Voraussetzungen des Strafrechts, auf die sich der Rechtstatbestand bezieht, wie die gesellschaftlichen Auswirkungen des Strafrechts, auf die sich die Rechtsfolge richtet.

Daß wir im übrigen, entgegen dem bis heute vorherrschenden Rechtssatzbegriff längst alltäglich bei den juristischen Argumentationen des geltenden Rechts die beiderseitigen normativen Dimensio- von Rechtstatbestand und Rechtsfolge überschreiten, zeigt jeder Rückgriff auf in der gesellschaftlichen Wirklichkeit antreffbare Verhaltensmaßstäbe „verkehrsüblicher Sorgfalt" oder Normen „sozialer Adäquanz", auch wenn es sich dabei jeweils nicht um die einfache Übersetzung von faktischen Normen des Verhaltens und Urteilens in juridische Normen handelt, sondern um eine rechtliche Anerkennung oder auch Nichtanerkennung von sozialen Fakten in der Rechtswirklichkeit als normative Kriterien auch des Rechtstatbestandes, wenn diese, wie wir verlegen sagen, mit dem „Anstandsgefühl der billig und gerecht Denkenden" übereinstimmen. So wie hier für die Ebene des Unrechts kennen wir einen solchen Rückgriff auch für die Ebene der Schuld unter dem Begriff der „Parallelwertung in der Laiensphäre", die für jeden rechtlichen Schuldtatbestand in Hinsicht und Rücksicht auf die „rechtlichen" Deutungen und Wertungen die „Parallelbeurteilung" eines Verhaltens vom Standpunkt eines „Laien" nachzuvollziehen hat.

Die juristische Transformation solcher sozialen Fakten in normative Kriterien des Rechtstatbestandes im Rückblick auf die *Rechtswirklichkeit* ist schon jetzt ein Hauptgeschäft des scheinbar dogmatisch arbeitenden Juristen.

Das geschieht nicht weniger auch bei Bestimmung der *Rechtsfolge in Hinblick auf ihre Rechtswirkung*, wie uns jede generalpräventive und spezialpräventive Argumentation bei der Bemessung der Strafe zeigt, falls diese nicht einfach der Verschleierung und Verbrämung unseres tatsächlichen Unwissens über die voraussichtlichen Wirkungen einer Strafe unter apodiktischen Formeln dient.

Kriminalitätsgenese hier, *Effektivitätskontrolle* dort aus den sozialen Horizonten der Rechtswirklichkeit, bei der wir mit unseren Rechtstatbeständen ansetzen, und der Rechtswirkung, auf die wir mit unseren Rechtsfolgen abzielen, stellen erst den Gesamtzusammenhang einer solchen als Norm- und Sozialwissenschaft begriffenen und betriebenen Gesamten Strafrechtswissenschaft her. Er erstreckt sich damit über die *Strafrechtsdogmatik* und *Kriminalpolitik* hinaus bei der Handhabung und Gestaltung der Rechtstatbestände und Rechtsfolgen des Strafrechts auch auf den Gegenstand der Erkenntnis der *Kriminologie* wie der *Poenologie*, die heute noch ein Schattendasein als sogenannte Hilfswissenschaften des Strafrechts führen.

Dabei ist die Erkenntnisperspektive und das Erkenntnisinteresse aller dieser Teilgebiete innerhalb einer Gesamten Strafrechtswissenschaft nicht nur für jede *theoretische Durchdringung dieses Gegenstandsbereichs in der Rechtswissenschaft* unverzichtbar, sondern ebenso für seine *praktische Handhabung und Gestaltung in einer Rechtsprechung und Gesetzgebung*, die sich soweit menschenmöglich in jedem Einzelfall der Rechtsanwendung wie der Rechtsetzung auf wissenschaftliche Erkenntnis zu gründen hat.

Von diesem Ziel einer als *Theorie für Praxis* aus all diesen realen und personalen Perspektiven und sozialen und normativen Dimensionen von *Strafrechtsdogmatik und Kriminalpolitik, von Kriminologie und Poenologie* bei der Handhabung und Gestaltung der Rechtstatbestände wie der Rechtsfolgen als Norm- und Sozialwissenschaft betriebenen Gesamten Strafrechtswissenschaft sind wir noch weit entfernt. Trotz all des heute gängigen Geredes von *Rechtswissenschaft als Sozialwissenschaft*, mit dem wir kaum auch nur in der Theorie: in Forschung, Lehre und Studium der Strafrechtswissenschaft ernst zu machen begonnen haben. Geschweige denn in der Praxis unseres *Modernen Resozialisierungsstrafrechts*, die anders als aus dem Gesamtzusammenhang von Tatsachenkenntnis und Rechtserkenntnis in einer *Gesamten Strafrechtswissenschaft* nicht zu bewältigen ist. Sie ist nur möglich, wie sich hier in ersten Umrissen gezeigt hat, auf der Grundlage eines *dualistischen Straftatsystems:* das Handlung, Unrecht, Schuld und Strafe in all ihren *realen und personalen Aspekten* erfaßt und in die Handhabung und Gestaltung dieses Systems die Konzeption einer als *Zweckprogramm einer Resozialisierungsstrafe* aufgefaßten Norm- und Sozialwissenschaft einbringt, wie sie erst auf der Grundlage eines *realistischen Rechtssatzschemas:* von Rechtswirklichkeit und Rechtstatbestand, von Rechtsfolge und Rechtswirkung in all den *sozialen und normativen Dimensionen* einer Gesamten Strafrechtswissenschaft sich entfalten kann.

Subsidiaritätsprinzip und Strafrecht

Arthur Kaufmann

I.

Der Positivismus ist bekanntlich erstmals von Auguste *Comte* unter dieser Bezeichnung formuliert worden, und so gilt *Comte* gemeinhin als der Begründer des Positivismus. Dabei kann aber kein Zweifel sein, daß es den Positivismus der Sache nach schon seit der Antike gibt, nämlich zumindest seit *Protagoras*.

Ganz ähnlich verhält es sich mit dem *Subsidiaritätsprinzip*, das sich als *Zuständigkeitsregel der gesellschaftlichen Ordnung* bis weit in die vorchristliche Zeit verfolgen läßt[1]. Aber seinen Namen und seine besondere Ausprägung hat es erst in der neueren katholischen Soziallehre erhalten, namentlich in der Enzyklika „Quadragesimo anno" *Pius XI.* von 1931, die in diesem Zusammenhang regelmäßig zitiert wird. Daher rührt die häufig anzutreffende Meinung, das Subsidiaritätsprinzip sei „das repräsentative katholische Sozialprinzip in einer säkularisierten Gesellschaft", dazu proklamiert, „den christlichen Überlieferungszusammenhang der modernen Gesellschaft als das Eigenrecht kirchlicher Institutionen und Verbände partikular zu wahren und zu sichern" und somit „einer mehr machtpolitischen Durchsetzung von Verbandsinteressen im Gewande naturrechtlicher Argumentation zu dienen"[2]. Daß das Subsidiaritätsprinzip in dieser Weise tatsächlich mißverstanden und auch mißbraucht worden ist, steht wohl außer Zweifel. Aber man darf einen Grundsatz nicht deswegen disqualifizieren, weil er — absichtlich oder irrtümlich — falsch gehandhabt wurde. Wieviel Unheil wird seit Jahr und Tag unter der Flagge der Menschlichkeit gestiftet, doch wer wollte um deswillen das Humanitätsideal preisgeben!

Die Behauptung, bei dem Subsidiaritätsprinzip handle es sich um eine spezifisch katholische Soziallehre, gerät schon einigermaßen ins Wanken, wenn man sich vergegenwärtigt, welche Meinungsverschiedenheiten es diesbezüglich gerade im Lager der katholischen Sozial-

[1] Zutreffend R. *Marcic*, Vom Gesetzesstaat zum Richterstaat; Recht als Maß der Macht; Gedanken über den demokratischen Rechts- und Sozialstaat, 1957, S. 431.

[2] Trutz *Rendtorff*, Kritische Erwägungen zum Subsidiaritätsprinzip, in: Der Staat 1 (1962), 405 ff., 428 ff. Gegen ihn A. *Rauscher*, Subsidiarität — Staat — Kirche, in: StdZt. 172 (1962/63), 124 ff. — Zur Diskussion im Bereich der evangelischen Ethik siehe etwa C. *Cordes*, Kann die evangelische Ethik sich das Subsidiaritätsprinzip zu eigen machen?, in: Zeitschr. f. evgl. Ethik 3 (1959), 145 ff.; C. *Cordes* und R. *Herzog:* Subsidiaritätsprinzip, im: Evgl. Staatslexikon, hrsg. von H. *Kunst* und S. *Grundmann*, 1966.

ethiker gibt[3]. Andererseits ist der Grundgedanke dieses Prinzips im demokratischen und sozialen Rechtsstaat (Art. 28 Abs. 1 GG) so allgemein anerkannt, daß es schon recht kurzsichtig ist, hier von einem „repräsentativen katholischen Sozialprinzip" zu sprechen. Auf eine kurze Formel gebracht, lautet dieser Grundgedanke: Aufbau der Gesellschaft *„von unten nach oben"* — oder anders formuliert: dem einzelnen Gemeinschaftsglied *soviel Freiheit wie möglich und soviel Staat wie nötig*[4]. Das Subsidiaritätsprinzip richtet sich also einerseits gegen staatlichen Kollektivismus und Totalitarismus, andererseits aber auch — was oft übersehen wird — gegen jene Form des Liberalismus, in der der Staat nur die bekannte Nachtwächterrolle zu spielen hat.

Der hier zur Verfügung stehende Raum ist zu knapp, um einen Eindruck von der Vielzahl der Stimmen zu vermitteln, die dem oben umrissenen Prinzip Ausdruck verleihen. Einige wenige Zitate müssen für ungezählte andere stehen.

Zunächst die schon berühmt gewordene Formulierung *Pius XI.* in „Quadragesimo anno": „Was von den einzelnen Menschen mit eigener Kraft und durch eigene Tätigkeit geleistet werden kann, darf ihnen nicht entrissen und der Gemeinschaft übertragen werden. Ebenso ist es eine Ungerechtigkeit und eine Störung der rechten Ordnung, wenn Aufgaben, die von den kleineren und untergeordneten Gemeinwesen bewältigt und ausgeführt werden können, von der höheren und übergeordneten Gemeinschaft in Anspruch genommen werden. Denn jede Gesellschaftstätigkeit ist ihrem Wesen und Begriff nach subsidiär; sie soll die Glieder des Sozialkörpers stützen, darf sie aber niemals zerschlagen oder aufsaugen."[5]

[3] Vgl. vor allem die Kontroverse zwischen *Link* und *Utz:* E. *Link,* Das Subsidiaritätsprinzip; Sein Wesen und seine Bedeutung für die Sozialethik, 1955; A. F. *Utz,* Der Mythos des Subsidiaritätsprinzips, in: Die Neue Ordnung 1956, 11 ff.; *ders.,* Formen und Grenzen des Subsidiaritätsprinzips, 1956. — Siehe ferner O. *v. Nell-Breuning,* Das Subsidiaritätsprinzip als wirtschaftliches Ordnungsprinzip, in: Festschr. f. Degenfeld, 1952, S. 81 ff.; *ders.,* Zur Sozialreform; Erwägungen zum Subsidiaritätsprinzip, in: StdZt. 157 (1955/56), 1 ff.; *ders.,* Wirtschaft und Gesellschaft, Bd. 1, 1956; *ders.,* Artikel: Subsidiaritätsprinzip, im: Staatslexikon, hrsg. von der Görres-Gesellschaft, 6. Aufl., 7. Bd., 1962, Sp. 826 ff.; A. F. *Utz* (Hrsg.), Das Subsidiaritätsprinzip, 1953 (mit Beiträgen von H. E. *Hengstenberger,* G. *Küchenhoff,* J. J. M. *van der Ven*); W. *Bertrams,* Das Subsidiaritätsprinzip — ein Mythos?, in: StdZt. 158 (1955/56), 388 ff.

[4] Vgl. Richard *Hauser,* Was des Kaisers ist; Zehn Kapitel christlicher Ethik des Politischen, 1968, S. 46.

[5] A. a. O. n. 79; vgl. auch n. 80. Übereinstimmend *Johannes XXIII.,* „Mater et magistra", 1961, n. 44; auch n. 88. Dazu W. *Bertrams,* Subsidiaritätsprinzip und berufsständische Ordnung in „Quadragesimo Anno", in: StdZt. 164 (1958/59), 440 ff.; A. *Rauscher,* Subsidiaritätsprinzip und berufsständische Ordnung in „Quadragesimo anno", 1958.

Schon geraume Zeit früher hat Abraham *Lincoln* denselben Gedanken in schlichte, einfache Worte gefaßt: „Die Regierung hat für die Bevölkerung das zu besorgen, wonach die Leute ein Bedürfnis haben, was sie aber selbst überhaupt nicht tun können oder doch, auf sich selbst gestellt, nicht ebensogut tun können. In all das, was die Leute ebensogut selber tun können, hat die Regierung sich nicht einzumischen."[6]

Später als *Pius XI.*, aber gewiß unabhängig von ihm, hat die *Sozialdemokratische Partei Deutschlands* in ihrem Godesberger Grundsatzprogramm vom November 1959 das Subsidiaritätsprinzip anerkannt[7]: „Der Staat soll Vorbedingungen dafür schaffen, daß der einzelne sich in freier Selbstverantwortung und gesellschaftlicher Verpflichtung entfalten kann. Die Grundrechte sollen nicht nur die Freiheit des einzelnen gegenüber dem Staat sichern, sie sollen als gemeinschaftsbildende Rechte den Staat mitbegründen. Als Sozialstaat hat er für seine Bürger Daseinsvorsorge zu treffen, um jedem die eigenverantwortliche Selbstbestimmung zu ermöglichen und die Entwicklung einer freiheitlichen Gesellschaft zu fördern."[8]

Schließlich noch die Stimme eines Juristen, dem bestimmt niemand nachsagen kann, daß er im Sinne katholischer Lehren voreingenommen sei: Fritz *von Hippel.* Er nennt das Subsidiaritätsprinzip eine „elementare juristische Grundforderung, die in den letzten Jahrhunderten zum Unheil vieler Völker vernachlässigt oder gar gänzlich übersehen worden ist..., die Forderung nämlich, alles Sozialleben in natürlicher Weise und in schrittweiser Stufung von unten nach oben aufzubauen — und nicht etwa umgekehrt — und von hier aus einem jeden an Aufgaben, Pflichten und Rechten jeweils das zu belassen und zuzumuten, was ihn in der Sache als den Nächstberufenen angeht und was er bei gutem Willen aus eigener Kraft auch zu leisten vermag, den jeweils höheren und weiteren Lebenskreis und seine Kräfte und Mittel aber jeweils erst dann und auch nur insoweit und so lange als eine

[6] Zitiert nach O. *v. Nell-Breuning,* Staatslexikon (wie Fußn. 3), Sp. 828; dort auch der englische Originaltext.

[7] Das soll nicht heißen, daß es in der Sozialdemokratie nicht auch Strömungen gibt, die das Subsidiaritätsprinzip ablehnen. — Daß die *Unionsparteien,* wenigstens grundsätzlich, auf dem Boden des Subsidiaritätsprinzips stehen, versteht sich fast von selbst; vgl. O. *v. Nell-Breuning:* Die Unionsparteien vor der Wertfrage, in: StdZt: 192 (1974), 399 ff.

[8] Der Gedanke des zweiten Satzes, daß nämlich „der Aufbau der Demokratie von unten her" (von den Grundrechten des einzelnen) zu erfolgen hat, wurde von einem der prominentesten Vorkämpfer des Godesberger Programms, von dem Sozialisten Gustav *Radbruch,* schon gleich nach Kriegsende als Forderung erhoben; siehe: Erste Stellungnahme nach dem Zusammenbruch 1945, in: Der Mensch im Recht, 1957, S. 110.

zusätzliche Hilfe hinzuzuziehen, als die Kräfte und Fähigkeiten des an sich Nächstberufenen offenbar nicht ausreichen ... Ein Beachten solcher naturgegebener ‚Subsidiarität' hat die sie befolgenden Völker allen totalen Staatsideen widerstehen lassen, während die von oben nach unten hin ausgerichteten Völker sich folgerichtig in ‚Kommandostaaten' verwandelten."[9]

II.

Das Subsidiaritätsprinzip wird nicht selten einseitig individualistisch gedeutet, als gehe es dabei ausschließlich darum, die Selbständigkeit der unteren Einheit, namentlich des einzelnen, gegenüber der höheren Einheit zu schützen und zu verteidigen, kurz: als sei seine Funktion *gegen* den „Moloch" Staat gerichtet. Ein typisches Beispiel hierfür gibt *Dürig*, für den das Subsidiaritätsprinzip gleichbedeutend ist mit der Frage: „Wann darf der Wohlfahrtsstaat tätig werden?" und der als Antwort darauf vom „Surrogatcharakter des Staates" spricht, auf den nur dann zu „rekurrieren" sei, sofern alles andere nicht mehr ausreicht[10]. Danach wäre also der Staat nichts weiter als ein „Lückenbüßer", der „ersatzweise" einzuspringen habe, wenn die Gemeinschaftsmitglieder außerstande sind, bestimmte Aufgaben selbst zu bewältigen. Bei solcher Betrachtungsweise wird jedoch einiges Wesentliche übersehen.

Ingo *von Münch* hat schon zutreffend darauf hingewiesen, daß die Version: „Der Staat *darf* erst eingreifen, wenn der einzelne (die Gruppe, die Wirtschaft usw.) sich nicht selbst helfen kann" logisch notwendig den „Umkehrschluß" impliziert: „Der Staat *braucht nicht* einzugreifen, solange der einzelne sich selbst helfen kann." Das Subsidiaritätsprinzip schützt also nicht nur den einzelnen vor dem Staat, sondern ebenso auch den Staat vor den Forderungen einzelner[11]. Daß diese Erwägung, auch den Staat vor seinen Gliedern zu schützen, nicht bloß eine logische Gedankenspielerei ist, leuchtet gewiß ein, wenn man bedenkt, wie in unserer egalitären Massengesellschaft immer mehr Leistungen vom Staat verlangt und immer weniger eigenverantwortliche Initiativen entfaltet werden. Die viel beklagte Gesetzesin-

[9] F. *v. Hippel,* Zum Aufbau und Sinnwandel unseres Privatrechts, 1957, S. 17 f., 59.

[10] G. *Dürig,* Verfassung und Verwaltung im Wohlfahrtsstaat, in: JZ 1953, 193 ff., 198. Siehe auch die Hinweise auf *Maunz, Nipperdey* und das *BVerfG* bei I. *v. Münch,* Staatliche Wirtschaftshilfe und Subsidiaritätsprinzip, in: JZ 1960, 303 ff., 304.

[11] I. *v. Münch,* a. a. O. (wie Fußn. 10).

flation hat ja ihre Wurzel nicht nur und noch nicht einmal in erster Linie in einer Kompetenzüberschreitung des Staates, sondern weit mehr darin, daß die Bürger, Verbände, Kirchen, Gewerkschaften ..., statt ihre eigenen Kompetenzen auszuschöpfen und sich damit auch zu bescheiden, unaufhörlich nach dem alles regelnden und alles gebenden Staat rufen. Und nicht anders steht es mit der Inflation der Währung; auch da wird nur an den Staat appelliert, selbst verantwortlich fühlt sich niemand.

Diese heute allenthalben zu beobachtende *Entwicklung zu einem staatlichen Totalitarismus*, dessen Wesensmerkmal — anders als in den faschistischen und kommunistischen Diktaturen — nicht die Unterdrückung des einzelnen ist, als vielmehr seine *Entpersönlichung*, wurde schon von *Pius XI.* in „Quadragesimo anno" angesprochen (n. 79) und noch deutlicher dann von *Johannes XXIII.* in „Mater et magistra" apostrophiert: „In der Gegenwart", heißt es da in Nr. 88, „besteht eine Tendenz zu einer fortschreitenden Ausbreitung des Eigentums, das den Staat und andere rechtliche Gebilde zum Träger hat. Dies erklärt sich daraus, daß immer weitere Aufgaben der staatlichen Gewalt auferlegt werden." Und in Nr. 46: „Die Erfahrung lehrt: Wo die persönliche Initiative der einzelnen fehlt, da herrscht politisch der Machtstaat; aber da stocken auch die Wirtschaftsbereiche, die vor allem der Erzeugung der breiten Skala der Konsumgüter und Dienstleistungen zugewandt sind ..., jener Güter und Dienste, die in besonderer Weise die schöpferische Begabung der einzelnen ansprechen." Zwei Jahre zuvor hatte die *Sozialdemokratische Partei* in ihrem Godesberger Grundsatzprogramm erklärt: „Ein wesentliches Kennzeichen der modernen Wirtschaft ist der ständig sich verstärkende Konzentrationsprozeß ... Diese Entwicklung ist eine Herausforderung an alle, für die Freiheit und Menschenwürde, Gerechtigkeit und soziale Sicherheit die Grundlagen der menschlichen Gesellschaft sind."

Genau darum geht es bei dem Subsidiaritätsprinzip: um die *rechte Ausgewogenheit von Freiheit des Menschen zu seiner Entfaltung einerseits und von staatlicher Sicherung und Unterstützung dieser Freiheit andererseits.* Diese rechte Ausgewogenheit ist es, die wir *Gerechtigkeit* nennen, Gerechtigkeit verstanden aber nicht als formale Gleichheit („Vergeltung", „Schuldausgleich"), sondern material als soziale Gerechtigkeit: als das *bonum commune* („Resozialisierung", „soziale Wiedergutmachung")[12]. Gewiß kann immer wieder fraglich sein, welches das rechte Maß zwischen Freiheit und staatlicher Fürsorge im Einzelfall ist, zumal ja doch die so verstandene activitas

[12] Zutreffend H. *Henkel*, Einführung in die Rechtsphilosophie, 1964, S. 317.

socialis des Staates die freie Entfaltung des einzelnen nicht nur einschränkt, sondern allererst ermöglicht. Ebenso steht es mit dem rechten Maß zwischen Gewaltenteilung und Demokratisierung oder auch zwischen Selbstbestimmung und Mitbestimmung; auch hier kann es über die konkrete Gewichtung sehr wohl Meinungsverschiedenheiten geben. Aber man hüte sich, diese Aspekte auseinanderzudividieren, denn es handelt sich dabei nicht um Alternativen, und wer hier das eine auf Kosten des anderen zu erreichen trachtet, wird am Ende vor einem Scherbengericht stehen. Die Frage: „Mehr Demokratie oder mehr Freiheit?“[13] ist eine hochbrisante, ja gefährliche Fragestellung.

Aber sie ist kennzeichnend für unsere Situation. Durch die Technisierung und vielfache Komplizierung der Lebensverhältnisse bedarf der moderne Mensch in einer viel umfassenderen Weise der staatlichen Hilfe, als das vor noch wenigen Generationen der Fall war. Im Vergleich zu unseren Ahnen sind wir Heutigen bei der Gestaltung unseres Lebens sehr viel abhängiger geworden, dadurch aber auch ungesicherter, bedrohter, einsamer — Attribute, die nicht von ungefähr in der Philosophie unserer Zeit, namentlich in der Existenzphilosophie, immer und immer wiederkehren[14]. Da ist der Ruf des gefährdeten Menschen nach der Fürsorge des allmächtigen Staates verständlich, verständlich aber auch, daß er eben diesen von ihm in Anspruch genommenen Machtstaat fürchtet und sich deshalb wenigstens ein Mitsprache- und Mitwirkungsrecht sichern will. Wer dieses dialektische Zusammenspiel nicht sieht, wird schwerlich einen Zugang zum Verständnis unseres Zeitgeschehens finden: Hier der einzelne, der durch seine immer maßloser werdenden Forderungen dem Staat ganz notwendig mehr und mehr Machtfülle zukommen läßt, der zugleich aber seine Freiheit verficht und immer lauter nach Mitbestimmung und Demokratisierung verlangt — dort der Staat (entsprechend die anderen Gemeinwesen), der sich formal eine demokratische Fassade gibt, sich über die wesensmäßige Eigenständigkeit der von ihm abhängig gewordenen Glieder jedoch immer skrupelloser hinwegsetzt und in nahezu alle Bereiche hineindirigiert — Universitäten, Schulen, Familie, Erziehung —, ja sich nicht einmal dort unsichtbar macht, wo sprichwörtlich selbst der Kaiser das Recht verloren hat: im Intimbereich, in den eigenen vier Wänden und sogar im Schlafzimmer[15].

[13] H. *Schelsky*, Systemüberwindung, Demokratisierung und Gewaltenteilung, 2. Aufl. 1973, S. 47 ff.

[14] Vgl. Arthur *Kaufmann*, Rechtsphilosophie imWandel, 1972, S. 35 ff., 200 ff.

[15] Siehe dazu R. *Hauser*, a. a. O. (wie Fußn. 4), S. 42 ff.; interessant der Hinweis auf die Schulgesetzgebung in Holland, wo die Bürger ihr Schulwesen frei nach ihren Plänen errichten und ordnen und der Staat dabei nur insoweit Hilfe gewährt, als die private Initiative nicht ausreicht (S. 46). — Ein typisches Beispiel für das im

Vor diesem Hintergrund zeigt sich erst, daß solche Schlagworte wie „mehr Demokratie" oder „mehr Freiheit" die eigentliche Problematik eher zudecken als transparent machen. Mehr Demokratisierung bedeutet ja, von einer bestimmten Seite gesehen, auch mehr Freiheit. Man muß also schon deutlicher sagen, wo die Wurzel des Übels liegt. Sie liegt in einer *Störung des Verhältnisses Individuum — Gemeinschaft.* Und da dieses Verhältnis seine Sinnbestimmung nur vom Menschen erhalten kann, geht es letztlich um das Selbstverständnis des Menschen. Auf unser Thema übertragen, bedeutet das: Geltung und Inhalt des Subsidiaritätsprinzips müssen *aus dem „Bild" des Menschen als dem Leitbild der gesellschaftlichen Ordnung* abgeleitet werden[16].

III.

In vorbildlicher Weise hat dies Heinrich *Henkel* getan[17]. Ausgehend von den Forschungsergebnissen der modernen philosophischen Anthropologie (N. *Hartmann,* M. *Scheler,* A. *Gehlen,* E. *Rothacker,* H. *Plessner,* H.-E. *Hengstenberg* u. a.) unterscheidet *Henkel* im „Schichtenaufbau" des Menschen den Bereich des Organischen, den Bereich des Psychischen und den Bereich des Geistigen[18]. Diese letztere „Schicht" — zu Recht warnt *Henkel* davor, mit dieser Metapher unangemessene Assoziationen etwa mit geologischen Schichten zu verbinden —, die Geistsphäre also ist die „eigentlich menschliche Schicht", nämlich das, was den Menschen von allen anderen Lebewesen unterscheidet: seine Fähigkeit zur Selbstbestimmung. Der Mensch ist von den Naturgesetzlichkeiten „nicht bis zu Ende durchgeformt" (N. *Hartmann*), es bleibt ihm ein Spielraum, innerhalb dessen er sein Leben nach eigenen Entwürfen zu gestalten hat. Diese seine „Welt-

Text Gesagte sind unsere neuen Hochschulgesetze, bezüglich deren die Länder ihre Kompetenz damit begründen, daß die Hochschulen angesichts der Komplexität der Verhältnisse nicht mehr in der Lage seien, ihre Angelegenheiten selbst zu ordnen.

[16] In diesem Sinne z. B. I. *v. Münch,* a. a. O. (wie Fußn. 10), S. 305; W. *Bertrams,* a. a. O. (wie Fußn. 5), S. 440 ff.; *ders.,* Das Subsidiaritätsprinzip in der Kirche, in: StdZt. 160 (1956/57), 252 ff.; R. *Hauser,* a. a. O. (wie Fußn. 4), S. 42 f. (jeweils mit weiteren Literaturangaben).

[17] Zum folgenden H. *Henkel,* Rechtsphilosophie (wie Fußn. 12), § 19: Der Mensch im Recht (S. 166 ff.) und § 20: Das Recht und die Sozialstrukturen (S. 198 ff.).

[18] Von einem ganz ähnlichen Ansatz aus habe ich die von mir vertretene „personale Handlungslehre" entwickelt; vgl. Arthur *Kaufmann,* Die ontologische Struktur der Handlung; Skizze einer personalen Handlungslehre, in: Festschr. f. H. Mayer, 1966, S. 79 ff. (auch in: Schuld und Strafe; Studien zur Strafrechtsdogmatik, 1966, S. 25 ff.).

offenheit" (A. *Gehlen*) bedeutet Auszeichnung und Last zugleich. Als autonomes Wesen besitzt der Mensch die *Würde der Person*, um deretwillen er niemals wie eine Sache als bloßes Mittel zum Zweck gebraucht werden darf. Das heißt andererseits aber auch, daß es ihm *aufgegeben* ist, sein Wesen als eigene Leistung zu vollbringen, daß er *für sich selbst verantwortlich* ist und daß er dafür einzustehen hat, wenn er diese seine sittliche Aufgabe verfehlt[19].

Die vorzugsweise Form, in der der Mensch seine personale Selbstverwirklichung vollzieht, ist sein Handeln. Durch Schaffung seiner Werke verwirklicht er sich als der, der er ist. Aber diese Werke vermag der einzelne nie allein und auf sich gestellt zu vollbringen, sondern nur in und mit der Gemeinschaft. Denn der Mensch, von Natur auf umfassende Wesensfülle angelegt, kann dieses Ziel als einzelner nur begrenzt erreichen; er muß sich darum mit anderen verbinden, um so zu einer vermehrten Fülle seines Seins zu gelangen. Es ist also die geistig-personale Natur des Menschen selbst, die ihn auf den Mitmenschen hinweist, seine Sozialität ist nicht eine zum Selbstsein hinzukommende zweite Existenzweise[20], sondern sie gründet in seiner geschichtlichen Personalität, in seiner geistigen Vervollkommnungsfähigkeit und Vervollkommnungsbedürftigkeit. Der Mensch als ein reines Selbst, als pure Ichhaftigkeit, als Losgelöstheit von jedwedem mitmenschlichem Bezug ist eine ebensolche Abstraktion wie der Mensch verstanden als bloßes Glied eines sozialen Ganzen. Der wirkliche Mensch ist als Person immer beides zugleich: *„soziale Individualität"*[21].

Um ganz zu sein, braucht also der Mensch den Mitmenschen, er braucht die Partnerschaft, braucht den Dialog. Das ist der tiefe Sinn jener berühmten Stelle in der Genesis 2, 18, wo es heißt: „Gott sprach: ‚Es ist nicht gut, daß der Mensch allein sei; ich will ihm eine Hilfe

[19] Vgl. H. *Henkel*, Rechtsphilosophie (wie Fußn. 12), S. 186 ff. In der Sache übereinstimmend Arthur *Kaufmann*, Recht und Sittlichkeit, 1964, S. 11 ff.; *ders.*, Rechtsphilosophie (wie Fußn. 14), S. 221 ff., 344.

[20] H. *Henkel*, Rechtsphilosophie (wie Fußn. 12), S. 199, spricht allerdings ausdrücklich von den „beiden Existenzweisen"; jedoch ergibt der Kontext, daß kein echter Gegensatz zu dem oben Gesagten besteht. *Henkels* berechtigtes Anliegen ist vielmehr die Abwehr zweier Mißverständnisse: zum einen, daß die Sozialbeziehungen primär untergeordnet oder gar chaotisch seien; zum andern, daß die Sozialwelt bereits seinsmäßig vollständig geordnet sei.

[21] Arthur *Kaufmann*, Recht und Sittlichkeit (wie Fußn. 19), S. 15; *ders.*, Rechtsphilosophie (wie Fußn. 14), S. 127, 225, 344 f. u. ö.; *ders.*, Das Recht im Spannungsfeld von Identität und Differenz, in: Festschr. f. J. J. M. van der Ven, 1972, S. 66. — Im selben Sinne H. *Henkel*, Rechtsphilosophie (wie Fußn. 12), S. 199 f.: „Die Fähigkeit und der Drang zur Soziabilität bringt von vornherein, auf Seinsgesetzlichkeiten gegründet, Ordnungselemente in die menschlichen Sozialbezüge, ohne jedoch zu einer geschlossenen Ordnung zu führen."

machen als sein Gegenstück.'" Der Mitmensch, die Gemeinschaft ist *Hilfe und Ergänzung* meines eigenen Selbst, und ich bin es für die anderen. Genau dies ist auch mit dem Subsidiaritätsprinzip gemeint: Hilfe (subsiduum) dann und dort, wo die Kräfte des einzelnen nicht ausreichen. Und so ergibt sich auch für *Henkel* aus dem von ihm entwickelten Menschenbild: „Für die Rechtsordnung gilt ... das *Leitprinzip*, im Ablauf der gesellschaftlichen Beziehungen und in der Betätigung der gesellschaftlichen Verbände nach Möglichkeit die sozialen Spielregeln frei walten zu lassen, sich also eines Eingriffes in diesen Bereich primär zu enthalten ... Werden allerdings die Partner des Gesellschaftsverhältnisses mit dessen Regelung nicht selbst fertig, ergeben sich Schwierigkeiten im Ablauf ihres Zueinanderverhaltens, so leistet das Recht Hilfestellung durch Eingreifen seiner *subsidiär* geltenden Ordnung."[22]

Aus dem Gesagten ergeben sich gewichtige Folgerungen. Die erste, nämlich daß *der Mensch ein selbstverantwortliches Wesen* ist, dazu berufen, die Gestaltung seines Lebens grundsätzlich in eigener Regie zu bewältigen, klingt banal, ist es aber nicht. Fritz *Werner* hat einmal gesagt, „daß es so wie im heutigen Maße in der Geschichte kaum das gegeben hat, was man das ‚Stehen auf den anderen' nennen kann ... Diese Einstellung ist nicht immer von Neid diktiert, obwohl auch er eine Rolle spielt ... Stärker jedoch als der Neid ist jene Grundtatsache des modernen Lebens, die in der Überlagerung des Lebens durch die Sorge besteht. Selbstverständlich haben die Menschen zu allen Zeiten Sorgen gehabt. Aber Sorgen und Wünsche waren gleichsam privat. Heute meint der einzelne, seine Sorgen wie sein Wünsche könnten ihm durch die gesellschaftliche Ordnung abgenommen werden ..."[23] Natürlich hat *Bockelmann* recht, daß der „mündige Mensch", der frei von staatlicher Beeinflussung jeglicher Art alles zum Besten lenkt, ein „ideologisches Postulat" ist[24]. Nur besteht — leider! — keine Gefahr, daß die heutigen Menschen auf einmal ihre Mündigkeit wiederentdecken und ihre Belange — statt sie anderen, dem Staat, zu überantworten — in die eigene Verantwortung nehmen[25]. Vielmehr haben wir heutzutage allen Anlaß, an den „Mut zur

[22] H. *Henkel*, Rechtsphilosophie (wie Fußn. 12), S. 217 (Hervorhebungen im Original).

[23] F. *Werner*, Über Tendenzen der Entwicklung von Recht und Gericht in unserer Zeit, 1965, S. 14.

[24] P. *Bockelmann*, Rechtsreform im Zeichen des „mündigen" Menschen, in: Festschr. f. Heinz Kaufmann, 1972, S. 109 ff., 124.

[25] Vgl. dazu auch Arthur *Kaufmann*, Bemerkungen zur Reform des § 218 StGB aus rechtsphilosophischer Sicht, in: Jürgen *Baumann* (Hrsg.), das Abtreibungsverbot des § 218, 2. Aufl. 1972, S. 46 ff., 54 ff.; *ders.*, Rechtsfreier Raum und eigenverantwortliche Entscheidung, in: Festschr. f. R. Maurach, 1972, S. 327 ff.

persönlichen Verantwortung" zu appellieren[26] und zu betonen, daß freie Verantwortung des einzelnen für diesen nicht nur das Recht bedeutet, „sondern auch die *Pflicht* zur vorzugsweisen Selbstgestaltung seines eigenen Lebensbereiches und damit zum Verzicht auf fremde Hilfe, solange eine Notlage aus eigener Kraft behoben werden kann"[27].

Der zweite Punkt betrifft die *Funktionen des Staates* und entsprechend der anderen Gemeinwesen. Und zwar geht es dabei um ein Doppeltes. *Negativ* bedeutet das Subsidiaritätsprinzip, daß der Staat nicht „Hilfe" leisten darf, wo der einzelne oder die Gliedgemeinschaft der Hilfe gar nicht bedarf — auch wenn, wie heute gang und gäbe, vom Staat ein „helfendes" Eingreifen gefordert wird. „Auf diese Weise", sagt Richard *Hauser*, „käme der Staat auch wieder zu seiner eigensten Aufgabe. Er soll ja nicht zuerst Versorgungsstaat sein oder Kultur und Weltanschauung produzieren. Seine erste Aufgabe ist, Hoheit zu haben, den Frieden zu sichern und eine Ordnung der Gerechtigkeit aufzurichten."[28] — Die andere Seite betrifft die *positive Hilfestellung*, wo Aufgaben entstehen, die der einzelne oder die kleinere Gemeinschaft nicht bewältigen kann (man spricht hier auch vom *Solidaritätsprinzip*). Hier ist der Staat (die größere Gliedgemeinschaft) aber nicht bloß ein Ersatz oder ein Lückenbüßer, so wenig etwa Eltern nur Lückenbüßer sind, wenn sie den Kindern Hilfe gewähren, wo diese eine Obliegenheit noch nicht allein meistern können. Vielmehr handelt es sich bei diesem subsiduum um eine im Wesen der menschlichen Personalität begründete und von ihr geforderte *Ergänzung und Vervollständigung*. Dazu gehört vor allem die Garantie jener grundlegenden Güter und Rechte, die der Mensch zu seiner persönlichen Entfaltung braucht, dazu gehört das Anbieten von „Grundchancen" durch entsprechende institutionelle Maßnahmen (z. B. Schaffung kultureller Einrichtungen), und last not least gehören dazu die vielfachen konkreten Hilfen, die den einzelnen Gliedern von den Sozialgebilden geschuldet werden (etwa in Form materieller Zuwendungen). Dabei sollte nicht übersehen werden, daß in vielen Fällen die soziale Hilfe nicht allein dem Sozialgebilde als solchem obliegt, daß vielmehr auch die einzelnen Glieder zur *Mitwirkung* verpflichtet sind: Die sogenannte Resozialisierung beispielsweise ist ein „subsidiarium officium" aller, nicht nur des Staates. Und endlich ist zu fordern, daß die Gemeinschaft auch dort, wo sie — subsidiär —

[26] Siehe W. *Bertrams*, Das Subsidiaritätsprinzip in der Kirche (wie Fußn. 16), S. 264 f.

[27] I. *v. Münch*, a. a. O. (wie Fußn. 10), S. 305 (Hervorhebung im Original). Ebenso O. *v. Nell-Breuning*, Staatslexikon (wie Fußn. 3), Sp. 827.

[28] R. *Hauser*, a. a. O. (wie Fußn. 4), S. 47.

tätig wird, den einzelnen nicht einfach beseite schiebt, sondern ihm in einer jeweils der Sache angemessenen Weise die Möglichkeit der *Mitsprache* und unter Umständen auch der *Mitentscheidung* gibt[29].

Schließlich noch ein Drittes. Das Subsidiaritätsprinzip wurzelt in dem Verhältnis Individuum — Gemeinschaft. Dieses Verhältnis läßt sich aber nicht in der Weise fixieren und abgrenzen, daß man sagen könnte: dies ist Sache des einzelnen und jenes ist Sache der Gemeinschaft. Denn die Selbstverwirklichung des Menschen im Mitsein mit den anderen geschieht nicht nach apriorisch festgelegten Gesetzen, sondern je und je nach Maßgabe der konkreten geschichtlichen Situation. Deshalb lassen sich auch aus dem Subsidiaritätsprinzip keine bestimmten Lösungen mit logischer Stringenz deduzieren[30]. So folgt daraus, daß den Beteiligten grundsätzlich ein Mitspracherecht zu gewähren ist, noch gar nichts hinsichtlich der Zahl und der Qualifikation der Mitspracheberechtigten (auch Unkundige?) und ebensowenig hinsichtlich des Umfangs eines solchen Mitspracherechts. Vor allem in den Grenzbereichen fehlt es an scharfen Unterscheidungskriterien, ob etwa dem einzelnen eine unerbetene „Hilfe" oktroyiert wird oder ob es gerade umgekehrt an einer notwendigen Hilfe mangelt. Man denke beispielsweise an die staatliche Jugendhilfe, die den einen als unangemessene Eingriffe in die Rechte der Jugendlichen und der Erzieher zu weit geht, den anderen dagegen nicht weit genug, um eine wirksame Fürsorge zu gewährleisten[31]. Was hier in concreto richtig ist, läßt sich dem Subsidiaritätsprinzip nicht entnehmen. Vielmehr kann die Lösung „nur aus dem Sachverhalt und den Sacherfordernissen abgeleitet werden; nur aus diesen läßt sich erkennen, ob ein kleines Gebilde imstande ist oder in den Stand gesetzt werden kann, eine Aufgabe ausreichend und zufriedenstellend zu erfüllen, oder ob es notwendig ist, auf ein größeres und umfassenderes Gebilde zurückzugreifen ... Das Subsidiaritätsprinzip kann hierzu immer nur sagen:

[29] Vgl. zum Ganzen O. *v. Nell-Breuning*, Staatslexikon (wie Fußn. 3), Sp. 827 ff.; R. *Hauser*, a. a. O. (wie Fußn. 4), S. 45 f. — Sehr restriktiv hinsichtlich der staatlichen Kompetenzen A. F. *Utz*, Formen und Grenzen (wie Fußn. 3), S. 115 ff.

[30] Dazu vor allem Hans F. *Zacher*, Freiheit und Gleichheit in der Wohlfahrtspflege, 1964, S. 73 ff. (mit zahlreichen Literaturhinweisen); *ders.*, Freiheitliche Demokratie, 1969, S. 58, 166. — Auch H. *Henkel*, Rechtsphilosophie (wie Fußn. 12), S. 217, weist darauf hin, daß die Subsidiarität der staatlichen Hilfestellung nicht unter allen Umständen das primäre Zurücktreten des Rechts rechtfertigt, sondern daß es wesentlich auch darauf ankommt, „welche Erwartungen die Partner im Hinblick auf das erstrebte Sozialintegrat gegenseitig erwecken ...".

[31] Vgl. dazu Arthur *Kaufmann*, Um das Gesetz gegen jugendgefährdende Schriften, in: StdZt. 158 (1955/56), 421 ff. — Weitere Literatur zum Thema „Jugendhilfe und Subsidiarität" bei H. F. *Zacher*, Freiheit und Gleichheit (wie Fußn. 30), S. 14 ff.

‚Tragt die Kirche nicht aus dem Dorf', d. h. rückt die Dinge nicht weiter von den betroffenen oder beteiligten Menschen fort, als es die Sache erfordert; im Zweifelsfall entscheidet euch lieber für die den Menschen nähere Lösung im kleineren Kreis als für die den Menschen fernere Lösung in irgend einer entlegenen oder über ihm schwebenden Groß- und Rieseninstitution; hütet euch vor der Verführung des Perfektionismus!"[32]

Beachtet man dies, daß das Subsidiaritätsprinzip keine fertigen Antworten auf die vielfachen Probleme des Verhältnisses von Individuum und Gemeinschaft bereit hält, vielmehr ein „Leitprinzip" (Heinrich *Henkel*) darstellt, an dem sich sozialpolitisches Handeln zu orientieren hat, dann wird es sich gerade auch im Bereich des Rechts als fruchtbar erweisen. Es liegt wohl in der „Natur der Dinge", daß man die rechtliche Relevanz des Subsidiaritätsprinzips bislang vor allem unter staats- und verfassungsrechtlichen Aspekten erörtert hat[33]. Im Strafrecht taucht der Begriff der Subsidiarität nur ganz am Rande auf, nämlich bei der Gesetzeskonkurrenz, wo er für Strafvorschriften verwendet wird, die nur hilfsweise für den Fall Anwendung finden sollen, daß nicht schon andere Strafvorschriften eingreifen. Indessen reicht die Bedeutung des Subsidiaritätsprinzips für das Strafrecht weit über diese sogenannte „Subsidiarität" hinaus, und sie betrifft auch nicht nur Einzelprobleme, sondern vor allem die kriminalpolitischen Grundsatzentscheidungen, um die gerade jetzt in der Zeit der Strafrechtsreform gerungen wird. Das soll im folgenden an ein paar exemplarischen Fragen aufgezeigt werden, wobei es nur auf die Herausstellung einiger Charakteristika ankommen kann, nicht auf eine abgewogene, möglichst alle Aspekte berücksichtigende Darstellung.

IV.

Schon die *Entstehung des Strafrechts* ist eine Bestätigung des Subsidiaritätsprinzips. Ursprünglich erfolgte die Ahndung des Verbrechens im Wege der Selbsthilfe, sei es des Verletzten selbst, sei es seiner

[32] O. v. *Nell-Breuning*, Zur Sozialreform (wie Fußn. 3), S. 8 f.

[33] Vgl. etwa A. F. *Utz*, Das Subsidiaritätsprinzip vor dem Bundesverfassungsgericht, in: Die Neue Ordnung 17 (1953), 405 ff.; R. *Herzog*, Subsidiaritätsprinzip und Staatsverfassung, in: Der Staat, 2. Bd., 1963, S. 399 ff.; R. *Zuck*, Subsidiaritätsprinzip und Grundgesetz, 1968; J. *Isensee*, Subsidiaritätsprinzip und Verfassungsrecht, 1968. — Weitere Literatur bei H. F. *Zacher*, Freiheit und Gleichheit (wie Fußn. 30), S. 13 ff., 72 ff., und bei Ch. *Pestalozza*, Formenmißbrauch des Staates, 1973, S. 26 ff.

Sippe, nicht durch einen hoheitlichen Akt des Staates, der ja in germanischer Vorzeit noch keineswegs die umfassenden Kompetenzen des modernen Staates hatte. Deshalb ist die Auffassung Eberhard *Schmidts* zutreffend, „daß man für die germanische Frühzeit von einem ‚Strafrecht' überhaupt nicht sprechen sollte . . ."[34]. Ein Strafrecht im strengen Sinne des Wortes entstand erst, als sich der Staat der Verbrechensverfolgung annahm, was er aber nicht tat, um von oben herab Vergeltung zu üben, sondern um „hilfsweise" einzugreifen und Frieden zu stiften, wo dies den unmittelbar Beteiligten oder den Sippen nicht gelang. Daß die Strafgewalt unter den karolingischen Herrschern nur eine solche subsidiäre Funktion hatte, zeigt sich vor allem darin, daß staatlicher Zwang zurücktrat, wenn es zu einem freiwilligen Sühnevertrag kam[35].

In der späteren Entwicklung des Strafrechts ist dieser Ausgangspunkt oft verlassen oder doch in den Hintergrund gedrängt worden. Namentlich unter dem Einfluß der absoluten Straftheorien (*Kant, Hegel, Stahl, Binding*) wurde die Ausübung der Strafgewalt zu einer primären Funktion des Staates, wenn nicht gar zum Selbstzweck. Es ging nicht darum, der Gesellschaft — und noch viel weniger dem Straftäter — mittels entsprechend ausgestalteter Strafsanktionen Hilfen zu gewähren, es ging einzig um die Durchsetzung absolutistischer Gerechtigkeits- und Pflichtvorstellungen: Fiat iustitia, pereat mundus! Bekanntlich ist diese Auffassung gerade in jüngerer Zeit besonders pointiert unter dem Motto vertreten worden, daß Orientierungspunkte für das Strafrecht nicht „Rechtsgut" und „Interesse" seien, sondern „Pflicht" und „Gesinnung" — und dies deshalb, weil dem einzelnen überhaupt nur als Glied der Gemeinschaft die Dignität einer Rechtspersönlichkeit zukomme und sich daher sein Wert allein nach dem Grad seiner Pflichterfüllung bemesse[36]. Gewiß wäre es eine unerlaubte Simplifizierung, dies einfach als nationalsozialistisches Gedankengut abzustempeln, aber daß hier das Subsidiaritätsprinzip just auf den Kopf gestellt wurde, ist unbezweifelbar.

Nach dem Subsidiaritätsprinzip kann es niemals primäre Aufgabe des staatlichen Strafrechts sein, die sozialethischen Gesinnungswerte

[34] Eb. *Schmidt*, Einführung in die Geschichte der deutschen Strafrechtspflege, 3. Aufl. 1965, S. 23.

[35] Vgl. Eb. *Schmidt*, a. a. O. (wie Fußn. 34), S. 24 und ff.

[36] Vgl. W. *Gallas*, Zur Kritik der Lehre vom Verbrechen als Rechtsgutsverletzung, in: Gegenwartsfragen der Strafrechtswissenschaft; Festschr. f. Gleispach, 1936, S. 51, 65. Dazu die sorgfältig abwägende Darstellung bei H.-H. *Jescheck*, Lehrbuch des Strafrechts, Allg. T., 2. Aufl. 1972, S. 5 f. — *Gallas* hat seine damalige Auffassung in wesentlichen Punkten revidiert; vgl. Beiträge zur Verbrechenslehre, 1968, S. 1 ff.

zu schützen[37]. *Die Gesinnungswerte als solche gehen den Staat überhaupt nichts an.* Denn hierbei handelt es sich grundsätzlich um die ureigenste Sphäre der Person und der personalen Gemeinschaften — Ehe, Familie, Kirche, vielleicht auch noch Schule —, aber keinesfalls um ein Betätigungsfeld für den Staat. Die staatliche Strafe ist ja auch das denkbar ungeeignete Mittel, um Gesinnungswerte zu gewährleisten. Schon deshalb sind die §§ 47 Abs. 1, 56 Abs. 3 StGB n. F., wonach eine Freiheitsstrafe zwecks „*Verteidigung der Rechtsordnung*" vollzogen werden soll[38], höchst anfechtbar; denn was sich hinter dieser orakelhaften Formel verbirgt, ist ja auch wieder so etwas wie „Rechtstreue" oder „rechtliche Gesinnung" der Bevölkerung[39], die zu festigen eine begrüßenswerte Folge staatlichen Strafens sein kann, niemals jedoch dessen Grund.

Unter der Herrschaft des Subsidiaritätsprinzips darf das Strafrecht „nur dort eingesetzt" werden, „wo es zum Schutze der Gesellschaft unbedingt notwendig ist"[40], d. h. *einzig zum Schutze derjenigen Rechtsgüter, die für das Leben der Menschen im Mitsein mit den anderen unentbehrlich sind und die auf andere Weise als durch das Strafrecht nicht wirksam geschützt werden können*[41]. Freilich ist damit „kein dem Legislator vorgegebener Katalog von Rechtsgütern" gewonnen[42]. Indessen kann solches von dem Subsidiaritätsprinzip auch nicht erwartet werden. Denn als „Leitprinzip" ist es „nur" eine Orientierungshilfe, die der Gesetzgeber natürlich mißachten kann. Aber keinesfalls handelt es sich dabei um eine bloße „Leerformel", wie ja auch ein Wegweiser nicht deshalb nutzlos ist, weil er niemand nötigt, den angezeigten Weg zu gehen. Prüft man beispielsweise, welche menschlichen Werte durch eine künstliche Samenübertragung tangiert sein können, so wird sich gewiß einiges in dieser Richtung anführen lassen[43], aber ganz sicher nichts, was das Eingreifen der staatlichen Strafgewalt erforderlich macht. Gleichwohl kann sich der Gesetzgeber natürlich über solche Erwägungen hinwegsetzen und den-

[37] So aber H. *Welzel*, Das deutsche Strafrecht, 11. Aufl. 1969, S. 4.

[38] Vgl. dazu (mit weiteren Nachweisen) Arthur *Kaufmann*, Die Strafvollzugsreform; Eine kritische Bestandsaufnahme, 1971, S. 38, 46 ff.

[39] So *BGHSt*. 24, 40 ff., 45 f.

[40] H.-H. *Jescheck*, a. a. O. (wie Fußn. 36) S. 72; K. *Lackner*, § 13 StGB — eine Fehlleistung des Gesetzgebers?, in: Festschr. f. W. Gallas, 1973, S. 118 (mit weiteren Hinweisen).

[41] Zwar ist jede Rechtsgutverletzung (-gefährdung) eo ipso auch eine Pflichtverletzung, aber keineswegs ist jede Pflichtverletzung auch eine Rechtsgutsverletzung. Das strafrechtlich Primäre ist immer das Rechtsgut, nicht die Pflicht. Zutreffend H.-H. *Jescheck*, a. a. O. (wie Fußn. 36), S. 6.

[42] Darin ist P. *Bockelmann*, Strafrecht, Allg. T., 1973, S. 11, zuzustimmen.

[43] Vgl. *Entwurf eines Strafgesetzbuches 1962*, zu § 203, S. 356 ff.

noch eine Strafdrohung erlassen; nur wird er nicht erwarten dürfen, daß ein solches Gesetz dann aus Überzeugung befolgt wird[44].

Das soeben angeführte Beispiel wird in der strafrechtlichen Literatur gewöhnlich unter der von Karl *Binding* stammenden Formel von dem „*fragmentarischen Charakter*" des Strafrechts rubriziert[45]. Gemeint ist damit, daß der Gesetzgeber nicht jede Rechtsgutsverletzung oder gar jedes verwerfliche Verhalten mit Strafe bedroht, daß er vielmehr der Versuchung des Perfektionismus widersteht und nur die „unerträglichen Beispiele"[46] sozialschädlichen Verhaltens pönalisiert. In diesem Sinne wird dann vor allem der Abbau der „Hypertrophie des Strafrechts" durch eine Einschränkung der Tatbestände des Besonderen Teils gefordert[47].

Nun hat dieser Gedanke des fragmentarischen Charakters des Strafrechts gewiß etwas mit dem Subsidiaritätsprinzip zu tun. Aber er betrifft nur die eine, nämlich die negative Seite des Subsidiaritätsprinzips — wir können auch sagen: die *liberal-rechtsstaatliche*[48]. Seine positive Seite, der Aspekt des *sozialen Rechtsstaats*, bleibt bei diesem Leitbild von der Lückenhaftigkeit des Strafrechts ganz außerhalb der Betrachtung. Und das ist höchst charakteristisch. Seit den Tagen des großen Paul Johann Anselm *Feuerbach* bis heute (mit Unterbrechung

[44] Die Frage, ob eine Rechtsgutsverletzung zu pönalisieren ist, richtet sich natürlich nicht allein nach dem Subsidiaritätsprinzip; es gibt noch andere Kriterien, die zu beachten sind, wiewohl auch sie den Gesetzgeber nicht nötigen. Vgl. dazu näher W. *Hassemer*, Theorie und Soziologie des Verbrechens; Ansätze zu einer praxisorientierten Rechtsgutslehre, 1973, bes. S. 98 ff., 192 ff.

[45] Vgl. dazu R. *Maurach*, Deutsches Strafrecht, Allg. T., 4. Aufl. 1971, S. 26 ff. (er spricht von der „sekundären Natur des Strafrechts"); H.-H. *Jescheck*, a. a. O. (wie Fußn. 36), S. 35 f.; M. *Maiwald*, Zum fragmentarischen Charakter des Strafrechts, in: Festschr. f. R. Maurach, 1972, S. 9 ff. (*M.* meint, die Forderung nach fragmentarischer Pönalisierung verstoße zwar gegen die Gerechtigkeit, resultiere jedoch aus der Menschenwürde, die der Staat gerade dadurch zu achten habe, daß er nicht gerecht sein dürfe. Hier wird, wie unten noch zu zeigen ist, das Problem insofern zu kurz gesehen, als der Gesichtspunkt der sozialen Gerechtigkeit außer Betracht bleibt. Das ist auch der Grund, warum bei *M.* der Rekurs auf die Menschenwürde zu einer Aporie führt.)

[46] Hellmuth *Mayer*, Strafrecht, Allg. T., 1967, S. 54. — Die Forderung, daß der Gesetzgeber Maß halten soll, ist übrigens schon alt; vgl. *Thomas von Aquin*, Summa theologica, II, II, 105, 1.

[47] Vgl. etwa K. *Peters*, Beschränkung der Tatbestände im Besonderen Teil, in: ZStW 77 (1965), 470 ff.; W. *Maihofer*, Die Reform des Besonderen Teils des Strafrechts, in: L. *Reinisch* (Hrsg.), Die deutsche Strafrechtsreform, 1967, S. 72 ff.; sodann auch Jürgen *Baumann*, Einschränkungen der Strafbarkeit im Allgemeinen Teil des Alternativ-Entwurfs, in: GA 1967, 333 ff.; *ders.*, Strafrecht, Allg. T., 6. Aufl. 1974, S. 26 ff.

[48] Nur diese hat C. *Roxin* im Auge, wenn er das Subsidiaritätsprinzip mit dem Gedanken des fragmentarischen Charakters des Strafrechts gleichsetzt: Sinn und Grenzen staatlicher Strafe, in: JuS 1966, 377 ff., 382.

während der Diktatur) wird unser Strafrecht von dem Ideengut des liberalen Rechtsstaats beherrscht. Das Hauptanliegen dabei war und ist, was *Feuerbach* schon in seinem „Anti-Hobbes" grundgelegt hat: die *Begrenzung der staatlichen Gewalt*, des „bloßen Zweckdenkens", durch formale Kriterien, insonderheit durch das Gesetz. Das heißt: Keine Strafbarkeit ohne gesetzliche Grundlage; kein geschlossenes System von Straftatbeständen; keinen uferlosen Ermessensspielraum durch indefinite Tatbestandsmerkmale; keine Strafe über das Maß der Schuld hinaus; keine Berücksichtigung solcher Schuldmomente, die jenseits der bloßen „Rechtsschuld"[49] gelegen sind usw. usw. Es ist kein Wort darüber zu verlieren, daß es sich hier um ganz unverzichtbare Forderungen handelt. Gesagt werden muß aber, daß ein so einseitig liberal-rechtsstaatlich ausgerichtetes Strafrechtsdenken etwas ganz Wesentliches aus dem Blickfeld verliert: die Verwirklichung der *sozialen Gerechtigkeit*, also des bonum commune[50].

Das sei an einem aktuellen Beispiel erläutert: an der Diskussion um die Reform des § 218 StGB. Der Streit um diese Vorschrift dreht sich fast immer nur um die eine Frage, ob man einen gewissen Zeitraum, etwa drei Monate, straffrei lassen soll oder nicht — und wenn ja, ob es für die Straflosigkeit des Schwangerschaftsabbruchs nur auf die Dreimonatsfrist ankommen soll oder auch noch auf das Vorliegen bestimmter Indikationen. Es geht also um nichts weiter als um die Frage, inwieweit hier eine „Liberalisierung" vertretbar ist — anders ausgedrückt: ob man den Gedanken der „fragmentarischen Natur" des Strafrechts auch auf den § 218 StGB erstrecken kann, und zwar dergestalt, daß man weniger gravierende, aber an sich strafwürdige Fälle von Abtreibungen straflos läßt.

„Fristenlösung" und „Indikationenlösung" sind der Öffentlichkeit erstmals im *Alternativ-Entwurf* vorgelegt worden. Insoweit fand er auch breite Resonanz. Aber leider hat man dabei die Grundkonzeption des AE allermeist ganz außer acht gelassen. Im AE geht es erklärtermaßen nicht um eine „Freigabe" oder „Liberalisierung" der Abtreibung, sondern um deren Eindämmung. Dieses Ziel kann aber, wie die Erfahrung lehrt, nicht einfach durch Aufstellung strafrecht-

[49] Zu diesem Begriff vor allem H. *Henkel*, Die „richtige" Strafe, 1969, S. 27 ff. Worin sich „Rechtsschuld" und „sittliche Schuld" in einer für den Richter im Einzelfall erkennbaren Weise unterscheiden, kann *Henkel* freilich auch nicht sagen.

[50] Näher zu dieser Vernachlässigung des „Sozialstaatsprinzips" im Strafrecht Arthur *Kaufmann*, Dogmatische und kriminalpolitische Aspekte des Schuldgedankens im Strafrecht, in: JZ 1967, 553 ff.; *ders.*, Der Alternativ-Entwurf eines Strafgesetzbuches und das Erbe Radbruchs, in: Gedächtnisschr. f. G. Radbruch, 1968, S. 324 ff.; *ders.*, Schuldstrafrecht und Resozialisierung, in: Radius, 1970, Heft 2, S. 37 ff.; *ders.*, Die Strafvollzugsreform (wie Fußn. 38), S. 40 ff.

licher Verbote erreicht werden. Damit genügt der Gesetzgeber seiner Verantwortung gerade auf dem hier fraglichen Gebiet noch bei weitem nicht. Deshalb stand für die Verfasser des AE im Mittelpunkt ihrer Erwägungen nicht die Frage, welche Fälle straflos bleiben sollen und ob der Fristenlösung oder der Indikationenlösung der Vorzug zu geben ist, das entscheidende an ihrem Vorschlag (und darin stimmen Mehrheits- und Minderheitsvotum überein) ist vielmehr das *„Angebot einer wirksamen Hilfe für die Schwangere“*[51]. Es ist ja doch so, daß viele Frauen den Entschluß zum Schwangerschaftsabbruch deshalb fassen, weil sie sich in irgendeiner Notlage befinden, aus der sie allein keinen Ausweg finden. Eine Strafdrohung hilft ihnen da ganz sicher nicht, sondern es muß *positiv* etwas getan werden, um die Not zu beheben oder doch zu mildern, d. h. es müssen — je nach Lage des konkreten Falles — medizinische, psychologische, seelsorgerische, wirtschaftliche Beratungen und Hilfen einsetzen. Das dürfen aber nicht bloß, wie es heute vielfach heißt, „flankierende“ Maßnahmen sein, die die Strafdrohungen ergänzen. Nach dem Subsidiaritätsprinzip sind vielmehr diese nichtstrafrechtlichen Hilfen das Primäre, und nur wo diese nicht ausreichen, darf der strafrechtliche Rechtsgüterschutz eingreifen. Auf keinen Fall darf eine Strafdrohung den womöglich wirksameren Schutz eines Rechtsguts durch nichtstrafrechtliche Mittel vereiteln — konkret: es dürfen keine Strafgesetze erlassen oder beibehalten werden, durch die Frauen, die sich mit dem Gedanken einer Abtreibung tragen, abgehalten werden, eine Beratungs- oder Mütterhilfsstelle aufzusuchen[52].

Wie sehr in unserem Strafrecht der soziale Gedanke — der positive Aspekt des Subsidiaritätsprinzips — vernachlässigt worden ist und noch immer vernachlässigt wird, könnte noch an vielen Beispielen demonstriert werden. Bei der *Vergeltungsstrafe* ist das ja ganz deutlich, daß es hierbei überhaupt nicht um das bonum commune geht, weder gegenüber der Gesellschaft noch gegenüber dem Bestraften soll irgend etwas Positives bewirkt werden, es geht ausschließlich darum, dem formalen Gleichheitsprinzip Genüge zu tun und den Ernst der Strafdrohung sichtbar zu machen. Gewiß wird der Vergeltungsgedanke heute kaum noch in dieser Rigorosität vertreten. Aber von einer Ausgestaltung der Strafe in der Richtung, daß durch sie dem Bestraften — und damit ja auch der Gesellschaft — eine echte Hilfe zum Besseren angeboten wird, sind wir noch sehr weit entfernt. Ein

[51] *Alternativ-Entwurf eines Strafgesetzbuches,* Bes. T., Straftaten gegen die Person, 1. Halbband, 1970, S. 25 ff., 37.

[52] Vgl. näher Arthur *Kaufmann,* in: Jürgen *Baumann* (Hrsg.), Das Abtreibungsverbot (wie Fußn. 25), S. 46 ff., 149 ff.; *ders.,* Vorschläge zur Neugestaltung des § 218 StGB, in: Arzt und Christ, 1971, S. 151 ff.

Vorschlag, wie ein solcher an der sozialen Gerechtigkeit orientierter Strafvollzug aussehen müßte, ist im *Alternativ-Entwurf eines Strafvollzugsgesetzes* (1973) gemacht; er enthält einen umfassenden Katalog von sozialen Hilfen wie Beratungen, Behandlungen, Unterrichtungen, Ausbildungsförderungen u. a. m. Demgegenüber bleibt der *Regierungs-Entwurf eines Strafvollzugsgesetzes* (1973) fast ausschließlich dem liberal-rechtsstaatlichen Denken verhaftet; er bringt eine Reihe an sich begrüßenswerter Milderungen und Humanisierungen der Vollzugsbedingungen, die jedoch in ihrem Wert höchst fragwürdig bleiben müssen, weil dem Gefangenen mit der größeren Freiheit nicht auch die nötigen Hilfen zum sinnvollen Umgang mit der Freiheit gegeben werden.

Im Gegensatz zu der noch immer herrschenden Auffassung hat Heinrich *Henkel* schon frühzeitig erkannt, daß es nicht Sinn der Strafrechtspflege sein kann, zwischen Verbrechen und Strafe die „Gleichheit" herzustellen. Die Bestrafung ist nicht ein Akt der ausgleichenden, sondern der distributiven Gerechtigkeit: dem Täter wird eine Pflicht auferlegt, die er der Gemeinschaft schuldet, die Pflicht der *sozialen Wiedergutmachung*. Daraus folgert *Henkel* die wichtige Konsequenz, daß „für die Sozietät keine absolute Strafpflicht" besteht; „sie kann vielmehr auf die fällige Bestrafung unter kriminalpolitischen Zweckerwägungen verzichten, insbesondere wenn eine Resozialisierung auch ohne Strafvollzug zu erhoffen ist"[53].

Das ist ganz im Sinne des Subsidiaritätsprinzips argumentiert. Nur aus der Sicht des Vergeltungsgedankens und des formalen Gleichheitsprinzips kann es als ein Verstoß gegen die Gerechtigkeit erscheinen, wenn der Täter von der Verbüßung der Strafe deswegen verschont wird, weil dies eine günstigere Wirkung auf sein künftiges Verhalten verspricht, als wenn die Strafe vollzogen wird. Unter dem Gesichtspunkt des Subsidiaritätsprinzips und der sozialen Gerechtigkeit darf in einem solchen Falle die Strafe gar nicht vollzogen werden; denn eine Strafe, die ein für das Wohl des einzelnen — und damit auch der Gemeinschaft — besser geeignetes Mittel vereitelt, entbehrt eines rechtfertigenden Grundes. Das gilt ganz allgemein. So spricht *Zipf* davon, daß immer dann, wenn geeignete nichtfreiheitsentziehende Strafsanktionen zur Verfügung stehen, „uneingeschränkt der *Grund-*

[53] H. *Henkel*, Rechtsphilosophie (wie Fußn. 12), S. 317; *ders.*, Die „richtige" Strafe (wie Fußn. 49), S. 10 f., 12, 17 ff.; *ders.*, Strafempfindlichkeit und Strafempfänglichkeit des Angeklagten als Strafzumessungsgründe, in: Festschr. f. Heinrich Lange, 1970, S. 179 ff., 182, 193. — Es mag in diesem Zusammenhang angemerkt werden, daß schon *Thomas von Aquin* von dem „Heilcharakter" der weltlichen Strafe spricht („poenae praesentis vitae sunt magis medicinales"); Summa theologica, II, II, 108, 3.

satz der ‚Subsidiarität der Freiheitsstrafe'" gilt[54]. Oder wie es Eberhard *Schmidt* ausdrückt: Die Freiheitsstrafe hat „überhaupt nur da eine Existenzberechtigung . . ., wo es die Strafrechtspflege mit Straffälligen zu tun hat, deren erwiesene verbrecherische Anfälligkeit . . . eine mit Freiheitsentziehung verbundene *Anstaltsbehandlung mit dem Ziel sozialer Wiedereingliederung erforderlich* macht und — vor allem auch — *rechtfertigt.*"[55]

Heißt das, daß das Subsidiaritätsprinzip zu einer „Verweichlichung" und „Laxheit" des Strafrechts führt? Wer auf dem Boden des Vergeltungsstrafrechts steht, mag es so sehen. Aber wenn es richtig ist, daß das für das Wohl des Menschen besser geeignete Mittel den Vorrang hat vor dem weniger geeigneten, dann ist die Frage, ob das Subsidiaritätsprinzip zur Strenge oder zur Milde führt, eigentlich sinnlos[56]. Ist etwas gut, so ist es dies ohne Rücksicht darauf, ob es von jemandem als streng oder mild, als belastend oder wohltuend, als hart oder großmütig empfunden wird. Das Gute trägt seine Rechtfertigung in sich.

[54] H. *Zipf*, Die Geldstrafe, 1966, S. 21 (Hervorhebung von mir); ebenso *BGHSt* 24, 43. Siehe auch Jürgen *Baumann*, Beschränkung des Lebensstandards anstatt kurzfristiger Freiheitsstrafe, 1968, bes. S. 20 ff.

[55] Eb. *Schmidt*, Freiheitsstrafe, Ersatzfreiheitsstrafe und Strafzumessung im Alternativ-Entwurf eines Strafgesetzbuchs, in: NJW 1967, 1933 (Hervorhebungen im Original).

[56] Vgl. die hier analog zutreffenden Ausführungen von H. *Henkel*, Zumutbarkeit und Unzumutbarkeit als regulatives Rechtsprinzip, in: Festschr. f. E. Mezger, 1954, S. 309.

Strafschutzbedürfnis und Auslegung

HERMANN BLEI

Daß das Strafrecht die ultima ratio des Rechtsgüterschutzes darzustellen hat, ist heute ein Gemeinplatz und wird auch gesetzgeberisch zunehmend in die Rechtswirklichkeit umgesetzt. Die Auslegungsarbeit am Gesetz steht dazu allerdings oft in einem bemerkenswerten Widerspruch: es sind nicht nur Einzelfälle, in denen sich der Eindruck aufdrängt, daß nicht einmal gefragt — geschweige denn danach mit den Konsequenzen ernst gemacht — wird, ob der mit einer bestimmten Auslegungshypothese eröffnete Anwendungsraum einer Vorschrift überhaupt noch Fälle aufnehmen würde, in denen das Strafrecht nach seinem heutigen Verständnis wirksam werden oder mit verschärften Reaktionen eingreifen sollte. Der zur Verfügung stehende Raum gestattet freilich nur eine Illustration dieser Beobachtung anhand weniger Beispiele, die sämtlich der jüngsten Gesetzgebung entstammen und schon mit ihrer Häufung in einem so kleinen Bereich dafür sprechen, daß hier nicht aus wenigen Einzelerscheinungen künstlich ein Problem aufgebauscht wird[1].

I. Der Mißbrauch von Tonaufzeichnungen (§ 298 Abs. 1 Nr. 2 StGB)

Der Wortsinn dieser Vorschrift ist doppeldeutig; sie kann gelesen werden als „wer unbefugt das auf einen Tonträger aufgenommene, nichtöffentlich gesprochene Wort eines anderen gebraucht ..." oder aber auch „wer unbefugt das *unbefugt* auf einen Tonträger aufgenommene, nichtöffentlich gesprochene Wort eines anderen gebraucht". Das Gesetzgebungsverfahren, wie es schließlich zu der

[1] Selbst wenn man nur die Gesetzgebung der allerjüngsten Zeit ins Auge faßt, ließen sich die Beispiele beträchtlich vermehren. Ein Beispiel für ungute Entwicklungen bietet etwa die Diskussion um den subjektiven Tatbestand des § 237 (muß der Mißbrauchsvorsatz schon bei der Entführung vorhanden gewesen sein?), in der die Frage unter dem hier behandelten Aspekt nur von einer Seite her gestellt wird, ohne daß die andere sich bisher bereit gezeigt hätte, von ihren peripheren Argumenten (beabsichtigte Einengung des Strafrechtsschutzes) auch nur der Diskussion halber einmal abzugehen. Umgekehrt zeigt die Rechtsprechung zu § 86 a (Verwendung nationalsozialistischer Kennzeichen) die segensreichen Auswirkungen einer bewußten Besinnung auf das Kriterium des Strafschutzbedürfnisses: ohne einen Rekurs auf dieses wäre es dem BGH schwerlich gelungen, im Durcheinander verschiedenster Auslegungshypothesen den Nagel genau auf den Kopf zu treffen.

Gesetz gewordenen Fassung geführt hat, spricht für die letztgenannte Deutung[2], jedoch verwundert es angesichts einer extremen Abwertung der historischen Auslegung nicht, daß die Meinungen im Schrifttum geteilt sind[3]. Eine Begründung der bezogenen Position fehlt in den meisten Fällen ganz oder bleibt im floskelhaft Nichtssagenden stecken[4]. Um eine sachliche Begründung hat sich im Schrifttum[5] soweit ersichtlich als erster *Schröder*[6] bemüht, bei dem es heißt:

> „Die einschränkende Auslegung würde zu einer empfindlichen Lücke im strafrechtlichen Schutz des gesprochenen Wortes führen. Nicht strafbar wäre etwa, wer das Tonbandprotokoll einer vertraulichen Geschäftsbesprechung der Konkurrenzfirma in die Hände spielt oder wer in ein fremdes Büro eindringt, um die dort aufbewahrten Tonbänder von vertraulichen Besprechungen abzuhören. Wenn die einschränkende Ansicht der Großen Strafrechtskommission darauf gestützt wird, die Unbefangenheit des gesprochenen Wortes könne nicht verletzt sein, wenn die Aufnahme mit Einverständnis des Sprechenden, also befugt hergestellt worden sei (a. a. O. S. 402), so wird dieses Argument durch den ersten der vorgenannten Beispielsfälle widerlegt: die Teilnehmer einer geschäftlichen Besprechung werden, wenn sie sich über die vertrauliche Behandlung des von ihrer Unterredung hergestellten Protokolls einig sind, genauso unbefangen sprechen, wie wenn ihre Äußerungen nicht aufgenommen würden; und wer fürchten muß, daß die Vertraulichkeit des Tonbandprotokolls verletzt werde, wird sich so wenig frei äußern können,

[2] Nachweise *Schönke-Schröder*, § 298 Rdn. 16 und *Arzt*, Der strafrechtliche Schutz der Intimsphäre, 1970, S. 264. Marksteine der geschichtlichen Entwicklung waren vor allem die Darlegungen des Jubilars in seinem Gutachten für den 42. Deutschen Juristentag (*Henkel*, Der Strafschutz des Privatlebens gegen Indiskretion, Verh. II D 59), in denen die Auslegungsgrundsätze ex ante vorbildlich praktiziert wurden, die später zum Schaden der Sache hinter sehr viel vordergründigeren Argumentationen etwas in den Schatten getreten sind und um deren Reaktivierung sich der vorliegende Beitrag bemüht, ohne daß es allerdings bei dessen Anlage und Zielrichtung möglich wäre, jeweils Übereinstimmungen und Divergenzen Punkt für Punkt zu markieren: daß Verf. dem verehrten Lehrer auch hier als Nehmender gegenübersteht, ist dem Sachkundigen ohnehin deutlich.

[3] Für die engere Auffassung *Arzt*, a. a. O. S. 263 f. und *Maurach*, BT S. 178, dagegen *Dreher*, § 298 Anm. 4 (unter besonderer Bezugnahme auf den Fall der kraft Einwilligung befugten Aufnahme), *Lackner-Maassen*, § 298 Anm. 6 a unter Bezugnahme auf *Suppert*, Studien zur Notwehr und „notwehrähnlichen Lage", 1973, S. 209, *Mösl*, LK § 298 Rdn. 6, *Petters-Preisendanz*, § 298 Anm. 4, *Schönke-Schröder*, § 298 Rdn. 16, *Welzel*, S. 337.

[4] Ohne Begründung äußern sich je a. a. O. *Dreher*, *Lackner-Maassen*, *Maurach* und *Welzel*, während *Petters-Preisendanz* für das Ergebnis schlicht den „Sinn der Vorschrift" in Anspruch nimmt.

[5] Ein bald nach Inkrafttreten der §§ 298, 353 d von *Dallinger* vor der Berliner Juristischen Gesellschaft gehaltener Vortrag ist nicht im Druck erschienen — seine Veröffentlichung wäre auch heute noch geeignet, die Diskussion über den bisher erreichten Stand hinauszuführen.

[6] *Schönke-Schröder*, § 298 Rdn. 16.

wie wenn er fürchten muß, daß seine Worte heimlich aufgenommen werden."

Mösl[7] nimmt hierauf zustimmend Bezug, ohne dem Gesagten in der Sache Weiteres hinzuzufügen.

Den Standpunkt einer[8] Gegenmeinung begründet demgegenüber *Arzt*[9] wie folgt:

„Nach Abs. 1 Nr. 1 liegt erst mit dem (unbefugten) Fixieren eine strafwürdige Persönlichkeitsverletzung vor. Abs. 1 Nr. 2 erfaßt damit zusammenhängende Verwertungshandlungen, die Aktualisierung der bei Abs. 1 Nr. 1 drohenden Rechtsgutsgefährdung. Dieser Gedanke ermöglicht die Lösung des Problems der *unbefugten Verwertung befugt hergestellter Aufnahmen.* Hier darf nicht mit Hilfe des Abs. 1 Nr. 2 die Beschränkung des Abs. 1 Nr. 1 auf den Fall des Fixierens gesprengt werden. Wer einem anderen seine auf Band gesprochenen Worte übergibt, sollte nicht mehr Schutz genießen als derjenige, der direkt mit ihm spricht. Ob, um ein Beispiel von *Schröder* (Fußnote 340: *Schönke-Schröder,* § 298 Bem. 16, 17) abzuwandeln, die zu einer vertraulichen Besprechung zugezogene Sekretärin später für die Konkurrenz ein Gedächtnisprotokoll anfertigt, ob sie ein wörtliches Protokoll aufnimmt und der Konkurrenz eine Kopie zuspielt, oder ob sie zur Unterredung nicht zugezogen wird, aber nach Band ein Protokoll schreibt und dieses der Konkurrenz in die Hände spielt, ist für das Recht am gesprochenen Wort gleichgültig. Nach *Schröder* (Fußnote 340 wie zuvor) soll im letzteren Fall § 298 I Nr. 2 StGB eingreifen, ebenso, wenn jemand unerlaubterweise eine befugt gemachte Aufnahme abspielt. § 298 I Nr. 2 StGB soll also gegen unbefugte Verwertung befugtermaßen hergestellter Aufnahmen Schutz gewähren. Abs. 1 Nr. 2 wird dazu benutzt, um auch gegen Eingriffe in das Recht am Wort, die nicht im unerlaubten Fixieren oder der Verwertung des so Erlangten liegen, zu schützen. M. E. wird dann mit der in sich schlüssigen Beschränkung des Schutzes des Wortes gegen Fixieren und Abhören gebrochen. Es wird zwar ein erweiterter, aber, wie das Beispiel m. E. zeigt, nicht mehr in sich konsequenter Schutz des gesprochenen Wortes erreicht. Mir scheint daher die Interpretation des § 298 I Nr. 2 StGB in Übereinstimmung mit § 183 I Nr. 2 E 62 und der Mehrheit der Großen Strafrechtskommission (Fußnote 341: *Für Einbeziehung* der unbefugten Verwertung einer befugtermaßen hergestellten Aufnahme *Dreher,* Nied. 9, 400; *Schafheutle,* Nied. 9, 401; *dagegen Fritz,* Nied. 9, 401; *Gallas,* Nied. 9, 403 und die Mehrheit der Kommission, vgl. Nied. 9, 403) vorzugswürdig, nach der nur die unbefugte Verwertung unbefugt hergestellter Aufnahmen erfaßt wird (Fußnote 341 a: Nachweise). Zuzugeben ist

[7] LK § 298 Rdn. 6.

[8] *Arzt* äußert sich zu der Frage auf der Grundlage einer weit ausgreifend entwickelten Konzeption des § 298, die indes nicht die einzig möglichen Prämissen für das Ergebnis enthält, das vielmehr auch von anderen Ausgangspunkten her folgerichtig zu begründen ist.

[9] A. a. O. S. 263 f.

allerdings, daß der Gesetzeswortlaut durch die Änderung des Abs. 1 in § 298 StGB gegenüber § 183 I E 62 seine Eindeutigkeit verloren hat (Fußnote 342: § 183 I E 62 hatte in Abs. 1 Nr. 1 die Aufnahme des Wortes eines anderen ‚ohne dessen Einwilligung' erfaßt und in Abs. 1 Nr. 2 dann die Verwertung einer ‚so' hergestellten Aufnahme, d. h. einer ohne Einwilligung hergestellten Aufnahme. — Diese Gesetzesfassung ist insofern verunglückt, als in Abs. 1 Nr. 2 ein Hinweis auf die Einwilligung unterblieben ist. Damit ist offen, ob nach § 183 I E 62 die Einwilligung bei Nr. 2 wie bei Nr. 1 den Tatbestand ausschließen soll. § 183 I E 62 gibt zu der Frage Anlaß, ob die Nichterwähnung der Einwilligung in § 183 I Nr. 2 E 62 als ein Versehen des Gesetzgebers gedeutet werden muß oder ob die tatbestandsausschließende Wirkung der Einwilligung bei § 183 I Nr. 2 E 62 damit zu begründen ist, daß bei Einwilligung die Handlung nach Abs. 1 Nr. 2 i. V. § 183 III vom Verletzten ‚nach verständiger Auffassung hinzunehmen ist' oder ob die Einwilligung ‚nur' rechtfertigend wirkt (dann mit der Notwendigkeit, die unterschiedliche Behandlung der Einwilligung bei Nr. 1 gegenüber Nr. 2 zu erklären). — § 298 StGB hat diese Fragen dadurch abgeschnitten, daß dort ‚unbefugt' *vor* Nr. 1 *und* Nr. 2 gezogen ist. Damit hat § 298 StGB aber nicht nur die § 183 I E 62 entsprechende Auslegung möglich gemacht, daß in Nr. 2 die unbefugte Verwertung einer so = unbefugt hergestellten Aufnahme erfaßt ist. Möglich ist auch die Auslegung, daß in Nr. 2 die unbefugte Verwertung einer ‚so' hergestellten Aufnahme, d. h. einer Aufnahme nach Nr. 1 gemeint ist, bei der die Befugnis, weil vor der Klammer stehend, nicht notwendig fehlen muß. — Die im Text vertretene Ansicht wird m. E. auch dem Wortlaut eher gerecht, weil das vor Nr. 1 und Nr. 2 stehende ‚unbefugt' vor die Klammer gezogen ist und damit in Nr. 1 wie in Nr. 2 enthalten ist)."

Stellt man die so umstrittene Auslegungsfrage dahin, wogegen es eines strafrechtlichen Schutzes bedarf, so spricht nicht nur die Gesetzesgeschichte, sondern sogar das eine deutliche Sprache, was *Schröder* und *Mösl* gegen das daraus abzuleitende Ergebnis ausführen. Bei allen Überlegungen um den Strafrechtsschutz des gesprochenen Wortes war es von Anfang an darum gegangen, den einzelnen vor Einbrüchen in seinen Persönlichkeitsbereich mit Hilfe von neu aufgekommenen Mitteln zu schützen, denen gegenüber nicht nur die bis dahin alltagsübliche, sondern selbst gesteigerte Vorsicht keinen genügenden Schutz gewährt, weil den durch die moderne Technik ermöglichten Angriffsformen allenfalls mit Vorkehrungen zu begegnen wäre, die mit einer einigermaßen normalen Lebensführung unverträglich wären. Von hier aus erweist sich denn auch die Argumentation zugunsten der weiteren Auslegung bald als fadenscheinig. Daß Tonbanddiktat, Konferenzaufnahme und beispielsweise auch die vorgeblich nur zur Gedächtnisstütze, in Wahrheit aber für die Wiedergabe im Rundfunk gefertigte Tonaufzeichnung eines

Interviews ohne strafrechtlichen Mißbrauchsschutz blieben, wenn die engere Auslegung der Bestimmung zugrunde gelegt wird, ist richtig, exemplifiziert aber nur die ursprünglich abstrakter formulierte Frage und enthält nicht einmal Elemente für ihre Beantwortung im einen oder anderen Sinne. Grundlagen für die Antwort sind vielmehr nur von der anderen Frage her zu gewinnen, warum einerseits selbst die Aufzeichnung des belanglosesten gesprochenen Wortes tatbestandsmäßig ist, während Gedankenfixierungen anderer Art (Tagebuch, Protokoll) und sonstige aus dem Intimbereich gewonnene Gegenstände (Fotografien u. ä.) solchen Schutzes gegen unbefugtes Eindringen und unbefugte Verwertung entraten müssen. Die augenscheinlich nächstliegende Erklärung ist die, daß es keines besonderen[10] Strafrechtsschutzes bedarf, wo ein durchschnittlich vorsichtiger Mensch die Entäußerungen seiner Persönlichkeit vor fremder Zudringlichkeit selbst wirksam schützen kann — die Konsequenz für die Tonaufzeichnung liegt nahe: wer sein nichtöffentlich gesprochenes Wort selbst aufzeichnet, seine Aufzeichnung durch andere veranlaßt oder zuläßt, geht sehenden Auges ein Risiko ein, das er überdies — infolge seiner Kenntnis um das Zustandekommen der Aufnahme — selbst in den ihm notwendig erscheinenden Grenzen halten kann, indem er vorkehrt, was er sonst in bezug auf andere Gegenstände vorkehren würde, die nicht zu fremder Kenntnisnahme bestimmt sind: der Unterschied zwischen einem handschriftlichen Konzept und der auf Tonband gesprochenen Erstfassung eines wichtigen Briefes ist unter dem Blickwinkel des Strafrechtsschutzes nicht zu erkennen, weil man das eine wie das andere nachlässig liegen lassen, in die Schreibtischschublade einsperren, im hauseigenen Tresor verwahren oder dem Nachttresor der Bank anvertrauen kann; und was das angeblich so beweiskräftige erste Beispiel *Schröders* anlangt, so kehrt es sich bei genauerer Analyse gegen seine Auslegung: hat die Besprechung Themen zum Gegenstand, welche Staatsanwaltschaft, Bundeskartellamt oder irgendwelche Europabehörden brennend interessieren würden, so wird man bei Mitlaufen eines Tonbandes noch eher als bei Aufnahme einer Niederschrift jedes Wort auf die Goldwaage legen, weil in diesem Falle selbst der Hinweis auf einen Hörfehler des Protokollanten entfällt, und wenn man sich im Vertrauen auf die sichere Verwahrung des Tonbandes geäußert hat, ist man nicht schutzwürdiger, als wenn dies „zu Protokoll"

[10] Körperliche Gegenstände, auf, mit oder an denen eine Entäußerung der Persönlichkeit festgehalten ist, kann und wird man — ein entsprechendes Diskretionsbedürfnis vorausgesetzt — so verwahren, daß indiskretes Eindringen praktisch nur über die Verwirklichung irgendwelcher Straftatbestände führen kann — dies mit der sogleich aufzuweisenden Konsequenz im Gegensatz zum flüchtigen Wort.

geschehen ist: es wäre im Gegenteil eine unmotivierte Verschiedenbehandlung in allen wesentlichen Punkten gleicher Sachverhalte, sollte in der offenen Schublade wohl das Tonband, nicht aber das danebenliegende schriftliche Protokoll geschützt sein[11], dieweil schon eine Minimalsicherung in Form eines zugeklebten Briefumschlages nach § 202 Abs. 3 n. F. beiden sachgemäß gleichen Strafrechtsschutz gewährt.

Nun gibt es freilich außer dem Einverständnis des Sprechenden auch noch andere Fälle, in denen die Aufnahme nicht „unbefugt" ist. Hier liegen die Dinge gegenüber selbst gefertigter und konsentierter Aufnahme des gesprochenen Wortes insofern anders, als das *Gesetz* — und nicht, wie gegebenenfalls bei Selbstvornahme oder Einverständnis der Sprechende — die Aufnahme nur unter ganz bestimmten Voraussetzungen *zu einem ganz bestimmten Zweck* gestattet[12], so daß sich ein Bedürfnis nach dem Schutz gegen andersgerichtete oder überschießende Verwertungshandlungen durch Nr. 2 nicht bestreiten läßt: die Preisgabe der ursprünglichen Konzeption des Paragraphen zugunsten einer sachwidrigen Kürze hat den in der Sache bedeutsamen Unterschied zwischen Selbstaufnahme und Einwilligung einerseits, sowie anderen Fällen befugter Aufnahme andererseits verwischt, der durch entsprechende Auslegung erhalten bleiben oder äußerstenfalls durch eine Korrektur des Gesetzes hergestellt werden muß, wenn nicht Strafe da eintreten soll, wo fehlendes Strafschutzbedürfnis durch die bewußte Nichtpönalisierung gleichliegender Sachverhalte erwiesen wird.

Die soeben behandelte Streitfrage ist indes nicht das einzige Auslegungsproblem des § 298, das nur vom Strafschutzbedürfnis her angemessen behandelt werden kann — die anderen Fragen haben jedoch bisher noch keine Ausprägung in klar formulierten Auffassungsgegensätzen gefunden. So gehen zunächst hinsichtlich der „Nichtöffentlichkeit" des gesprochenen Wortes die Meinungen über die Begriffsbestimmung ebenso durcheinander, wie in den illustrierenden Beispielen zumeist ein leitendes Prinzip nicht auszumachen ist. *Maurach* BT 178 stellt einfach auf die Begrenztheit des Zuhörer- oder Gesprächskreises ab, während überwiegend zusätzlich das Erfordernis einer Verbundenheit durch persönliche Beziehungen aufgestellt wird[13] und *Schröder*, § 298 Rdn. 8 „zunächst" auf die Erläuterungen

[11] Übereinstimmend *Arzt*, a. a. O. S. 263.

[12] Vgl. dazu etwa die Aufgliederung bei *Dreher*, § 298 Anm. 4.

[13] *Dreher*, § 298 Anm. 2, *Lackner-Maassen*, § 298 Anm. 3, *Mösl*, LK § 298 Rdn. 3, *Petters-Preisendanz*, § 298 Anm. 2. Ähnlich *Maurach*, a. a. O., *Schönke-Schröder*, § 298 Rdn. 9, wo allerdings das Merkmal bei größeren Zusammenkünften nur in seiner ausdehnenden Funktion angesprochen wird.

zu §§ 111, 186 verweist, dann aber in den Einzelerörterungen von den Stellungnahmen der anderen Autoren nicht grundsätzlich abweicht. Dazu kommen dann in verschiedenem Umfang — zumeist bei der Erörterung von Beispielsfällen — und in den verschiedensten Beziehungen erweiternde oder einengende Aussagen, die aber weder in sich noch im Zusammenhalt mit anderen literarischen Stellungnahmen ein auch nur annähernd klares Bild ergeben; was als Ergebnis im Raum steht, sind Unklarheiten über Unklarheiten: Ist eine öffentliche Hauptverhandlung i. S. des § 298 öffentlich oder nicht, wenn sich außer den Verfahrensbeteiligten niemand im Sitzungssaal befindet — und ist die Öffentlichkeit auch i. S. des § 298 ausgeschlossen, wenn nach Ausschluß der Öffentlichkeit einigen Journalisten die Anwesenheit gestattet wurde[14]? Ist eine akademische Lehrveranstaltung öffentlich, wenn bei an sich freier Zugänglichkeit nur der vertraute Hörerstamm von 5 oder 10 Studenten anwesend ist — hindert umgekehrt strenge Kontrolle der Anwesenheitsberechtigung die Öffentlichkeit eines Seminars mit 80 oder 100 Teilnehmern? Sprechen drei alte Rentner auf einer abseits gelegenen Bank im Park öffentlich oder nichtöffentlich, wenn zwar sonst niemand da ist, jeder weitere, zufällig daherkommende Gesprächspartner aber bereitwillig in den Kreis aufgenommen würde? Wie verhält es sich mit dem Gespräch der beiden unfallbeteiligten Kraftfahrer, die sich im Hinblick auf die jeweils dem anderen vorauswehende Fahne in kurzem Meinungsaustausch schnell einig werden, feststellungsbereite Dritte lieber nicht abzuwarten, sondern in verschiedenen Richtungen das Weite zu suchen?

Hier tritt schnell eine Schwierigkeit zutage, von der man wohl ohne überspanntes Mißtrauen annehmen kann, daß sie einer der Gründe für den Stand des Schrifttums in dieser Frage ist. Auf der Linie der Erwägungen zur Frage des unbefugten Gebrauchs befugter Tonaufnahmen gerät man nämlich alsbald auf einen (scheinbaren?) Widerspruch, weil das öffentlich gesprochene Wort der Gefahr unbefugter Aufnahme in größerem Maße ausgesetzt ist als das nichtöffentlich gesprochene, weil also unter diesem Blickwinkel die Beschränkung des Strafrechtsschutzes auf das nichtöffentlich gesprochene Wort unverständlich wäre. Diese Beschränkung läßt sich sinnvoll vielmehr allein damit erklären, daß der Mensch in aller Regel es selbst in der Hand hat, *ob* er überhaupt unter öffentlichkeitsbegründenden Umständen spricht, und daß er sich jedenfalls mit dem „*Wie*“

[14] *Schönke-Schröder*, § 298 Rdn. 11 mit Ergebnissen, die allerdings so fragwürdig sind, daß man sie beinahe schon als Argument für die Unrichtigkeit des dortigen Ansatzes beiziehen kann.

seiner Äußerungen auf die von ihm wahrgenommene „Öffentlichkeit“ einstellen kann. Allerdings scheint diese Erwägung nicht zu einer Lösung hin- als vielmehr eher von ihr wegzuführen, weil der Mensch ja nicht nur in den tatsächlichen Grenzbereichen des Auslegungsproblems oft genug allen Grund hat, auf seine „nichtöffentlich“ gesprochenen Worte besser zu achten als bei einer Konversation über das Wetter in einer überfüllten Straßenbahn. Das von der h. M. aufgestellte Erfordernis einer persönlichen Verbundenheit, welches offensichtlich das Tatbestandsmerkmal zunächst eingrenzen soll, mag hier seinen Ursprung haben und unter diesem Vorzeichen zunächst auch verständlich sein; daß es dieser Aufgabe nicht sachgerecht genügt, wird indes deutlich, sowie man in eine etwas nähere Analyse dieses sonst arg vernachlässigten Kriteriums eintritt. Soll nämlich die „persönliche Beziehung“ (oder welches Synonym dafür immer gebraucht werden mag) nicht äußerstenfalls bis dahin reduziert werden, wo sie darin besteht, daß man — im Augenblick — miteinander spricht, erweist sie sich alsbald als eine Beschränkung, die den Schutzzweck des Gesetzes gerade da vereitelt, wo er vielleicht am akutesten wird: einmal müßte man folgerichtig das Kriterium auch beim Gespräch unter vier Augen zum Zuge bringen[15], und zum anderen blieben Gespräche ungeschützt, welche sich ohne solche Beziehungen zwischen mehreren Personen aus einem bestimmten Anlaß ad hoc ergeben haben (Beratung mehrerer Nachbarn, die ansonsten einander spinnefeind sind, über gemeinsam gegen irgendwelche baurechtlichen Anordnungen zu ergreifende Schritte u. ä.). Auch in der entgegengesetzten Richtung erweist sich das Merkmal der besonderen persönlichen Beziehungen als fragwürdig, weil mit seiner Hilfe die Öffentlichkeit der Zusammenkunft von selbst zahlreichen Personen verneint wird, die außer dem einen gemeinsamen Berühungspunkt (Parteimitgliedschaft, Vereinszugehörigkeit u. ä.) miteinander nichts zu tun haben[16].

Zu überzeugenden Ergebnissen — zu denen im einzelnen vorzudringen zu versuchen hier freilich der Raum fehlt — wird bei alledem nur ein Vorgehen auf der Grundlage des Gedankens führen, der mit dem Erfordernis der Nichtöffentlichkeit als einziger wirklich folgerichtig übereinstimmt: der einzelne soll in der Unbefangenheit seines gesprochenen Wortes da, aber auch nur da durch § 298 besonders

[15] Das wird zwar meist nicht ausdrücklich ausgesprochen, ist aber unabweisbar, weil es ceteris paribus schlechthin kein Kriterium zu geben scheint, das eine Verschiedenbehandlung des Gesprächs zwischen zwei und drei oder mehr Personen zu rechtfertigen vermöchte.

[16] *Petters-Preisendanz*, § 298 Anm. 2, *Schönke-Schröder*, § 298 Rdn. 9; bei den sonst schon zitierten Autoren findet sich meist keine Stellungnahme.

geschützt werden, wo er nicht schon im Hinblick auf die (mögliche)[17] Anwesenheit Unbeteiligter im Bereich der natürlichen Wahrnehmbarkeit der Rede zumindest die Möglichkeit hat, Zurückhaltung in Form und/oder Inhalt zu wahren. Dies gilt nicht nur für das einer weiteren Wahrnehmbarkeit entzogene Gespräch unter vier Augen, sondern auch bei solchen Zusammenkünften mehrerer, bei denen jeder der (potentielle) Gesprächspartner jedes anderen ist: wer in nichtöffentlicher Hauptverhandlung vor Gericht steht oder mit anderen zusammenkommt, um in einer gemeinsam interessierenden Angelegenheit Beratung zu pflegen, einen Verein zu gründen o. ä., mag die verschiedensten Gründe haben, sein gesprochenes Wort unter sorgfältiger Kontrolle zu halten — die Gefahr, daß das Wort akustisch die Ohren anderer als der Gesprächspartner erreicht, gehört dazu aber den Umständen nach gerade nicht[18]. Auf der anderen Seite geriete der Strafrechtsschutz des gesprochenen Wortes wesentlich zu weit, wenn man mit nicht wenigen Stimmen im Schrifttum[19] Nichtöffentlichkeit auch da noch für gegeben halten wollte, wo eine größere Menschenmenge auf der Grundlage irgendwelcher Gemeinsamkeiten zusammenkommt, deren Vorhandensein beim einzelnen Gegenstand einer effektiven Zutrittskontrolle ist: wo hier einmal die Grenzen des soeben behandelten Gesprächskreises überschritten sind, wird Öffentlichkeit jedenfalls anzunehmen sein, wenn der Erwerb der Zulassungsvoraussetzungen praktisch jedermann offensteht und/oder die verbindenden Gemeinsamkeiten zwar dem einzelnen wichtig sein mögen, aber doch nicht, wie z. B. ein religiöser Orden, die Persönlichkeit weitgehend in ein übergeordnetes Ganzes integrieren. In allen Fällen der Nichtöffentlichkeit ist im übrigen auch vom hier für richtig gehaltenen Ausgangspunkt der Meinung[20] zuzustimmen, daß die Anwesenheit einzelner, besonders zugelassener Außenseiter (Pressevertreter in nichtöffentlicher Hauptverhandlung u. ä.) keine Öffentlichkeit des gesprochenen Wortes begründet, weil ihrer Zulassung oft ein auf die Person bezogenes Vertrauen zugrunde liegen wird, sie überdies nicht als

[17] Die notwendige Einschränkung betrifft allein die Fälle, in denen der Sprechende nicht weiß, ob andere, wie dies nach den tatsächlichen Gegebenheiten möglich wäre, anwesend sind oder nicht. Dagegen ist der Fall nicht gemeint, in dem Dritte anwesend sein könnten, es aber, wie der Sprechende weiß, nicht sind (Gespräch im Zugabteil, wobei man nicht weiß, ob im Nachbarabteil andere Reisende sitzen — dagegen: öffentliche Hauptverhandlung, bei der jedoch, wie jeder Anwesende sieht, unbeteiligte Personen nicht anwesend sind).

[18] *Schönke-Schröder,* § 298 Rdn. 9: „§ 298 stellt auf die Äußerung in ihrer akustischen Gestalt ab, es kommt deshalb nicht darauf an, ob ihr Inhalt zur schriftlichen Veröffentlichung bestimmt ist."

[19] Vgl. oben Fußnote 16.

[20] *Schönke-Schröder,* § 298 Rdn. 10.

quivis ex populo die Öffentlichkeit repräsentieren und ihnen gegenüber deshalb auch das von § 298 zu befriedigende Schutzbedürfnis in besonderem Maße besteht.

Ein dritter Streitpunkt kann nur noch berührt werden. Im Schrifttum zu § 298 ist seit dessen Inkrafttreten unverändert streitig, ob das „gesprochene“ Wort eigene Gedanken des Sprechenden zum Ausdruck bringen muß oder ob z. B. auch die Sprechprobe, eine Rezitation oder die Verlesung eines fremden Textes geschützt ist. Die Meinungen werden meist nur apodiktisch, und zwar weit überwiegend i. S. der engeren Auslegung geäußert[21]. Sieht man von manchen läppischen Beispielen ab, bei denen vorkommendenfalls weiteres an der Vernunft der Beteiligten (Antragserfordernis) oder doch jedenfalls bei § 153 Abs. 2 StPO scheitern würde, so dürfte sich die Auslegungsfrage mit Überzeugungskraft wohl nur unter dem Vorzeichen beantworten lassen, daß es sich entweder um eine beabsichtigte Bloßstellung des Betroffenen oder aber um eine wirtschaftliche Ausbeutung der Aufnahme (Mitschnitt der Generalprobe, um mit einem Billigangebot auf dem Schallplattenmarkt ein Geschäft machen zu können) handeln wird — von hier aus dürfte sich zeigen, daß in beiden Richtungen entweder ein Sonderschutz durch § 298 überflüssig ist, weil anderweitig hinreichender Schutz gewährleistet ist, oder daß die ohne § 298 bestehenden „Lücken“ von vornherein der Notwendigkeit vernünftiger Dosierung des Strafrechts entsprechen.

II. Die „falsche“ Fotokopie (§§ 267, 268)

So wie „gegebene“ Strafschutzbedürfnisse gerade durch das Ausbleiben ihrer Befriedigung gegenstandslos werden können — seit BGHSt. 16, 120 dürfte es beispielsweise kaum noch jemandem gelungen sein, eine Spätwette zu placieren —, kann ein solches durch vorweggenommene Befriedigung erst recht hervorgerufen werden. Ein Beispiel bietet die manipulierte Fotokopie, deren unter diesem Blickwinkel bestehende Problematik angesichts der Rechtsprechung[22] sich freilich nur mit hypothetischen Erwägungen erhellen läßt. Vor Einführung des § 268 gingen Rechtsprechung und absolut h. M. des

[21] Für die weite Auslegung *Schönke-Schröder*, § 298 Rdn. 2. Dagegen *Dreher*, § 298 Anm. 2, *Lackner-Maassen*, § 298 Anm. 3 (zurückhaltend), *Mösl*, LK § 298 Rdn. 2, nicht ganz klar *Maurach*, 178.

[22] Vgl. nur BGHSt. 24, 140: die Fotokopie ist keine Urkunde und fällt auch nicht unter § 268.

Schrifttums[23] übereinstimmend dahin, daß die Fotokopie einschließlich der Fotomontage[24] keine Urkunde sei, sondern nur als Mittel zum Gebrauch einer tatsächlich vorhandenen (oder vorhanden gewesenen) Urkunde (§ 267 Abs. 1, 3 Alt.) in Betracht komme: unter dem Blickwinkel des Urkundenschutzes blieben also Herstellung und Gebrauch von Fotomontagen straflos — lediglich *Schröder*[25] setzte dem i. S. einer Behandlung der Fotokopie als Urkunde entgegen, der Verkehr verlasse sich weithin auf (unbeglaubigte) Fotokopien und bedürfe daher auch insoweit eines Schutzes durch § 267. Mit Einführung des § 268 ist gegenüber dem früheren Rechtszustand insofern ein Wandel eingetreten, als gegen den BGH und Teile des Schrifttums[26] verschiedentlich die Eigenschaft der Fotokopie als technischer Aufzeichnung i. S. dieser Bestimmnug bejaht wird[27], wobei *Schröder*[28] seine ursprünglichen Erwägungen zur Anwendbarkeit des § 267 dahin modifizierte, daß jetzt jedenfalls § 268 ein Instrument zur Verwirklichung der von ihm schon früher zu § 267 entwickelten Schutzzweckvorstellungen darstellt[29].

Die Diskussion um § 268 hat oft schon in manchmal recht dünne Höhenluft, im übrigen aber nur zu einem kaum noch durchschaubaren Durcheinander — im Prinzip wie im Detail — geführt[30]. Es scheint, daß manches — und so auch die hier behandelte Frage — wieder vom Kopf auf die Füße gestellt werden muß, was wenn nicht eine Ersetzung, so doch zumindest eine scharfe Kontrolle begrifflicher Festlegungen und Deduktionen durch den Schutzzweck der Bestimmung erfordert.

Wie die im einzelnen nicht nachweisbedürftige Kontroverse zeigt, läßt sich die Eigenschaft einer Bild- oder Tonaufzeichnung eines Zustandes oder Geschehnisses als „technische Aufzeichnung" mit der Erwägung begründen, daß eine außenweltliche Gegebenheit durch

[23] Vgl. RGSt. 69, 228; BGHSt. 5, 293 m. w. N.; *Jagusch* in LK, 8. Aufl. 1958, Bem. 4 d vor § 267.

[24] Abdeckung von Textteilen, Legen neuer Textteile über einen ursprünglichen Text, Einspiegelung von Textteilen und jede sonstige Manipulation, durch welche auf der Abbildung als ein Stück erscheint, was in Wirklichkeit voneinander körperlich getrennt war.

[25] Urteilsanmerkungen S. 252 f. und *Schönke-Schröder*, § 267 Rdn. 40 ff., 42.

[26] BGHSt. 24, 140 sowie *Dreher*, § 268 Anm. 2 B, *Lackner-Maassen*, § 268 Anm. 3 b, *Petters-Preisendanz*, § 268 Anm. 3 d, *Tröndle*, LK § 268 Rdn. 23 (letzterer mit umfassenden Nachweisen pro et contra).

[27] *Schönke-Schröder*, § 268 Rdn. 17; umfassende Schrifttumsnachweise bei *Tröndle*, a. a. O.

[28] *Schönke-Schröder*, § 267 Rdn. 42.

[29] Näher JR 71, 470.

[30] Die Charakterisierung des gegenwärtigen Meinungsstandes bei *Schönke-Schröder*, § 268 Rdn. 3 ist drastisch, aber alles andere als unzutreffend.

das Gerät nach dessen Wirkungsprinzipien perpetuiert werde, und man kann sie mit vielleicht nicht weniger haltbarer Begründung verneinen, wenn man darauf abstellt, daß hier nicht einer Gegebenheit aufgrund festliegender Ordnung des Aufzeichnungsvorganges ein ganz bestimmtes Ergebnis der Aufzeichnung zugeordnet ist, sondern daß eine Vielfalt von Beschaffenheiten des Gegenstandes der Aufnahme bei einer Vielzahl von Konstruktionseigentümlichkeiten und Anwendungsmöglichkeiten des Aufnahmegerätes so verschiedenartige Aufnahmeergebnisse zuläßt, daß sich der Vorgang — gemessen an dem in § 268 „eigentlich" Gemeinten — schon nicht einmal als technische Aufzeichnung darstellt[31]; man kann — eine entsprechende Beantwortung der soeben erörterten präjudiziellen Frage vorausgesetzt — die Selbsttätigkeit der Aufzeichnung mit der Begründung bejahen, daß sich die Einwirkung des Menschen auf den auslösenden Knopfdruck beschränkt, aber man kann sie vielleicht ebensogut mit der Erwägung verneinen, daß der Mensch schon durch Auswahl und Einstellung des Gerätes das Aufzeichnungsergebnis so maßgeblich mitbestimmt, daß es auf den vorprogrammierten Ablauf der nur noch in diesem Rahmen „selbsttätigen" Aufzeichnung nicht ankommt; man kann endlich im Hinblick auf die erwähnten Manipulationsmöglichkeiten bei Beweiseignung und -bestimmung, die ihrerseits wieder kontrovers sind, ansetzen und wird doch allemal das Entscheidende nicht treffen: „Aufzeichnungen" dieser Art sind außerordentlich fälschungsanfällig, weil selbst das billigste, praktisch jedermann zugängliche Gerät gerade infolge seiner relativen Mängel von sich aus das „leistet", worauf man die besten Geräte wiederum einstellen kann[32], und weil überdies die Handlung zur Gewinnung eines Falsifikats notfalls unter geänderten Bedingungen beliebig wiederholt werden kann, während jede Fälschungshandlung an einer Urkunde selbst auf deren Substanz wirkt, insofern nachweisbar bleibt und einen ersten Fehler u. U. zum Hindernis für die Vollendung der geplanten Tat werden läßt.

Wieweit sich der Rechtsverkehr unter diesen allgemein bekannten Umständen auf bloße Fotokopien wirklich verläßt, mag streitig sein — keinen Zweifel scheint es aber zu dulden, daß strafrechtlicher Schutz eines solchen Vertrauens fehl am Platze wäre, weil die Strafdrohung letzten Endes nur unangebrachte Vertrauenssteigerung und

[31] Die ablehnenden Äußerungen berufen sich meist auf die fehlende Selbsttätigkeit, jedoch scheinen gelegentlich auch Zweifel in der hier angedeuteten Richtung durch.

[32] Sowohl bei Ton- als auch bei Bildaufnahmen lassen sich die konstruktionsmäßig gegebenen Schwächen bei Aufnahme und Wiedergabe durch ein billiges Gerät ebenso planvoll ausnutzen wie andererseits die Manipulationsmöglichkeiten, die ein Hochleistungsgerät bietet.

damit Kriminalität erzeugen würde, wo solche — schon von den tatsächlichen Gegebenheiten her — nicht entsteht, wenn eine nicht durch strafrechtlichen Schutz unbegründeten Vertrauens geschwächte Sorgfalt dafür sorgt, daß es nicht erst zu Täuschungsversuchen mit solchen Falsifikaten kommt.

III. Der bewaffnete Diebstahl (§ 244 Nr. 2)

Auch in § 244 Nr. 2 führt eine Doppeldeutigkeit des Ausdrucks zu Kontroversen, die auch eine Entscheidung des BGH nicht zum Verstummen gebracht hat. Wenn es nämlich heißt: „... wer einen Diebstahl begeht, bei dem er oder ein anderer Beteiligter ... ein Werkzeug oder ein Mittel bei sich führt, um den Widerstand eines anderen durch Gewalt oder Drohung mit Gewalt zu verhindern oder zu überwinden", so kann dies zweierlei bedeuten: das Werkzeug oder Mittel muß geeignet sein, zur Verwirklichung des Angedrohten zu dienen, oder aber auch: es muß nur geeignet sein, als Drohungsmittel zu dienen, d. h. den (falschen) Anschein zu erwecken, mit seiner Hilfe könne das Angedrohte realisiert werden. Die engere Auslegung, welche Eignung des Werkzeugs zur Verwirklichung des Angedrohten fordert, verweist auf die besondere Gefährlichkeit der Tat, die im Hintergrund aller Modalitäten des § 244 steht und nicht bei einer von ihnen mit der Wirkung verzichtbar ist, daß ein unmotiviertes Gefälle innerhalb der immerhin unter einer einheitlichen Strafdrohung stehenden Begehungsformen eintritt[33]. Die Gegenmeinung argumentiert demgegenüber mit Erwägungen, welche darauf hinauslaufen, daß bei allen Unterschieden im übrigen ein besonderes Schutzbedürfnis bestehe, dem nur die weitere Auslegung genügen könne. So heißt es in BGHSt. 24, 339, 341/342:

> „Im Gegensatz zur früheren Regelung hat die Strafschärfung in § 244 Abs. 1 Nr. 2 StGB damit ihren Grund nicht nur in der objektiven Gefährlichkeit von Täter und Tat, sondern außerdem in dem stärkeren verbrecherischen Willen des Täters und in dem Schutzbedürfnis des sich möglicherweise Entgegenstellenden. Dieser soll nicht erst vor Gewalt, sondern schon vor der Bedrohung mit ihr bewahrt werden. Der Dieb, der entschlossen ist, im Fall eines Widerstandes Gewalt anzuwenden oder mit Gewaltanwendung zu drohen und deshalb einen Gegenstand mit sich führt, den er zu diesem Zweck gegebenenfalls als geeignetes Mittel verwenden will, soll schärfer bestraft werden als derjenige, der sich auf die gewaltlose Wegnahme der Sache beschränken und bei auftretendem Widerstand von seinem Vorhaben Abstand nehmen will. Ebenso wie beim

[33] *Schönke-Schröder*, § 244 Rdn. 8 m. w. Nachw.

Raub, bei dem der Widerstand durch entsprechende Drohung überwunden worden ist, kann es aber auch für die höhere Strafwürdigkeit der Tat des Diebes, der bereit ist, zum Räuber zu werden, keinen entscheidenden Unterschied machen, ob der zur Androhung von Gewalt mitgeführte Gegenstand objektiv gefährlich ist oder nach dem Willen des Täters nur für gefährlich gehalten werden soll."

Maurach/Gössel erläutern dies zustimmend wie folgt[34]:

„Damit ordnet der BGH den § 244 StGB folgerichtig in die vom gewaltlosen Diebstahl (§ 242 StGB) bis zum Raub (§ 249 StGB) reichende Reihe ein. Sobald Gewalt oder Drohung mit Gewalt (sic!) als Mittel der Wegnahme eingesetzt werden, greift § 249 StGB ein — wer nicht so weit geht, aber bei der Wegnahme Gegenstände bei sich führt, mit der (sic!) er Gewalt (§ 244 Abs. 1 Nr. 1, Nr. 2) anwenden oder vermittels deren er mit der Anwendung von Gewalt drohen (§ 244 Abs. 1 Nr. 2 StGB) kann, wird nach § 244 StGB deshalb schwerer bestraft, weil er sich bereits im Vorfeld des Raubes (allerdings außerhalb des Versuchsbereichs: sonst wäre jede von § 244 Abs. 1 Nr. 2 StGB erfaßte Handlung zugleich Raubversuch und § 244 insoweit überflüssig) befindet und deshalb gefährlicher ist."

Überzeugend ist dies alles nicht: Die in Aussicht genommene Gewaltanwendung oder -drohung braucht in keinem Falle eine solche zu sein, wie sie den Tatbestand des Raubes, des räuberischen Diebstahls oder — bei Übergang von einer Ausführungsmodalität zur anderen, insbesondere im Rahmen einer natürlichen Handlungseinheit — der räuberischen Erpressung herstellt, ganz abgesehen davon, daß Drohung „mit Gewalt" für § 249 gerade noch nicht ausreicht. Auch wenn man das ebenso wie manche sonstigen Denkfehler des BGH beiseiteläßt, bleibt die Zentralthese noch fehlerhaft genug: Selbst wenn man nämlich davon ausgeht, daß der Täter regelmäßig einen Gebrauch des Mittels i. S. der §§ 249, 252, 255 nicht ausschließen wird, bleibt die Behauptung unerklärt, jeder, der sich dem Täter möglicherweise als Hindernis in den Weg stellen könnte, bedürfe besonderen Schutzes — dieser Schutz wird von dem Augenblick an, zu welchem der Täter sich der Raubmittel bedient, in sehr viel nachhaltigerer und jedenfalls ausreichender Weise durch die §§ 249, 252, 255, 240, 241, 239, 223 ff. gewährt, so daß sich allenfalls die Erwägung als tragfähig erweisen könnte, Tat und Täter des Diebstahls seien gleichermaßen gefährlicher, wenn dieser unter Umständen geschieht, die von der „Ausrüstung" her leicht zu einem Umschlagen in schwere Begehungsformen führen können. Dies führt aber nach der Neufassung des § 250 mit seiner inzwischen erfolgten Angleichung an die in § 244 Nr. 1, 2 enthaltenen Erschwerungsgründe zu untrag-

[34] Fälle und Lösungen nach höchstrichterlichen Entscheidungen, Strafrecht, 2. Aufl., 1973, S. 31 f.

baren Spannungen, weil danach folgerichtig in Nr. 2 eine der schon im Rahmen des § 249 *weniger* schwerwiegenden Begehungsformen — Anwendung nicht realisierbarer Drohungen — in eine auch nach den neuen Strafsätzen drastische *Erschwerung* umschlägt, ohne daß man dafür auch nur das in Anspruch nehmen könnte, was bei § 244 Nr. 2 allenfalls noch als halbwegs plausible Begründung annehmbar sein mag.

IV. Ausblick

Das Problem konnte hier nur in groben Strichen anhand weniger Beispiele angedeutet werden — Lehre und Rechtsprechung bieten darüber hinaus allenthalben positive wie negative Belege dafür, daß die Frage nach dem Strafschutzbedürfnis nicht nur allenfalls gerade innerhalb der teleologischen Auslegung aufscheinen darf und nicht nur ein Kriterium der Wahl ist, sondern erst eigentlich das heutige Verständnis des Strafrechts und die Zielsetzungen der Reformbemühungen in der Auslegung wirksam werden läßt.

Strafrecht und psychoanalytische Theorie

HERBERT JÄGER

Die Konsequenzen psychoanalytischer Erkenntnisse für das Strafrecht sind, fast ein halbes Jahrhundert nach ihrer ersten wissenschaftlichen Erörterung, noch immer weitgehend ungeklärt[1]. Insbesondere Bedeutung und Reichweite der psychoanalytischen Strafrechtskritik werden innerhalb beider Wissenschaften unterschiedlich, ja konträr beurteilt. In der neueren strafrechtlichen Literatur etwa wird die Psychoanalyse von manchen als „strafrechtsverneinende Theorie" betrachtet, die „die Legitimation zu strafen überhaupt in Frage stellt"[2]; andere wieder meinen, daß sie dem Strafrecht erst Rechtfertigung und Erklärung liefere[3]. Obwohl sich die Strafrechtslehre nach etwas vagen Anfangshoffnungen auf eine forensisch auswertbare „vertiefte Menschenkenntnis", eine „Tiefenpsychologie im Gerichtssaal"[4], längst gegen psychoanalytische Einflüsse immunisiert hat — eine Totalabwendung, die durch die Schrifttumsverzeichnisse strafrechtlicher Standardwerke eindrucksvoll dokumentiert wird —, werden von der Psychoanalyse doch immer wieder revolutionäre Wirkungen auf das Strafrecht erhofft oder befürchtet[5], für die in der strafrechtlichen Theorie und Praxis irgendwelche Anhaltspunkte bisher nicht zu entdecken sind. Neuerdings werden auch von einer Verschmelzung beider Disziplinen zu einem „psychoanalytischen Strafrecht"[6] tiefgreifende Reformen erwartet.

Das Meinungsbild innerhalb der psychoanalytischen Literatur ist kaum viel einheitlicher. Der Kollisionskurs der „klassischen" Phase psychoanalytischer Strafrechtskritik[7] hat sicher einiges dazu beige-

[1] Dieser Beitrag beschränkt sich auf die strafrechtliche Relevanz psychoanalytischer Theorie, klammert also die Frage nach der Bedeutung psychoanalytischer Therapie für die Behandlung von Straftätern und den Strafvollzug aus. Zu den kollektiv- und strafrechtspsychologischen Aspekten der psychoanalytischen Theorie vgl. im übrigen: H. *Jäger*, Psychologie des Strafrechts und der strafenden Gesellschaft, in: P. *Reiwald*, Die Gesellschaft und ihre Verbrecher, 1973, S. 20 ff.

[2] R. *Lange*, Strafrechtsreform, 1972, S. 99, 91.

[3] E. *Gimbernat Ordeig*, Hat die Strafrechtsdogmatik eine Zukunft? In: ZStW 1970, S. 388.

[4] E. *Mezger*, Die Bedeutung der Psychoanalyse für die Rechtspflege. In: *Prinzhorn* (Hrsg.), Krisis der Psychoanalyse, Bd. 1, 1928, S. 361.

[5] Vgl. etwa Th. *Raiser*, Was nützt die Soziologie dem Recht? JZ 1970, S. 665.

[6] H. *Ostermeyer*, Strafrecht und Psychoanalyse, 1972, S. 98 ff.

[7] Siehe insbesondere die von T. *Moser* neu edierten Schriften von Th. *Reik* sowie F. *Alexander* und H. *Staub*, in: Psychoanalyse und Justiz, 1971.

tragen, daß Psychoanalyse als „Frontalangriff auf die strafende Gesellschaft"[8] verstanden worden ist, sich oft auch selbst so verstand, obwohl die genauere Betrachtung ihrer Einwände erkennen läßt, daß die Auseinandersetzung mit dem Strafrecht zumeist punktueller und in begrenzterem Rahmen geführt worden ist. Das Spektrum reicht auch hier von der radikalen Verwerfung jeglichen Strafrechts[9] bis zu seiner jedenfalls grundsätzlichen Anerkennung als eines „rationalen Instruments der Gesellschaftspolitik"[10]. Der kritische Grundtenor dieser Literatur täuscht jedoch darüber hinweg, daß die Schlüssigkeit ihrer Argumente oft nicht das hält, was ihre Aggressivität verspricht.

Die Ungeklärtheit der Situation, aber auch das zunehmende Interesse an interdisziplinärer Zusammenarbeit legen es nahe, noch einmal in die Diskussion darüber einzutreten, welche Verständigungsmöglichkeiten und Kooperationschancen zwischen Strafrecht und Psychoanalyse bestehen, vor allem aber auch, welche sachlichen Schwierigkeiten dabei zu bewältigen sind.

I.

Komplizierend für die interdisziplinäre Verständigung hat sich ausgewirkt, daß die Psychoanalyse dem Strafrecht nicht in den Grenzen ihrer empirischen Kompetenz, sondern als kritisch wertende Wissenschaft gegenübergetreten ist[11], in deren Streitschriften sich psychoanalytische Einsichten und Hypothesen, politisch-ideologische Werturteile und utopische Entwürfe oft untrennbar vermischen. Überhaupt ist die Herleitung kriminalpolitischer Postulate aus psychoanalytischen — wie ganz allgemein sozialwissenschaftlichen — Erkenntnissen nicht schon dadurch gewährleistet, daß sie von Psychoanalytikern oder Sozialwissenschaftlern stammen. Es ist hier ein hohes Maß an Transformation metaempirischer Überzeugungsbildung in rechtspolitische Postulate, die durch den Erkenntnisstand der in Anspruch genommenen Fachdisziplin nicht legitimiert werden, ins Auge zu fassen[12]; daher ist es oft schwierig, die spezifisch psychoana-

[8] T. *Moser*, Repressive Kriminalpsychiatrie, 1971, S. 226.

[9] Radikale Positionen vertreten etwa P. *Reiwald*, Die Gesellschaft und ihre Verbrecher, 1948 (Neuausgabe 1973); A. *Plack*, Die Gesellschaft und das Böse, 1967; W. *Hochheimer*, Zur Psychologie von strafender Gesellschaft, Kritische Justiz 1969, S. 27 ff.

[10] P. *Roazen*, Politik und Gesellschaft bei Sigmund Freud, 1971, S. 152 ff.

[11] Zur Unterscheidung von empirischen und normativen Sozialwissenschaften: W. *Naucke*, Über die juristische Relevanz der Sozialwissenschaften, 1972, S. 17 ff.

[12] Hierzu etwa: G. *Kaiser*, Kriminologie, 1971, Rnr. 598, 624.

lytischen Theorie- und Empirieanteile freizulegen und von hinzutretenden normativen Elementen zu trennen. Bereits in der älteren Literatur ist oft ganz klar zu erkennen, daß der rechtspolitische Impuls zur Umgestaltung des Strafrechts, der manche psychoanalytischen Autoren erfüllte, in ihrer eigenen Wissenschaft, wie sie zum Teil selbst bedauernd zugegeben haben, nur eine partielle Unterstützung fand[13]. Eine weiterführende Diskussion der Auswirkungen psychoanalytischer Erkenntnisse auf das Strafrecht setzt nun aber die Präzisierung tiefenpsychologischer Grundannahmen und Hypothesen und damit eine deutlichere Trennung von Theorie und Programm voraus.

Gerade hierbei ergeben sich Verständigungsschwierigkeiten, die den strafrechtlich-psychoanalytischen Dialog nicht unwesentlich beeinträchtigen. Denn Psychoanalyse ist nicht nur ein Spezialgebiet der Psychologie, die sich dem Strafrecht als pluralistisches System präsentiert[14]; sie ist auch selbst pluralistisch und in vielen Einzelheiten ihres theoretischen Konzepts kontrovers. Aber auch das Strafrecht ist keine feststehende Größe, da sich sein Normensystem ständig verändert. Daher läßt sich nur schwer bestimmen, welche psychoanalytische Theorie eigentlich mit welchem Strafrecht konfrontiert werden kann. Für das Strafrecht kann diese Entscheidung noch relativ einfach, etwa im Wege der Festlegung auf das gegenwärtige bundesdeutsche Strafrechtssystem, getroffen werden; für die Psychoanalyse ist sie dagegen schwierig. Die psychoanalytischen Frühschriften können im Prinzip nicht mehr beanspruchen, den modernen Erkenntnisstand zu repräsentieren. Fortentwicklungen und Korrekturen psychoanalytischer Lehren, etwa Veränderungen in der Einschätzung ödipaler Konflikte, Akzentverschiebungen auf früherliegende Schädigungen[15] oder Ausweitungen psychoanalytischer Denkansätze zu einer Sozialisationstheorie[16] sind zu berücksichtigen, in die auf das Strafrecht bezogene Kritik wie in die sie abwehrende Gegenpolemik jedoch zumeist noch nicht eingegangen. Auf der anderen Seite fehlt aber der neueren psychoanalytischen Literatur anders als der älteren der strafrechtlich-kriminalpolitische Bezug. Der Abkehr des Strafrechts von der Psychoanalyse ist die der Psychoanalyse vom Strafrecht gefolgt. Auf psychoanalytischer Seite gibt es heute, von Tilmann *Mosers* Schriften ab-

[13] Vgl. etwa: F. *Alexander* und H. *Staub*, Der Verbrecher und seine Richter (1929), in: T. *Moser* (Hrsg.), Psychoanalyse und Justiz, 1971, S. 384.

[14] G. *Kaiser*, Strafrecht und Psychologie, in: D. *Grimm*, Rechtswissenschaft und Nachbarwissenschaften, Bd. 1, 1973, S. 207.

[15] Hierzu etwa: T. *Moser*, Psychoanalyse und Justiz, 1971, Nachwort, S. 424, und Repressive Kriminalpsychiatrie, 1971, S. 229.

[16] T. *Moser*, Jugendkriminalität und Gesellschaftsstruktur, 1970. Neuerdings: A. *Lorenzer*, Zur Begründung einer materialistischen Sozialisationstheorie, 1972.

gesehen[17], keine umfassenderen Stellungnahmen zu kriminalpolitischen Fragen, an die anzuknüpfen wäre. Die Situation wird durch die Internkonflikte innerhalb der psychoanalytischen Wissenschaft, insbesondere zwischen „bürgerlichen“ und „materialistischen“ Richtungen, nicht gerade durchsichtiger[18]. Jedenfalls ist jede Erörterung, die kriminalpolitische Argumentation und juristische Relevanz als literarische Auswahlprinzipien betrachtet, und damit auch dieser Text dem Einwand ausgesetzt, jene „kategorialen Verkürzungen“ zu enthalten, „die Psychoanalyse im Gehäuse einer bürgerlichen Wissenschaft zurückhalten“[19]. Andererseits ist von der materialistischen Sozialisationstheorie vorerst kein für eine konkrete Strafrechtskritik brauchbares Arbeitskonzept zu erwarten.

Eine Schwierigkeit ganz anderer Art berührt die Frage, auf welche Delinquenz sich die psychoanalytische Kriminologie eigentlich bezieht, damit aber auch, auf welche Teile des Strafrechts ihre kritischen Stellungnahmen gemünzt sind. Manche Äußerungen innerhalb der psychoanalytischen Literatur scheinen den Gesamtbereich strafbaren Verhaltens erfassen zu wollen, so etwa, wenn Straftaten ohne erkennbare Einschränkungen als „Ausdruck eines Spätstadiums konflikthafter oder defekthafter Zustände“ definiert werden[20]. Derart weitreichende Kennzeichnungen werden jedoch durch das gleichzeitig erkennbare Selbstverständnis der Psychoanalyse als einer auf psychisch abnorme und gestörte Straftäter anwendbaren Krankheitslehre[21] oder durch ausdrückliche Ausgrenzungen bestimmter Delinquenzbereiche, etwa der Verkehrs-, Wirtschafts- und Umweltkriminalität[22], erheblich relativiert. Insgesamt wird man der psychoanalytischen Kriminologie, wenn auch ohne ganz gesicherte Anhaltspunkte, einen gegenüber dem strafrechtlich kriminalisierten Verhalten reduzierten Delinquenzbegriff entnehmen müssen, der außer Gewalt- und Sexualdelikten einen nicht völlig klar zu umreißenden Teil der jugendlichen Vermögenskriminalität umfaßt, nicht also strafbares Verhalten schlechthin.

[17] Vgl. außer den bereits genannten Veröffentlichungen noch: T. *Moser*, Psychoanalyse und Strafjustiz, in: A. *Leber*/H. *Reiser* (Hrsg.), Sozialpädagogik, Psychoanalyse und Sozialkritik (Festschrift für Berthold Simonsohn), 1972, S. 107 ff., sowie: Sozialtherapie in soziologischer Sicht, in: Psyche XXVII (1973), S. 169 ff.

[18] Zur Psychoanalyse-Kritik der letzten Zeit siehe etwa die Beiträge in: H. M. *Enzensberger* und K. M. *Michel* (Hrsg.), Kursbuch, Nr. 29, 1972, sowie die Entgegnungen hierauf in: *Dahmer, Horn, Leithäuser, Lorenzer, Sonnemann*, Das Elend der Psychoanalyse-Kritik, 1973.

[19] A. *Lorenzer*, a. a. O. S. 14.

[20] So etwa T. *Moser*, Repressive Kriminalpsychiatrie, S. 234.

[21] T. *Moser*, a. a. O. S. 235.

[22] Z. B. *Ostermeyer*, a. a. O. S. 103.

Ein weiteres Problem ist die empirische Absicherung psychoanalytischer Erkenntnisse. Hier wirken sich unterschiedliche Vorstellungen beider Disziplinen über Wahrscheinlichkeit, Sicherheit und Wahrheit einer Aussage aus[23]. Der Strafrechtswissenschaft muß sich bei der Befassung mit psychoanalytischer Theorie der Eindruck aufdrängen, sich auf allzu ungesicherte Erkenntnisse einzulassen, deren Beweiskraft ungewiß und deren Berücksichtigung daher ein Risiko ist[24]. Hierin mag jedenfalls eine Ursache strafrechtlicher Psychoanalyseabwehr zu finden sein. Da das Strafrecht seiner Funktion nach auf Dauer angelegt ist, müssen ihm Wissenschaften, die empirisch wie theoretisch allzu sehr „in Bewegung" sind, als Partner einer Grundlagendiskussion inakzeptabel erscheinen. Wer nun allerdings deshalb das interdisziplinäre Gespräch für überflüssig, ja für gefährlich hält, übersieht oder verschweigt, daß bisher das Strafrecht ungesicherten empirischen Annahmen nur die Selbstsicherheit einer empirisch ungeprüften dogmatischen Begriffswelt, der — vielleicht unsicheren — Erkenntnis also nur das Bekenntnis entgegenzusetzen hat; ein Sachverhalt, der durch gelegentliche eklektizistische Begründungsanleihen der Dogmatik bei Nachbarwissenschaften nicht harmloser, sondern nur verschleiert wird[25]. Dem Strafrecht stellt sich das Problem also nicht als Alternative von empirischer Sicherheit oder Unsicherheit, sondern als Frage, ob die weitgehend autonome Beurteilung psychischer Vorgänge, die sich das Strafrecht noch immer leistet, nicht durch interdisziplinäre Forschung und Diskussion ersetzt werden kann, ohne die sich die Strafrechtsdoktrin noch länger dem Vorwurf der Unwissenschaftlichkeit ihrer Prämissen aussetzen würde[26].

Das Problem der „Übersetzung" empirischer Erkenntnisse in konkrete rechtspolitische Postulate, das in der neueren Literatur immer wieder erwähnt wird[27], bekommt damit auch in diesem wissenschaftlichen Grenzbereich eine zentrale methodologische Bedeutung. Denn

[23] G. *Kaiser*, Strafrecht und Psychologie, a. a. O. S. 207.

[24] Zum Problem der Beweiskraft empirischer Untersuchungen H. *Müller-Dietz*, Sozialwissenschaften und Strafrechtsdogmatik, in: H. *Müller-Dietz* (Hrsg.), Strafrechtsdogmatik und Kriminalpolitik, 1971, S. 144. Vgl. auch: H. J. *Schneider*, Die gegenwärtige Lage der deutschsprachigen Kriminologie, JZ 1973, S. 569 ff., 573.

[25] In ähnlichem Sinne auch *Ostermeyer*, a. a. O. S. 61.

[26] E. *Gimbernat Ordeig*, a. a. O. S. 385, hat es mit vollem Recht als eine „Zumutung" bezeichnet, „daß die Juristen bei Problemen, bei denen sie keine Spezialisten sind, entweder den Spezialisten Vorlesungen halten wollen oder aber jede Art von Gespräch mit ihnen zurückweisen".

[27] Siehe etwa: H. *Ryffel*, Grundprobleme der Rechts- und Staatsphilosophie, 1969, S. 503 f.; H. *Müller-Dietz*, a. a. O. S. 115, 145 ff.; W. *Naucke*, a. a. O. S. 61 f.; D. *Krauß*, Kriminologie und Strafrecht, in: D. *Grimm* (Hrsg.), Rechtswissenschaft und Nachbarwissenschaften, Bd 1, 1973, S. 256.

auch die Rezeption psychoanalytischer Erkenntnisse durch die Strafrechtswissenschaft ist so direkt, wie manche es sich vorzustellen scheinen, nicht zu leisten. Sie kann m. E. im gegenwärtigen Stadium nur darin bestehen, konkrete Berührungspunkte beider Gebiete, d. h. bestimmte Regelungsmaterialien zu ermitteln, bei denen das Strafrecht bisher von vorwissenschaftlichen Annahmen ausgegangen ist, die psychoanalytischer Kritik ausgesetzt sind. Psychoanalytischen Einsichten kommt bei einer solchen Problemauffindung die Funktion heuristisch wertvoller Hypothesen zu[28], deren nähere Prüfung dann allerdings nicht auf die psychoanalytische Forschung beschränkt bleiben kann. Erst im Wege wechselseitigen Verstehens der gegenseitigen Ausgangspunkte, der Formulierung genauer Fragestellungen und der Untersuchung empirischer Resultate, die auf diese Fragestellungen bezogen sind, kann es zu sinnvoller Zusammenarbeit kommen. Auch in der neuesten Diskussion sind Anfänge einer solchen differenzierenden Betrachtungsweise zu erkennen[29]. Selbst die radikalste Kritik am Strafrecht kann sich, soweit sie Rationalität für sich beansprucht, eine derartige Detailarbeit nicht ersparen[30]; denn der Radikalitätsgrad der Kritik ist letztlich von der Tragfähigkeit geprüfter Einzeleinwände abhängig[31].

Die folgenden Überlegungen versuchen nun, einige der psychoanalytischen Kritik immer wieder ausgesetzte Teilbereiche strafrechtlicher Dogmatik und Theorie auf die Relevanz tiefenpsychologischer Einwände hin zu diskutieren und dabei bereits probeweise mögliche Konsequenzen ins Auge zu fassen. Es sind dies: die Funktion der Strafe, die Kriterien für eine Begrenzung der Strafbarkeit, die subjektiven Unrechtsmerkmale und die psychologische Wahrheitsfindung im Prozeß.

[28] In diesem Punkt ist R. *Lange*, Strafrechtsreform, S. 101, zuzustimmen.

[29] Siehe etwa: T. *Mosers* Nachwort in Psychoanalyse und Justiz, S. 423, sowie in Repressive Kriminalpsychiatrie, S. 233. Vgl. neuerdings auch: H. *Rottleuthner*, Richterliches Handeln, 1973, S. 117 ff. Ähnlich G. *Kaiser*, Strafrecht und Psychologie, a. a. O. S. 206 f., für diese beiden Gebiete.

[30] Daß die Detailarbeit im Verhältnis Jurisprudenz-Sozialwissenschaften erst beginnt, hat kürzlich W. *Naucke*, a. a. O. S. 71, nachdrücklich betont. In ähnlichem Sinne speziell für das Strafrecht: H. *Jäger*, Studienreform im Strafrecht, in: Loccumer Arbeitskreis (Hrsg.), Neue Juristenausbildung, 1970, S. 109 f.

[31] Interessant in diesem Zusammenhang J. *Feests* Idee einer Kommentierung des Strafgesetzbuchs in sozialwissenschaftlicher Absicht, Kritische Justiz 1970, S. 457 ff. *Feest* meint, je mehr Annahmen, von denen das Strafrecht bisher ausgegangen ist, sich bei der empirischen Prüfung als unhaltbar erweisen sollten, desto unhaltbarer würde die betreffende Norm. Hierzu kritisch: W. *Naucke*, a. a. O. S. 61.

II.

Die Vorstellung, die psychoanalytische Theorie widerlege oder rechtfertige das Strafrecht, setzt voraus, daß es ein Gesamturteil der Psychoanalyse über Strafe und Strafrecht — eine „psychoanalytische Strafrechtstheorie“[32] — gibt und geben kann. Dies ist nicht nur wegen des bereits erwähnten reduzierten Delinquenzbereichs, dem die Aufmerksamkeit der psychoanalytischen Kriminologie gilt, zweifelhaft. Versteht man unter Straftheorien rechtsphilosophische und rechtspolitische Argumentationen, mit deren Hilfe Sinn und Zweck staatlicher Strafe bestimmt und die Strafrechtsordnung insgesamt programmiert oder gerechtfertigt wird[33], so ist eine eigenständige psychoanalytische Straftheorie kaum denkbar. Die Psychoanalyse hat eine Mitwirkung an solchen theoretischen Legitimierungsversuchen auch immer weit von sich gewiesen[34]. Sie kann nur in einem die Entscheidung über die Notwendigkeit der Strafe nicht präjudizierenden Sinne zu den psychologischen Voraussetzungen Stellung nehmen, auf die sich die juristischen Straftheorien stützen. Insbesondere kann sie die Frage aufwerfen, ob das Strafrecht tatsächlich die ihm zugeschriebenen präventiven Wirkungen hat und unter welchen Bedingungen strafrechtliche Reaktionen kontraindiziert sind, weil sie Delinquenz begünstigen und fördern, Prävention also in ihr Gegenteil umschlägt.

Die Besonderheit psychoanalytischer Funktionsbestimmungen der Strafe besteht nun darin, daß sie nicht wie die überkommenen Lehren allein von repressiven Strafwirkungen, vor allem Strafängsten, sondern außerdem — und sogar primär — von Strafbedürfnissen ausgehen. Dabei werden nebeneinander die Bedürfnisse der Gesellschaft wie des Täters ins Auge gefaßt[35]. Für die Gesellschaft bedeutet Strafe die Transformation eigener krimineller Antriebe in rechtlich legitimierte Aggression, die auf diese Weise dem als strafbar definierten Verhaltensbereich entzogen und in erlaubte Bahnen umgelenkt wird. Aus verdrängten oder ersatzweise befriedigten kriminellen Impulsen wird so Reaktion auf Kriminalität. Der Projektionsmechanismus bewirkt also, daß eine kollektive Stimulation zum Verbrechen, die der Triebdurchbruch eines einzelnen ausgelöst hat, neutralisiert wird. Bereits *Freud* hat diesen Vorgang mit einem viel zitierten Satz

[32] Th. *Reik*, Geständniszwang und Strafbedürfnis, in: T. *Moser* (Hrsg.), Psychoanalyse und Justiz, 1971, S. 120 ff.

[33] Hierzu C. *Roxin*, Strafrechtliche Grundlagenprobleme, 1973, S. 1 ff. m. w. Nachw., sowie H. *Zipf*, Kriminalpolitik, 1973, S. 21.

[34] Z. B. Th. *Reik*, a. a. O. S. 134.

[35] Zu dieser Doppelfunktion der Strafe R. *Herren*, Freud und die Kriminologie, 1973, S. 33 f.

anschaulich beschrieben: „Wenn einer es zustande gebracht hat, das verdrängte Begehren zu befriedigen, so muß sich in allen Gesellschaftsgenossen das gleiche Begehren regen; um diese Versuchung niederzuhalten, muß der eigentlich Beneidete um die Frucht seines Wagnisses gebracht werden“[36]. Die Funktion der Strafe ist damit aus psychoanalytischer Sicht klar gekennzeichnet. Auch die psychoanalytische Litertur nach *Freud* sieht — wohl bis in die Gegenwart hinein — in der Strafe überwiegend ein Instrument, das das durch den Rechtsbruch eines einzelnen gestörte psychische Gleichgewicht innerhalb der Gesellschaft wieder herstellen und Verdrängungen, die eine Straflosigkeit des Täters in Frage stellen würde, aufrechterhalten soll. Adressat einer solchen „Demonstration nach innen“[37] ist demnach die strafende Gesellschaft selbst: die Strafe hat, im Sinne *Nietzsches*, „den Zweck, den zu bessern, welcher straft“[38].

Die Psychoanalyse hat damit eine interessante, in der Strafrechtslehre jedoch kaum angemessen gewürdigte Hypothese zur Erklärung generalpräventiver Wirkungen des Strafrechts geliefert. Denn daß dieser Mechanismus, wie immer man ihn spezialpräventiv beurteilen mag, Kriminalität vermindert und daher „generalpräventiv erwünscht“[39] ist, kann ernstlich nicht bezweifelt werden. Dennoch kann sich die juristische Straftheorie dieser Hypothese zur Rechtfertigung der Strafe nur in einem sehr eingeschränkten Sinne bedienen. Ihre straftheoretische Bedeutung wird vor allem dadurch relativiert, daß nach psychoanalytischer Auffassung die Strafbedürfnisse, die Projektion möglich und notwendig machen, als Ausdruck kollektiver Psychopathologie erscheinen und daher die empirische Feststellung, daß das Strafrecht in der Gesellschaft wirksame aggressive Antriebe und Affekte kanalisiert, mit der Forderung nach dem Abbau solcher Aggressionen und Affekte, der „Resozialisierung der strafenden Gesellschaft“[40], verbunden ist. Die empirische Schwäche einer solchen Hypothese scheint mir darin zu bestehen, daß sie von der psychoanalytischen Forschung aus eigener klinischer Erfahrung nicht belegt, sondern aus sozialen Symptomen, die denen individueller psychischer Erkrankungen ähnlich sind, nur mittelbar erschlossen werden

[36] Ges. Werke IX, S. 89. Zitiert aus: Totem und Tabu, Fischer Bücherei 6053, 1956, S. 82 f.

[37] F. *Alexander* und H. *Staub*, a. a. O. S. 388.

[38] F. *Nietzsche*, Die Fröhliche Wissenschaft. Werke in drei Bänden, hrsgg. v. K. *Schlechta*, 1952, Bd. 2, S. 151.

[39] A.-E. *Brauneck*, Das Problem der staatlichen Strafe. Ungedrucktes Vorlesungsskriptum, Gießen 1972.

[40] Vgl. K. *Sessar*, Die Resozialisierung der strafenden Gesellschaft, in: ZStW Bd. 81, S. 372. Außerdem: E. *Naegeli*, Die Gesellschaft und die Kriminellen, 1972, S. 19 ff.

kann[41]. Außerdem bleibt ungeklärt, weshalb der im Regelfall effektive Mechanismus der Projektion bei den „Projektionsobjekten", den Straftätern, versagt hat; die Hypothese läßt also offen, unter welchen Bedingungen er wirkt. Auch fragt sich, ob er gegenüber Straftaten insgesamt die ihm zugeschriebenen Wirkungen entfaltet oder ob nicht insoweit tatbestandliche Differenzierungen unentbehrlich sind.

Die auf die Strafbedürfnisse des Täters selbst bezogene Hypothese eines kriminogen wirkenden präexistenten Schuldgefühls ist zwar der psychoanalytischen Empirie zugänglicher, da die unbewußten Vorgänge, auf die sie verweist, in der Einzelanalyse zutage treten; straftheoretisch ist sie jedoch unergiebig. Während *Freud* den Anteil solcher „Verbrecher aus Schuldgefühl" offen ließ[42], hat sein Schüler *Reik* geglaubt, „bei den Verbrechern, für welche die Strafgesetzgebung eigentlich bestimmt ist", eine solche Umkehr der Sequenz von Tat und Schuldgefühl generell konstatieren und so die eher vorsichtige These *Freuds* zu einer „psychoanalytischen Strafrechtstheorie" ausbauen zu können[43]. Eine derartige Verallgemeinerung ist aber ganz sicher unzulässig[44]. Auch wenn in der heutigen psychoanalytischen Kriminologie unbewußte Schuldgefühle als häufige Ursache dissozialen Verhaltens angesehen werden[45] und in Einzelgutachten das Scheitern des Abschreckungseffekts der Strafe bei Jugendlichen mit neurotischer Delinquenz sichtbar gemacht wird[46], handelt es sich doch wohl nicht um einen eingrenzbaren Typus, sondern eher um einen verstärkenden psychischen Mechanismus[47]. Die psychoanalytische Hypothese stellt aber immerhin den straftheoretisch bedeutsamen Hinweis dar, daß das Verhältnis von Verbrechen und Strafe psychologisch wahrscheinlich wesentlich komplizierter ist, als es den herkömmlichen Anschauungen über die generalpräventive Wirkung von Strafdrohung und Strafe entspricht.

III.

Nicht also der Strafe schlechthin, wohl aber den Kriterien ihrer Anwendung gilt die psychoanalytische Kritik. Von Anfang an war es ihr erklärtes Ziel, dem Strafrecht „einen Teil seiner Objekte" zu

[41] Hierzu *Ostermeyer*, a. a. O. S. 29.
[42] Ges. Werke X, S. 389—391.
[43] Th. *Reik*, a. a. O. S. 133.
[44] In diesem Sinne auch *Herren*, a. a. O. S. 33 f.
[45] T. *Moser*, Repressive Kriminalpsychiatrie, S. 228 m. w. Nachw.
[46] U. *Ehebald*, Patient oder Verbrecher?, 1971, S. 105 f.
[47] A.-E. *Brauneck*, a. a. O.

entziehen, um sie zuständigkeitshalber in die Hände des Erziehers oder Arztes zu geben[48]. Besonders dubios mußte ihrer deterministischen Betrachtungsweise die Unterscheidung von Schuld und Schuldunfähigkeit erscheinen, zumal die Merkmale, von denen diese Unterscheidung ausgeht, mit der psychoanalytischen Krankheitslehre nicht in Einklang zu bringen sind. Dabei müßten bereits in einem konsequent durchgeführten Schuldstrafrecht „alle Tatbestände rechtlich relevant werden können", die die Überzeugung des Richters, eine freie Tat vor sich zu haben, erschüttern könnten[49]. Dazu würden zweifellos auch jene Störungen und Sozialisationsdefekte zu rechnen sein, um deren Berücksichtigung es der psychoanalytischen Kriminologie geht. Es gehört jedoch zu den Paradoxien des bestehenden Schuldstrafrechts, daß es die Schuldprüfung nicht umfassend ermöglicht, sondern im Gegenteil radikal beschränkt, es sich also kriminologischen Einsichten in die bestimmenden Faktoren kriminellen Verhaltens nicht öffnet, sondern verschließt. Ein derart fragmentarisches Schuldstrafrecht nimmt Schuld, Vorwerfbarkeit, freie Selbstbestimmung zwar als Grundbegriffe für sich in Anspruch, begrenzt jedoch zugleich „ihre dogmatischen Konsequenzen nach Opportunität"[50]. Bereits aus diesem Grunde kommt Exkulpation als sinnvolles Selektionsprinzip für die von der psychoanalytischen Theorie angestrebte Begrenzung der Strafbarkeit und Umverteilung von Strafe und sozialtherapeutischer Maßnahme, die ihr bisheriges Regel-Ausnahme-Verhältnis entscheidend revidieren würde, nicht in Betracht.

Die Frage ist daher, ob eine individualisierende Strafzweckprüfung nicht der richtigere Lösungsweg wäre. Auch die heutige Tiefenpsychologie will, soweit sie zu kriminalpolitischen Problemen Stellung bezieht, letztlich „nichts anderes, als durch immer genauere Erforschung der seelischen Struktur die Bedingungen aufzeigen, unter denen Strafe als Appell noch sinnvoll ist, und feststellen, wann er nicht mehr wahrgenommen werden kann, sondern wesentlich destruktive Wirkungen entfaltet"[51]. Für die psychoanalytische Kriminologie stellt sich dabei die Frage, ob sie derartige Erkenntnisse über psychologische Bedingungen, unter denen der vom Strafrecht vorausgesetzte Präventionszweck sich als Fiktion erweist, hinreichend absichern und präzisieren kann[52]. Das Strafrecht hat es demgegenüber mit dem

[48] F. *Alexander* und H. *Staub*, a. a. O. S. 384.

[49] G. *Ellscheid* und W. *Hassemer*, Strafe ohne Vorwurf, in: Civitas, Jahrb. für Sozialwiss. 9 (1970), S. 34.

[50] *Ellscheid* und *Hassemer*, a. a. O. S. 36 f.

[51] T. *Moser*, Repressive Kriminalpsychiatrie, S. 112; ähnlich auch in Simonsohn-Festschrift S. 107 f.

[52] Hierzu auch H. *Müller-Dietz*, a. a. O. S. 143 f.

Problem zu tun, wie es auf solche Befunde reagieren könnte. Eine denkbare Möglichkeit wäre, die Strafzweckfrage, die bisher nur in allgemeinster Weise die Gesamtkonzeption des Strafrechts beeinflußt hat oder Gegenstand unverbindlicher Theoriendiskussion gewesen ist, unmittelbar in die Einzelentscheidung einzubeziehen, den Präventionszweck also zu dogmatisieren. Hier meine ich nun in der neueren strafrechtlichen wie psychoanalytischen Diskussion gewisse konvergierende Entwicklungen feststellen zu können, die der interdisziplinären Verständigung günstig sind.

Insbesondere Claus *Roxins* „teleologisch-kriminalpolitische" Konzeption, bei der die Schuldprüfung herkömmlicher Art durch die Prüfung der „strafrechtlichen Sanktionsbedürftigkeit im Einzelfall" ersetzt würde, wäre ein bedeutsamer Schritt in die hier vorgezeichnete Richtung; denn sie hätte es „weniger mit der empirisch schwer verifizierbaren Ermittlung des Andershandelnkönnens als mit der normativen Frage zu tun, ob und inwieweit ein grundsätzlich mit Strafe bedrohtes Verhalten bei irregulären persönlichkeits- und situationsbedingten Umständen noch der Strafsanktion bedarf"[53]. Eine derart unmittelbar in die Strafrechtsdogmatik eindringende „täterbezogene Kriminalpolitik", die die Strafzwecklehre im Einzelfall zu konkretisieren versucht, wird der von der psychoanalytischen Kriminologie gestellten Frage, unter welchen Bedingungen Strafe als Appell noch wahrgenommen werden kann, kaum ausweichen können. Hier wäre empirisch wie juristisch die Aufgabe zu lösen, für bestimmte Tätergruppen kriminologische Strafausschließungsgründe — bei zumeist gleichzeitiger Maßregelzuweisung — zu konzipieren, um lebensgeschichtlich ohnehin geschädigte Täter vor einer präventiv sinnlosen, sie nur zusätzlich schädigenden Bestrafung zu bewahren. Für das zu diesem Zweck zu entwickelnde System kriminologisch-diagnostischer Kriterien scheint mir der reformierte Rechtsfolgeteil des geltenden Strafgesetzbuchs, etwa die Vorschriften über die Strafaussetzung, brauchbare Ansatzpunkte zu bieten. Insgesamt würde ein solches Programm darauf hinzielen, Franz v. *Liszts* berühmten Satz vom Strafrecht als der „unübersteigbaren Schranke der Kriminalpolitik"[54] durch seine Umkehrung zu ergänzen: „täterbezogene Kriminalpolitik" würde so zur unübersteigbaren Schranke des Strafrechts.

Generalpräventiven Einwänden, denen solche Überlegungen notwendig ausgesetzt sind, wäre entgegenzuhalten, daß bereits jetzt die Durchführung angedrohter Rechtsfolgen im Hinblick auf die Erfor-

[53] C. *Roxin*, Kriminalpolitik und Strafrechtssystem. 2. Aufl. 1973, S. 15. Siehe im übrigen C. *Roxins* Beitrag in diesem Bande.

[54] F. *v. Liszt*, Strafrechtliche Aufsätze und Vorträge, Bd. 2, 1905, S. 80.

dernisse des Einzelfalles so vielfältig „storniert“ wird[55], daß das Prinzip der Generalprävention — auch in seinem tiefenpsychologischen Verständnis — aus individualpräventiven Gründen ständig Regeldurchbrechungen hinzunehmen hat. Außerdem wäre ja durchaus die Frage, ob sich nicht generalpräventive Bedürfnisse, die gerade die psychoanalytische Theorie für veränderbar hält, durch vermehrte Einsicht und Einfühlung der Bevölkerung in die Störungen des Sozialisationsprozesses, denen der aus der Strafbarkeit ausgegrenzte Täterkreis ausgesetzt war, vermindern oder abbauen ließen[56].

IV.

Einen weiteren Angriffspunkt psychoanalytischer Kritik bildet die Tatbestandsdogmatik. Dem Strafrecht wird insofern „Pseudoexaktheit“[57], „Tatbestandsfetischismus“[58], unpsychologische Begriffsbildung vorgeworfen[59] und die Transformation kasuistischen Tatbestandsdenkens in ein Denken nach Symptomgruppen und Gruppen analoger Charakterdefekte angeraten[60]. Diese Kritik gilt, wie ich meine, nicht so sehr „der mehr oder weniger willkürlichen Erfassung verpönter Verhaltensweisen durch formale Definitionen in Gestalt von Tatbestandsmerkmalen“[61] als der Tatsache, daß die Tatbestandserfüllung mit nur begrenzten, unzureichenden Korrekturmöglichkeiten im Rechtswidrigkeit- und Schuldbereich die Strafbarkeit bereits weitgehend präjudiziert, die Analyse krimineller Entwicklungen und psychodynamischer Zusammenhänge im juristischen Entscheidungsprozeß also keinen Platz hat. Auch hinter dieser Kritik ist die Zielvorstellung erkennbar, die mechanische Verklammerung von Tatbestandserfüllung und Strafbarkeit durch zusätzliche täterbezogene Kriterien zu lockern. Mit dem Vorschlag, Dogmatik durch Diagnostik zu ersetzen, kann dagegen nicht gemeint sein, daß das Strafrecht auf einen Tatbestandskatalog vollständig verzichten solle; denn damit würde sich die Psychoanalyse zu ihrem eigenen Ausgangspunkt in Widerspruch setzen. Einer Theorie, die immer wieder nachdrücklich auf die affektiven Grundlagen des Strafrechts und seine Abhängigkeit von kollek-

[55] D. *Krauß*, a. a. O. S. 238.
[56] Ebenso A.-E. *Brauneck*, a. a. O.
[57] F. *Alexander* und H. *Staub*, a. a. O. S. 220 f.
[58] T. *Moser*, Jugendkriminalität und Gesellschaftsstruktur, S. 17.
[59] H. *Ostermeyer*, a. a. O. S. 23 f., 61 f.
[60] T. *Moser*, in: Simonsohn-Festschrift S. 118; ebenso bereits F. *Alexander* und H. *Staub*, a. a. O. S. 220 ff.
[61] So aber H. *Müller-Dietz*, a. a. O. S. 142 f.

tiven Strafbedürfnissen hingewiesen hat, kann ernstlich nicht an der Beseitigung eines Systems strafbarkeitsbegrenzender Kriterien gelegen sein.

Das bedeutet gewiß nicht, daß der Tatbestandskatalog in seinen Einzelheiten der Kritik entzogen wäre. Das Strafrecht setzt sich vielmehr gerade hier dem Vorwurf aus, die Strafbarkeit in vielfältiger Weise von subjektiven Unrechtsmerkmalen abhängig zu machen, ohne daß die dabei verwandten Begriffe psychologisch geklärt und die mit ihnen gemeinten psychischen Realitäten erforscht werden. Beweggründe, Handlungstendenzen, Gesinnungsmomente werden zwar — mit oft gravierenden strafrechtlichen Konsequenzen — bewertet, aber nicht mit allen zur Verfügung stehenden psychologischen und psychoanalytischen Methoden untersucht. Die Rechtsprechung wird hier durch das Gesetz gezwungen, von fragwürdigen Vermutungen, ja von Fiktionen auszugehen, Rationalisierungen, die nachträglicher Rekonstruktion entstammen, als „Beweggründe“ anzusehen oder sogar — wie im Fall des Mordmerkmals der „niedrigen Beweggründe“ — auf tatbestandliche Reizworte affektiv und moralisierend zu reagieren[62]. Obwohl in der Strafrechtslehre frühzeitig erkannt wurde, daß es sich dabei nicht um „die wahren Motive“ handelt[63], wird doch immer noch auf der Grundlage solcher „unwahren“ Motive judiziert. Auch heute noch gilt, was die psychoanalytische Literatur seit ihren Anfängen kritisiert hat: daß das Unbewußte „staatlich nicht anerkannt“ ist, Richter bewußte Motive aufgrund von Alltagsvorstellungen unterschieben, in ihrer Motivforschung also „pure Bewußtseins- oder Oberflächenpsychologie“ betreiben[64].

Gelegentliche Versuche, die selbstgewählte Isolation der Strafrechtsdogmatik zu durchbrechen, sind ohne tiefergreifende Wirkungen auf Theorie und Praxis geblieben. Selbst dort aber, wo strafrechtliche Begriffe, etwa der des Vorsatzes, auf psychologischer Grundlage untersucht worden sind, ist die Tiefenpsychologie nur vorsichtig und zurückhaltend konsultiert worden[65]. Daß sich das Strafrecht nach wie vor mit einer eigenständigen, „esoterischen“ Psychologie begnügt[66], gilt offenbar weithin als selbstverständlich und

[62] Speziell hierzu W. *Hassemers* Besprechung von BGHSt. 23, 119 in JuS 1971, S. 626 ff.

[63] G. *Bohne*, Die strafrechtliche Verwertbarkeit der Psychoanalyse, in: DJZ 32 (1927), S. 921.

[64] So früher bereits F. *Alexander* und H. *Staub*, a. a. O. S. 264; die Kritik wird von H. *Rottleuthner*, a. a. O. S. 120, aufgegriffen.

[65] Das gilt auch für W. *Platzgummer*, Die Bewußtseinsform des Vorsatzes, 1964, insbes. S. 21 ff.

[66] P. *Bockelmann*, Bemerkungen über das Verhältnis des Strafrechts zur Moral und zur Psychologie, in: Gedächtnisschrift für Gustav Radbruch, 1968, S. 253 f.

unbedenklich. Selbst wenn man die Prämisse dieser Position übernehmen würde, daß es sich bei den psychologisierenden Begriffen, deren sich das Strafrecht bedient, um „Titel“ für „bestimmte Voraussetzungen der rechtlichen Bewertung“ handele, die nach Maßgabe des zu erreichenden Zwecks festzulegen seien[67], ist doch nicht daran vorbeizukommen, daß diese „Titel“ auf psychische Realitäten Bezug nehmen, die der psychologischen oder psychoanalytischen Aufklärung bedürfen. Anderenfalls geriete das Strafrecht in den Verdacht, mit Hilfe unwissenschaftlicher Scheinargumentationen lediglich Strafbedürfnisse realisieren zu wollen.

Es ist nun keineswegs eindeutig, welche Folgerungen eigentlich aus dieser Situation zu ziehen sind. In der älteren psychoanalytischen Literatur herrschte die Meinung vor, das Gefühl der Gerechtigkeit eines Urteils sei an die richtige Beurteilung der Tatmotive gebunden, deren psychoanalytisch zureichende Aufklärung also Voraussetzung jeder Rechtsprechung[68]. Dieser Standpunkt begegnet nicht nur dem Einwand, der Strafjustiz eine für sie nicht praktikable Lösung anzubieten; es fragt sich auch, ob nicht manche der im Tatbestandskatalog auftauchenden subjektiven Unrechtselemente, die bisher psychologisch unreflektiert verwandt worden sind, aus dem Gesetz zu eliminieren wären. Die Reform des Besonderen Teils sieht sich durch solche kritischen Einwände jedenfalls vor die Alternative gestellt, entweder den Tatbestandskatalog einer kritischen Revision zu unterziehen und zumindest stellenweise zu „entsubjektivieren“[69] oder aber für eine psychologisch ausreichende prozessuale Aufklärung subjektiver Faktoren Sorge zu tragen.

V.

Damit ist bereits das Strafverfahren angesprochen. Die psychoanalytische Prozeßkritik ist zwar recht allgemein gehalten und in ihren Alternativvorstellungen wenig ausgeformt, in der Tendenz jedoch klar erkennbar. Ihr entscheidender Einwand bezieht sich auf die Situation und Technik des Verhörs. Die Vernehmung im Strafprozeß, die der Ermittlung eindeutiger, bewußter Motive gilt, Widersprüche aufzuspüren versucht und aus den Reaktionen des Vernommenen wer

[67] P. *Bockelmann*, a. a. O.

[68] Vgl. etwa F. *Alexander* und H. *Staub*, a. a. O. S. 208, 220.

[69] In diese Richtung weist der Vorschlag für den Tatbestand der vorsätzlichen Tötung im Alternativ-Entwurf. Siehe hierzu: J. *Baumann*, A.-E. *Brauneck* u. a., Alternativ-Entwurf eines Strafgesetzbuches, Besonderer Teil, Straftaten gegen die Person, 1. Halbband, 1970, § 100.

tende Schlüsse zieht, steht in so schroffem Widerspruch zu der eigenen Untersuchungsmethodik der Psychoanalyse, daß sie ihr „unzulässig, weil unwahr" erscheinen muß[70].

Diese Problematik verschärft sich noch unter den besonderen Bedingungen der Hauptverhandlung. Daß die forensische Szene, der sich der Angeklagte gegenübersieht, der psychologischen Wahrheitsfindung dient, wird selbst ihr wohlwollendster Betrachter nicht behaupten können. Ein erfahrener und kenntnisreicher Beobachter dieser Szene hat ebenso drastisch wie im Prinzip zutreffend über den heutigen Strafprozeß bemerkt, daß er stattfinde, „als würde er auf dem Sportplatz ausgetragen"[71]. Sein Wettkampfcharakter, d. h. seine jedenfalls psychologische Parteienstruktur, die Öffentlichkeit der Hauptverhandlung, die ritualisierte Kommunikation der Beteiligten sind mit der Aufdeckung und Diagnostizierung komplizierter psychologischer Vorgänge schlechthin unvereinbar. Die isolierende, als feindlich empfundene, jeder Selbstdarstellung abträgliche Ausnahmesituation der Verhandlung ist von Verurteilten selbst gelegentlich eindrucksvoll geschildert worden[72]. Psychologisch unausgebildete Juristen, in deren Händen das Verfahren liegt, sind zumeist weder imstande, die in der Gruppensituation des Prozesses wirksamen affektiven, überwiegend unbewußten Vorgänge zu durchschauen, noch haben sie gelernt, mit den Projektionen und Identifikationen, die das Verhalten des Angeklagten beeinflussen, umzugehen[73]. Die Beteiligung von Schöffen und Geschworenen an der Rechtsfindung kann unter diesen prekären Umständen nur als ein Versuch erscheinen, „die Blindheit der Paragraphenwelt durch die lahme Intuition des Durchschnittslaien stützen zu wollen"[74].

Die Strafrechtswissenschaft hat anfangs größere Hoffnungen in eine Reform des Straf- und insbesondere Beweisverfahrens auf der Grundlage psychoanalytischer Erkenntnisse gesetzt, bei der jedenfalls einige dieser Bedenklichkeiten hätten aus der Welt geschafft werden können, und von ihr die bessere Aufklärung der „inneren Konstellation des Täters" erwartet[75]. Diese Hoffnungen haben sich bisher nicht erfüllt. Die psychologische Wahrheitsfindung im Prozeß ist vielmehr so archaisch und die Reform daher so dringlich wie zuvor. Bei einer solchen Reform wären Begrenzungen der Öffentlichkeit und der

[70] F. *Alexander* und H. *Staub*, a. a. O. S. 226.
[71] G. *Mauz*, Vorwort zu: U. *Ehebald*, Patient oder Verbrecher?, 1971, S. 15.
[72] W. *Werner*, Vom Waisenhaus ins Zuchthaus, 1972, S. 59 f.
[73] P. Reiwald, a. a. O. S. 43 ff.; 221; ähnlich H. *Ostermeyer*, a. a. O. S. 106 ff.
[74] F. *Alexander* und H. *Staub*, a. a. O. S. 223.
[75] G. *Bohne*, Psychoanalyse und Strafrecht, in: ZStW 47 (1927), S. 439 ff., 445, sowie E. *Mezger*, a. a. O. S. 364 f.

Laiengerichtsbarkeit, Funktion und Form der Expertenbeteiligung sowie das Gerichtszeremoniell neu zu durchdenken. Vor allem wäre der immer wieder diskutierte Vorschlag einer Zweiteilung des Verfahrens[76], die dem Dualismus von Unrechtsfeststellung und Sanktionsprüfung entspräche, ein wichtiger Schritt in die von der psychoanalytischen Kritik gewiesene Richtung.

[76] H. *Ostermeyer*, a. a. O. S. 106; T. *Moser*, in: Simonsohn-Festschrift S. 116; ähnlich G. *Kaiser*, Strategien und Prozesse strafrechtlicher Sozialkontrolle, 1972, S. 20, sowie: Strafrecht und Psychologie, a. a. O. S. 209.

Prügel und Pranger

HORST SCHÜLER-SPRINGORUM

I.

Es sieht so aus, als entwickle das kriminalrechtliche Sanktionensystem sich in unumkehrbarer Richtung, wie alle Energie gewissermaßen einem „Wärmetod" der Strafe zustrebend. Die Freiheitsstrafe, einst auf den Plan getreten, um Brutaleres abzubauen, hat *diese* ihre Funktion erfüllt und macht mehr und mehr der Geldstrafe Platz. Individualpräventive Ziele lassen überdies den kurzen Freiheitsentzug hinter ambulanten Maßnahmen („Bewährung") zurücktreten und lassen den lebenslangen Freiheitsentzug nicht länger tragbar[1] erscheinen. Für die unteren Jahrgänge der Strafmündigen soll ein „umfassendes Jugendhilfegesetz" die „weitestgehende Eliminierung des Strafgedankens zu Gunsten des Erziehungsgedankens"[2] leisten; für die Jahrgänge im biologischen Bestalter dringt „Behandlungsideologie"[3] vor. Die Todesstrafe ist abgeschafft.

Prügel und Pranger liegen mittelalterlich[4] fern. Sie bilden — unter dem Aspekt der angedeuteten Entwicklung — anscheinend keinen sinnvollen Fragegegenstand der Strafrechtspflege mehr; bedurfte es doch nicht erst des Verbots der Folter durch die Menschenrechtskonvention, um sie zu eliminieren. Allein, sind wir über jene beiden wirklich so erhaben? Und soweit ja[5], sind damit wirklich irgendwelche Höhen des Fortschritts erklommen?

Einer leicht einsichtigen Gesetzmäßigkeit entsprechend erweist sich

[1] *Einsele/Feige/Müller-Dietz,* Die Reform der lebenslangen Freiheitsstrafe, 1972; entsprechende Initiativen seines Hauses hat Bundesjustizminister *Jahn* im Oktober 1973 angekündigt; vgl. dazu jetzt *Triffterer* u. *Bietz,* ZRP 1974, S. 141 ff.

[2] Diskussionsentwurf eines Jugendhilfegesetzes, hrsg. vom BMinJugFamGes. 1973, S. 4, 78.

[3] Ausdruck nach H. J. *Schneider,* JZ 1973, S. 569 ff., 581; nach § 65 II 2. StRG stellen die Jungaspiranten auf Sicherungsverwahrung eine eigene Tätergruppe dar, für die die sozialtherapeutische Anstalt infrage kommt; die Deutsche Jugendgerichtsvereinigung arbeitet z. Z. an Vorschlägen für ein besonderes „Jungtäterstrafrecht" für die jüngeren Jahrgänge der künftig ab 18 Jahren Volljährigen, vgl. auch *Schaffstein* in Festschr. f. K. Peters, 1974, S. 583 ff.

[4] Eb. *Schmidt,* Einf. i. d. Geschichte der deutschen Strafrechtspflege, 1965, S. 60 ff., 185 f.

[5] Dieser Beitrag sieht ab von den exzessiven Praktiken einer noch gar nicht so fernen Vergangenheit (z. B. KZ-Schergen, Judenstern).

die Prügelstrafe[6] am zählebigsten in „totalen Institutionen“ wie Erziehungsheimen, beim Militär und insbesondere im Strafvollzug. Hier wurde „in Preußen ... die Prügelstrafe gegen Frauen erst 1867, die gegen Männer erst 1918 abgeschafft“[7]. Im englischen Strafvollzug beseitigte sie der Criminal Justice Act von 1967, nachdem der Criminal Justice Act von 1948 das Disziplinarmittel auf besonders gravierende Anlässe (wie Meuterei oder schwere Angriffe auf Vollzugsbedienstete) beschränkt hatte[8]; da „corporal punishment“ als Hausstrafe in dieser letzten Periode durch den Innenminister (Home Secretary) bestätigt werden mußte, ehe sie verabfolgt werden durfte, war sie zum Schluß sehr selten, immerhin werden für 1959 noch zwei Fälle berichtet[9]. In der Bundesrepublik beschäftigte in den 50er Jahren das pädagogische Züchtigungsrecht die höchstrichterliche Rechtsprechung. Dabei ging es vor dem Bundesgerichtshof allemal um die originären (z. B. kraft Gewohnheitsrechts) oder abgeleiteten (z. B. kraft Übertragung) Züchtigungsbefugnisse von Dritterziehern[10], während das entsprechende Elternrecht den Juristen nie zweifelhaft war[11]. Einen besonderen Akzent setzte 1964 die volkskundliche Untersuchung von *Hävernick* über „‚Schläge‘ als Strafe“, die die ebenso temperamentvolle wie grundsätzliche Entgegnung von *Horn* über „Dressur oder Erziehung“ provozierte[12]. Hier interessiert eher der von *Hävernick* als Beitrag zu einer „eventuellen Reform des Jugendstrafrechts“ gedachte Vorschlag, „durch Zusammenarbeit zwischen Justiz und Schulbehörden“ für die — wie wir heute sagen würden — episodische Delinquenz von Jugendlichen jenes Strafmittel wieder vorzusehen[13]. Auch dies mutet inzwischen, nur ein Jahrzehnt später, schon wie ein Relikt aus dem Raritätenkabinett an, was auf die Gründlichkeit des Wandels hinweist, den allgemeine Einstellungen jüngsthin erfahren haben. Indessen: Kehrt nicht der gleiche Sachverhalt, näm-

[6] „Prügel“ ist ursprünglich ein Holzscheit, ein „Prügelknabe“ also ein Holzknecht; doch ist für das Mittelalter erwiesen, „daß es an Fürstenhöfen *Prügeljungen* gab, arme Knaben, die mit Prinzen erzogen wurden und die Schläge erhielten, die jener verdiente“, *Kluge/Mitzka*, Etymol. Wb., 20. Aufl. 1970; vgl. auch *von Hentig*, die Strafe II, 1955, S. 365 ff.

[7] *Weber*, Der Vollzugsdienst 1965, Beilage 1, S. 2; vgl. auch BGHSt. 6, 266 f.

[8] *Hall Williams*, The English Penal System in Transition, London 1970, p. 52 f., 104 ff.

[9] *Morris/Morris*, Pentonville, London 1963, p. 145 Fn. 1.

[10] BGHSt. 3, 105; 6, 263; 11, 241; 12, 62.

[11] Vgl. *Jescheck*, Lb. des Strafrechts, Allg. Teil, 2. Aufl. 1972, 3, 294 f.; *Maunz/Dürig/Herzog*, Grundgesetz, Art. 2 II Rdn. 42 (*Dürig*).

[12] *Hävernick*, „Schläge“ als Strafe, 1964; Kl. *Horn*, Dressur oder Erziehung — Schlagrituale und ihre gesellschaftliche Funktion, 1967.

[13] *Hävernick*, S. 134 ff., 157; vgl. auch *Smoltzcyk* u. *Hävernick*, MschrKrim. 1966, S. 92 f., 191 f.

lich gezieltes körperliches Schmerzzufügen, über ein sich ausbreitendes lerntheoretisches Vokabular als Einsatz „aversiver Reize“ und „negativer Verstärker“[14] wieder?

Mit dem Pranger sieht es auf den ersten Blick besser aus. Eine Entscheidung aus dem Jahre 1952, die es für der Eltern Recht hielt, ihrer 16jährigen Tochter wegen sittenlosen Lebenswandels die Haare in so unregelmäßiger Weise kurzzuschneiden, „daß (sie) sich auf der Straße nicht sehen lassen konnte“[15], wird heute als „viel zu weitgehend“ abgelehnt[16]. Mit durchaus vergangenheitsbewußtem Gruseln lesen wir bei *von Hentig* Beispiel über Beispiel aus der „endlosen Zahl von Variationen“[17], die der Pranger, als Kriminalstrafe etwas älter als das Zuchthaus, in einem halben Jahrtausend ermöglicht hat. Doch sollten wir uns vielleicht auch hier täuschen? Sollten vielleicht eben jene Verfeinerungen, die die Körperstrafe erst jetzt erfährt, im Prangerbereich schon geleistet sein? Steckt doch ein Stück Prangerpsychologie möglicherweise in der Ansicht[18], Kern der (staatlichen) Strafe sei der „soziale Tadel“, nämlich die vom Richter im allemal öffentlich zu verkündenden Urteil stellvertretend für die Allgemeinheit ausgesprochene Mißbilligung[19] des vorgeworfenen Verhaltens? Dort, wo nach Tat und Täter keine weitergehende Reaktion „veranlaßt“ erscheint, ist jene *öffentliche* Tadelfunktion ganz evident: zum Beispiel in den (gesetzgeberisch freilich sehr unterschiedlich motivierten) Fällen des Absehens von Strafe, in der „Verwarnung“ als Zuchtmittel nach § 14 JGG oder der „Rüge“, die § 29 StGB/DDR, als Erzie-

[14] Vgl. *Kuhlen*, Verhaltenstherapie im Kindesalter, 1972, S. 48 ff., 86 ff. u. passim; die von der Autorin betonten Unterschiede zur Strafe (S. 56 f.) sowie die Verschiedenheit der Mittel (hier meist: leichte elektrische Schocks) berühren nicht die Parallelität der Phänomene. Allerdings befaßt das Buch sich nur mit Konditionierungen im *Kindes*alter; aber der lerntheoretische Anspruch ist auf dieses nicht beschränkt, vgl. *Barkey/Eisert*, MschrKrim. 1972, 307 ff. und §§ 76 ff. AE Strafvollzugsgesetz (*Baumann* u. a.), 1973.

[15] BGH NJW 1953, 1440 f.; bekanntlich wurden französische Collaboratricen nach der Befreiung 1944/45 gleichfalls durch Kahlscheren gebrandmarkt. In NJW 1954, S. 15 f. wandte *Göbel* sich dann *gegen* die Zulässigkeit einer Weisung, eine 17jährige Strumpfdiebin solle sich „an einigen Tagen mit schwarzen Wollstrümpfen in der Öffentlichkeit zeigen“.

[16] *Jescheck*, a. a. O., S. 295 Fn. 16.

[17] *von Hentig*, Die Strafe I 1954, S. 409 ff., 411, 418.

[18] Auch des Verfassers.

[19] H. *Henkel*, dem dieser kleine Beitrag gewidmet ist, spricht von „sozialethischer Mißbilligung“, verknüpft sie aber mit der „darüber hinaus ... auferlegten Last“ des Strafübels, Die „richtige“ Strafe, 1969, S. 7; beides eher trennend R. *Lange*, Das Rätsel Kriminalität, 1970, S. 133 und Strafrechtsreform — Reform im Dilemma, 1972, S. 10; vollends eindeutig P. *Noll*, Die ethische Begründung der Strafe, 1962, S. 17 ff.

hungsmaßnahme gegen erwachsene (!) Bürger vorsieht[20]. Auch die wiederauflebende Diskussion über das Schuldinterlokut[21] läßt sich gleichsinnig interpretieren; denn die Unterscheidung zwischen Schuld*spruch* und Straf*ausspruch* verdeutlicht inzident, daß nicht jeder „gesellschaftliche" Vorwurf denknotwendig „staatliche" Konsequenzen zeitigt.

Wenn im folgenden diesen Befunden ein wenig nachgespürt wird, müssen die Erwägungen, wie schon deren Ausgangsbasis zeigt, weitgehend hypothetisch bleiben. Gleichwohl erscheinen einige Reflexionen möglich, die gerade auf jene Ausgangshypothese durchaus stimmig reflektieren.

II.

Da könnte zunächst sein, daß die angedeuteten Sublimierungen überlieferter Roheitsstrafen ihrerseits nur Ausdruck gewandelter Empfindlichkeiten sind. Das „hier und heute der Strafwert eines Tages Gefängnis zugenommen hat"[22], läßt sich nun einmal entweder so interpretieren, daß der Verlust von Freiheit heute ebenso „schlimm" ist wie vormals die Zufügung physischer Schmerzen, oder auch so, daß die Zufügung physischer Schmerzen vormals nicht so „schlimm" war, wie sie heute empfunden würde. Zwar sind das zwei Seiten derselben Medaille, doch macht der Versuch, von unserer heutigen Gefühlsreaktion auf die Grausamkeiten früherer Epochen zu abstrahieren, den eingetretenen Wandel deutlicher. Er dürfte generell die Verlustempfindlichkeit des Zeitgenossen betreffen, wie sie sich in seiner Einstellung zu den materiellen und immateriellen Gütern der „Wohlstandsgesellschaft" ausdrückt. Dabei hängt die Aufwertung der Freiheit gewiß auch mit deren Wert als Frei-Zeit zusammen, in der sich Materielles genießen läßt. Die Wertschätzung materiellen Besitzes hingegen, auf die die Geldstrafe angewiesen ist, erreicht bereits ersichtlich Grenzen ihrer kriminalpolitischen Nutzbarkeit: Inflationärer Überfluß macht gegenüber nicht allzu groben Einbußen unempfindlich, mögen sie nun im Verlust von Sachen an einen Dieb bestehen oder von Geld an die Staatskasse.

[20] Zum Absehen von Strafe vgl. § 16 StGB, § 260 Abs. 4 S. 2 StPO sowie *Schönke-Schröder*, StGB, 17. Aufl. 1974, Vorbem. 50 vor § 13; die erwähnte „Rüge" ist nicht Strafe und wird nicht vom staatl. Gericht ausgesprochen, sondern von den „gesellschaftlichen Organen der Rechtspflege" (Konflikt- und Schiedskommissionen), §§ 28 f. StGB/DDR, § 12 StPO/DDR.

[21] Vgl. *Landecho*, JZ 1971, S. 676 ff.; *Knittel* in Festschr. f. E. Schwinge, 1973, S. 215 ff.

[22] *Müller-Dietz*, Strafvollzug und Gesellschaft, 1970, S. 76.

Dieser Zusammenhang zwischen Strafschutzwürdigkeit von Rechtsgütern und Effizienz von Strafsanktionen kann hier ebensowenig weiterverfolgt werden wie das gleichfalls implizierte Dilemma, Strafempfindlichkeit und -empfänglichkeit bei der Strafzumessung in Ansatz zu bringen[23]. Genügen muß vielmehr die Feststellung, daß wahrscheinlich nicht allzuviel Grund besteht, auf die humanitären Bastionen unserer Verfassung und unserer Kriminalrechtspflege allzu stolz zu sein, weil wir letztlich nur mit anderen Mitteln nicht sehr viel anderes tun, als was schon immer getan wurde: nämlich zum Schutze bestimmter Interessen des einzelnen und der Allgemeinheit „empfindliche Übel" von Staats wegen anzudrohen und durchzusetzen. Es bietet sich sogar zu vermuten an, daß das Strafpotential einer Gesellschaft sich über Verschiebungen der Werte und Methoden hinweg relativ konstant hält; anschließend an entsprechende Vorstellungen bei *Durkheim* und konzentriert auf den Vollzug von Freiheitsstrafen haben amerikanische Kriminologen diese „Stabilitätstheorie" neuerdings wiederbelebt[24].

Für Prügel als staatliche Strafe läßt sich freilich schon jetzt ableiten, daß sie in die Rechtsgeschichte verbannt bleiben muß. Denn die Wertverschiebungen, die hier kurz bewußtzumachen versucht wurde, lassen sie heute rundum unzumutbar erscheinen. Auf der Suche nach „tieferen" Gründen hierfür stoßen wir auf nur scheinbar widersprüchliche Befindlichkeiten:

Zum einen haben Kultur und Zivilisation unseres Jahrhunderts den einzelnen mit einem immer größer werdenden „Hof" (halo) von Rechtsgütern und korrespondierenden Ansprüchen umgeben. Hinter dieser weit über die zum Leben notwendigen Minima hinaus vorgeschobenen Schutz-Sphäre wird der Mensch in seiner baren, natürlichen Existenz kaum mehr sichtbar. Genau hier aber, in seiner leiblichen Existenz, treffen ihn Schläge und Schmerz wie überhaupt alle Zufügung *körperlichen* Übels. Nicht zufällig ist der Bereich der Disziplinarmaßnahmen im Strafvollzug der einzige Ort, wo Leibesstrafen noch ein Thema sind: Um hartes Lager, Wasser und Brot wird

[23] § 13 StGB: „Wirkungen, die von der Strafe ... zu erwarten sind"; vgl. auch H. *Henkel*, Strafempfindlichkeit und Strafempfänglichkeit des Angeklagten als Strafzumessungsgründe, in: Festschr. f. H. Lange, 1970, S. 179 ff.; Recht und Individualität, 1958, S. 72 f., 80 ff., und *Schüler-Springorum*, Strafvollzug im Übergang, 1969, S. 140 ff.

[24] *Blumstein/Cohen*, A Theory of the Stability of punishment, in: Journ. of Crim. Law und Criminology, 1973, 198 ff., speziell für den Strafvollzug stellt T. *Berger* in KrimJ 1973, 260 ff. die Hypothese auf, „daß sich nur die Form der Repression, aber nicht ihre Funktion der Abschreckung ändert" (S. 260).

hier eben deswegen noch gestritten[25], weil die Person im Strafvollzug ihrer übrigen Schutz-Sphäre ohnehin schon weitgehend beraubt ist. Auch der in der Zufügung solcher Übel selbst liegende Aufwand an agressiver Energie ist hier zwangsläufig geringer, als wenn es darum ginge, außerhalb des Gefängnismilieus eine Körperstrafe zu vollstrecken.

Gegenstück und zugleich Ergänzung zum (auch rechtlich) ausgeweiteten Persönlichkeitsschutz ist die vielberufene Vereinsamung des einzelnen unter den heutigen Lebensbedingungen. Ich halte es nicht für übermäßig kühn, sie auf den durchgängigen Verlust „gesellschaftlicher Nestwärme" zurückzuführen, d. h. auf den Mangel an Zuwendung und emotionaler Nähe innerhalb aller „Gruppen", in die hinein die aus den engsten Angehörigen bestehende „Primärgruppe" den jungen Menschen entläßt. So gesehen, ist die Entfremdung des modernen Menschen von seinen Mitmenschen viel weniger eine *Ent*-fremdung als ein Nie-sich-nahe-gekommen-sein. Deshalb ist, wenngleich gewiß mit beträchtlichen kulturspezifischen Unterschieden[26], eine Körperverletzung auch so ein unerhörtes Eindringen in privateste Bereiche: Wer zuschlägt, tut dies vergleichsweise von sehr viel weiter „draußen" als (vermutlich) zu früheren Zeiten, weil für eine von allen Beteiligten, Austeilenden wie Empfängern, sozial akzeptierte Prügelei der Nährboden heute weitgehend fehlt. Von hier erhellt zugleich der *ehr*verletzende Effekt der meisten vorsätzlichen Körperverletzungen; bei Ohrfeigen gegen Politiker vielleicht am augenfälligsten, wird der gleiche Zusammenhang auch im Verbot an (z. B. militärische) Vorgesetzte sichtbar, Untergebene „anzufassen". Gerade diese drohenden Einbußen an Selbst- und Fremdachtung stehen jeder Initiative, Straftaten auch nur Jugendlicher mit Prügel zu ahnden, zusätzlich entgegen[27].

Schließlich sei, sollte es noch weiterer Argumente bedürfen, auf die Unvereinbarkeit, ja geradezu den Zielwiderspruch von Prügelstrafe und rechtsstaatlichem Verfahren hingewiesen. Was an Schlägen als *pädagogischem* Instrument überhaupt sein mag, lebt davon, dem Anlaß „auf dem Fuße" zu folgen; prozessualer Rechtsschutz aber lebt vom Zeitfaktor. Treffend verspottet *Horn* das „streng geregelte

[25] Tagungsberichte der Strafvollzugskommission Band V (1969) S. 07 ff.; §§ 93 ff. KE, 70 ff. RegE, 140 ff. AE/StrVollzG; vgl. auch §§ 13, 14 JArrVollzO.

[26] Ein Beispiel: In Italien ist die strafrechtliche Verfolgung von Körperverletzung nur dann obligatorisch, wenn sie zu einer Krankheit an Körper oder Geist von mehr als 10 Tagen geführt hat (art. 582 cod. pen.).

[27] *Hävernick*, der diesen Einwand sieht, betont demgegenüber, die von ihm vorgeschlagenen Strafen seien „nicht entehrend, weder für den Betroffenen vor sich selbst noch vor den Altersgenossen", a. a. O., S. 155.

Verprügeln des Gesäßes“[28], und englische Prison Rules aus der Zeit seiner Zulässigkeit liefern einen skurrilen Beweis[29].

Der Pranger hingegen lebt davon, die Ehre des Angeprangerten zu schmälern. Was bei der Prügelstrafe Folge, war bei ihm seit jeher konstitutiv: Er wurde als Ehrenstrafe „erfunden“[30]. Dabei stand von vornherein der Abbruch am *sozialen* Status im Vordergrund, eben weil das Anprangern ein *öffentliches* Ereignis (und allein zwischen zwei Personen nicht gut vorstellbar) ist. Gerade die Minderung an öffentlichem Ansehen ist es ja auch, die den Makel des Vorbestraftseins (oder gar des Gesessenhabens) zu einer Strafe nach der Strafe macht, ein Befund, an dem auch das Zentralregistergesetz von 1971, wiewohl um den Abbau resozialisierungsfeindlicher Fernwirkungen der Strafe bemüht[31], anscheinend nicht viel geändert hat.

Nun wurde eingangs herausgestellt, daß unsere Strafrechtspflege auch sonst nicht frei von — wenngleich sublimiert erscheinenden — Prangereffekten ist. Hierfür drängen sich jetzt weitere Beispiele auf: Wie steht es insofern mit der Bewährungsauflage, „gemeinnützige Leistungen zu erbringen“ (§ 24 a StGB) — jedenfalls dann, wenn es sich um Dienstleistungen coram publico handelt? Wie steht es mit der als Zuchtmittel dem Minderjährigen auferlegten Verpflichtung, „sich persönlich bei dem Verletzten zu entschuldigen“ (§ 15 JGG) — jedenfalls dann, wenn dies, wie in den Richtlinien dazu vorgesehen, „in Gegenwart des Richters im Anschluß an die Hauptverhandlung“ geschieht? Das StGB der DDR kennt sogar die Verpflichtung des Bürgers, „sich beim Geschädigten oder vor dem Kollektiv zu entschuldigen“ (§ 29)[32], und sieht darüber hinaus, mit oder ohne Strafregistereintrag, als Kriminalstrafe „ohne Freiheitsentzug“ den „Öffentlichen Tadel“ vor (§ 39). Wie steht es mit dem in §§ 31, 32 StGB erhaltenen Restbestand des Verlustes bürgerlicher Ehrenrechte? Auch das Fahrverbot (§ 37 StGB) kommt in den Blick, und zwar wegen des ungemein hohen sozialen Stellenwerts, den das Fahrenkönnen und -dürfen hat. Ferner: In einem Beitrag zum Deut-

[28] *Horn*, a. a. O., S. 57.

[29] The Prison Rules 1964, Nrn. 52, 53 u. a.: Förmliche Festlegung der Anzahl der Schläge und des zu verwendenden Instruments; Beschränkung der zulässigen Instrumente auf die vom Secretary of State autorisierten „patterns“; Durchführung in Anwesenheit von Anstaltsleiter und Anstaltsarzt, usw.

[30] Vgl. *von Hentig*, a. a. O. (Fn. 17).

[31] Durch Auskunftsbeschränkungen und Fristverkürzungen, vgl. die Begründung der Regierungsvorlage, BT-Drucksache VI/477, S. 14 f.

[32] Dies wiederum als Erziehungsmaßnahme durch „ein gesellschaftl. Organ der Rechtspflege“; aber auch manche Erziehungsmaßregeln nach § 10 JGG, namentlich die Weisung, einer Arbeitsauflage nachzukommen, können durchaus als Pranger wirken.

schen Juristentag 1972, dessen Strafrechtssektion sich der Bekämpfung der Wirtschaftskriminalität widmete, weist H. J. *Schneider* auf die „Ungeeignetheit der Geldstrafe“ und auf die „Möglichkeiten einer kurzfristigen stigmatisierenden Freiheitsstrafe ..., von Berufsverboten ... und einer Ausdehnung der Urteilsbekanntmachung“ hin[33]. Schon 1970 hatte anläßlich einer Studientagung über Wirtschaftskriminalität ein Teilnehmer auf die „präventive und repressive Aufgabe der Presse“ aufmerksam gemacht: „Häufig sähen solche Täter einem Strafverfahren gelassen entgegen. Ihre Namensnennung in der Presse dagegen verhindere ‚zumindest für einige Zeit‘ den Erfolg weiterer unerlaubter Tätigkeiten“[34]. Man wende auch nicht ein, daß die Betroffenen die publizistische Bloßstellung nur wegen ihrer geschäftsschädigenden Wirkung, also als eine Vermögenseinbuße auf Umwegen, fürchteten. Denn wo solche Einbußen an künftigem geschäftlichem Gewinn tatsächlich drohen, beruhen sie „letztlich“ eben doch auf einer Minderung des Ansehens im Kreise der maßgeblichen Beteiligten. Wo eben hierauf publizistisch abgezielt wird, soll also ein außerstrafrechtlicher Pranger ausgleichen, was dem strafrechtlichen offenbar an (sowohl general- wie spezialpräventiver) Wirksamkeit fehlt.

Das naturgemäß nur vorläufige Fazit muß für den Pranger allerdings anders als für die Prügel lauten. Viele Anzeichen sprechen dafür, daß der ehrmindernden Wirkung des Prangers eine kriminalpolitische Renaissance bevorsteht. Da diese Ehrminderung nach Grund und Zweck von der mit Prügel verbundenen verschieden ist, wird sich eine solche Entwicklung auch nicht a limine als rechts- und verfassungswidrig abtun lassen[35]. Wenn es stimmt, daß die Strafrechtspflege sich so manchen Prangereffekt gewissermaßen in Parallelwertung historischer Erscheinungsformen[36] auch heute — noch und schon — nutzbar macht, wird es vielmehr darauf ankommen, sich dieses Tatbestandes bewußt zu werden und für künftige Rechtssetzung und Rechtsanwendung Kriterien des rechtlich Zulässigen zu

[33] H. J. *Schneider,* JZ 1972, 461 ff., 467.

[34] Bericht von *Triffterer,* JZ 1971, 68 ff., 70; vgl. auch *Zybon,* Kritik am Steuergeheimnis, ZRP 1971, 231; zur „Publizität als Mittel der Verbrechensbekämpfung“ (hier im Kartellstrafrecht) vgl. auch *Lüderssen,* Erfahrung als Rechtsquelle, 1972, S. 207 ff.; grundsätzlich kritisch wiederum *R. Lange,* Das Rätsel Kriminalität, S. 59

[35] So äußerte *Schröder* grundsätzliche Zweifel an der Verfassungsmäßigkeit von § 24 a Abs. 2 Nr. 3 StGB, *Schönke-Schröder,* StGB, Rdn. 14 ff.

[36] Das von Eb. *Schmidt* (a. a. O. S. 64) berichtete frühmittelalterliche Beispiel der „Abbitte ... in schimpflichen, beschämenden Formen“ verstieße heute mit Sicherheit gegen Art. 1, 2 GG; das forensisch-öffentliche Geständnis eines Angeklagten heute tut dies sicher nicht; dazwischen liegen die entscheidenden Rechtsfragen an mögliche Formen der Fremd- und Selbstanprangerung des überführten Täters.

erarbeiten. Es würde nicht viel taugen, hier erhabene Zurückhaltung zu üben oder voreilige Verdikte auszusprechen und damit das Anprangern als sozialen Vorgang entweder der „vierten Gewalt“ im Staat, nämlich der Presse, oder aber — als eine Form von Selbsthilfe — gruppenweise oder einzeln Betroffenen[37] zu überlassen. Und vielleicht sogar noch ein weiteres läßt sich aus dem Vorstehenden folgern. Die erwähnten Postulate, gezielt auf bestimmte Formen von Pranger zurückzugreifen, richten sich eher gegen solche Täterkategorien, die für das gegenwärtig gebräuchliche Instrumentarium der Strafrechtspflege unempfindlich, als gegen solche, die dafür überempfindlich scheinen. Auch hieraus könnten sich neue kriminalpolitische Einstellungen ergeben, „to let the punishment fit the crime“[38].

III.

Es ist nicht zu übersehen, daß die letztangestellten Erwägungen sich schlecht vertragen mit einer Hauptströmung moderner Kriminalpolitik. Wo so viel Bestreben darauf hinausläft, Vorurteile abzubauen, sozialer Ächtung entgegenzuwirken und Strafer und Bestrafte dazu zu bringen, sich als im Boote ein und derselben Gesellschaft sitzend zu verstehen, muß es befremden, wenn plötzlich dem Einsatz sozial statusmindernder Mittel das Wort geredet wird. Allein, die kriminalpolitische Aufgabe der Zeit besteht eben nicht *nur* im Abbau von Strafrecht und im Entkriminalisieren von Straftätern. Ziemlich einhellig werden Umweltschutz, Wirtschaftskriminalität, gefährdendes Verhalten und leichtfertige Drittschädigung vielmehr als Problemfelder gesehen, die mehr oder weniger nach neuen Kriminalisierungen verlangen. Nur folgerichtig aber ist es dann, für sie zugleich nach neuen kriminalpolitischen Mitteln zu suchen, im Bewußtsein dessen, daß das Strafrecht *die* Problemlösung ohnehin nirgends je wird bereithalten können.

Und wenn zu diesem Bewußtsein zugleich die Erwartung gehört, daß es eines ferneren Tages abermals darauf wird ankommen können, auch den neu kriminalisierten, vielleicht durch einen formalisierten Tadel mit sozialer Breitenwirkung angeprangerten Wirtschaftsdelinquenten, Umweltverseucher oder Überzeugungstäter durch Umdenken wieder in die Gemeinschaft der Rechtsgenossen einzubeziehen?

[37] Wie z. B. auch den Warenhäusern gegenüber notorischen Ladendieben, den Betrieben gegenüber ungetreuen Mitarbeitern.

[38] Nach dem Lied des „Mikado“ in der gleichnamigen Operette von *Gilbert* u. *Sullivan*.

Beurteilung und kriminalpolitische Wirksamkeit eben dieser Mittel auch nichts anderes als eine historische Momentaufnahme sind.

Selbst dann, meine ich, können wir nicht darauf verzichten, ihrem sozialschädlichen Verhalten von heute mit allen gegenwärtig zulässigen Mitteln entgegenzutreten; wissend freilich, daß die rechtliche

Zur Strafrechtssystematik auf der Grundlage der Nichtbeweisbarkeit der Willensfreiheit

Enrique Gimbernat Ordeig

I.

Der Inhalt der Verbrechenselemente Tatbestandsmäßigkeit und Schuld wird vom Finalismus überwiegend auf der Grundlage des Handlungsbegriffes und der normativen Schuldlehre bestimmt. Daß weder jener Begriff noch diese Lehre dafür geeignet sind, soll nun kurz dargelegt werden.

1.

Der Handlungsbegriff — wie auch der der Kausalität — ist ein *ontologischer*. Der Definition nach sind also beide Begriffe zur Inhaltsfestsetzung des vom Gesetzgeber vornehmlich auf Grund *normativer* Überlegungen aufgestellten strafrechtlichen Verbotes untauglich.

Während längerer Zeit wurde der Straftatbestand derart aufgefaßt, daß er praktisch in der *Verursachung* eines tatbestandsmäßigen Erfolges durch eine *Handlung* bestand; und sich auch darin erschöpfte. Bei einem so einfach verstandenen Tatbestand konnte man kaum erkennen, wo er zu begrenzen und zu bestimmen war. Das Unternehmen wurde zunächst anhand des Kausalitätsbegriffes in Angriff genommen; die Alternative war aber dann die: Griff man auf die Kausalität im ontologischen Sinne (auf die Bedingungstheorie) zurück, so wurde zwar der Kausalitätsbegriff vor einer Entartung bewahrt, dafür aber wurde der Tatbestand auch nicht begrenzt; und wollte man den Tatbestand begrenzen, dann mußte man mit normativen Kausalitätslehren (Adäquanztheorie usw.) operieren, mit denen man zwar zu richtigen Ergebnissen kommen konnte (richtig ist es z. B., daß die inadäquaten Verursachungen nicht tatbestandsmäßig sind), aber auf Kosten der Entartung des Kausalitätsbegriffs, indem das Bestehen wirklich vorhandener Kausalverknüpfungen abgestritten werden mußte.

Als man sich bewußt wurde, in welche Sackgasse das Abhängigmachen der Tatbestandsmäßigkeit von der Kausalität geführt hatte, richtete sich die Aufmerksamkeit der Dogmatik auf das bis dahin praktisch übergangene zweite Tatbestandselement der Handlung. Bei diesem anderen Element aber mußte sich die gleiche Geschichte wiederholen. Wird die Handlung in ihrem ontologischen Sinne verstanden, wird sie also vor einer Entartung bewahrt (eine Handlung ist vorhanden, wenn *irgend etwas* gewollt wird), dann kann man mit ihr den Tatbestand kaum begrenzen. Spricht man der Handlung aber die Funktion der Tatbestandsbegrenzung zu, dann muß sie zugleich und ebenfalls der Entartung preisgegeben werden: Als der Finalismus behauptete, eine Handlung läge nur beim wirklichen oder potentiellen Wollen des tatbestandsmäßigen Erfolges vor, engte er damit in der Tat die Tatbestandsgrenzen ein, jedoch um den Preis, die Handlungseigenschaft jedes Verhaltens abzustreiten, das nicht vorsätzlich oder fahrlässig im Sinne eines strafrechtlichen Tatbestandes wäre: Eine größere Entartung als das Vorhandensein von Handlungen außerhalb des Strafrechts zu verneinen, ist wohl kaum denkbar.

Zum großen Teil gehört dies alles der Vergangenheit an. Die Strafrechtswissenschaft hat schon lange das Kausalproblem zugunsten der Bedingungstheorie entschieden und es zugleich in die zweitrangige Rolle, die ihm zukommt, verwiesen. Und in Bezug auf den Handlungsbegriff: *Welzel* behauptet nun, daß „das allgemeine Strukturprinzip der menschlichen Handlungen" die „Steuerung vom gedanklich vorweggenommenen Ziele her ... und ihre Lenkung auf das Ziel hin" sei[1]. „Dabei ist es *völlig gleichgültig*", fährt *Welzel* fort[2], „um welches Ziel es geht und was zum Ziele gehört, ob es überhaupt rechtlich relevant ist oder nicht". Für *Welzel* ist nun also eine Handlung immer dann vorhanden, wenn irgendein Ziel verfolgt wird, wobei es „völlig gleichgültig" sei, um welches Ziel es sich handele. Trotz meiner Bemühungen gelingt es mir nicht, einen Unterschied zwischen diesem Handlungsbegriff und dem seit jeher von der kausalen Handlungslehre vertretenen zu sehen, für die es eine Handlung gibt, wenn *etwas* gewollt wird, wobei es „gleichgültig" sei, *was* gewollt werde. Die Kausalitäts- und die Handlungslehre sind also nach einem längeren normativen Abenteuer[3] zu der Bedingungsgleichwertigkeit und zu der

[1] Ein unausrottbares Mißverständnis? Zur Interpretation der finalen Handlungslehre, NJW 1968, S. 425/426.

[2] A. a. O. S. 426 (Hervorhebungen hinzugefügt).

[3] *Welzel* weist immer wieder darauf hin, daß die finale Handlungslehre dieses normative Abenteuer niemals eingegangen sei, daß er stets den jetzt von ihm befürworteten kausalen Handlungsbegriff vertreten habe (es muß doch erlaubt sein, das, was kausaler Handlungsbegriff ist, auch kausalen Handlungsbegriff nennen zu dürfen); als Beweis dafür, daß „die finale Handlungslehre ... die Struktur der finalen Handlung primär überhaupt nicht an strafrechtlichen Tatbeständen entwickelt" habe (*Welzel*, Das deutsche Strafrecht, 11. Aufl., 1969, S. 65), verweist *Welzel* (a. a. O.) auf die Seite 37 der 3. Aufl. (1944) seiner „Grundzüge". An diesem Text vom Jahre 1944 aber ist nur zu sehen, wie *Welzel* sich in Widerspruch mit seiner damaligen Finalismusauffassung setzte, um einem ins Schwarze treffenden,

kausalen Handlungslehre zurückgekehrt[4]. Ich meine auch[5], daß die kausale Handlungslehre in der Tat und als Abgrenzungsmaßstab dafür, wann von einer menschlichen Handlung gesprochen werden kann, die richtige ist. Dieser Handlungsbegriff ist aber derart weitumfassend, daß zur Tatbestandsbegrenzung gezwungenermaßen nach anderen Maßstäben gesucht werden muß.

2.

Noch eine weitere Sache meine ich: Zur Tatbestandsbegrenzung können wir mit der normativen Schuldlehre auch nicht viel anfangen. Damit stellen wir uns nochmals dem Finalismus entgegen, der aus diesem normativen Begriff ein weiteres Argument für die Zugehörigkeit des Vorsatzes zum Tatbestand ableiten zu können glaubte; denn — so behauptet *Welzel*[6] — der Wille zur Tatbestandsverwirklichung hat mit den Bestandteilen des Vorwurfsurteiles (Unrechtsbewußtsein und Fähigkeit, nach dieser Einsicht zu handeln) nichts zu tun und kann daher auch nicht zur Schuld gehören.

Ich habe vor kurzem die Voraussetzungen, auf denen die normative Schuldlehre fußt, als unbeweisbar abgelehnt[7]; denn der persön-

von *Engisch* beigebrachten Einwand zu entgegnen zu versuchen. Dieser Widerspruch, der *Welzel* im Jahre 1944 dunkel bewußt zu werden begann, hat auf die Dauer zur Aufgabe des ursprünglichen Finalismus und zur Übernahme der kausalen Handlungslehre geführt. Daß es aber einmal in der Geschichte der Strafrechtsdogmatik einen finalen Handlungsbegriff gab, daß der Finalismus eine von *Welzel* und nicht — wie man manchmal fast zu denken geneigt ist, wenn man die letzten Ausführungen *Welzels* zum Thema liest — von seinen Gegnern erfundene Lehre war, dafür habe ich bei Heranziehung zahlreicher Textstellen *Welzels* und anderer Vertreter der finalistischen Schule in meiner Hamburger Dissertation (vgl. *Gimbernat Ordeig*, Die innere und die äußere Problematik der inadäquaten Handlungen in der deutschen Strafrechtsdogmatik, 1962, S. 110 ff.) ausreichende Beweise — wie mir scheint — erbracht; darauf möchte ich hier verweisen.

[4] Ein übrigens keineswegs nutzloses Abenteuer, denn dadurch konnte man zu richtigen Ergebnissen (Einbeziehung der Adäquanz in den Tatbestand, Verschiebung des Vorsatzes auf den Tatbestand der vorsätzlichen Delikte) gelangen, als die Dogmatik zur Begründung dieser Ergebnisse über einen genügend entwickelten Apparat noch nicht verfügte. Die eben gegen den Finalismus dargelegten Argumente beeinträchtigen daher in keiner Weise die eindrucksvollen Leistungen *Welzels*. Man kann zu seinen Theorien stehen wie man will: Seine unerschöpfliche und anregende Erfindungskraft, seine Fähigkeit, die Probleme immer von neuem durchzudenken, hat dazu geführt, daß die Dogmatik des Strafrechts sich heute zum großen Teil in Bahnen bewegt, die erst von *Welzel* geebnet, wenn nicht gar gebrochen wurden.

[5] Zu weiteren Einzelheiten über die Entwicklung der Kausalitäts- und der Handlungslehre vgl. *Gimbernat Ordeig*, Die innere und die äußere Problematik, 1962, S. 109 ff. und passim.

[6] Vgl. etwa Das Deutsche Strafrecht, 1969, S. 161.

[7] Vgl. *Gimbernat Ordeig*, Hat die Strafrechtsdogmatik eine Zukunft? ZStW 82 (1970), S. 384 ff.

liche Vorwerfbarkeitsspruch erfordert, daß der Richter feststellt, ob der Täter hätte anders handeln können, und damit also die konkrete Willensfreiheit einer konkreten Person in einer konkreten Lage. Diese von der normativen Schuldlehre dem Richter gestellte Aufgabe überspringt jedoch die Grenzen des Menschenmöglichen.

3.

Damit geben wir die vom Finalismus — und überhaupt von den anderen Richtungen der gegenwärtigen Strafrechtswissenschaft (wie z. B. der sozialen Handlungslehre[8]) — zugrundegelegten Maßstäbe zur Beantwortung des Inhaltes der Tatbestandsmäßigkeit und der Schuld auf. Aber die Probleme bleiben. Gehört der Vorsatz zum Tatbestand oder zur Schuld? Hat der Verbotsirrtum im Strafrecht — und trotz Ablehnung der normativen Schuldlehre — irgendwelche Relevanz?

Diese Problemstellungen haben nur einen Sinn innerhalb der herkömmlichen, von den verschiedenen Richtungen der Strafrechtsdogmatik anerkannten Unterscheidungen zwischen dem strafrechtlich Rechtmäßigen, Verbotenen und Schuldhaften. Diese Unterscheidungen erkenne auch ich an. Danach könnte also das Spazierengehen als Beispiel eines zulässigen Verhaltens dienen. Das Töten eines anderen, ohne daß ein Rechtfertigungsgrund vorliegt, würde einen Fall strafrechtlich verbotenen Verhaltens darstellen[9]. Daß ein Geistesgestörter oder ein Kind einen Diebstahl begehen, könnte schließlich als Beispiel verbotener schuldloser Handlung herangezogen werden.

II.

1.

Um die Frage nach dem Tatbestand der vorsätzlichen Delikte möglichst deutlich zu stellen, um sie von der nach dem Tatbestand der fahrlässigen zu trennen, wollen wir ein Verhalten aussuchen, das nur bei vorsätzlicher Begehung bestraft wird; z. B. die Selbstabtreibung (§ 218 Abs. 3 n. F.) Nach deutschem Recht wird also die ihre eigene

[8] Zur Darlegung und Kritik dieser Lehre vgl. *Gimbernat Ordeig,* Die innere und die äußere Problematik, 1962, S. 83 ff., 117 ff.

[9] Ich halte die Lehre von den negativen Tatbestandsmerkmalen, für die der als Beschreibung des verbotenen Verhaltens aufgefaßte Unrechtstatbestand das eigentlich Relevante ist, für richtig. Und das, was das verbotene Verhalten ist, kann nur auf die Weise ermittelt werden, daß man die positiven Tatbestandselemente mit dem Nichtvorliegen von Rechtfertigungsgründen in Verbindung setzt.

Abtreibung fahrlässig herbeiführende Frau nicht bestraft, die trotz ärztlichen Verbotes, jede Art anstrengenden Sportes zu treiben, auf ihre gewohnten Spazierritte nicht verzichtet und ungewollt — aber unachtsam — den vorzeitig-letalen Fruchtabgang verursacht. Aus Mangel an Vorsatz würden hier sowohl Kausalisten als auch Finalisten zum gleichen Schluß der Straflosigkeit der Frau gelangen. Die ersten behaupten aber, daß das Abtreiben tatbestandsmäßig im Sinne des § 218 Abs. 3 gewesen sei, und daß das, was fehlte, die erforderliche vorsätzliche *Schuld* sei, während die Finalisten schon das Vorhandensein eines tatbestandsmäßigen Verhaltens abstreiten. Wer hat recht?

Wollen wir dazu Stellung nehmen, so muß vorab geklärt werden, was der Tatbestand ist, und weswegen es überhaupt Verhaltensweisen gibt, die vertatbestandlicht werden. Erst dann wird es auch möglich sein, auf die weitere, herkömmlich im Rahmen der Schuld eingeordnete Frage einzugehen, warum es Verhaltensweisen gibt, welche trotz deren Tatbestandsmäßigkeit nicht bestraft werden.

Der Tatbestand hat eine motivierende Funktion[10]. In ihn werden alle Elemente aufgenommen, welche die Beschreibung des Verhaltens, dessen Nichtbegehung man motivieren will, ausmachen. Die Problematik dessen, was zum Tatbestand gehört, fällt mit der Problematik desjenigen Verhaltens, das der Gesetzgeber zu verhindern sucht, zusammen[11]. Damit tut das Strafgesetz nichts anderes, als auf einen für jede Art Soziallebens grundlegenden Mechanismus zurückzugreifen, der z. B. auch vom Erzieher angewandt wird: Er bedroht mit einem Übel (mit der Strafe) diejenigen Verhaltensweisen, die er verhindern will, auf daß sie vom Zögling (z. B. einem Kinde) aus Angst vor der Strafe, welche seiner Handlung folgen würde, unterlassen werden[12].

Wird das Problem des Tatbestandsinhaltes auf diese Weise gestellt, so hängt seine Lösung davon ab, wie wir folgende Frage beantworten: Welches Verhalten will das Gesetz mit dem Tatbestand des § 218 Abs. 3 verhindern? Darauf antworte ich so: Es will die vorsätzliche Herbeiführung einer Abtreibung verhindern. Die Schwangere, welcher in den Sinn kommt, ihre Leibesfrucht abzutöten, weiß, daß sie auf eine Strafe gefaßt sein muß, wenn sie ihre Idee in die Tat umsetzt. Das Gesetz, indem es mit diesem Übel droht, ver-

[10] Vgl. *Gimbernat Ordeig*, ZStW 82 (1970), S. 388 ff.

[11] Dies gilt für die Handlungsdelikte. Will man aber nicht ein aktives Verhalten (z. B. einen Diebstahl) verhindern, sondern darauf hinwirken, daß eine bestimmte Handlung (z. B., daß bei Unglücksfällen dem Gefährdeten Hilfe geleistet wird) vollzogen wird, so wird ein unterlassendes Verhalten beschrieben und mit Strafe bedroht.

[12] Vgl. *Gimbernat Ordeig*, ZStW 82 (1970), S. 390/391.

traut darauf, daß in der größtmöglichen Zahl von Fällen die Begehung des verbotenen Verhaltens unterlassen wird. Es kann sehr wohl sein, daß eine verheiratete, schwanger gewordene Frau, die sich keine Kinder mehr wünscht, auf die eigene Abtreibung nur aus dem einzigen Grund verzichtet, daß sie Angst vor den strafrechtlichen Folgen hat, welche ihr, wenn ihre Handlung bekannt werden würde, auferlegt werden könnten. Durch diesen Mechanismus erfüllt das Strafrecht die ihm zugedachte Funktion der sozialen Verhaltenssteuerung; Verhaltenssteuerung, zu der neben der Motivierung, die das Strafrecht schafft und aufrechterhält, die anderen Motivationsquellen entstammenden wie die ethischen und die religiösen Hemmungen mitbeizutragen pflegen.

Die fahrlässige Abtreibung wird demgemäß vom § 218 Abs. 3 nicht verboten. Denn so leichtsinnig die Reiterin unseres Beispieles handelt, so sehr ihr — beim Vertrauen auf das Ausbleiben des Erfolges — die Möglichkeit der Fruchtabtötung als Folge ihrer Handlung bewußt sein kann, vom Standpunkt des Strafrechts hat sie überhaupt keinen Grund, sich nicht weiter so fahrlässig zu verhalten, wie sie es gerade tut: Wenn sie davon absieht, das das Leben des Fötus gefährdende Verhalten fortzuführen, so wird sie es gewiß nicht aus Angst vor dem Strafrecht und dessen Folgen tun, denn die Frau weiß, daß sie auch dann, wenn sie weiterreitet und das Schlimmste — daß der Embryo abgetötet wird — passiert, nicht bestraft wird. Will das Strafrecht im Ernst die fahrlässige Selbstabtreibung möglichst verhindern, so hat es dafür nur einen Weg: Sie mit Strafe zu bedrohen, sie zu verbieten, zu vertatbestandlichen. Bedroht es aber nur die vorsätzliche Selbstabtreibung mit Strafe, dann ist die fahrlässige weder verboten noch vertatbestandlicht. Aus alledem folgt: Der Vorsatz ist ein Element der vorsätzlichen Deliktstatbestände, weil er ein wesentlicher Bestandteil bei der Beschreibung des verbotenen Verhaltens ist.

Was von der Selbstabtreibung gesagt wurde, gilt auch für alle übrigen Vorsatztatbestände. Vom § 171 1. Alt., der die weitere Ehe eines schon Verheirateten vertatbestandlicht — ein anderes nur bei vorsätzlicher Begehung strafbares Verbrechen —, kann man nur eine hemmende Wirkung hinsichtlich desjenigen erwarten, der im Bewußtsein des Vorhandenseins seiner früheren Ehe mit der Idee, zum zweiten Mal zu heiraten, spekuliert. Wer aber Zweifel darüber hegt, ob seine erste Ehe formell gültig sei oder nicht, und trotzdem und fahrlässig eine zweite Ehe eingeht, der hat keinen strafrechtlichen Grund, sich über die etwaige Gültigkeit seiner früheren Bindung — mit der er auch nicht rechnet — zu informieren; denn auch wenn das ihm Ungünstigste geschieht: daß seine erste Ehe sich als formell gültig herausstellt, auch dann wird man ihn nicht bestrafen können. Eine strafrechtliche Motivierung zur Information über das eventuelle, für unwahrscheinlich erachtete Bestehen einer früheren Ehe kann erst entstehen, wenn der Gesetzgeber sich dazu entscheidet — und dies ist eine strafrechtspolitische Frage —, die fahrlässige Bigamie gleichfalls zu *vertatbestandlichen* (= sie mit Strafe zu bedrohen).

2.

Damit schließe ich mich dem finalistischen Grundsatz, daß der Vorsatz Tatbestandselement ist, an[13], woraus sich zwingend ergibt, daß, wenn bei einem Vorsatztatbestand der z. B. von einem Dritten getäuschte Handelnde sich unvorsätzlich verhält, dieser Dritte nur als mittelbarer Täter — wenn diese Möglichkeit besteht — haften kann. Dagegen ist die Teilnahme in solchem Fall ausgeschlossen[14]. Denn das Helfen und das Beitragen zum tatbestandsmäßigen Verhalten eines anderen ist das, was das Unrecht der Teilnahme kennzeichnet, und dieses Unrecht liegt dann nicht vor, wenn der Ausführende wegen Mangels an Vorsatz das verbotene Verhalten nicht verwirklicht. Mit anderen Worten und mit einem Beispiel: Was den Verbotsgehalt der Anstiftung zur Bigamie der 1. Alt. des § 171 kennzeichnet, ist, daß in einem Verheirateten der Entschluß, sich tatbestandsmäßig zu verhalten (eine neue Ehe trotz Wissens der Nichtauflösung der bis-

[13] Und gebe damit die gelegentlich von mir (Gedanken zum Täterbegriff und zur Teilnahmelehre, ZStW 80 [1968], S. 937) vertretene abweichende These auf.

[14] Auch im Lager der kausalen Handlungslehre wird die Ansicht vertreten, daß, wenn der Tatmittler unvorsätzlich und der Hintermann vorsätzlich handelt, wir es immer — trotz der *Tatbestandsmäßigkeit* des Verhaltens des Werkzeuges — mit einem Fall mittelbarer Täterschaft zu tun haben: So *Mezger/Blei*, Strafrecht I, 14. Aufl. (1970), S. 288/289: „Vorsätzliche Veranlassung unvorsätzlicher Tat eines anderen begründet immer mittelbare Täterschaft ... — Dieses Ergebnis gewinnt der BGH ... zutreffend aus dem Wesen von Täterschaft und Teilnahme; es ist auch in der Tat davon unabhängig, ob man der von der finalen Handlungslehre vorgenommenen Standortverschiebung des Vorsatzes folgt oder ob man diesen bei der Schuld beläßt." Anderer Meinung wiederum *Schmidhäuser*, Strafrecht, Allgemeiner Teil, Lehrbuch, 1970, 14/84 ff., S. 432 ff., der auf einer in dieser Frage wohl kausalistischen Grundlage die Teilnahme an unvorsätzlicher Tat für möglich hält. — Sei es wie es sei: Was hier hervorzuheben ist, ist, daß nur wenn man den Vorsatz als dem Tatbestand nicht zugehörig betrachtet, sich die Frage der Verantwortung als Teilnehmer des bei einer unvorsätzlichen Tat Mitwirkenden stellen kann; denn eine unvorsätzliche Tat ist für die kausale Handlungslehre *tatbestandsmäßig* im Sinne des entsprechenden Vorsatzdeliktes. Der Finalismus kann sich diese Frage dagegen nicht einmal stellen: Ist die Haupttat nicht vorsätzlich, so fehlt es danach schon an einem im Sinne des Vorsatzverbrechens tatbestandsmäßigen Verhalten; daher muß die Haftung wegen Teilnahme (an einem tatbestandsmäßigen Verhalten) von vornherein ausgeschlossen sein.

herigen einzugehen), erweckt wird; dieses Unrecht ist nicht gegeben, wenn jemand dem Ehemann wahrheitswidrig versichert, dessen erste Ehe sei für nichtig erklärt worden (oder die erste Ehefrau sei gestorben) und daß darum einer neuen Ehe nichts im Wege stehe. Zwar enthält das täuschende Verhalten des Dritten ein beträchtliches Quantum an Unwert; dieser Unwert ist aber ein anderer — wenn auch vielleicht sogar ein schwererwiegender — als der vom Gesetzgeber für die Anstiftung vorgesehene und kann darum auch nicht als solcher bestraft werden. Bei nichtausdrücklicher Typisierung eines Verhaltens verbietet der Grundsatz nullum crimen sine lege, daß annäherungsweise und zur Bestrafung des strafrechtlich nicht Vorgesehenen auf die der tatbestandslosen am meisten ähnelnde vertatbestandlichte Tat zurückgegriffen wird. Er verbietet es, auch wenn sich als Folge davon die Straflosigkeit ergibt, so wie in unserem Bigamiefall, wo der Tatbestand des § 171 1. Alt. — im Gegensatz zum Abtreibungsfall, wo der Haftung eines Dritten als mittelbarer Täter nichts im Wege steht[15] — nur unmittelbar von demjenigen verwirklicht werden kann, der trotz Bestehens seiner ersten Ehe eine neue eingeht[16].

3.

Wir wissen schon, was der Tatbestand ist, und worin er besteht. Er besteht in der Beschreibung des verbotenen Verhaltens, und sein Zwecke ist es, mittels der Strafandrohung zur Nichtbegehung solchen Verhaltens zu motivieren. Wird nur die vorsätzliche Verletzung eines Rechtsgutes bestraft, so hat einzig der mit Absicht, nicht aber der fahrlässig handelnde Täter eine strafrechtliche Motivierung zur Inhibition. Will der Gesetzgeber nun den Schutz des Rechtsgutes weiter ausdehnen, indem er auch dessen fahrlässige Beeinträchtigung mit Strafe bedroht (= vertatbestandlicht), dann wird sich zugleich das Gebiet derjenigen Verhaltensweisen erweitern, an deren Begehung, von einem strafrechtlichen Standpunkt aus, die Bürger wegen des

[15] Spiegelt z. B. jemand der Schwangeren vor, das Abtreibungsmittel sei eine unschädliche Medizin, und wird dadurch, daß die Frau das Präparat einnimmt, die Leibesfrucht abgetötet, so erfüllt das Verhalten des Hintermannes — in mittelbarer Täterschaft — den Tatbestand der Fremdabtreibung.

[16] Da in Art. 171 des Código Penal nur das Verhalten des schon Verheirateten vorgesehen wird, bleibt im spanischen Strafrecht daher auch die die Lage übersehende ledige Frau straflos, welche mit einem sich für einen Witwer haltenden, in Wirklichkeit aber doch noch verheirateten Partner eine Ehe eingeht; denn eine Mitwirkung an einer *tatbestandsmäßigen* Handlung ist in einem solchen Fall nicht vorhanden. Anders wäre in Deutschland zu entscheiden, wo in der 2. Alternative des § 171 zur selbständigen *Haupttat* erhoben ist, daß jemand vorsätzlich (d. h. in Kenntnis der bestehenden Ehe) mit einem Ehegatten die Ehe eingeht.

angedrohten Übels nicht interessiert sind; erst bei dieser Erweiterung der Strafbarkeit auf die fahrlässige Begehung wird der Täter nun schon einen Grund dafür haben, sich auch nicht leichtsinnig zu verhalten, denn nur bei einer sorgfaltsgemäßen Handlung wird er ex ante dessen sicher sein können, daß er auf keinen Fall bestraft wird: weder aufgrund des vorsätzlichen, noch aufgrund des fahrlässigen Tatbestandes[17].

III.

Nun wenden wir uns dem Bereich, der herkömmlich als „Schuld" bezeichnet wird, zu. Befürworter der kausalen, der finalen und der

[17] In bezug auf die Tatbestandsmäßigkeit kommt es mir hier vor allem auf die Frage an, ob der Vorsatz zum Tatbestand der vorsätzlichen Delikte gehört. Zum Tatbestandsinhalt möchte ich aber doch noch hinzufügen, daß die vorsätzlichen und die fahrlässigen die einzigen Verhaltensweisen sind, die vom Gesetzgeber *vernünftigerweise verboten werden können*. Hat der Handelnde bei der Begehung die im Verkehr erforderliche Sorgfalt beobachtet, so ist seine Handlung — auch wenn sich aus ihr ein verletzender Erfolg ergeben hat — straflos, weil nichttatbestandsmäßig. Beim Zahnziehen kann das Strafrecht vom Zahnarzt verlangen, daß er diesen Eingriff nicht dazu benutzt, den herzkranken Patienten vorsätzlich zu töten; und es kann auch verlangen, daß der Arzt die erforderliche Sorgfalt einhält, auf daß sich kein tödlicher Unfall ereignet. Bezüglich dieser beiden Vollzugsformen kann die Strafe in der Tat hemmend wirken und auf diese Weise die vorsätzliche und die fahrlässige Erfolgsverursachung verhüten. Trifft der Zahnarzt aber alle von der lex artis zur Verhinderung von Gesundheitsschäden gebotenen Maßnahmen, so hat das Strafrecht bei dessen Verhaltenssteuerungsfunktion — indem ein einwandfreies Zahnziehen erreicht wurde — Erfolg gehabt; da dieses sorgfaltsgemäße Verhalten das von der Rechtsordnung gewünschte ist, kann es auch nicht verboten sein. Tritt zufällig und unvorhersehbar trotz der angewandten Vorsichtsmaßnahmen ein tödliches Herzversagen des Patienten ein, so wird sich nicht deswegen das Verhalten des Arztes in ein tatbestandsmäßiges verwandeln. Denn das Strafrecht kann nur dazu beitragen, daß die Pflicht, weder vorsätzlich noch fahrlässig hinsichtlich einer Rechtsgutsbeeinträchtigung zu handeln, erfüllt wird. Daß gelegentlich und trotz des vorsichtigsten Handlungsvollzuges Rechtsgutsverletzungen eintreten, das entzieht sich der Kontrolle des Strafrechts und des Handelnden selbst. Da die Erfolgsherbeiführung erst ex post zutagetritt und da das Verhalten notwendigerweise dem Erfolg vorangeht, ist nur die *Vollzugsweise* — sie darf weder eine vorsätzliche noch eine fahrlässige sein — das, was das Strafrecht beeinflussen kann: „Nur ein Verhalten, das ex ante gesehen unrichtig ist, kann verboten sein" (*Engisch*, Der Unrechtstatbestand im Strafrecht, Hundert Jahre Deutschen Rechtslebens I, 1960, S. 419). Zusammenfassend und mit anderen Worten: Was die Strafandrohung hemmen und — auf diese Weise — verhüten kann, sind nicht die nur ex post sich offenbarenden Erfolgsverursachungen, sondern nur vorsätzliche und fahrlässige Handlungen; darum kommt als vernünftiger Typisierungsgegenstand ausschließlich das vorsätzliche und — wenn der Gesetzgeber den Schutzbereich noch weiter ausdehnen will — das fahrlässige Verhalten in Betracht; das sorgfaltsmäßige ist daher — und zwar mangels Tatbestandsmäßigkeit — straflos.

sozialen Handlungslehre, alle sind darin einig, die Schuld als persönlichen Vorwurf aufzufassen, der über den „freien" Täter wegen der von ihm begangenen rechtswidrigen Tat gesprochen wird. Darum — weil das Verhalten nicht vorwerfbar, nicht schuldhaft sei — hafteten weder der Unzurechnungsfähige noch der sich über das strafrechtliche Verbot unvermeidbar irrende Täter.

Ich meine ebenfalls, daß in diesen Fällen der „Schuldlosigkeit" wegen der *tatbestandsmäßigen, verbotenen* Tat keine Strafe verhängt werden darf. Weil ich jedoch auch der Ansicht bin, daß diese Differenzierungen zwischen „frei" und „unfrei" handelnden Tätern nicht nachweisbar sind, muß ich eine solche Straflosigkeitsbegründung ablehnen[18].

Von den noch wenig geläuterten psychologischen Kenntnissen, über welche wir verfügen[19], gibt es zwei, die vom Strafrecht besonders beachtet werden. Einmal die psychiatrische Unterscheidung zwischen den ständig oder vorübergehend geistig Gestörten und den übrigen Bürgern (den „Normalen"). Zum anderen, daß, während die „Normalen" auf die vom Strafrecht ausgehende Motivation zu reagieren pflegen[20], dies bei den der Strafe gegenüber weit unempfindlicheren Geistesgestörten viel seltener der Fall ist. Das Strafrecht operiert mit dem Unterschied zwischen „Normalen" und „Unzurechnungsfähigen" deswegen und unter anderem, weil diese Differenzierung soziologisch verwurzelt ist: Sie wird geteilt und ist übernommen worden von der Mehrheit der Bürger, an die das Strafrecht sich mit dessen Verboten richtet.

Man könnte zwar mit dem Gedanken spekulieren, auf eine Strafe *auch* hinsichtlich derjenigen „Normalen" zu verzichten, für welche das angedrohte Übel vielleicht keine hemmende Wirkung ausübt. Aus zwei Gründen aber würde dieses Verfahren nicht gangbar sein. Der erste Grund besteht darin, daß man mit den gegenwärtig zur Verfügung stehenden Kenntnissen nicht in der Lage ist zu bestimmen, welche unter den heute als „normal" erachteten diejenigen sind, die

[18] Vgl. *Gimbernat Ordeig*, ZStW 82 (1970), S. 382 ff.

[19] Vgl. S. *Freud*, Der Wahn und die Träume in W. *Jensens* „Gradiva", Studienausgabe X, 1968, S. 15: „Was wir im Seelischen Willkür heißen, ruht auf — derzeit erst dunkel geahnten — Gesetzen."

[20] Vgl. *Gimbernat Ordeig*, ZStW 82 (1970), S. 388 ff. und die von mir dort herangezogenen psychoanalytischen Textstellen, mit denen ich einer verbreiteten Meinung entgegen zu beweisen versucht habe, daß aus den Grundsätzen der Psychoanalyse sich die Abschaffung der Strafe und mithin des Strafrechts keineswegs ergibt; ganz im Gegenteil: Gerade auf der Grundlage der Psychoanalyse ist die Strafe als ein unersetzliches Mittel zur Unterdrückung derjenigen Triebregungen, deren Durchsetzung ein soziales Zusammenleben unmöglich machen würde, anzusehen.

von der Strafe motivierbar, und welche diejenigen, die nicht motivierbar sind; angesichts solcher Situation muß das Strafrecht von der — generalisierenden, darum nichtdifferenzierenden und wahrscheinlich unrichtigen — Voraussetzung ausgehen, daß alle Nichtgeisteskranken der hemmenden Wirkung der Strafe zugänglich sind. Der zweite Grund, welcher das erwähnte Verfahren ungangbar macht, ergibt sich aus dem unter den „Zurechnungsfähigen" stattfindenden Identifizierungsprozeß: wir sind alle gleichgeartet und darum: Wenn dieser, der gestohlen hat — und der so „normal" wie ich ist — nicht bestraft wird, ist es sehr wohl möglich, daß man bei mir das gleiche herausfindet, das sich bei ihm herausgestellt hat, und daß ich, wenn ich ein Verbrechen begehe, ebensowenig wie er bestraft werde. Diese Unterscheidungen und Strafbarkeitsausnahmen auf Grund vielleicht berechtigter, aber wissenschaftlich noch wenig greifbarer Differenzierungen würden eine Lockerung des Strafprinzips und als Folge die Wirksamkeitseinbuße des Strafrechts mit sich bringen. Auch wenn wir also als sehr wahrscheinlich annehmen, daß vom Standpunkt der „Motivierbarkeit" aus beträchtliche Abweichungen unter den Personen, die heute als „Zurechnungsfähige" bezeichnet werden, bestehen, ist es doch so, daß es sich dabei noch nicht um einen gesicherten, außer Diskussion stehenden wissenschaftlichen Gemeinbestand handelt; darum sind solche Abweichungen auch nicht deutlich abgegrenzt, und darum konnten sie auch noch nicht vom allgemeinen Bewußtsein, an das sich das Strafrecht wendet, aufgenommen werden.

Ganz anders ist die Lage schon hier und heute in bezug auf die Geisteskranken. Bei ihnen hat die Strafe keinen Sinn: weder aus general- noch aus spezialpräventiven Gründen[21]. Für den „Unzu-

[21] In seinem klärenden Essay über „Kriminalpolitik und Strafrechtssystem" behauptet *Roxin* (S. 33), daß „die Schuld ... kriminalpolitisch von der Strafzwecklehre her geprägt" werde. Dies ist — allgemein gesehen und im Prinzip — richtig. Der von *Roxin* wiederholt vorgetragenen These (Einige Bemerkungen zum Verhältnis von Rechtsidee und Rechtsstoff in der Systematik unseres Strafrechts, Radbruch-Gedächtnisschrift, 1968, S. 262—266; Kriminalpolitik und Strafrechtssystem, 1970, S. 42/43; Strafrechtliche Grundlagenprobleme 1973, S. 108 ff., 140/141), daß der Vorsatz zum Tatbestand und zur Schuld gehöre, kann ich dagegen nicht folgen; diese These würde die Verbrechenslehre derart komplizieren, daß eine der wichtigsten Leistungen dieser Lehre: ein durchleuchtendes und differenzierendes Schema zur Erfassung der ganzen Vielfältigkeit des Allgemeinen Teils zu bilden, ernst gestört werden würde. Zwar ist dies allein — die Kompliziertheit, welche die These *Roxins* der „Doppelrelevanz des Vorsatzes" für Tatbestand und Schuld mit sich bringt — noch lange kein Einwand: Manchmal ist das Komplizierte auch das Richtige. Aber die Begründung dieser These, daß einerseits „der Vorsatz ... für das Unrecht erheblich" sei, „weil er hier die Aufgabe hat, die Deliktstypen zu profilieren und voneinander abzugrenzen" (*Roxin*, Radbruch-Gedächtnisschrift, S. 266), und daß andererseits der Vorsatz auch zur Schuld gehöre (Begründung: „Da nun

rechnungsfähigen“ stellt die Strafe wegen seiner geringen bzw. nichtgegebenen „Motivierbarkeit“ ex ante keinen ernsthaft hemmenden Faktor dar; und ex post — nachdem er das Verbrechen begangen hat — ist nicht die Strafe, sondern die ärztliche Behandlung das für seine Wiedereingliederung in die Rechtsgemeinschaft geeignetste Mittel. Andererseits und generalpräventiv betrachtet, lockert die Straflosig-

fahrlässige Taten in aller Regel weit geringere Strafrahmen aufweisen als vorsätzliche und in den meisten Fällen sogar völlig straflos bleiben, muß das angesichts des korrespondierenden Verhältnisses von Schuld und Strafe *notwendig* auf einer Schulddifferenz beider Verhaltensweisen beruhen“ — so *Roxin*, Strafrechtliche Grundlagenprobleme, S. 113/114, Hervorhebung dort) vermag nicht zu überzeugen: Der Mord wiegt schwerer als der Diebstahl; daher gibt es auch weit mehr Interessen, jenen als diesen zu unterdrücken, und daher auch wird der Mord mit einer härteren Strafe als der Diebstahl bedroht: *Die Strafhöhe wird also auch vom Unrechtsgehalt bestimmt.* Ist aber nun einmal der abstrakte Strafrahmen auf der Grundlage des Unrechtsgehaltes festgesetzt, so kommen alsbald dann „Schuld“-erwägungen ins Spiel, um wiederum Strafunterschiede zu bestimmen; um zu bestimmen, ob und inwieweit der Täter wegen der begangenen rechtswidrigen Handlung zur Verantwortung gezogen werden darf. Würde alles, was die Festsetzung des Strafrahmens betrifft, zur Schuld gehören — so begründet *Roxin* seine These, daß der Vorsatz *auch* zur Schuld gehöre —, dann müßte man unbestreitbar zum Tatbestand gehörende Elemente wie: „einen Menschen zu töten“, oder: „eine Urkunde zu verfälschen“ auch zur Schuld rechnen, denn der Totschläger wird deswegen schwerer als der Urkundenfälscher bestraft, weil jener getötet und dieser „bloß“ eine Urkunde manipuliert hat. Wie ich zu beweisen versucht habe, beruht der Unterschied der Strafhöhe zwischen vorsätzlicher und fahrlässiger Tat nur auf dem verschiedenen Unrechtsgehalt beider Handlungsweisen; die Schuld — die ebenso Unterschiede in der Strafhöhe bei Tätern, welche die gleiche rechtswidrige Tat begangen haben, bedingt — hat mit der Frage des Vorsatzes oder der Fahrlässigkeit nichts zu tun, sondern mit der der „Motivierbarkeit“ des Täters bezüglich der vollzogenen Unrechtshandlung. In ähnlichem Sinne schon *Horn*, Verbotsirrtum und Vorwerfbarkeit, 1969, S. 139 A. 104: „Auch der geläufige Satz, man sei ‚schuld an etwas‘, hat zu dem Mißverständnis verleitet, nicht nur die Tat, sondern auch den Täter treffe schon mit der Potentialität des Unrechtsbewußtseins ein Werturteil. Es ist vielleicht vorteilhaft, das farblosere ‚schuld sein *hinsichtlich* etwas‘ zu gebrauchen. Damit würde deutlicher, daß *Grund* der Strafe nur die rechtswidrige Handlung, nicht die rechtswidrig-*schuldhafte* Handlung ist. Den Vorwurf erhebt der ‚Gesetzgeber *wegen der rechtswidrigen Tat* eines zur Pflichtbefolgung Fähigen‘ ([Armin *Kaufmann*], Normentheorie S. 200). Die Schuld ist nur eine Voraussetzung der Strafe für die rechtswidrige Tat. Der Täter wird nicht *wegen schuldhafter* Unrechtshandlung, sondern im Rahmen seiner Schuld *wegen der Unrechtshandlung* bestraft. — Daran ändert auch die Notwendigkeit einer Schuld*quantifizierung* nichts. Das Schuldquantum hat kein wenn man mit Bildern sprechen kann — *eigenes* Gewicht beim Abwägen des Strafmaßes; es wird nichts Neues mehr hinzugefügt, was nicht vom Unrecht her schon da wäre. Die Schuld ist nur ein Sieb, das vom allein relevanten Unrechtsquantum auf dessen Weg in das Schuldmaß passiert werden muß. Mit einem ‚Schuldquantum‘ ist sozusagen nur die Maschengröße dieses Siebes bestimmt: Bei ‚geringer‘ Schuld bleibt ‚viel Unrecht‘ zurück, das Strafmaß fällt relativ klein aus; bei ‚voller‘ Schuld schlägt das ganze verwirklichte Unrecht bei der Strafmaßbestimmung zu Buche“ (Hervorhebungen dort).

keit des Geisteskranken in keiner Weise die hemmende Wirkung der Strafe den „Zurechnungsfähigen" gegenüber: Diese identifizieren sich nicht mit jenem, sie wissen sich andersgeartet, und sie wissen daher auch, daß sie sehr wohl bestraft werden, falls sie genauso wie der krankhaft seelisch gestörte Täter handeln.

Die Strafe ist — wie so treffend im AE dargelegt wird[22] — „eine bittere Notwendigkeit in einer Gemeinschaft unvollkommener Wesen, wie sie die Menschen nun einmal sind". Sie wird nicht zur „Vergeltung", sondern zur Ermöglichung des menschlichen Zusammenlebens auferlegt. Daher kann nichts rechtfertigen, daß der Staat ein nutzloses Leiden zufügt. Das würde er aber tun, wollte er gegen Geisteskranke oder gegen Kinder mit einer Strafe vorgehen. Denn vom Standpunkt dieser Täter aus gibt es zu deren Resozialisierung viel geeignetere Mittel als die der Strafe; und vom Standpunkt der Gesellschaft überhaupt aus büßen die hemmenden Mechanismen des Strafrechts nichts an Wirksamkeit der Allgemeinheit gegenüber ein, weil die Unzurechnungsfähigen straflos bleiben.

Eine andere Fallgruppe, welche die h. L. in die als Vorwerfbarkeit verstandene „Schuld" einbezieht, ist die des unvermeidbaren Verbotsirrtums. In diesem Sinne ist es bezeichnend, daß *Rudolphi* seine Monographie über den Verbotsirrtum mit einem der Willensfreiheit gewidmeten ersten Kapitel anfängt[23]; denn er meint, nur auf der Grundlage der menschlichen Selbstbestimmung sei die Relevanz des Verbotsirrtums zu rechtfertigen. *Horn* faßt ebenfalls und im Prinzip seine Monographie über dasselbe Thema des Verbotsirrtums als eine Entwicklung der These auf, daß die Schuld Vorwerfbarkeit voraussetzt. Und obgleich er[24] nicht genügend zwischen Willensfreiheit und Motivationsfähigkeit unterscheidet[25], vertritt er trotzdem und sehr zutreffend die Ansicht, daß der Schlüssel, der über die Vermeidbarkeit des Irrtums entscheidet, der der Motivationsmöglichkeit sei[26].

[22] Allgemeiner Teil, 2. Aufl. (1969), vorgelegt von *Baumann*, u. a., S. 29.

[23] Vgl. Unrechtsbewußtsein, Verbotsirrtum und Vermeidbarkeit des Verbotsirrtums, 1969, S. 5 ff.

[24] Vgl. *Horn*, Verbotsirrtum und Vorwerfbarkeit, 1969, S. 105, 105/106 A. 228.

[25] Obgleich man unterscheiden muß: Tötet jemand in einem schweren, die Zurechnungsfähigkeit ausschließenden Affektzustand den Mörder seines Sohnes, so ist seine Handlung eine durch die vorangehende Straftat seines Opfers motivierte (der Täter ist also motivationsfähig). Daß der Mensch durch Motive (z. B. durch die Strafe) zum Handeln oder zum Unterlassen bewegt wird, bedeutet daher noch nicht, daß er frei ist. Freiheit bedeutet vielmehr die Möglichkeit, zwischen der Verwirklichung oder Nichtverwirklichung des Verhaltens, zu dem eine bestimmte Motivation treibt, zu wählen.

[26] „Wer nicht wenigstens das aktuelle Bewußtsein hat, daß seine Handlung möglicherweise irgendwie verboten sei, ist unfähig, ... sich an der Norm zum Unterlassen seines Handlungsprojekts zu motivieren" (*Horn*, a. a. O., S. 105).

Von diesem Gedanken werden wir später Gebrauch machen.

Ein wenig gebildeter Ausländer eignet sich in in Deutschland eine verlorene Sache an in dem Glauben, ein solches Verhalten sei nicht verboten, weil abhandengekommene Gegenstände dem gehörten, der sie als erster in Zugriff nimmt.

Nehmen wir an, daß in diesem Fall ein unvermeidbarer Verbotsirrtum vorliegt. Der Täter war sich dessen nicht bewußt — und er konnte seinen Irrtum nicht überwinden[27] —, daß er eine strafrechtlich verbotene Tat beging. Solch ein Irrtum berührt die Tatbestandsmäßigkeit des Verhaltens in keiner Weise, sondern setzt eben die Tatbestandsmäßigkeit als Irrtumsgegenstand voraus: Es ist nicht so, daß etwas Verbotenes nicht verwirklicht wird, sondern es wird etwas Verbotenes unbewußt verwirklicht (Verbotsirrtum). Es wird etwas, was das Gesetz verhindern will — und darum mit Strafe bedroht (= vertatbestandlicht) — begangen: die Zueignung einer verlorenen Sache, aber der Täter weiß unvermeidbar nicht, daß das Gesetz sie verhindern will. Damit tritt das zutage, was den Verbotsirrtum kennzeichnet: daß der vom Gesetz zur Verhinderung von Verhaltensweisen geschaffene Mechanismus deswegen gescheitert ist, weil der Täter, indem er die Strafdrohung nicht kannte, sich auch dessen nicht bewußt war, daß als Folge seiner Handlung sich die Verhängung eines Übels ergeben konnte.

Wie in Bezug auf die Unzurechnungsfähigen entbehrt die Strafe auch in diesen Fällen jeder Berechtigung und kann die ihr zugedachte Funktion nicht erfüllen. Vom Standpunkt der Spezialprävention aus ist es nicht erforderlich, durch den Vollzug der Strafe — da deren bloße Androhung nicht ausreichend war — dem Täter gegenüber die hemmende Wirkung des Unterschlagungsverbotes zu verstärken, seinen Willen, rechtmäßig zu handeln, zu kräftigen, wenn der Täter weder die hemmende Wirkung des Verbotes (das er nicht kannte) verachtet hat, noch der Kräftigung des Willens, rechtmäßig zu handeln, bedarf. Denn gerade mit diesem Willen hat er ja gehandelt, als er die seines Erachtens durch und durch erlaubte Tat vollzog. Sieht man aber von diesen spezial-präventiven Überlegungen ab, so könnte man doch meinen, daß in diesen Fällen unvermeidbaren Verbotsirrtums trotzdem eine Strafe auferlegt werden müßte, um zu verhindern, daß die aus den Straftatbeständen entstammenden Verhaltenskontrollen nicht

[27] Dieser subjektive Umstand hat mit der Willensfreiheit nichts zu tun, sondern mit der empirischen Wirklichkeit der zwischen den Menschen vorliegenden Gradunterschiede hinsichtlich der Intelligenz, der Kultur, der Kenntnisse, usw.

dem Einzeltäter, wohl aber der Allgemeinheit gegenüber gelockert werden würden. Diese These kann aber auch nicht richtig sein: Dem Maßstab des Irrtums gemäß können wir die Gesellschaft in Bürger, die die Rechtswidrigkeit einer Handlung kennen, und die, die es nicht tun, teilen. In bezug auf die ersteren: Weil diejenigen, denen die Verbotsnorm nicht bekannt ist, freigesprochen werden, werden nicht deswegen die restlichen, über die Rechtswidrigkeit des Verhaltens informierten Bürger eine Fundunterschlagung begehen; denn alle diese (die überwiegende Mehrheit) wissen, daß diese Freispruchsfallgruppe (die des unvermeidbaren Verbotsirrtums) nicht die ihre ist, und daß das, was für die über die Rechtswidrigkeit sich Irrenden gilt, auf die sich nicht Irrenden keineswegs anwendbar ist. Mit anderen Worten und der Definition nach: Daß den der Rechtswidrigkeit eines Verhaltens nicht bewußten Tätern keine Strafe auferlegt wird, verringert in nichts die hemmende Wirkung der Strafe denen gegenüber, die das Verbot kennen. Und in bezug auf die Bürger, welche sich eines bestimmten Verbotes nicht bewußt sind (z. B. dessen der Fundunterschlagung): Würde man den Grundsatz der Nichtrelevanz des unvermeidbaren Verbotsirrtums anerkennen, so würde die hemmende Wirkung der Strafe solchen Bürgern gegenüber nicht deswegen erhöht werden; denn da diese Täter — und auch der Definition nach — bei Begehung einer Fundunterschlagung nicht wissen, daß sie sich in einem Verbotsirrtumsfall befinden, würden sie auch nicht wissen — daher würden sie ebenfalls keinen strafrechtlichen Grund haben, sich anders zu verhalten —, daß man sie auf der Grundlage dieses hypothetischen Grundsatzes der Nichtentschuldbarkeit des unvermeidbaren Verbotsirrtums bestrafen würde.

Das Dargelegte erklärt auch, warum der *vermeidbare* Verbotsirrtum die Verantwortung nicht völlig ausschließen darf. Nimmt man mit *Horn* an — und ich nehme es an —, daß solch ein Irrtum vorliegt, wenn der Täter irgendeinen Zweifel an dem Verbotensein seiner Handlung hegt, so muß er sich darüber vergewissern — will er dessen sicher sein, daß er straflos bleiben wird —, ob seine Zweifel berechtigt sind oder nicht. Mit einem Beispiel ausgedrückt: Wenn der Täter bei der Zueignung der verlorenen Sache irgendwelchen Verdacht darüber hegt, ob diese Handlung rechtswidrig sei, so wird die — wenn auch verminderte — Strafbarkeit, die für die in vermeidbarem Verbotsirrtum begangene Tat vorgesehen ist, eine Motivierung dafür ausüben, daß er sein Vorhaben nicht durchführt, ohne sich vorher über den Inhalt des Straftatbestandes versichert zu haben; denn nur wenn er dies macht: seine Zweifel über die eventuelle Strafbarkeit des Verhaltens beseitigt und danach handelt, nur dann kann er die Gewißheit haben, auf jeden Fall einer Bestrafung zu entgehen.

IV.

1.

Die Strafe — und damit fasse ich einige der Gedanken, die in dieser Arbeit dargetan wurden, zusammen — hat keine metaphysische Vergeltungs- oder Sühnefunktion, sondern die einfachere und bescheidenere der Verbrechensverhütung. Der Gesetzgeber bedroht mit Strafe jene Verhaltensweisen, denen er — wegen der schwerwiegenden Störung, die sie für das Sozialleben darstellen — vorbeugen will, und vertraut dabei darauf, daß die Mehrheit der Bürger, um das angekündigte Übel nicht ertragen zu müssen, von der Verwirklichung der verbotenen Tat absehen wird. Dabei kommen im Prinzip zwei Möglichkeiten in Betracht. Entweder wird nur die vorsätzliche Tatbegehung verboten, wobei die fahrlässige wegen deren geringerer Bedeutung straflos bleibt, oder man dehnt das Verbot auf beide Begehungsweisen aus. Wird aber nur die vorsätzliche Form verboten, dann kann man auch nicht sagen, daß die fahrlässige ebenfalls den Tatbestand erfüllt: Da die fahrlässige Begehung mit keiner Strafe bedroht wird, hat auch niemand eine strafrechtliche Motivierung, sich sorgfältig zu verhalten. Mit anderen Worten: Entweder will der Gesetzgeber die fahrlässige Modalität verhüten, dann muß er aber auch sie mit einer Strafe bedrohen (sie verbieten); oder er verzichtet darauf, sie mit einer Strafe zu bedrohen, damit darauf, den hemmenden Mechanismus in Gang zu setzen, und damit ebenfalls darauf, sie zu verbieten.

Nach alledem kann man zwischen Straflosigkeit mangels Tatbestandsmäßigkeit und mangels „Schuld" nach folgenden Maßstäben unterscheiden:

Im Rahmen der Tatbestandsmäßigkeit bewegen wir uns innerhalb derjenigen schwerwiegend sozialstörenden Verhaltensweisen, deren Nichtbegehung man mittels des Strafmechanismus motivieren will. Da der Gesetzgeber nur *einwandfreie* Verhaltensweisen motivieren kann, ist auch dort die Grenze dessen, was er vernünftigerweise verbieten kann, zu setzen: Verhält sich der Handelnde einwandfrei (das einzige, das zu tun in seiner Hand liegt) und wird dabei trotzdem und zufällig ein Rechtsgut verletzt (was sich schon des Handelnden Kontrolle entzieht), so kann dies kein verbotenes Verhalten ausmachen, denn das, was das Recht hervorrufen wollte — und konnte —, wurde auch hervorgerufen: der sorgfältige Handlungsvollzug. Gehen wir auf das über, was der Gesetzgeber mit seinem Motivationsinstrument vernünftigerweise verhüten kann, so ist zwischen der Strafdrohung zu dem Zwecke, daß der Handelnde von der *gewollten* Verletzung eines Rechtsgutes absieht, und der zu dem Zwecke, daß der Handelnde von dem Vollzug eines *fahrlässigen* Verhaltens, das die Rechtsgutsunversehrtheit gefährden würde, absieht, zu unterscheiden. Entschließt sich der Gesetzgeber dazu, die fahrlässige Tatbegehung wegen deren Geringfügigkeit straflos zu lassen, so ist es klar, daß er darauf, hier motivierend einzuwirken, d. h. auf das Verbieten, verzichtet hat.

Was herkömmlich als Schuldlosigkeit bezeichnet wird, betrifft einen völlig verschiedenen Grund für die Straflosigkeit des Täters. Mit dem Rechtswidrigkeitsurteil setzt der Gesetzgeber einen *allgemein* bedingenden Faktor dafür, daß die Bürger sich der Begehung des typisierten Verhaltens enthalten. Doch gibt es *bestimmte* Menschen, in bezug auf welche soziologisch ohne weiteres anerkannt wird, daß sie der Strafmotivierung *unzugänglich* sind; entweder deshalb, weil sie vorübergehend bzw. ständig „unzurechnungsfähig" sind (Geistesgestörte, Kinder), oder aber deswegen, weil sie, da sie das Verbot nicht kennen, auch keine Gelegenheit gehabt haben, sich von ihm beeinflussen zu lassen. Weil in bezug auf diese *bestimmten* Menschen (Unzurechnungsfähige, sich in unvermeidbarem Verbotsirrtum Befindende) keine besonderen Abgrenzungsschwierigkeiten bestehen, kann man in diesen Fällen, ohne dadurch die Generalprävention zu beeinträchtigen, von der Strafe absehen. Denn die „Zurechnungsfähigen" wissen doch, daß solcher Straflosigkeitsfall für sie nicht gilt: Darum haben sie immer noch die gleichen guten Gründe (der Auferlegung einer Strafe zu entgehen), sich rechtmäßig zu verhalten; und die „Schuldlosen" ihrerseits — da sie aus verschiedenen Gründen der Strafmotivierung nicht zugänglich sind — werden nicht deswegen mehr oder weniger Verbrechen begehen, weil sie bestraft oder nicht bestraft werden. Schließlich: Da in diesen Fällen von „Schuldlosigkeit" die spezialpräventiven Zwecke entweder mit der Strafe überhaupt nicht erfüllt werden können, oder aber mit den Maßregeln der Besserung und Sicherung viel wirksamer zu erreichen sind, ist der Vollzug einer Strafe — auch von diesem Standpunkt aus betrachtet — völlig nutzlos.

Ich glaube, daß mit dieser Abgrenzung zwischen Tatbestandsmäßigkeit und Schuld nicht nur jene Verbindung zwischen Strafrechtssystem und Kriminalpolitik hergestellt wird, für die in letzter Zeit *Schmidhäuser* und *Roxin* eingetreten sind: Wir nehmen damit auch von jenen ontologisch-systematischen Übertreibungen Abschied, zu denen der Finalismus geführt hatte, für den etwas so lebensnahes wie die Auferlegung von Strafen (das Leiden von Menschen also) von sachfremden Überlegungen über den vermeintlich ontologischen

Handlungsbegriff und der daraus gefolgerten Zugehörigkeit des Vorsatzes zum Tatbestand abhängig gemacht wurde[28].

Heißt Unrechtstatbestand: Beschreibung des Verhaltens, das man wegen dessen Sozialschädlichkeit verhüten will, dann wird völlig verständlich, warum jeder Beitrag zu dem Verhalten, das der Gesetzgeber wegen seiner Sozialschädlichkeit mit Strafe bedroht, als Teilnahme bestraft wird. Und ebenfalls wird verständlich, warum als Teilnehmer derjenige nicht haften kann, der nichts anderes macht als bei einem wenig schwerwiegenden und darum vom Gesetzgeber nicht für vertatbestandlichungswürdig erachteten Verhalten mitzuwirken[29]. Im ersten Fall wird der Teilnehmer deswegen bestraft, weil er zur Herbeiführung einer sozialschädlichen (tatbestandlich vorgesehenen) Tat beiträgt. Im zweiten Fall muß derjenige straflos ausgehen, der sich darauf beschränkt, bei einer nicht — oder nicht genügend — sozialschädlichen (daher tatbestandslosen) Handlung behilflich zu sein.

Ebenfalls tritt klar zutage, weswegen die Mitwirkung bei einer *tatbestandsmäßigen* (verbotenen) und schuldlosen Handlung bestraft werden muß. Denn das Verhalten des Ausführenden gehört in diesem Fall zu denjenigen, denen der Gesetzgeber vorzubeugen versucht. Die Gründe, welche die Straflosigkeit des Haupttäters rechtfertigen — daß er der hemmenden Wirkung der Strafe nicht zugänglich ist —, gelten nicht für den „zurechnungsfähigen" Teilnehmer, denn dieser — und ebenso alle anderen, die so „normal" wie er sind — ist der Strafmotivierung zugänglich; die Bestrafung des „zurechnungsfähigen" Teilnehmers in solchen Fällen trägt dazu bei, der Mitwirkung an Taten, die mit deren Tatbestandsmäßigkeit für strafrechtlich unerwünscht erklärt worden sind, vorzubeugen.

[28] Vgl. im gleichen Sinne *Roxin*, Täterschaft und Tatherrschaft, 2. Aufl. (1967), S. 425, der bei der Erörterung von Akzessorietätsfragen sich kritisch mit der „Begründungsart" des Finalismus beschäftigt, bei dem „ein konstruktiv-dogmatischer Ansatz im Wege rein begrifflicher Deduktionen zu Einzelergebnissen nötigt, deren Zusammenhang mit dem konkreten Sachproblem für eine aporetische Betrachtung nicht mehr einsichtig ist".

[29] Wie schon dargelegt, entstehen Strafbarkeitslücken, wenn bei einem tatbestandslosen — weil unvorsätzlichen — Verhalten mitgewirkt wird, und — weil es sich um ein echtes Sonderdelikt handelt — die mittelbare Täterschaft des den direkt Handelnden als Werkzeug mißbrauchenden extraneus ausgeschlossen ist. Aber die Ausfüllung von Strafbarkeitslücken ist eine nicht dem Auslegenden, sondern dem Gesetzgeber gestellte Aufgabe; vom Auslegenden kann nicht verlangt werden, daß er als Mitwirkung an tatbestandsmäßigem Verhalten (als Teilnahme) angibt, was realiter Mitwirkung an einem strafrechtlich nicht vorgesehenen Verhalten ist.

2.

Mit einigen der hier behandelten Fragen hatte ich mich vor kurzem in einem Aufsatz über „Die Zukunft der Strafrechtsdogmatik"[7], von dem der vorliegende in gewissem Sinne eine Fortsetzung — nicht den Schluß! — darstellt, befaßt. Und damit möchte ich diese Arbeit beenden: Mit der Ankündigung: „Fortsetzung folgt"; eine Fortsetzung, in der ich das hier Dargelegte für den Notstand fruchtbar zu machen versuchen werde, und mit der ich hoffe, demnächst mit dem deutschen Leser wieder in Verbindung zu kommen. Vor nun schon mehr als 10 Jahren habe ich diese Verbindung mit meiner Hamburger Dissertation begonnen; sie wurde verfaßt unter Leitung unseres Jubilars, meines hochverehrten, lieben Lehrers Heinrich *Henkel*, dem dieser Aufsatz in Dankbarkeit dargebracht wird.

„Schuld" und „Verantwortlichkeit" als strafrechtliche Systemkategorien

CLAUS ROXIN

I.

Die Unterscheidung von Unrecht und Schuld gilt mit Recht als eine der bedeutendsten Sacheinsichten, die unsere Strafrechtswissenschaft in den letzten hundert Jahren erarbeitet hat. Auch hat die Diskussion über Abgrenzung und Inhalt beider Deliktskategorien einige Ergebnisse erbracht, die heute als gesichert gelten dürfen: daß nämlich Unrecht und Schuld nicht, wie es dem „klassischen" System *Belings* entsprach, nach Außen und Innen, nach objektiven und subjektiven Merkmalen säuberlich geschieden werden können; daß folglich die Schuld keine deskriptive Kategorie ist, die als Inbegriff aller in der Täterpsyche vorfindbaren Willensregungen ihre Einheit in der Gleichartigkeit des sachlichen Substrats finden könnte; und daß demnach nicht ein „psychologischer", sondern ein wertender („normativer") Schuldbegriff dem Verbrechenssystem zugrundezulegen sei[1]. Es besteht also Einigkeit darüber, daß die Schuld sich vom Unrecht durch die besondere Art der Wertung unterscheidet, der die Handlung des Täters unterworfen wird.

Sehr viel weiter aber geht die Übereinstimmung nicht, und zwar weder terminologisch noch in der Sache. Auch wenn man das überlieferte Vokabular zunächst unbefragt übernimmt, ist doch klar, daß die Systemkategorie „Schuld" nicht ein bloßes (wie immer spezifisches) Werturteil darstellt, sondern auch sachlich-inhaltliche Merkmale subjektiver und objektiver Art (wie etwa das Unrechtsbewußtsein oder bestimmte Notstandssituationen) in sich enthält. Man wird daher bei exakter Redeweise gut tun, zwischen dem Gegenstand der Wertung (dem „Schuldtatbestand"), der Wertung selbst (die man meist als „Vorwerfbarkeit" bezeichnet) und dem Gegenstand mitsamt seinem Wertprädikat (der „Schuld", oder, noch genauer: der „schuldhaften Tat") zu unterscheiden. Gegenstand der Vorwerfbarkeit ist im weiteren Sinne die Gesamttat, also das Unrecht zuzüglich der

[1] Die dogmengeschichtliche Entwicklung darf hier in den großen Zügen als bekannt vorausgesetzt werden; eine ins einzelne gehende Darstellung liefert die Monographie meines Schülers *Achenbach:* Historische und dogmatische Grundlagen der strafrechtssystematischen Schuldlehre, Berlin, 1974.

spezifischen Schuldmerkmale; im engeren Sinne läßt sich der Schuldtatbestand auf die Umstände beschränken, die über das Unrecht hinaus für die Vorwerfbarkeit bestimmend sind[2]. Es ist also der Klarheit wenig dienlich, wenn man den Systemkonzeptionen, die den Vorsatz bei der Schuld einordnen, einen „komplexen" (d. h. Objekt der Wertung und Wertung des Objekts in sich vereinigenden) Schuldbegriff nachsagt[3], während der den Vorsatz in den Tatbestand verweisenden finalen Handlungslehre ein ausschließlich wertender (rein normativer) Schuldbegriff zugesprochen wird[4]. Denn „komplex" (Schuldtatbestand und Vorwerfbarkeitsurteil gleichermaßen umschließend) sind beide Schuldbegriffe[5]: der Unterschied liegt allein darin, daß der Vorsatz, je nachdem, ob man ihn zum Tatbestand oder zur Schuld stellt, zum Schuldtatbestand im weiteren oder im engeren Sinne gehört.

II.

Unabhängig von solchen begrifflichen Klarstellungen bleibt die entscheidende Frage — ein wahres Grundlagenproblem der strafrechtsdogmatischen Wissenschaft — doch immer die, was denn nun eigentlich materiell den Schuldvorwurf begründet, warum wir ein unrechtmäßiges Verhalten beim Vorliegen bestimmter positiver und negativer Voraussetzungen als „schuldhaft" oder „nicht schuldhaft" charakterisieren. Das damit bezeichnete Problem des „materiellen Schuldbegriffs" ist deshalb von entscheidender Bedeutung, weil die Frage nach dem dieser Deliktskategorie zugrundeliegenden leitenden Wertungsgesichtspunkt für die Auslegung aller einzelnen Schuld-

[2] Fast ganz übereinstimmend Arthur *Kaufmann*, Das Schuldprinzip, 1961, S. 182 f.; im Hinblick auf „Schuld" und „Vorwerfbarkeit" auch *Lenckner*, Strafe, Schuld und Schuldfähigkeit, in: Handbuch der forensischen Psychiatrie, Bd. I, Teil A, 1972, S. 39 f.

[3] So vor allem *Maurach*, Allg. Teil, 4. Aufl., 1971, S. 365 ff.

[4] So *Welzel*, Das deutsche Strafrecht, 11. Aufl., 1969, S. 140: „Aus dem Schuldbegriff schieden die subjektiv-seelischen Elemente aus; er behielt allein das Kriterium der Vorwerfbarkeit zurück." *Maurach*, Allg. Teil, a. a. O., S. 369: „Die Schuld, aller psychologischen Merkmale, aller Wertungsobjekte in der Vorstellungswelt des Täters entkleidet, ist jetzt ausschließlich eine Beurteilung des Motivationsprozesses. Ihre Komponenten sind reine Wertungsvorgänge."

[5] In diesem Sinne mit Recht auch der Finalist *Stratenwerth*, Strafrecht, Allg. Teil, 1971, Rdnr. 528: „Es sind sogar höchst komplizierte Sachverhalte, die unter dem Stichwort der Schuld geprüft werden. Und schließlich ist gar nicht zu leugnen, daß bei diesen Sachverhalten auch subjektiv-seelische Momente, psychische Daten eine ganz wesentliche Rolle spielen."

merkmale, ja auch sogar für die Entwicklung neuer, übergesetzlicher Schuldausschließungsgründe und damit in vielen Fällen für die Beurteilung der Strafbarkeit schlechthin maßgebend werden kann.

Sehen wir uns danach um, worin das Schrifttum das einheitsstiftende normative Kriterium der strafrechtlichen Schuldlehre erblickt, so finden wir eine Vielzahl verschiedenartiger Lösungen, von denen wenigstens die wichtigsten kurzer Erörterung bedürfen.

1.

Die Zauberformel, die seit *Freudenthal*[6] und *Goldschmidt*[7] zwanzig Jahre lang die Diskussion beherrscht hat, ist die Theorie von der „Zumutbarkeit“ als dem tragenden Grund des Schuldvorwurfs. „Das trotz Zumutbarkeit Sichnichtmotivierenlassen durch die Pflichtvorstellung ist... Vorwerfbarkeit“[8], die „Zumutbarkeit die Grundlage der Schuldzurechnung“[9]. Es erübrigt sich, den Streit um die Zumutbarkeit, der sich vor allem um die Anerkennung der „Unzumutbarkeit“ als eines allgemeinen, übergesetzlichen Schuldausschließungsgrundes drehte, von neuem aufzurollen[10]. Heinrich *Henkel*, der verehrte Jubilar, hat unwiderleglich — wie mir scheint — nachgewiesen[11], daß die Zumutbarkeit „*nicht* normativer Begriff, sondern regulatives Prinzip“[12] ist. Ein solches Regulativ, „das seiner Bedeutung nach zum Bestand der Allgemeinen Rechtslehre zu rechnen ist“[13], „enthält keinerlei Wertgehalt und Wertmaßstab, sondern ist völlig wertfrei, daher nicht normgebend... Verwertet der Gesetzgeber eine regulative Klausel, so bedeutet das nicht Normgebung, sondern im Gegenteil Normverzicht... unter der Anweisung, aus dem Einzelfall die Richternorm zu entwickeln“[14].

In der Tat: Die „Zumutbarkeit“ ist eine völlig inhaltslose Klausel und kann schon allein deshalb keine materielle Grundlage der Schuldzurechnung sein. Wenn man fragt: „Warum wird dem Täter sein

[6] Schuld und Vorwurf, 1922.

[7] *Goldschmidt*, Normativer Schuldbegriff, in: Festgabe für Reinhard von Frank, Bd. I, 1930, S. 428 ff.

[8] *Goldschmidt*, a. a. O., S. 442.

[9] *Goldschmidt*, a. a. O., S. 442, Anm. 1.

[10] Vgl. aus der reichen monographischen Literatur nur: *Marcetus*, Der Gedanke der Zumutbarkeit, 1928; *Schaffstein*, Die Nichtzumutbarkeit als allgemeiner übergesetzlicher Schuldausschließungsgrund, 1933; *Sauerlandt*, Zur Wandlung des Zumutbarkeitsbegriffs im Strafrecht, 1936.

[11] Zumutbarkeit und Unzumutbarkeit als regulatives Rechtsprinzip, in: Festschrift für Mezger, 1954, S. 249—309.

[12] A. a. O., S. 304.

[13] A. a. O., S. 260.

[14] A. a. O., S. 303.

Verhalten zum Vorwurf gemacht?", so würde die Antwort: „Weil ihm ein anderes Verhalten zumutbar war", die Fragestellung nur verschieben und den Grund der Zurechnung im Dunkeln lassen; denn es bleibt offen, was allein wichtig ist, *warum* ihm nämlich ein anderes Verhalten zugemutet (bzw. im Falle des Schuldausschlusses *nicht* zugemutet) wird. Die Parallele zum Begriff der „materiellen Rechtswidrigkeit", die man gemeinhin als tatbestandlich typisierte „Sozialschädlichkeit" bestimmt, versagt hier. Die Sozialschädlichkeit ist ein inhaltliches, sachlicher Feststellung trotz aller Probleme prinzipiell zugängliches Kriterium, die Zumutbarkeit aber eine Leerformel. Inwieweit sie als Regulativ im Sinne *Henkels* in der strafrechtlichen Schuldlehre verwendet werden kann, wird uns unten noch beschäftigen; als normatives Leitprinzip dieser Deliktsstufe kommt sie jedenfalls nicht in Betracht.

2.

Eine heute weiter verbreitete Lösung wird besonders repräsentativ durch *Welzel*[15] vertreten, der das Kriterium der Vorwerfbarkeit „im Anschluß an eine lange juristische und philosophische Tradition als das ‚Dafür-Können' der Person für ihre rechtswidrige Willensbildung"[16] bestimmt. Das entspricht genau der Auffassung, zu der sich auch der BGH in seiner grundlegenden Irrtumsentscheidung bekannt hat[17]: „Mit dem Unwerturteil der Schuld wird dem Täter vorgeworfen, daß er sich für das Unrecht entschieden hat, obwohl er sich rechtmäßig verhalten, sich für das Recht hätte entscheiden können". Der BGH liefert auch die Prämisse dieser Konzeption gleich mit: „Der innere Grund des Schuldvorwurfs liegt darin, daß der Mensch auf freie, verantwortliche, sittliche Selbstbestimmung angelegt und deshalb befähigt ist, sich für das Recht und gegen das Unrecht zu entscheiden".

Diese Auffassung gerät aber von ihren Voraussetzungen und Folgen her gleichermaßen in Schwierigkeiten. Sie basiert auf der Annahme einer Willensfreiheit, die sich empirischer Feststellung entzieht. Auch *Welzel* räumt ein[18]: „Hier wird das Fragen selbst sinnlos". In der Praxis läßt sich allenfalls feststellen, daß der Täter

[15] Das deutsche Strafrecht, a. a. O., S. 110.

[16] Ähnlich *Brauneck*, GA 1959, 266: „Sich-anders-bestimmen-können"; ferner *Stratenwerth*, Allg. Teil, Rdnr. 529: „Unter dem Titel der Schuld werden die Voraussetzungen zusammengefaßt, unter denen der Täter die Möglichkeit hat, die rechtliche Sollensforderung zu erkennen und sich nach ihr zu richten." Ferner *Baumann*, Allg. Teil 6. Aufl., 1974, S. 383.

[17] Hier und im nächsten Zitat: BGHSt. 2, 200.

[18] Das deutsche Strafrecht, a. a. O., S. 148.

„seinen allgemeinen Anlagen entsprechend“[19] bei Aufbietung der erforderlichen Willenskraft anders hätte handeln können oder daß „ein anderer an seiner Stelle ... unter den konkreten Umständen“[20] anders gehandelt hätte. Ob er selbst im Augenblick der Tat zur Durchsetzung eines ihr entgegenstehenden Willensentschlusses fähig war, bleibt offen[21]. Dann steht aber in Wirklichkeit nicht die unbeantwortbare Frage des individuellen Andershandelnkönnens im Tatzeitpunkt zur Diskussion. Vielmehr geht es darum, was die Rechtsordnung vom Täter bei Berücksichtigung seiner Beschaffenheit und der äußeren Geschehensumstände im Vergleich zu anderen Menschen verlangt, „welche Anforderungen an den einzelnen gestellt werden, damit ihm seine Tat noch zugerechnet werden kann“[22]. Das ist keine Seinsfeststellung, sondern das Verfahren einer „unter normativen Gesichtspunkten vorgenommenen Begrenzung der strafrechtlichen Verantwortlichkeit“[23]. Der Wertungsmaßstab, nach dem diese Anforderungen bestimmt werden, bleibt aber im Dunkeln und wird durch das scheinbar deskriptive Kriterium des Andershandelnkönnens nur verschleiert.

Selbst wenn man aber diesen Befund ignorieren wollte, würde das Merkmal des „Nichtandershandelnkönnens“ bei wichtigen Schuldausschließungsgründen keine Erklärung bieten[24]. Wenn etwa § 35 Abs. 1 Satz 1 unseres neuen Allgemeinen Teils eine gegenüber einem Unbeteiligten begangene Straftat entschuldigt, sofern sie nur dazu dient, die Gefahr einer Freiheitsentziehung oder einer leichten Körperverletzung von einer „nahestehenden Person“ abzuwenden, so kann man schwerlich behaupten, daß in solchen Lagen ein anderes Handeln unmöglich ist; es ist gewiß möglich, wird aber vom Gesetzgeber — aus Gründen, die vom gewählten Ansatz her unverständlich sind — nicht bei Strafe verlangt. Entsprechendes gilt für den sog.

[19] *Engisch*, Die Lehre von der Willensfreiheit in der strafrechtsphilosophischen Doktrin der Gegenwart, 1963, ²1965, S. 26.

[20] *Jescheck*, Lehrbuch des Strafrechts, Allg. Teil, 2. Aufl., 1972, S. 305. Auch für *Henkel*, Die Selbstbestimmung des Menschen als rechtsphilosophisches Problem, Festschrift für Karl Larenz, 1973, S. 25, „geht das Recht in seiner Schuldbetrachtung von der Möglichkeit des Einsatzes durchschnittlicher Entscheidungs- und Willenskraft aus“.

[21] Das ist heute wohl unbestritten; vgl. nur etwa *Henkel*, a. a. O., S. 24; *Lenckner*, a. a. O., S. 98; *Stratenwerth*, a. a. O., Rdnr. 531; *Jescheck*, a. a. O., S. 305.

[22] So *Lenckner*, a. a. O., S. 98; auch *Henkel*, a. a. O, S. 25 spricht von „generalisierender Behandlung“ und „Verhaltensanforderungen durchschnittlicher Art“.

[23] *Lenckner*, a. a. O., S. 98; fast wörtlich gleichlautend spricht *Stratenwerth*, a. a. O., Rdnr. 566, von einer „normative(n) Begrenzung, um die es in Wahrheit geht“.

[24] Vgl. dazu auch *Stratenwerth*, Allg. Teil, Rdnr. 630 ff.

übergesetzlichen entschuldigenden Notstand, um dessen Begründung sich besonders *Welzel* verdient gemacht hat[25]. Wenn man in den vielerörterten „Euthanasiefällen" Ärzte entschuldigen will, die in der Hitlerzeit an der Tötung von Geisteskranken mitgewirkt haben, um Schlimmeres zu verhüten und wenigstens einen Teil der ihnen anvertrauten Patienten zu retten, so kann man sich jedenfalls nicht auf das Argument stützen, daß die Ärzte zu einer anderen Handlungsweise unfähig waren[26]. Sie hätten sehr wohl den Dingen ihren Lauf lassen können; eine Entschuldigung muß also auf anderen Erwägungen beruhen.

3.

Viel Beifall hat die Lehre von *Gallas*[27] gefunden, für den sich Schuld als „Vorwerfbarkeit der Tat mit Rücksicht auf die darin betätigte rechtlich mißbilligte Gesinnung" darstellt[28]. Der „Unterschied zwischen Unrecht und Schuld" ist demnach der Unterschied „zwischen Handlungsunwert und Gesinnungsunwert der Tat". Im Bereich der Schuld wird „bei einer generalisierenden, an sozialethischen Wertmaßstäben orientierten Betrachtung" ein Unwerturteil über die in der konkreten Tat aktualisierte „Gesamteinstellung des Täters zu den Anforderungen des Rechts" gefällt.

Dagegen ist insofern wenig einzuwenden, als (mit Ausnahme vielleicht der unbewußten Fahrlässigkeit) in der Tat von „Schuld" nur gesprochen werden kann, wenn sich in der deliktischen Handlung eine rechtlich mißbilligte innere Einstellung des Täters ausspricht. Aber für einen materiellen Schuldbegriff ist mit einer solchen Feststellung wenig gewonnen. Denn im Grunde ist die „rechtlich mißbilligte Gesinnung" nur eine andere Benennung für das rein formale Kriterium der Vorwerfbarkeit. Die inhaltliche Frage geht allein dahin, *warum* eine Gesinnung im einen Falle „rechtlich mißbilligt" wird, im anderen aber nicht. In diesem entscheidenden Punkt sehen wir uns von *Gallas* auf eine „generalisierende, an sozialethischen Wertungsmaßstäben orientierte Betrachtung" verwiesen. Über die inhaltliche Beschaffenheit dieser Maßstäbe erfahren wir aber nichts. Denn die Berufung auf die Sozialethik ist zu allgemein, als daß sie im Zweifelsfalle weiterhelfen könnte.

[25] *Welzel*, Das deutsche Strafrecht, S. 184 ff.

[26] Deshalb will *Brauneck*, GA 1959, S. 271, konsequenterweise solche Fälle auch nicht als Schuldausschließungsgründe gelten lassen, sondern eine Rechtfertigung annehmen.

[27] Beiträge zur Verbrechenslehre, 1968, S. 56.

[28] Ebenso vor allem *Jescheck*, Allg. Teil, S. 319; *Wessels*, Strafrecht, Allg. Teil, 3. Aufl., 1973, S. 59.

Auch von der Ausgestaltung des positiven Rechts her wirft das Gesinnungskriterium offene Fragen auf. Wenn z. B. § 35 des 2. StRG eine Notstandstat bei Bedrohung dreier Rechtsgüter (Leben, Leib, Freiheit) entschuldigt, bei der Abwendung anderer Gefahren aber nicht, wenn sonst exkulpierte Taten nicht entschuldigt werden, „soweit dem Täter nach den Umständen, namentlich weil er die Gefahr selbst verursacht hat oder weil er in einem besonderen Rechtsverhältnis stand, zugemutet werden konnte, die Gefahr hinzunehmen“, wenn bei der Notwehrüberschreitung (§ 33 2. StRG) gleichermaßen starke Affekte im Hinblick auf ihre entschuldigende Wirkung unterschiedlich behandelt werden, wenn der Verbotsirrtum trotz subjektiver Rechtstreue des Täters zu allermeist nicht entschuldigt wird, so lassen sich diese überwiegend nach objektiven Kriterien formulierten Differenzierungen durch „Gesinnungsunterschiede“ doch wohl nicht hinreichend erklären.

4.

Schmidhäuser[29] folgt der soeben erörterten Konzeption darin, daß er „Schuld“ als „unrechtliche Gesinnung“ versteht. Aber er versucht die Kardinalprobleme der beiden zuvor (unter 2. und 3.) behandelten Lehren zu lösen, indem er erstens den neuralgischen Punkt des individuellen Andershandelnkönnens ausdrücklich eliminiert und zweitens der „unrechtlichen Gesinnung“ eine inhaltliche Bestimmung gibt. Schuld ist danach „rechtsgutsverletzendes geistiges Verhalten“[30] in dem Sinne, „daß der Täter das durch sein Willensverhalten verletzte Rechtsgut auch geistig nicht ernst genommen hat“[31], daß er „geistig in Wertkontakt stand“[32]. Mit Nachdruck betont *Schmidhäuser*[33]: „Zur Frage der Willensfreiheit im philosophischen Sinne ist mit dieser Feststellung in keiner Weise Stellung genommen. Insbesondere ist damit die Frage weder bejaht noch verneint, ob dieser Täter als der, der er ist, überhaupt in der Lage war, den verletzten Wert in dieser Tatsituation ernst zu nehmen. Wir müssen uns damit begnügen, den geistigen Kontakt des Täters mit dem verletzten Wert für die Tatzeit und in diesem Sinne eben auch die geistige Wertverfehlung festzustellen“.

Diese Auffassung wirft jedoch, indem sie den zuvor geschilderten Aporien ausweicht, neue Schwierigkeiten auf. Denn sie läßt sich mit

[29] Strafrecht, Allg. Teil, 1970, 10/2, S. 283.
[30] A. a. O., 6/16, S. 118.
[31] A. a. O., 10/4, S. 285.
[32] A. a. O., 10/9, S. 290.
[33] A. a. O., 10/4, S. 285.

den Sachgegebenheiten, die sie erklären soll, nicht in Einklang bringen[34]. Weder fehlt es in allen Fällen des Schuldausschlusses am „Wertkontakt" noch ist bei fehlendem „geistigen Kontakt des Täters mit dem verletzten Wert" die Strafbarkeit allemal wegen mangelnder Schuld ausgeschlossen. So handelt nach § 20 2. StRG „ohne Schuld", wer unfähig ist, „das Unrecht der Tat einzusehen oder nach dieser Einsicht zu handeln". Der zurechnungsunfähige Täter kann demnach sehr wohl „geistig in Wertkontakt stehen", d. h. wissen, daß sein Tun verboten ist; er handelt ungeachtet dessen ohne Schuld, wenn es ihm am Hemmungsvermögen fehlt. Das wird sogar der Regelfall des § 20 2. StRG sein. Denn geistig desorientierte (ohne jede „Einsicht" handelnde) Menschen pflegen sozial so auffällig zu sein, daß sie meist in Verwahrung genommen werden, bevor sie zur Begehung von Straftaten Gelegenheit haben. Beim ausschließlich hemmungsunfähigen Täter aber versagt das Kriterium *Schmidhäusers*; denn auf dessen im Verhältnis zu anderen Menschen mangelnder Fähigkeit zur Orientierung am erkannten Wert soll es ja gerade nicht ankommen.

Gänzlich ungeeignet ist *Schmidhäusers* Konzeption auch zur Erklärung der Entschuldigungsgründe, also der exkulpierenden Notstandslagen, der Notwehrüberschreitung, des rechtswidrigen, bindenden Militärbefehls und der schuldausschließenden Pflichtenkollision. *Schmidhäuser* erkennt selbst, daß in allen diesen Fällen „ein dem Schuldtatbestand entsprechendes rechtsgutsverletzendes geistiges Verhalten vorliegt"[35]. Aber er meint, bei solchen Konstellationen sei „die moralische (und sittliche) Schuld des Täters in so spezifischer Weise verringert, daß die Rechtsschuld entfällt"[36]. „Das Prinzip der Entschuldigungsgründe ist also das einer spezifischen Art geminderter moralischer Schuld mit der Folge des Entfallens der Rechtsschuld"[37]. Wie immer man diese Deutung beurteilen mag, entzieht sie jedenfalls den überwiegenden Teil der strafrechtlichen Schuldlehre von vornherein dem Lösungsansatz *Schmidhäusers*, der damit als allgemeines Prinzip zur inhaltlichen Bestimmung der Schuld dahinfällt.

Umgekehrt ist bei der unbewußten Fahrlässigkeit die „Rechtsschuld" nach dem Willen des Gesetzgebers sicher zu bejahen, ohne daß man von einem „geistigen Kontakt mit dem verletzten Wert" sprechen kann, weil der Täter an die möglichen Wirkungen seiner Handlungsweise nicht denkt. *Schmidhäuser*, der die bewußte Fahrlässigkeit (im Sinne der überlieferten Lehre) ohnehin dem Vorsatz

[34] Vgl. dazu meine kritischen Bemerkungen in ZStW Bd. 83, 1971, S. 388 ff.
[35] A. a. O., 11/1, S. 364.
[36] A. a. O., 11/1, S. 363/64.
[37] A. a. O., 11/3, S. 365.

zuschlägt, es also allein noch mit der unbewußten Fahrlässigkeit zu tun hat, versucht dem Dilemma durch folgende Definition zu entgehen[38]: „Die Fahrlässigkeit bedeutet als Schuldmerkmal, daß der Täter den in der unrechten Tat verletzten Wertanruf des Rechtsguts nicht ernst nimmt, indem er ihn zwar unbewußt unerlaubt verletzt, aber doch dabei fähig ist, sich der unerlaubten Verletzung bewußt zu werden". Dem ist entgegenzuhalten, daß die *Möglichkeit* zur Herstellung des „Wertkontaktes", von der hier allenfalls gesprochen werden kann, gerade nicht die *aktuelle* „geistige Teilhabe" bedeutet, auf die es per definitionem ankommen soll, und daß das Nichternstnehmen eines „Wertanrufes" das Vernehmen dieses Anrufes voraussetzt. Auch greift *Schmidhäuser*, indem er die *Fähigkeit*, „sich der unerlaubten Verletzung bewußt zu werden", zur Voraussetzung fahrlässiger Schuld erhebt, auf das Element des „Könnens" zurück, dessen Ausschaltung zu den wesentlichen Zielen seiner Konzeption gehörte. Seine Lehre weist also in den zentralen Fragen zu viele Unstimmigkeiten auf, als daß sie befriedigen könnte.

5.

Die Schwierigkeit, die sehr verschiedenartigen Fälle des Schuldausschlusses auf eine gemeinsame materielle Grundlage zurückzuführen, hat schließlich *Maurach*[39] zu seiner bekannten „Aufspaltung" der Zurechenbarkeit in die beiden Stufen der „Tatverantwortung" und der „Schuld" geführt. „Aufgabe der richtig verstandenen Schuld ist ... extreme Individualisierung"[40], wie sie nach der Lehre *Maurachs* bei Beurteilung der Zurechnungsfähigkeit und des potentiellen Bewußtseins der Rechtswidrigkeit möglich ist. Nur diese beiden Elemente konstituieren infolgedessen die Schuld, die sich als „Mißbrauch der Zurechnungsfähigkeit"[41] darstellt: „Der Täter, der in der Lage ist, zwischen Gut und Böse zu wählen, entscheidet sich für das letztere"[42]. Die Schuld wird also auf das Andershandelnkönnen zurückgeführt, als dessen Voraussetzung die Willensfreiheit ausdrücklich bejaht wird[43]. Alle anderen Fälle, in denen nach h. M. die Schuld ausgeschlossen ist, werden als Gründe fehlender Tatverantwortung einer besonderen, der Schuld vorgelagerten Verbrechensstufe zugewiesen.

[38] A. a. .O, 10/75, S. 336.

[39] Schuld und Verantwortung im Strafrecht, 1948. Jetzt: Deutsches Strafrecht, Allg. Teil, 4. Aufl., 1971, S. 357 ff.

[40] Allg. Teil, a. a. O., S. 371.

[41] Schuld und Verantwortung, S. 40; Allg. Teil, a. a. O., S. 373.

[42] Wörtlich gleichlautend in „Schuld und Verantwortung", S. 41; Allg. Teil, a. a. O., S. 415.

[43] Allg. Teil, a. a. O., S. 416.

Sie wird, ohne die individuellen Fähigkeiten des Täters zu berücksichtigen, „durch den Abfall vom rechtlich präsumierten Können des Durchschnitts“[44] charakterisiert.

Diese Lehre verdient insofern Beachtung und Beifall, als sie die oft vorschnell hergestellte Wertungseinheit der herkömmlichen Schuldlehre problematisiert und deutlich heraushebt, daß etwa das Merkmal des „individuellen Könnens“ in den meisten Fällen nicht weiterhilft[45]. Abgesehen davon jedoch, daß die nunmehr unter dem gemeinsamen Dach der ausgeschlossenen „Zurechenbarkeit“ vereinigten heterogenen Konstellationen immer noch eine einheitliche Erklärung des Sanktionierungsverzichtes verlangen, kann die Trennung zwischen extremer Individualisierung beim Schuldausschluß und genereller Beurteilung der Tatverantwortung nicht befriedigen, weil sie in Wahrheit nicht durchführbar ist[46]. Selbst bei Bestimmung der Zurechnungsfähigkeit ist, wie sich kaum noch bestreiten läßt[47], ein individuelles Andershandelnkönnen nicht feststellbar: „Es bleibt ... nichts anderes übrig, als ... sich mit generalisierender Behandlung ... zu begnügen“[48]. Bei dem vom individuellen Entwicklungsstand ganz absehenden Verantwortungsausschluß, den der Gesetzgeber in § 1 Abs. 3 JGG für noch nicht Vierzehnjährige angeordnet hat, finden wir eine extreme Verallgemeinerung, ohne daß selbst *Maurach* die Zugehörigkeit dieser Materie zum Schuldbereich bestritte[49]. Auch bei der Vermeidbarkeit des Verbotsirrtums ist die „Fähigkeit zur Gewissensanspannung“ kein Problem einer extrem individualisierenden Seinsfeststellung. Vielmehr kommt es darauf an, wie hoch der Gesetzgeber seine Anforderungen schrauben, welche Anstrengungen er dem einzelnen „zumuten“ will. Das ist eine normative Fragestellung, die strukturell nicht anders beschaffen ist als etwa die Frage nach der Exkulpation bei Nötigungslagen. Wenn demnach das, was *Maurach* „Zurechenbarkeit“ nennt, überall nur normativ zu bestimmen ist, bleibt die Frage nach dem leitenden Wertungsgesichtspunkt auch bei ihm schließlich offen.

[44] Allg. Teil, a. a. O., S. 377.

[45] Auf ähnlichen Erwägungen beruhen auch die Lehren, die die Fälle ausgeschlossener „Zumutbarkeit“ wie Notstand, Notwehrüberschreitung usw. als Rechtfertigungsgrund auffassen. Vgl. aus jüngerer Zeit etwa: *Maihofer*, Festschrift für Rittler, 1957, S. 152 ff.; *Gimbernat-Ordeig*, Festschrift für Welzel, 1974, S. 485 ff.

[46] In gleicher Richtung geht die Kritik von *Stratenwerth*, Allg. Teil, a. a. O., Rdnr. 530, 531.

[47] Vgl. oben bei und in Anm. 19—23.

[48] *Henkel*, Festschrift für Larenz, S. 25.

[49] Allg. Teil, a. a. O., S. 372.

III.

Die Suche nach dem materiellen Schuldbegriff muß also noch fortgesetzt werden. Ich will im folgenden versuchen, die These näher zu begründen, die ich schon früher in skizzenhafter Form vorgetragen habe[50]: daß nämlich die kriminalpolitischen Prinzipien der *Strafzwecklehre* die Systemkategorie tragen, die man gemeinhin als „Schuld“ bezeichnet. Denn die uns geläufigen Versuche, die Systemkategorien von „Unrecht“ und „Schuld“ gegeneinander abzuschichten, haben sich allesamt als nicht tragfähig erwiesen. Die Begriffspaare des Objektiven und des Subjektiven, des Sollens und Könnens, des Generellen und des Individuellen, des Handlungs- und des Gesinnungsunwertes erfassen, wie unser Überblick ergeben hat, nur Teilausschnitte der Problematik und können der Gesamtheit der hier systematisch zu ordnenden Erscheinungen nicht gerecht werden. Dies kann aber, wie ich hoffe, ein teleologisch-kriminalpolitischer Ansatz leisten: Während der Tatbestand für alle Bürger im Dienste der Generalprävention die Gesetzestafeln (also plakathafte Grundsatzverbote) aufrichtet und die Rechtswidrigkeit das richtige Verhalten in Konfliktsfällen bezeichnet, hat die darauffolgende Deliktsstufe es mit der Frage zu tun, ob unter *strafrechtlichen* Gesichtspunkten gegen den *einzelnen Täter* eine Sanktion erforderlich ist[51]. Vom Standpunkt einer solchen Konzeption aus ist freilich der Begriff der „Schuld“ zur Kennzeichnung der in Rede stehenden Systemkategorie kaum noch geeignet. Denn es wäre ein sehr gewaltsamer Sprachgebrauch, wenn man die Schuld mit der Erforderlichkeit einer Strafsanktion gleichsetzen wollte. Vielmehr wird man zweckmäßigerweise der anfangs erörterten Terminologie *Welzels* und des Bundesgerichtshofs folgen, wonach „Schuld“ im Bereiche des Strafrechts nur bedeuten kann, daß der Täter unrechtmäßig gehandelt hat, obwohl er sich rechtmäßig hätte verhalten können[52]. Ob „Schuld“ in diesem Sinne möglich ist, kann

[50] Kriminalpolitik und Strafrechtssystem, 2. Aufl., 1973, S. 33 ff.

[51] Persönliche Strafausschließungs- und Strafaufhebungsgründe können aus *außerstrafrechtlichen* Gründen (z. B. aus Erwägungen der Staats- oder Familienpolitik) trotz Bejahung der „Schuld“ dennoch zur Straflosigkeit führen. Aber dann entscheiden andere Gesichtspunkte als kriminalpolitisch-strafzweckorientierte Sanktionsbedürfnisse. Der Rücktritt vom Versuch, bei dem kriminalpolitische Überlegungen die Straflosigkeit motivieren, ist richtigerweise als eine Materie der Schuldprüfung zu betrachten, wird von der h. L. also zu Unrecht als persönlicher Strafaufhebungsgrund eingeordnet. Vgl. dazu ausführlich *Roxin*, Über den Rücktritt vom unbeendeten Versuch, in: Festschrift für Heinitz, 1972, S. 251 ff.

[52] Auch Arthur *Kaufmann* sieht „das persönliche Dafürkönnen“ als „das Wesentliche“ der Schuld an (Das Schuldprinzip, S. 128/129).

nach der hier vertretenen Konzeption dahinstehen. Denn auch wenn man im Einzelfall von der Möglichkeit des Andershandelnkönnens ausgeht, kann nach der Auffassung, die ich sogleich näher begründen will, die Frage nach der strafrechtlichen Sanktionsbedürftigkeit immer noch verneint werden. Es kommt *nicht entscheidend auf das Andershandelnkönnen, sondern darauf an, ob der Gesetzgeber den einzelnen für sein Tun unter strafrechtlichen Gesichtspunkten zur Verantwortung ziehen will.* Deshalb werde ich im folgenden nicht mehr von Schuld, sondern von Verantwortlichkeit sprechen.

Schlagwortartig abgekürzt läßt sich dieser Systemgedanke demnach so darstellen: Das Unrecht (also Tatbestand und Rechtswidrigkeit) entscheidet über das Problem, ob ein Verhalten im Lichte des Strafrechts „regelrecht" ist oder nicht; die Kategorie der Verantwortlichkeit dagegen beantwortet unter kriminalpolitischen Gesichtspunkten die Frage nach der strafrechtlichen Sanktionsbedürftigkeit im Einzelfall. Diese Anwort nun läßt sich für den Gesetzgeber wie für den seinen Willen interpretierenden Richter nur aus den Postulaten der Strafzwecklehre herleiten[53], eine andere Entscheidungsgrundlage kann es vom Standpunkt einer rationalen Strafverhängungstheorie aus nicht geben. Die Verantwortlichkeitsstufe ist also der Bereich, in dem täterbezogene Kriminalpolitik unmittelbar in die Strafrechtsdogmatik eindringt. Insofern, als die Strafzwecke durch kriminologische, rechtssoziologische und rechtsphilosophische Erkenntnisse inhaltlich mitbestimmt werden, stoßen wir hier auf jene enge Beziehung zwischen Dogmatik und Grundlagenwissenschaften, ohne deren Berücksichtigung ein Paragraphenwerk allzu leicht in formaler Begriffslogik erstarrt.

IV.

Was nun die Strafzwecklehre betrifft, so ist es heute (bei allen Meinungsverschiedenheiten im übrigen[54]) die fast allgemein herrschende Ansicht, daß eine Strafe nur dann verhängt werden darf, wenn dies aus spezial- oder generalpräventiven Gründen zur Aufrechterhaltung der gesellschaftlichen Friedensordnung unerläßlich ist. Auch die Vertreter eines Schuldstrafrechts gehen also davon aus,

[53] Die Deliktskategorie der „Schuld" ist auch früher schon vereinzelt mit der Strafzwecklehre in engen Zusammenhang gebracht worden; vgl. vor allem Felix *Kaufmann*, Die philosophischen Grundprobleme der Lehre von der Strafrechtsschuld, 1929, S. 61 ff., 68, 72, 112. Eine Auseinandersetzung mit der dogmengeschichtlichen Entwicklung würde den Rahmen dieses Aufsatzes sprengen.

[54] Die sich überwiegend auf die Strafzumessung auswirken, im Zusammenhang unseres Themas also weitgehend unberücksichtigt bleiben können.

daß die Schuld des Täters eine zwar notwendige, aber keineswegs hinreichende Bedingung für die Verhängung von Strafe ist. Dieser Gesichtspunkt wird zwar meist unter vordogmatisch-legislatorischen Aspekten als Richtlinie bei der Aufstellung von Straftatbeständen verwendet. Er muß aber bei der Entscheidung über die Strafbarkeit des unrecht handelnden Täters genauso Gültigkeit haben; denn ohne die Konkretisierung im Einzelfall wäre eine Strafzwecklehre letzten Endes wirkungslos. Überträgt man demzufolge diesen leitenden Strafzweckgedanken auf die hier in Rede stehende Deliktskategorie, dann sind bei einem Nichtandershandelnkönnen zwar Schuld und Strafbarkeit ausgeschlossen. Wenn aber — unter der Voraussetzung der Willensfreiheit — festgestellt wird, daß der Täter (noch) anders handeln konnte, so ist über seine Strafbarkeit damit nicht entschieden. Es ist vielmehr davon auszugehen, daß der Gesetzgeber sich außerdem noch gefragt hat, ob eine Bestrafung kriminalpolitisch (d. h. spezial- oder generalpräventiv) geboten ist.

Um das am einfachsten Beispiel aus der Schulddogmatik klarzumachen: Beim sog. „entschuldigenden" Notstand (§ 35 2. StRG) wird man, wenn jemand zur Rettung einer nahestehenden Person einen Unrechtstatbestand verwirklicht hat, vom indeterministischen Standpunkt aus die Möglichkeit, anders zu handeln und damit in diesem Sinne auch die Schuld bejahen müssen. Aber der Gesetzgeber läßt den Täter trotzdem auf Grund kriminalpolitischer Strafzwecküberlegungen straffrei ausgehen: Spezialpräventiv ist eine Sanktion unnötig, weil der Täter sozial voll integriert und nur durch die außergewöhnliche Situation zu seiner wegen des Rettungserfolges auch im Unrecht wesentlich geminderten Handlung gebracht worden ist; auch generalpräventive Gründe fordern eine Strafe nicht, weil die Seltenheit solcher im einzelnen meist unvergleichbarer Sachverhaltsgestaltungen es als überflüssig erscheinen läßt, die Abweichung vom erwünschten Regelverhalten um der Allgemeinheit willen zu sanktionieren, und weil der für das „Handeln in Gefahr" nicht ausgebildete Durchschnittsmensch, wenn er doch einmal in eine derartige Lage gerät, ohnehin schwerlich die Norm bedenken und sich durch sie motivieren lassen würde.

Das Gewicht dieser für die Strafzweckabwägungen maßgebenden Argumente verschiebt sich aber, sobald der Täter „in einem besonderen Rechtsverhältnis" steht, in dessen Rahmen das Bestehen berufsspezifischer Gefahren für das Funktionieren des sozialen Systems wesentlich ist. Wenn Soldaten, Polizisten, Feuerwehrleute, Rettungsschwimmer usw. sich den Gefahren, deren Bewältigung Aufgabe ihres Berufsstandes ist, risikolos auf Kosten anderer entziehen könnten, hätte das gesamtgesellschaftlich äußerst schädliche Folgen. Konsequenterweise ändert denn auch der Gesetzgeber seine Meinung in diesen Fällen und versagt aus generalpräventiven (d. h. hier: die Gesamtheit des jeweiligen Berufsstandes betreffenden) Gründen den Strafausschluß (§ 35 Abs. 1 Satz 2 2. StRG).

Die Strafzwecklehre scheint mir also zwanglos zu erklären, warum trotz generellen Andershandelnkönnens und damit bestehender „Schuld" der Gesetzgeber teils bestraft und teils von einer Sanktionierung absieht: weil er die strafrechtliche Verantwortlichkeit auch unter der Voraussetzung der Möglichkeit menschlicher Schuld von präventiven Erwägungen abhängig macht[55].

Zugleich verdeutlicht dieses eine Beispiel sehr anschaulich die Funktion, die der „Zumutbarkeit" in der strafrechtlichen Verantwortlichkeitslehre zukommt. Heinrich *Henkels* Erkenntnis, daß die Zumutbarkeit auf allen Stufen des Deliktaufbaus nur als inhaltsloses, regulatives Prinzip figuriere, das den Richter zur Entscheidung nach Lage des Einzelfalles anweise[56], bewährt sich gerade am neuen § 35 Abs. 1, wonach die an sich gewährte Exkulpation wieder zurückgenommen wird, „soweit dem Täter nach den Umständen, namentlich, weil er die Gefahr selbst verschuldet hat oder weil er in einem besonderen Rechtsverhältnis stand, zugemutet werden konnte, die Gefahr hinzunehmen". Die Zumutbarkeit schafft hier eine Grenzzone des Verantwortungsausschlusses, die sich deskriptiver Normierung entzieht und dem Richter zur Einzelfallabwägung zugewiesen wird. Die richterliche Entscheidung kann aber natürlich nicht nach Belieben erfolgen; die inhaltslose Zumutbarkeitsklausel muß deshalb nach den Maßstäben ausgefüllt werden, die der jeweiligen Deliktskategorie zugrundeliegen. Das sind im Unrechtsbereich die von mir an anderem Orte[57] beschriebenen sozialen Ordnungsprinzipien; auf dem Felde der Verantwortlichkeit aber sind es die Anforderungen der Strafzwecklehre. Das bedeutet für die Praxis: Bis zu welchem Stärkegrad Gefahren ausgehalten werden müssen, wenn der Betroffene in einem „besonderen Rechtsverhältnis" steht, läßt sich in abstracto nicht mehr angeben. Den höchstwahrscheinlichen Tod sehenden Auges auf sich zu nehmen, wird man auch einem Feuerwehrmann nicht zumuten können; aber wo im übrigen die Grenze zwischen dem gerade noch Zumutbaren und dem nicht mehr Zumutbaren liegt, kann im Einzelfall nur der Richter unter unmittelbarer Konkretisierung der (generalpräventiven) Gemeinwohlanforderungen entscheiden.

[55] Dabei muß man sich gewärtig halten, daß der Gesetzgeber des 2. StRG den Begriff „Schuld" im weiteren Sinn der „Verantwortlichkeit" versteht.

[56] Vgl. „Zumutbarkeit und Unzumutbarkeit als regulatives Rechtsprinzip", Festschrift für Mezger, S. 249 ff. (303 ff.) und oben bei und in Anm. 12—14.

[57] Kriminalpolitik und Strafrechtssystem, 2. Aufl., 1973, S. 26 ff.; Strafrechtliche Grundlagenprobleme, 1973, S. 184 ff.

In entsprechender Weise ist bei der selbstverschuldeten Notstandslage zu verfahren. Gerade wegen der Schwierigkeit einer normativen Regelung von Extremkonstellationen muß der Gesetzgeber alles daransetzen, schon die Entstehung solcher Situationen zu verhindern. Zu diesem Zweck ist es generalpräventiv notwendig, den einzelnen dadurch zu erhöhter Vorsicht anzuhalten, daß ihm die Exkulpation versagt wird, wenn er sich in Gefahren begibt, aus denen er sich voraussehbarerweise nur durch die Schädigung Dritter wieder befreien kann. Bei welchem Ausmaß von Verschulden jedoch das Ertragen von Gefahren welcher Stärke noch zugemutet werden kann, läßt sich wieder nur durch die richterliche Würdigung aller Umstände des Einzelfalles in direktem Rückgriff auf die Strafzwecke bestimmen. Das gilt, wie die Fassung des neuen § 35 klarstellt, auch über die dort nur beispielshalber genannten Fallgruppen hinaus. Wenn der Täter eine verhältnismäßig harmlose Freiheits- oder Körpergefahr nur durch die schwere Verletzung oder gar Tötung eines Unschuldigen abwenden kann, wird ihm „nach den Umständen" die Hinnahme des Schadens zumutbar sein. Wo aber die Grenze zwischen zumutbarem Eigenschaden und strafrechtlich tolerabler Fremdschädigung im unkodifizierbaren Zwischenfeld zu ziehen ist, kann auch hier nur der Richter unter Herbeiziehung der die Verantwortlichkeitskategorie fundierenden materialen Prinzipien in Abwägung aller Umstände selbst festsetzen. Daß dabei nicht Unterschiede des Könnens, der Gesinnung, der Wertteilhabe usw., sondern nur die aufgewiesenen präventiven Gesichtspunkte leitend sein können, scheint mir angesichts der vom Gesetzgeber selbst gegebenen Beispiele (besonderes Rechtsverhältnis, verschuldete Notstandslage, Hinweis auf die „Umstände") zwingend. Dieser Befund muß sich dann aber, wenn man den Richter nicht auf die falsche Bahn weisen will, bei der dogmatischen Strukturierung des Verantwortlichkeitsbereichs im Sinne der oben vorgeschlagenen Konzeption auswirken.

V.

Die kriminalpolitische Fundierung der Verantwortlichkeitskategorie von der Strafzwecklehre her ist aber nicht nur geeignet, die Regelungen des positiven Gesetzes widerspruchsfrei zu erklären. Sie gestattet es zugleich, mit den theoretischen Grundproblemen des Strafrechts besser fertig zu werden. Die unlösbare Frage der Willensfreiheit nämlich, deren bejahende Beantwortung in den meisten Schuldlehren den Dreh- und Angelpunkt der Konzeption bildet, läßt sich vom hier vertretenen Standpunkt aus getrost ausklammern. Für die Zurechnungsfähigkeit und den unvermeidbaren Verbotsirrtum hat schon *Gimbernat* in diesem Bande[58] dargelegt, daß sich der Verantwortlichkeitsausschluß aus dem fehlenden Bedürfnis nach *strafrechtlicher* Prävention ebenso gut wie aus dem Gesichtspunkt mangelnder Schuld erklären läßt. Die fehlende Motivierbarkeit durch die Norm und das Ausscheiden generalpräventiver Notwendigkeiten lassen einen Verzicht auf strafrechtliche Sanktionen als angemessen erscheinen, ganz unabhängig davon, ob man dem Menschen die prinzipielle Fähigkeit zum Andershandeln zugesteht oder nicht. Dabei geht das sozialpsychologische Faktum des menschlichen Schulderlebnisses unmittelbar in die generalpräventive Komponente der Verantwortlichkeit ein. Wenn die Menschen über den zurechnungsunfähigen Täter sagen: „Er kann nichts dafür", entfällt schon deswegen jede potentielle Vorbildwirkung der Tat. Die Unmöglichkeit extremer Individualisierung und die Unausweichlichkeit einer gewissen normativen, an den Anforderungen der Rechtsordnung orientierten Generalisierung beim Übergang zum Verantwortungsausschluß lassen sogar ein präventives Erklärungsmodell als geeigneter erscheinen. Der Streit um die Willensfreiheit ist jedenfalls insofern durchaus irrelevant.

Erst recht gilt das für die Notstandslagen und ähnliche Situationen. Auch wer in solchen Fällen ein Andershandelnkönnen und damit „Schuld" bejaht, wird gerade deswegen zugeben müssen, daß hier das Fehlen einer spezial- oder generalpräventiven Notwendigkeit zum Verantwortungsausschluß führt. Eine deterministische wie eine indeterministische Lösung kommen hier also ganz zum selben Ergebnis.

Echte praktische Bedeutung gewinnt der Schuldgedanke demnach überhaupt nicht beim Verantwortungsausschluß, der sich immer auch (und besser) aus dem fehlenden Präventionsbedürfnis erklären läßt, sondern erst im Rahmen der jenseits des Deliktssystems liegenden Strafzumessungslehre, wo das Maß der Schuld den präventiven Sanktionsbedürfnissen eine Grenze setzt. Das beste Beispiel dafür ist die Strafzumessungsregel des § 51 Abs. 2 StGB (§ 21 2. StRG), derzufolge bei verminderter Zurechnungsfähigkeit die Strafe gemildert werden kann[59], auch wenn spezial- oder generalpräventive Gründe eher für eine längere Strafe sprechen würden. Das braucht hier nicht weiter verfolgt zu werden, weil es außerhalb unseres auf die Systemkategorie der Verantwortlichkeit beschränkten Themas liegt. Ich habe an

[58] S. 151 ff.

[59] Der Umstand, daß die bloß fakultative Strafmilderung nur schwer mit dem Schuldprinzip in Einklang zu bringen, trotzdem aber vom Gesetzgeber beibehalten worden ist, zeigt übrigens, wie ungern der Gesetzgeber bei seinen Präventionswünschen (Disziplinierung der „Psychopathen") Abstriche zu machen bereit ist.

anderem Orte[60] ausführlich darzutun versucht, daß es sich insoweit beim Schuldprinzip um eine den Schutz des Bürgers vor übermäßigen staatlichen Eingriffen bezweckende normative Setzung handelt, deren rechtsstaatliche Legitimität vom Bestehen menschlicher Willensfreiheit gänzlich unabhängig ist. Doch sei dem, wie es wolle: Die Systemkategorie der Verantwortlichkeit wird nach der hier vorgetragenen Konzeption in keinem Falle mit dem Problem der Willensfreiheit belastet.

VI.

Schließlich stellt sich die Frage, was die hier entwickelte Lehre bei konkreten Auslegungsschwierigkeiten leisten kann. Dies im einzelnen auszuführen, hieße eine ganze Dogmatik der Lehre von der Verantwortlichkeit schreiben. Der mir zur Verfügung stehende Raum verbietet das. So muß es mit Hinweisen sein Bewenden haben; eine eingehende Behandlung der jeweils einzelnen Gründe ausgeschlossener Verantwortung muß späteren Studien vorbehalten bleiben.

1.

Grundlegend wichtig scheint mir, daß bei der Auslegung nicht so sehr auf den Maßstab eines mit letzter Willensanspannung erreichbaren „Könnens" abzustellen ist, der heute unsere Theorie beherrscht, sondern daß es statt dessen auf die am präventiv Unerläßlichen orientierten Anforderungen der Rechtsgemeinschaft ankommt, die in der Regel *vor* den Grenzen des äußerstenfalls erzwingbaren Könnens haltmachen. So behandelt z. B. der Bundesgerichtshof die Vermeidbarkeit von Verbotsirrtümern mit viel zu weit gehender Strenge[61]. Nach seiner Rechtsprechung soll ein Verbotsirrtum auch dann noch „vermeidbar" sein (und damit zur Vorsatzstrafe führen), wenn das Verhalten des Täters bei einem Fahrlässigkeitstatbestand die im Verkehr erforderliche und ihm zuzumutende Sorgfalt eingehalten hätte[62]. Das schließt eine Exkulpation wegen unvermeidbaren Verbotsirrtums für die Praxis weitgehend aus. Die Lösung ist insofern konsequent, als man theoretisch tatsächlich jeden Verbotsirrtum vermeiden „kann", indem man sich bei allen rechtlich irgendwie rele-

[60] Zuletzt ausführlich in meiner Abhandlung „Kriminalpolitische Überlegungen zum Schuldprinzip", in: Festschrift für Sieverts, MSchrKrim. 1973, 316 ff.

[61] Vgl. im übrigen zur kriminalpolitischen Fundierung der Irrtumslehre meine Abhandlung „Die Behandlung des Irrtums im Entwurf 1962", in: ZStW, Bd. 76, 1964, S. 582—618.

[62] BGHSt. 4, 236 ff.; vgl. dazu *Roxin*, ESJ Strafrecht, Allg. Teil, 1973, S. 79.

vanten Verhaltensweisen nach deren Erlaubtheit so lange erkundigt, bis die vorhandenen Bedenken ans Licht kommen. Aber derartige, aus der Könnensprämisse deduzierte Anforderungen sind überspannt und würden bei der außerordentlichen Kompliziertheit unseres durch ein feinmaschiges Paragraphennetz bis in die entlegensten Bereiche regulierten Soziallebens viele förderliche Initiativen von vornherein zum Erliegen bringen. Vom Standpunkt sozialer Notwendigkeit aus würde die Prüfung genügen, ob *erstens* die Situation dem Täter überhaupt Veranlassung geben mußte, sich über die Zulässigkeit seines Verhaltens Gedanken zu machen, und *zweitens*, ob bei einer Bejahung dieser Voraussetzung die Befragung eines vertrauenswürdigen Sachkundigen (praktisch meist eines Anwalts) Veranlassung gegeben hätte, von dem geplanten Verhalten Abstand zu nehmen[63]. Ist entweder die erste oder die zweite Bedingung nicht erfüllt, so bedarf es keiner Strafe[64]: Der ohne Bewußtsein der Rechtswidrigkeit handelnde Täter, dem auch durch den sozialen Sinngehalt der Situation keine Zweifel nahegelegt wurden, braucht keine Resozialisierung; er gibt auch, weil sein Irrtum jedem zustoßen kann, kein so schlechtes Beispiel, daß aus generalpräventiven Gründen eine Sanktion erforderlich wäre. Und ebensowenig ist dies der Fall, wenn die gebotene (aber unterlassene) Erkundigung ihm die Erlaubtheit seines Tuns bestätigt hätte; der Verstoß gegen die soziale Regel kann unter solchen Umständen nicht so eindeutig sein, daß darauf mit Strafe reagiert werden müßte.

Die Vermeidbarkeit des Verbotsirrtums ist also nicht nach den Grenzen des in abstracto Möglichen, sondern nach den Geboten vernünftiger Kriminalpolitik zu bestimmen. Wer den Anforderungen „normaler" Rechtstreue genügt, dessen Verbotsirrtum ist im Rahmen des rechtlich Verlangten unvermeidbar. Auch hier würde die Zumutbarkeitsklausel in Grenzfällen wieder dem Richter die Konkretisierung der Strafzweckanforderungen überantworten. Eine solche Auflockerung der in diesem Punkt rigoristischen Härte unserer gegenwärtigen Praxis, die aber durchaus mit der gesetzgeberischen Toleranz im Notstandsbereich harmoniert, würde — namentlich im Nebenstrafrecht — einen halben Schritt zur Vorsatztheorie hin bedeuten. Aber wäre das denn nicht angemessen? Und sollte nicht die Dogmatik das dafür erforderliche Auslegungsinstrumentarium zur Verfügung stellen?

[63] Zur Gesamtproblematik vgl. im übrigen die Monographien von *Rudolphi*, Unrechtsbewußtsein, Verbotsirrtum und Vermeidbarkeit des Verbotsirrtums, 1969; *Horn*, Verbotsirrtum und Vorwerfbarkeit, 1969.

[64] BGHSt. 21, 18 ff. kommt in beiden Punkten zu einer anderen Lösung.

2.

Vergleichbare Fragen stellen sich bei der Interpretation des Notwehrexzesses. Wenn § 53 Abs. 3 StGB („Bestürzung, Furcht oder Schrecken“) und entsprechend auch § 33 2. StRG („Verwirrung, Furcht oder Schrecken“) den Verantwortungsausschluß nur bei asthenischen, nicht aber bei „sthenischen“ Affekten wie Zorn oder Wut gewährt, so ist das aus „Schuld“gesichtspunkten kaum erklärbar; denn verständlich ist die eine wie die andere Reaktion gleichermaßen. Vom Standpunkt der Prävention aus hat aber die Differenzierung einen guten Sinn. Denn agressive Affekte sind generell weit gefährlicher und müssen deshalb im Interesse der Rechtsgutserhaltung mit allen Mitteln (also auch um den Preis der Strafe) eingedämmt werden, während „Verwirrung, Furcht oder Schrecken“ nicht zur Nachahmung anreizen und deshalb milder behandelt werden können. Wer Opfer eines Angriffes wird und dabei auf Grund so wenig deliktstypischer Impulse das Maß des „Regelrechten“ überschreitet, ist sozial integriert und fordert auch keine Sanktion aus generalpräventiven Gründen heraus. Deshalb erscheint es als kriminalpolitisch vernünftig, die Vorschrift entgegen der bisher überwiegenden Auffassung erweiternd anstatt einschränkend auszulegen.

Die bekannte Streitfrage, ob auch eine vorsätzliche Überschreitung der Notwehrgrenzen straflos bleibt, wenn sie aus Verwirrung, Furcht oder Schrecken erfolgt, wird also in bejahendem Sinne zu entscheiden sein[65]: Bei panikähnlichen Reaktionen ist das intellektuelle Einsichtsvermögen oft noch intakt, ohne daß die aus der schreckhaften Angst resultierende Übermaßhandlung ein Sanktionsbedürfnis auslöste. Ferner wird man gegen die überwiegende Meinung[66] auf der Grundlage der hier vertretenen Konzeption auch dann auf Strafe verzichten können, wenn es sich nicht um einen intensiven (das Maß des Erforderlichen überschreitenden), sondern um einen extensiven Exzeß, d. h. eine über die Gegenwärtigkeit des Angriffs hinaus fortdauernde Abwehr, handelt. Der Wortlaut des Gesetzes verbietet das nicht, denn „die Grenzen der Notwehr“ können beim Merkmal der „Gegenwärtigkeit“ genauso überschritten werden wie bei dem der „Erforderlichkeit“. Für die kriminalpolitische Beurteilung des ängstlich verwirrten Täters besteht zwischen beiden Exzessen „unter keinem denkbaren Blickwinkel“[67] ein Unterschied.

[65] So auch die h. L,. die aber immerhin namhafte Gegner hat: *Welzel,* Allg. Teil, 11. Aufl., S. 89; *Schmidhäuser,* Allg. Teil, S. 375; Schönke-Schröder 17. Aufl. § 53, Rdnr. 36; LK (*Baldus*), § 53, Rdnr. 43.

[66] Wie hier vor allem *Mezger-Blei,* Allg. Teil, 15. Aufl., S. 237 f.,; ferner *Baumann,* Allg. Teil, 6. Aufl., S. 322 (nicht ganz eindeutig); *Schönke-Schröder,* 17. Aufl., § 53, Rdnr. 36 (aber nur bei unbewußter Überschreitung).

[67] *Mezger-Blei,* a. a. O.

Wenn dennoch sowohl bei der bewußten Überschreitung der Notwehrgrenzen aus Verwirrung, Furcht oder Schrecken wie beim extensiven Exzeß viele Autoren sich mit der Exkulpation schwer tun und zum Teil den Anwendungsbereich des § 53 Abs. 3 so einengen, daß die Vorschrift nur Fälle ohnehin fehlender Fahrlässigkeit erfaßt und damit „überflüssig" wird[68], dann hat das seinen Grund in einer „Schuldkonzeption", die eine theoretische Möglichkeit des Andershandelns zum alleinigen Kriterium der Sanktionierung macht, deren kriminalpolitische Notwendigkeit aber (anders, als es dem Gesetzgeber vorschwebte) als Auslegungsprinzip von vornherein nicht in Erwägung zieht. Gewiß ist es „möglich" und erwünscht, daß das Opfer eines Angriffs seine Angst und seinen Schrecken bemeistere, so wie man auch in der Regel den Gefahren der §§ 52, 54 StGB standhalten „kann"; ob aber derjenige, dem das aus Schwäche nicht gelingt, bestraft werden muß, ist eine zusätzliche Frage, deren Verneinung eine sachgerechte Auslegung der Exzeßvorschrift überhaupt erst gestattet[69]. Wird diese Frage im Banne einer zu engherzigen „Schuld"auffassung in ihrer Bedeutung für die strafrechtliche Verantwortlichkeit übersehen, so muß der Interpret in M. E. *Mayers* vielzitierte Klage[70] einstimmen: „Die Zurechnung, diese feinste Leistung der Strafrechtsdogmatik, wird durch eine grobe Regel mattgesetzt". Es wundert deshalb nicht, daß noch die jüngste Auflage des Leipziger Kommentars[71] keinen „Anlaß" sieht, „die Anwendung dieser groben Regel über das durch den Wortlaut des Gesetzes umittelbar Gebotene hinaus auszudehnen". Hier verrät sich eine Mißbilligung, die mit der ganzen Vorschrift im Grunde nichts anzufangen weiß. Eine Verantwortlichkeitslehre, wie sie mir vorschwebt, kann jedenfalls den Sinn des Gesetzes plausibler machen.

3.

Einige weitere bedeutsame Fragen der Verantwortlichkeitslehre — mehr als exemplarische Hinweise sind hier nicht möglich — lassen sich an der Fahrlässigkeitsdogmatik am besten verdeutlichen. Daß der strafrechtliche Handlungsrahmen bei Fahrlässigkeitstaten in der Konsequenz eines naturwissenschaftlich orientierten, kausalen „Erfolgs"-Denkens, wie es Rechtsprechung und Lehre lange Zeit beherrscht hat,

[68] So ausdrücklich *Schmidhäuser,* Allg. Teil, 11/30, S. 374 — obwohl man doch annehmen muß, daß der Gesetzgeber mit der Vorschrift etwas sagen wollte, was sich nicht schon von selbst verstand.

[69] Natürlich kann eine Detailanalyse aller mit der Auslegung der §§ 53 Abs. 3 StGB, 33 2. StRG zusammenhängenden Probleme hier nicht gegeben werden.

[70] Allgemeiner Teil, S. 282.

[71] 9. Aufl., 1970, § 53, Rdnr. 42 *(Baldus).*

viel zu weit geraten ist, wird heute kaum noch bezweifelt. Der größere Teil der daraus resultierenden dogmatischen Probleme gehört in den Unrechtsbereich, d. h. in die Sphäre einer kriminalpolitisch vernünftigen Eingrenzung schon der objektiven Sorgfaltspflichten. Hier ermöglicht das methodische Prinzip des „Schutzzwecks der Norm" eine Haftungsrestriktion; mit der wissenschaftlichen Ausarbeitung der hierfür maßgebenden Gesichtspunkte stehen wir noch ganz am Anfang[72]. Die spezifischen Probleme, die sich bei der Beurteilung der Verantwortlichkeit für fahrlässiges Handeln stellen, versucht man seit der berühmten „Leinenfänger"-Entscheidung des Reichsgerichts[73] meist mit Hilfe des allgemeinen Schuldausschließungsgrundes der Unzumutbarkeit zu lösen. Doch wurde schon oben dargelegt, daß es methodisch nicht zulässig ist, mit Hilfe einer solchen inhaltslosen Klausel die Entscheidung über die Strafbarkeit praktisch dem richterlichen Ermessen zu überbürden. Versteht man, wie es hier geschieht, die Verantwortlichkeitskategorie im Sinne einer dogmatisch durchstrukturierten Strafzweckkonkretisierung, so erscheinen mir jenseits der gesetzlich geregelten Gründe des Verantwortlichkeitsausschlusses nur zwei behutsame Erweiterungen erwägenswert:

a) Das Regulativ der Zumutbarkeit kann dort eine legitime Funktion finden, wo es nicht Nachlässigkeit ist, die den Täter zur Verletzung der objektiven Sorgfaltspflicht treibt. Das ist die Grundkonstellation des Leinenfänger-Falles: Der wegen fahrlässiger Körperverletzung angeklagte Kutscher wußte, daß die Verwendung eines zum Durchgehen neigenden Pferdes aus Gründen der Verkehrssicherheit hätte unterbleiben sollen. Nur die „begründete Besorgnis, durch eine Weigerung, mit dem Pferde zu fahren, seine Stelle und sein Brot zu verlieren"[74], hatte ihn bewogen, dem Befehl seines Dienstherrn zu gehorchen und die mit dem Unfall endende Ausfahrt anzutreten. Hier läßt sich in der Tat an eine Exkulpation denken. Der generalpräventive Strafzweck der Fahrlässigkeitsnormen, rechtsgütergefährdender Sorglosigkeit entgegenzuwirken, geht dort ins Leere, wo der Täter nicht aus Unachtsamkeit, sondern aus anderen Motiven von der Norm des Verkehrsgerechten abweicht; und spezialpräventiver Einwirkung (hier: einer Einübung in die Regeln der Verkehrsdisziplin) bedarf derjenige nicht, der sich wider sein besseres Wissen und seinen besseren Willen nur aus Not und im Vertrauen auf einen glücklichen Ausgang auf die Gefährdung einläßt.

[72] Man vgl. dazu meine Arbeit: „Zum Schutzzweck der Norm bei fahrlässigen Delikten", in: Festschrift für Wilhelm Gallas, 1973, S. 241—259.
[73] RGSt. 30, 25 ff.
[74] A. a. O., S. 28.

Die durch Sachverhalte solcher Art aufgeworfene Strafzweckproblematik setzt sich dogmatisch in die Frage um, ob über die im Gesetz kodifizierten Fälle des Verantwortungsausschlusses — wie §§ 52, 53 Abs. 3, 54 StGB — hinaus bei fahrlässigen Delikten auch andere Notsituationen (wie etwa die Bedrohung der wirtschaftlichen Existenz) zum Sanktionsverzicht führen können. „Schuld" im Sinne der überlieferten Auffassung liegt hier sicher (wenn auch in gemilderter Form) vor. Folgt man aber unserer präventiven Verantwortlichkeitskonzeption, so erscheint es als kriminalpolitisch richtig, durch ein Zurückgehen auf den materiellen Telos dieser Deliktskategorie die notstandsfähigen Rechtsgüter des § 35 2. StRG (Leben, Leib, Freiheit) im Wege der Analogie auf andere Güter von gleicher Lebenswichtigkeit auszudehnen. Dafür läßt sich geltend machen, daß die kodifizierten Notstandsfälle primär auf Vorsatztaten zugeschnitten sind und daß bei den wegen des geringen Präventionsbedürfnisses sowieso seltenen Fahrlässigkeitstatbeständen auch die Grenzen des strafrechtlichen Verantwortlichkeitsausschlusses ohne Gefahr für den Rechtsfrieden in Notsituationen ein wenig vorverlegt werden können; die zivilrechtliche Schadensersatzpflicht genügt in solchen Fällen durchaus als soziales Steuerungsinstrument. In welchen Fällen im einzelnen wegen der Bedrohung „lebenswichtiger Güter" dem fahrlässig Handelnden ein anderes Verhalten nicht mehr „zuzumuten" ist, wird, wie es dem Wesen dieses Regulativs entspricht, wiederum nur der Richter unter Beiziehung der geschilderten general- und spezialpräventiven Leitgesichtspunkte bestimmen können. Daß ein solches Verfahren an dogmatischer Klarheit und Praktikabilität einer Lehre vorzuziehen ist, die eine gänzlich vage bleibende Unzumutbarkeit generell als „Schuldausschließungsgrund" einsetzt, wird gleichwohl nicht verkannt werden können.

b) Ein zweites regulatives Prinzip, dessen Heranziehung mir bei fahrlässigen Taten diskussionswürdig erscheint, ist das der Geringfügigkeit. Ich habe schon früher darzutun versucht[75], daß es sich hier um ein allgemeines Rechtsprinzip handelt. In unserem Zusammenhang würde seine Anwendung bedeuten, daß bei nur geringfügig fahrlässigem Handeln die strafrechtliche Verantwortlichkeit[76] ausgeschlossen sei[77]. Eine solche de lege lata zu begründende Straflosig-

[75] Vgl. zuletzt „Kriminalpolitik und Strafrechtssystem", 2. Aufl., 1973, S. 24 bei und in Anm. 53 (mit weiteren Nachweisen).

[76] Selbstverständlich nicht die zivilrechtliche Schadensersatzpflicht.

[77] So hat es der Alternativentwurf, Allg. Teil, § 16 Abs. 2, ins Gesetz schreiben wollen — leider ohne beim Sonderausschuß Gehör zu finden; vgl. dazu *Roxin*, JuS 1973, S. 201.

keit hat bereits *Stratenwerth*[78] vorgeschlagen. Auch er will die Schuld — nach hier verwendetem Sprachgebrauch: die Verantwortlichkeit — ausschließen und stützt das ganz im Sinne der hier entwickelten Auffassung auf eine Strafzweckargumentation[79]: Da auch einem gewissenhaften und zuverlässigen Menschen kleine Sorgfaltsmängel gelegentlich unterlaufen, sei niemand vor einer Fahrlässigkeitsbestrafung sicher; dann aber verliere „die Strafe ihre generalpräventive Eindruckskraft“ und man könne „nur Bedauern“ für den empfinden, den sie treffe[80]. Nimmt man hinzu, daß die „Opfer“ der Bestrafung in solchen Fällen rechtschaffene Leute mit prinzipiell intakter Verhaltenssteuerung sind, eine spezialpräventive Reaktion also ebenso überflüssig wie schädlich ist, so ist die Argumentationskette vollständig, die nach dem hier vertretenen Standpunkt den Ausschluß der Verantwortung begründet[81]. Um dem Vorwurf einer Rechtsfortbildung im gesetzesfreien Raum zu entgehen, müßte man nur noch die Geltungskraft und Funktion des Geringfügigkeitsprinzips mit ähnlicher Stringenz nachweisen, wie dies *Henkel* bei der Zumutbarkeit getan hat[82]. Daß die inhaltliche Beurteilung der Geringfügigkeit dem Rechtsanwender vorbehalten bleiben muß, würde sich dann aus dem regulativen Charakter des Geringfügigkeitsprinzips ohne weiteres ergeben. Gleichzeitig würde auf diese Weise das materielle Recht einen wichtigen Beitrag zur Lösung des strafrechtlichen Bagatell-

[78] Allg. Teil, 1971, Rdnr. 1211—1215, S. 299 f.

[79] Daß *Stratenwerth* gleichwohl der hier vorgetragenen Konzeption der „Verantwortlichkeit“ — wenigstens in ihrer in „Kriminalpolitik und Strafrechtssystem“, 1970, S. 33 ff. erstmals vorgelegten skizzenhaften Form — kritisch gegenübersteht, sei hier nicht verschwiegen (vgl. seine Rezension in MSchrKrim. 1972, S. 196/97). Ich darf dazu auf meine Replik, in: Kriminalpolitik und Strafrechtssystem, 2. Aufl., 1973, S. 47/48, sowie auf meine Stellungnahme zu *Stratenwerths* Schuldlehre, in: ZStW Bd. 84, S. 1004 ff., verweisen.

[80] A. a. O., Rdnr. 1215.

[81] *Stratenwerth* versucht in den Bahnen der h. L. trotz unterstützender Herbeiziehung von Strafzweckgesichtspunkten das Fehlen von „Schuld“ darzutun. Da sich niemals mit Sicherheit sagen lasse, ob eine kleine Unachtsamkeit im Einzelfall wirklich auf vermeidbare Nachlässigkeit zurückgehe oder zu der Fehlerquote gehöre, die sich durch keine Anstrengung ganz beseitigen lasse, müsse man nach dem Grundsatz „in dubio pro reo“ den Fehler als unvermeidbar ansehen (a. a. O. Rdnr. 1213/14). Abgesehen davon jedoch, daß hier eine prozessuale Beweisfrage ins materielle Recht verschoben wird, muß man aber wohl sagen: Die jeweils einzelne Nachlässigkeit ist immer zu vermeiden (sonst wäre es ja keine); eine (geringe) Schuld im überlieferten Sinne ist also, weil ihr Bezugspunkt nur die Einzeltat ist, zu bejahen. Aber weil auch der sorgsamste Mensch mit einer gewissen statistischen Wahrscheinlichkeit gelegentlich leichte Fehler macht, besteht kein präventives Bedürfnis, auf solche „Schuld“ mit einer Strafsanktion zu antworten.

[82] Der Raum gestattet hier keine Vertiefung dieser in die allgemeine Rechtslehre hineinreichenden Problematik.

problems leisten, das man meist nur mit wenig befriedigenden prozessualen Mitteln zu bewältigen versucht.

4.

Ein letztes Wort noch zu den vieldiskutierten „übergesetzlichen" Gründen des Verantwortungsausschlusses. Daß hier nicht einfach mit einem Ausschlußgrund der „Unzumutbarkeit" geholfen werden darf, ist nach dem vorher Gesagten klar. Es kann sich nur darum handeln, ob für bestimmte, klar umrissene Situationstypen aus den (ihrerseits gesetzlich fundierten) kriminalpolitischen Leitprinzipien der Verantwortlichkeitskategorie auch dann eine Strafbefreiung abgeleitet werden darf, wenn der Gesetzgeber derartige Konstellationen nicht ins Auge gefaßt (also sich auch nicht implicite *gegen* ihre Berücksichtigung entschieden) hat. Es entspricht allgemeinen hermeneutischen Einsichten und den Geboten humaner Kriminalpolitik, eine solche Möglichkeit nicht grundsätzlich auszuschließen. In der literarischen Diskussion stehen vor allem zwei Fallgruppen, auf die ich mich hier beschränken muß.

a) Die in der Nachkriegszeit meisterörterte Situation betrifft die Konfliktslage des Täters, der Menschenleben nur durch Opferung anderer Menschen retten kann. Der leading-case ist bekanntlich der Fall der Euthanasie-Ärzte, die eine Anzahl der ihnen anvertrauten Patienten der Tötung preisgaben, um wenigstens die übrigen vor der Vernichtung durch die Handlanger des NS-Regimes zu bewahren. Es scheint mir (mit der herrschenden Meinung) richtig, in solchen Fällen das Unrecht zu bejahen. Denn die Rechtsordnung sollte an der Regel festhalten, daß die Tötung Unschuldiger durch *nichts* zu rechtfertigen ist. Sie muß um der Unverbrüchlichkeit des Lebensschutzes willen von allen Ärzten eine Verweigerung jeglicher Mitwirkung verlangen. Was dann geschehen wäre, ob vielleicht der Tötungsbefehl zurückgenommen worden wäre oder ob willfährige Schergen sämtliche Geisteskranken getötet hätten, kann niemand mit Sicherheit wissen; es muß — wie hypothetische Kausalverläufe bei vorsätzlichen Taten überhaupt — für das Urteil über Recht und Unrecht außer Betracht bleiben. Geht man davon aus, so müßten von der überkommenen Lehre her, da §§ 54 StGB, 35 2. StRG nicht eingreifen, Schuld und Strafbarkeit bejaht werden. Denn der jeweilige Täter war sehr wohl in der Lage, den durch die Rechtswidrigkeitskategorie festzulegenden Geboten des Rechts zu folgen und seine Beteiligung an der Tötung Unschuldiger zu verweigern. Auf eine (nach welchen Maßstäben zu bestimmende?) moralische Beurteilung seiner „Gesinnung" kann es hier wie sonst nicht ankommen; für die Rechts„schuld" muß es genügen, daß die Einstellung des Handelnden, der zu anderem Verhalten in der Lage war, von den Regeln des Rechtes abweicht. Wenn etwa *Welzel*, der diesen Problemen besonders tiefgehende Aufmerksamkeit gewidmet hat, zur Begründung des von ihm befürworteten Schuldausschlusses ausführt[83], die Rechtsordnung müsse Nachsicht üben, „weil jeder andere Rechtsgenosse an Stelle des Täters richtigerweise ebenso handeln mußte wie der Täter", so müßte *dieses* Argument, wenn es zuträfe, einen Rechtfertigungsgrund dartun. Nimmt man aber, wie *Welzel*, an, daß der Täter *rechtswidrig* handelt, so folgt daraus notwendigerweise, daß der Täter anders hätte handeln *sollen*, und eine plausible Begründung für den Schuldausschluß steht dann nicht mehr zur Verfügung. Die hier entwickelte Verantwortlichkeitskonzeption ermöglicht einen ganz anderen Ansatz. Denn danach ist zu fragen, ob ein solches Verhalten, wenn man es als rechtswidrig ansieht, aus spezial- oder generalpräventiven Gründen eine Strafsanktion verlangt. Das aber ist zu verneinen. In jeder der beiden Hinsichten wird das Strafbedürfnis durch einen doppelten Umstand beseitigt: durch die absolute Singularität solcher Situationen und durch die rechtsgutsbewahrende Zielsetzung des Täters. Die Täter haben in einer unentrinnbaren Konfliktssituation, für die ihnen zur Zeit der Tat keine deutlichen Handlungsanweisungen sichtbar waren[84], einen Ausweg gewählt, der im nachhinein nicht als richtig bezeichnet werden kann, der aber, weil die Täter Schlimmeres verhüten wollten, ihre soziale Integrität unangetastet läßt und auch den Wert des Rechtsgutes „Leben" in den Augen der Allgemeinheit nicht herabsetzt. Dies begründet den Ausschluß der strafrechtlichen Verantwortung, auch wenn die Täter „schuldig" geworden sind.

b) Nach ähnlichen Grundsätzen muß die durch die neueste Rechtsprechung des Bundesverfassungsgerichts aktuell gewordene Frage entschieden werden, ob ein Handeln aus Gewissensgründen zur Strafbefreiung führen kann[85]. Man wird diese Frage im Regelfall verneinen müssen[86]. Denn das Recht ist eine objektive Ordnung und

[83] Allg. Teil, 11. Aufl., 1969, S. 184.

[84] Zur Problematik eines unvermeidbaren Verbotsirrtums, den der BGH (NJW 1953, S. 513 f.) in Erwägung zieht, vgl. meine Anmerkung zum genannten Urteil in ESJ Strafrecht, Allg. Teil, Fall 34, S. 99 f.

[85] BVerfGE 32, 98 ff.

[86] Eine Auseinandersetzung mit der sehr kontroversen Literatur, die zur Entscheidung des BVerfG bereits erwachsen ist, kann hier aus Raumgründen nicht gegeben werden; vgl. nur *Peters*, JZ 1972, 85; *Händel*, NJW 1972, 327; *Deubner*, NJW 1972, 814; *Blumenthal*, MDR 1972, 759; *Dreher*, JR 1972, 342; *Schwabe*, JuS 1972, 380; *Ranft*, in: Persönlichkeit in der Demokratie, Festschrift für Erich Schwinge, 1973, 111; *Müller-Dietz*, in: Einheit und Vielfalt des Strafrechts, Festschr. für Peters, 1974, 91; *Rudolphi*, in: Festschr. f. Hans Welzel, 1974, 605.

würde an verhaltensregulierender Kraft wesentlich einbüßen, wenn jedermann sich nach Maßgabe seines individuellen (oft sektiererischen) Gewissens darüber hinwegsetzen könnte. Wenn aus Gewissensgründen Eingriffe in Rechte Dritter sanktionslos blieben, so würde das auf eine Begünstigung von Übergriffen hinauslaufen, deren Tolerierung man auch aus dem Grundrecht der Gewissensfreiheit (Art. 4 GG) nicht herauslesen darf. In dem Fall allerdings, der dem BVerfG zur Entscheidung vorlag, handelte es sich um einen ganz besonderen Sachverhalt. Eine dem „evangelischen Brüderverein" angehörende Frau hatte sich aus religiösen Gründen der Einlieferung ins Krankenhaus und einer lebensrettenden Bluttransfusion widersetzt, weil sie aus der Heiligen Schrift herauszulesen glaubte, daß eine Heilung eher eintreten werde, wenn man allein auf das Gebet vertraue. Der Mann, der derselben Sekte angehörte, hatte seiner Frau die Entscheidung ausdrücklich freigestellt, aber auch darauf hingewiesen, daß „in der Versammlung ... ein anderer Weg" (nämlich der des Gebetes) gelehrt werde und daß er selbst „gegen eine Krankenhausbehandlung" sei. Nach dem Tode der Frau war er wegen unterlassener Hilfeleistung mit der Begründung verurteilt worden, daß er seiner Frau zu sachgemäßer ärztlicher Behandlung hätte raten müssen, anstatt ihr davon abzuraten.

Das BVerfG beschäftigt sich bei der Begründung der von ihm befürworteten (aus Art. 4 GG abgeleiteten) Straflosigkeit des Ehemannes nicht unmittelbar mit deren strafrechtsdogmatischer Einordnung, läßt aber doch deutlich genug durchblicken, daß es nicht einen Rechtfertigungs-, sondern einen Schuldausschließungsgrund annehmen will[87]: „Ist diese Entscheidung auch objektiv nach den in der Gesellschaft allgemein herrschenden Wertvorstellungen zu mißbilligen, so ist sie doch nicht mehr in dem Maße vorwerfbar, daß es gerechtfertigt wäre, mit der schärfsten der Gesellschaft zu Gebote stehenden Waffe, dem Strafrecht, gegen den Täter vorzugehen. Kriminalstrafe ist — unabhängig von ihrer Höhe — bei solcher Fallgestaltung unter keinem Aspekt (Vergeltung, Prävention, Resozialisierung des Täters) eine adäquate Sanktion". Diese Begründung bestätigt in geradezu frappierender Weise die hier entwickelte Verantwortlichkeitskonzeption. Denn eine „Schuld" des Täters wird man, solange man mit diesem Begriff überhaupt arbeitet und das objektive Mißbilligungsurteil aufrechterhält, bejahen müssen; der Täter hätte sich anders verhalten sollen und können. Würde man dem Bürger die Fähigkeit, die Stimme des Gewissens an den Normen des Rechts auf die Möglichkeit eines Irrtums hin zu überprüfen, generell absprechen, so müßte man *alles* rechtsgüterverletzende Handeln aus Gewissensgründen exkulpieren, was nach dem oben Dargelegten nicht in Betracht kommen kann.

Wenn das BVerfG im vorliegenden Falle sagt, die Handlung sei „nicht mehr in dem Maße vorwerfbar", daß eine Strafsanktion gerechtfertigt sei, so bejaht es die „Schuld", verneint aber die strafrechtliche Verantwortlichkeit mit Hilfe einer kriminalpolitischen Strafzweckargumentation. Das erscheint mir als der methodisch richtige Weg; nicht nur, weil er den hier für die Verantwortlichkeitslehre allgemein erarbeiteten Grundsätzen entspricht, sondern vor allem auch, weil er bei Straftaten aus Gewissensgründen die dringend gebotene differenzierende Behandlung ermöglicht. Im konkreten Fall kommen zwei Gründe zusammen, die in der Tat „im Lichte des Art. 4 GG"[87] die Konstruktion eines Verantwortungsausschlusses tragen: Der Täter respektierte den Willen seiner Frau, griff also nicht unter Berufung auf sein Gewissen in eine fremde Rechtssphäre ein; und er wollte (wenn auch auf fehlerhaftem Wege) „das durch die Strafdrohung geschützte Rechtsgut ... wahren"[88]. In ihrem Zusammenwirken lassen beide Faktoren eine spezial- oder generalpräventive Sanktionsnotwendigkeit entfallen. Das braucht hier nicht noch einmal begründet zu werden, weil es sich um eine dem Euthanasiefall analoge Situation handelt: Der dort hervorgehobenen Singularität der äußeren Umstände entspricht hier die aller Generalisierung sich entziehende „Unvertretbarkeit" der inneren Gewissensentscheidung, und die rechtsgutsbewahrende Zielsetzung des Täters ist hier wie dort gegeben. Auf Konstellationen solcher Art sollte aber auch der verantwortungsausschließende übergesetzliche Notstand beschränkt werden.

Nach alledem meine ich, daß die hier skizzierte Lehre von der „Verantwortlichkeit" als der neben dem Unrecht tragenden strafrechtlichen Systemkategorie manche Lösungen sachgerechter und lebensnäher begründen kann als die alleinige Fundierung der Strafe auf einen umstrittenen und keineswegs immer ausreichenden Begriff von „Schuld". Eine solche Konzeption gestattet es jedenfalls, die Strafrechtsdogmatik mit der Entwicklung der Kriminalpolitik in jenen engen Kontakt zu bringen, ohne den sie ihre Verbindung mit den „Grundlagen" unserer Disziplin zu verlieren droht. „Grundlagen des Rechts" — so lautet der Untertitel der „Einführung in die Rechtsphilosophie" von Heinrich *Henkel*. Ihm, der mich das Bedenken der „Grundlagen" gelehrt hat, widme ich diese Studie in Dankbarkeit und Verehrung.

[87] A. a. O., S. 109.
[88] A. a. O., S. 109.

Affekt und Schuld

Hans-Joachim Rudolphi

I.

In den letzten Jahrzehnten hat sich in der Rechtsprechung die Auffassung durchgesetzt, daß auch dem normalpsychologischen Affekt eine schuldausschließende Wirkung zukommen kann[1]. „Eine Bewußtseinsstörung i. S. des § 51 StGB", so lautet z. B. der Leitsatz vom BGHSt 11, 20, „kann bei einem in äußerster Erregung handelnden Täter auch dann gegeben sein, wenn er an keiner Krankheit leidet und sein Affektzustand auch nicht von sonstigen Ausfallerscheinungen (wie z. B. Schlaftrunkenheit, Hypnose, Fieber oder ähnlichen Mängeln) begleitet ist." Die strafrechtliche Lehre ist dem überwiegend gefolgt[2]. Doch fehlt es nicht an Widerspruch, vor allem aus dem Kreis der Psychiater. Im Anschluß an *Gruhle*[3] wird von ihnen vielfach die Möglichkeit einer Bewußtseinsstörung allein als Folge eines normalpsychologischen Affekts bestritten und ein Schuldausschluß nur dann als möglich erachtet, wenn zu dem Affekt körperlich begründete Krankheitserscheinungen hinzutreten[4]. In eine ähnliche Richtung zielt die Kritik *Welzels*[5]. Er sieht den Grund der Zurechnungsunfähigkeit allein darin, daß die „*Sinn*bestimmtheit des seelischen Lebens durch *sinnfremde* Prozesse *zerrissen* ist, nicht aber in dem Gedanken der Nachsicht mit den abnormen Persönlichkeiten oder den abnormen Motivationslagen" und lehnt daher eine exkulpierende Wirkung von Affekten ab, weil es sich bei ihnen nur um „außergewöhnliche Zustände innerhalb des sinnhaften seelischen Geschehens" handele.

Eine Klärung dieses Meinungsstreites läßt sich nicht allein mit Hilfe normativer Kriterien erzielen. Denn der Affekt ist ein rein psychisches Phänomen und kann daher auch Einfluß auf die Schuld des

[1] OGHSt. 3, 19, 80; BGHSt. 3, 194 (198 f.); 6, 329 (332); 7, 325; 8, 113 (124 f.); 11, 20; 23, 133.

[2] Vgl. z. B. *Baumann*, Allg. Teil, 5. Aufl., 1968, S. 369; *Jescheck*, Allg. Teil, 2. Aufl., 1972, S. 328; *Maurach*, Allg. Teil, 4. Aufl., 1971, S. 434; *Schönke-Schröder*, StGB 16. Aufl., 1972, § 51 Rn. 4.

[3] Vgl. Gutachtentechnik, 1955, S. 22; Verstehen und Einfühlen, Ges. Schriften, 1953, S. 337.

[4] Vgl. z. B. *Hadamik*, Mschr. Krim. 1953, S. 11 ff.; *Witter*, Krim.-Biol. Gegenwartsfragen 1962, S. 89; *de Boor*, Bewußtsein und Bewußtseinsstörung, 1966; *Schlüter*, NJW 1971, 1070.

[5] Lehrb., 11. Aufl., S. 155.

Täters nur gewinnen, wenn und soweit er unabdingbare psychische Voraussetzungen für die Erhebung eines Schuldvorwurfes entfallen läßt. Damit erweist sich aber ein Rückgriff auf die unanfechtbaren Ergebnisse der Erfahrungswissenschaften (hier vor allem der Psychologie) als unausweichlich. Ihnen fällt, wie der hochverehrte Jubilar mehrfach betont hat[6], die Aufgabe zu, „ihrer Legitimation entsprechend, auf die Grenzen hinzuweisen, die der Selbstbestimmung des Menschen im allgemeinen und im konkreten Fall gesetzt sind". Doch bevor wir uns den psychischen Wirkungen des Affekts auf die Persönlichkeit und die Fähigkeit des Täters zur Selbstbestimmung zuwenden, gilt es zunächst in der gebotenen Kürze die psychischen Voraussetzungen der Schuld aufzuzeigen.

Strafrechtliche Schuld ist Willensschuld. Sie gründet sich auf die Feststellung, daß der Täter seinen Willen — gemessen an den Anforderungen des Rechts — fehlerhaft gebildet hat. „Mit dem Unwerturteil der Schuld", so führt der Große Strafsenat des BGH[7] zutreffend aus, „wird dem Täter vorgeworfen, daß er sich für das Unrecht entschieden hat, obwohl er sich rechtmäßig verhalten, sich für das Recht hätte entscheiden können." Damit setzt Schuld voraus, daß der Täter fähig war, seinen Willen durch die Einsicht in das Unrechtmäßige seines Verhaltens zu motivieren. Grundlegend für die Möglichkeit von Schuld überhaupt ist daher die Annahme, daß dem Menschen prinzipiell die Fähigkeit zur Selbstbestimmnug, d. h. die Fähigkeit gegeben ist, sein Antriebsgeschehen zu steuern und seine Entscheidungen an Werten und Sollensnormen auszurichten. Sie ist, worauf der Jubilar erst jüngst wieder eindringlich hingewiesen hat[8], nicht nur das Ergebnis rein philosophischer Spekulationen, sondern wird durch die Erkenntnisse der Erfahrungswissenschaften in vielfältiger Weise untermauert. Denn bei der Ausrichtung von Entscheidungen an Werten und Sollensnormen handelt es sich — unter psychologischen Aspekten betrachtet — um nichts anderes als eine besondere Determinationsform menschlichen Verhaltens. Es ist dies das psychische Phänomen der Normation menschlicher Willensentscheidungen, der normativen Überformung des Antriebsgeschehens[9]. Es ist daher *Thomae*[10] zuzustimmen, wenn er — von psychologischer Warte aus

[6] *Henkel*, Studium Generale 1960, S. 246; Einf. in die Rechtsphilosophie, 1964, S. 197.

[7] BGHSt. 2, 194 (200).

[8] Festschr. f. Larenz, 1973, S. 18 Fn. 30.

[9] Vgl. dazu statt vieler nur *Lückert*, Konflikt-Psychologie, 1957, S. 357 ff.; *Thomae*, Der Mensch in der Entscheidung, 1960, S. 84 ff.; und *Henkel*, Festschr. f. Larenz, S. 18 m. w. N.

[10] Der Mensch in der Entscheidung, S. 274.

gesehen — „das wesentliche, für die Strafrechtstheorie bedeutsame Verhaltensmuster in kritischen, d. h. multivalenten Situationen" in dem „Phänomen der Überformung, der prospektiven Regulation einer solchen Situation" erblickt. „Die geltenden Normen", so heißt es bei ihm[10] in treffender Weise weiter, „fordern entweder ein Verhalten, das ohnehin fraglos und gleichsam ‚instinktiv' innerhalb der vom Gesetz gezogenen Schranken abläuft oder ein solches, das durch Überformungsleistung im Sinne der Normen gelenkt wird". Psychische Voraussetzung eines jeden Schuldvorwurfs ist daher die Möglichkeit des Täters, sein rechtswidriges Verhalten durch eine normative Regulation des Antriebsgeschehens mit Hilfe des Normmotivs zu vermeiden. Der Täter muß bei einer psychologischen Betrachtung fähig gewesen sein, den Ablauf seines Verhaltens nicht nur im Sinne des Aufforderungscharakters der momentanen Situation, sondern auch im Sinne übergreifender Werte und Ziele zu gestalten. Er muß der allgemein-menschlichen und psychologisch aufweisbaren Fähigkeit zum Werterleben und zur normativen Regulation seines Antriebsgeschehens teilhaftig sein[11].

Zurechnungsfähigkeit i. S. des § 51 bedeutet — von psychologischer Warte aus gesehen — mithin nichts anderes als die Fähigkeit des Täters, sein Verhalten durch eine normative Überformungsleistung im Sinne der geltenden Rechtsnormen zu steuern[12]. Entscheidend für die Erhebung eines Schuldvorwurfs ist daher in erster Linie auch gar nicht die tatsächliche Motivation des Täterverhaltens, sondern die Frage, ob er fähig war, sein rechtswidriges Verhalten im Wege einer normativen Regulation seines Antriebsgeschehens zu vermeiden. Für die Frage nach der exkulpierenden Wirkung eines Affekts bedeutet dies, daß sie sich darauf konzentriert, ob durch ihn die psychischen Gegebenheiten, die eine normative Regulation des Antriebsgeschehens ermöglichen, beseitigt werden können.

II.

Affekte sind, darüber herrscht im psychologischen Schrifttum Einmütigkeit, Gefühlszustände von besonderer Stärke. Von *Rohracher*[13] wird daher der Affekt z. B. als Gefühl von solcher Stärke beschrieben, „daß das Auftreten der Erregung und ihrer körperlichen Begleitvorgänge subjektiv spürbar wird". Kennzeichnend ist dabei, daß die

[11] Vgl. dazu auch *Henkel*, Festschr. f. Larenz, S. 3 ff. u. Einf. in die Rechtsphilosophie, S. 188 ff.

[12] Vgl. dazu *Thomae*, Mschr. f. Krim. 1961, S. 114 ff.

[13] Einf. in die Psychologie, 10. Aufl. 1971, S. 460; ähnlich z. B. auch *Lersch*, Aufbau der Person, 11. Aufl. 1970, S. 225.

Erregung reaktiv durch äußere Situation und Gegebenheit hervorgerufen wird, die affektive Gefühlserregung also sekundärer Art ist[14]. Die Wirkungen des Affekts werden von den verschiedenen Richtungen der Psychologie im wesentlichen einheitlich beschrieben.

Nach *Lersch*[15], einem Hauptvertreter der Schichtenlehre, zeichnen sich Affekte dadurch aus, „daß sie den gleichmäßigen Ablauf, den normalen Rhythmus des psychosomatischen Gesamtgeschehens unterbrechen und in ungleich höherem Maße, als es bei Gefühlsbewegungen der Fall ist, als ein Mitbetroffenwerden des leiblichen, vor allem des vom vegetativen Nervensystem gesteuerten Bewegungsgeschehens erlebt werden“. Er gliedert die Affekte in Primitivaffekte (Schreck, Aufregung, Wut), die sich auch bei Tieren finden und wohl für den Strafrechtler allein von Interesse sind, und in Affekte des höheren Seelenlebens (Entsetzen, Entzücken, Empörung, Zorn), die wir nur bei Menschen antreffen. Erstere kennzeichnet er wie folgt: „Der noëtische Horizont, d. h. der Horizont der deutlich gegliederten Wahrnehmungen, der Vorstellungen und Gedanken, durch die der Mensch sein Weltbild ordnet, überschaubar macht und die Grundlage einer bewußten, zielgerichteten Lebensführung schafft, wird in seiner Überschaubarkeit eingeengt und in seiner Klarheit verdunkelt bzw. verschwindet völlig wie hinter einem Nebel. Wir sprechen davon, daß einer ‚blind vor Wut‘ sei oder in der Aufregung ‚den Kopf verliere‘. In den Primitivaffekten verläßt der Mensch seine Haltung als denkendes Wesen, mit der er sich vom rein animalischen Wesen dadurch unterscheidet, daß er imstande ist, die Welt vor das Bewußtsein zu bringen als eine Ordnung von Gegenständen und Zusammenhängen und sein Verhalten bewußt auf diese Ordnung auszurichten. Es findet ein Abbau der noëtisch willensmäßigen Schicht der Person, ein Absinken in eine vorintellektuelle, ungeistige und willensmäßig unkontrollierte Haltung statt. Es tritt das ein, was W. *Stern*[16] als ‚Hemmung der personalen Selbsttätigkeit‘ bezeichnet.“[17] „In der Wut“, so fährt *Lersch*[18] an anderer Stelle fort, „wird also die Schicht der bewußten Überlegung und des zielgesteuerten Willens abgebaut, der Mensch sinkt — wie auch im Schreck und in der Aufregung — zurück auf die Schicht eines entwicklungsgeschichtlich früheren Stadiums, die er mit dem Tier gemeinsam hat.“ In gleicher Weise wird die Endphase

[14] Darin unterscheidet sich die Affekthandlung, wie *Stumpfl* (Motiv und Schuld, 1961, S. 47) hervorhebt, von der Triebhandlung, von der dann gesprochen wird, „wenn die Erregung primär inneren Ursprungs ist mit allgemeinem Richtungssinn und die erste entsprechende Gelegenheit ergriffen wird“.

[15] Aufbau der Person, S. 225.

[16] Allg. Psychologie, 1935, S. 761.

[17] Aufbau der Person, S. 225.

[18] A. a. O., S. 243.

des Affekts von *Stumpfl* beschrieben. „In diesem Endabschnitt der Phase", so heißt es bei ihm[19], „gleicht der Zustand des Handelnden vielleicht dem Zustand des Appetenzverhaltens beim Tier. Es besteht eine Aufgeschlossenheit für ganz bestimmte Einfälle und Schlüsselreize."

Ebenfalls ausgehend von einer schichttheoretischen Deutung der menschlichen Persönlichkeit charakterisiert *Undeutsch*[20] den Affekt als „eine Reaktion aus den stammesgeschichtlich älteren Gehirnteilen . . ., bei der die Führung durch den Cortex verlorengegangen ist". Kennzeichnend für die affektive Primitivreaktion ist nach ihm[20], „daß die Beantwortung einer Lage von den tieferen Schichten in eigener Regie übernommen wird. Zielsetzung und Ablaufart werden durch die stammesgeschichtlich älteren Schichten bestimmt, in denen die Triebe und die elementaren Bedürfnisse beheimatet sind samt den ihnen zugehörigen Gefühlen (E. *Rothacker*: das ‚animalisch emotionale Es'). Diese archaische Schicht unserer Persönlichkeit ist gattungseigentümlich, anonym, unkultiviert, geschichtslos. Irgendwelche Normen oder Standards der Gesellschaft vermögen in diese Schicht nicht einzudringen." Die Endphase des Affektgeschehens, der von ihm sogen. „Affekttunnel" ist daher durch drei Wesensmerkmale bestimmt: „1. das Hindrängen in eine bestimmte Richtung wie eine bestimmte Form der Reaktion auf die multivalente Situation, 2. die weitgehende Abdeckung eines Großteils der umgebenden Realität, zu der auch übergreifende Ziele und Normen gehören, 3. die Festlegung auf die eingeschlagene Richtung"[21].

Thomae[22] beschreibt die Affekttaten als impulsive, d. h. es-zentrierte Regulationen multivalenter Situationen, die für die Person von größter Bedeutsamkeit sind. In ihnen kommen, wie *Thomae*[23] darlegt, „bestimmte, an Teilaspekten, insbesondere ‚lockenden', ‚bedrängenden' oder ‚auffordernen' Aspekten der momentanen Situation orientierte Gerichtetheiten zum Durchbruch". Dieses „situativ bedingte Gefälle nach einer bestimmten Handlung hin erhält durch Ausschalten prospektiv orientierter Hemmungs- oder Ausgleichsfaktoren ein immer stärkeres Gewicht". „Eine Region von Gerichtetheiten, welche in intensiver oder oft extensiver Weise bestimmte Ziele zu erreichen versucht ohne Rücksicht auf übergreifende Erfordernisse des handelnden Subjekts", übernimmt die Führung des see-

[19] Motiv und Schuld, S. 25; ebenso *Rasch*, Tötung des Intimpartners, 1964, S. 63.
[20] Handwörterbuch der Kriminologie, 2. Aufl. 1966, 1. Bd., S. 221.
[21] A. a. O., S. 224; ähnlich *Thomae*, Der Mensch in der Entscheidung, 1960, S. 223.
[22] Mensch in der Entscheidung, S. 85 ff.
[23] Mensch in der Entscheidung, S. 87.

lischen Geschehens. Anknüpfend an den von *Undeutsch* geprägten Begriff des „Affekttunnels" kennzeichnet daher *Thomae*[24] die Motivationslage bei hochgradigen Affekten wie folgt: „Ein steinerner Ring von Gefühlen, Erfahrungen der Verzweiflung und der Sinnlosigkeit, vor allem aber des feindseligsten Affekts gegen alles, was freundlich und gut in der Welt zu sein scheint, engt den Lauf jeder Überlegung, jeder seelischen Regung auf eine ganz bestimmte Bahn ein... Die Regungen und Einstellungen ihrerseits determinieren, solange sie in der geschilderten Form andauern, den Gang aller Überlegungen und Empfindungen, sie bestimmen das Ausmaß und die Richtung der Überlegungsvorgänge — und damit das Bedeutsamkeitsprofil wie die spezifische Relativierung bzw. Abdrängung aller normativen Regungen." Auch nach *Thomae* handelt es sich mithin bei der Affekttat um den Durchbruch unkontrollierter Schichten mit starrer Zielfixierung, wobei alle anderen Strukturen des Umfeldes einschließlich hemmender Faktoren verfallen.

Zu im Kern gleichen Ergebnissen gelangt schließlich auch *Lewin* von seinem feldtheoretischen Ansatz her. „Unter affektiven Druck", so betont er[25], „können sowohl das Verhalten wie die Person auf ein niedrigeres Niveau regredieren", so daß „unter solchen Umständen das Individuum faktisch nicht mehr in der Lage ist, sich einem höheren Niveau gemäß zu verhalten". Vor allem zwei Charakteristika sind es dabei, die nach ihm die Affekttaten auszeichnen: Erstens neben einer Abnahme der Verhaltensvarietät und der Organisiertheit der Verhaltenseinheiten eine „Blindheit" für die Realität, so daß „in affektiven Situationen gewöhnlich auch die ‚Handlungsökonomie' in sich zusammenbricht: Das Individuum ‚explodiert', ohne sich viel um den Wirkungsgrad und die Adäquatheit seines Verhaltens im Hinblick auf ein Ziel zu kümmern"[26]. Und zweitens durch eine vorübergehende Regression der Person in Form einer „Verminderung der Organisiertheit der Person oder eines Wechsels von einer auf Organisierung zu einer auf einfacher Interdependenz (Spannungsausbreitung) beruhenden Einheit"[27]. Untermauert werden diese Erkenntnisse *Lewins* vor allem durch die empirischen Untersuchungen der Entstehungsbedingungen und Gesetzmäßigkeiten des Ärgeraffektes durch seine Schülerin T. *Dembo*[28]. Auf Grund der von ihr mit Hilfe un-

[24] A. a. O., S. 223; vgl. zum Ganzen ferner *Thomae-Schmitt*, Handbuch der Psychologie, 11. Bd. 1967, S. 326 ff. m. Nachw.

[25] Feldtheorie in den Sozialwissenschaften, 1963, S. 136.

[26] A. a. O., S. 154.

[27] A. a. O., S. 153.

[28] Der Ärger als dynamisches Problem in: Psychologische Forschung, 15. Bd., 1930.

lösbarer Aufgaben angestellten Versuche gelangt sie[29] u. a. zu dem Ergebnis, daß „charakteristisch für die Gesamtsituation unmittelbar vor bzw. im Moment des Ärgerausbruchs ist: „1. eine starke Spannungslage, d. h. ein Gegeneinander (‚Konflikt') gleicher, starker Feldkräfte in jeder Richtung des Feldes, 2. eine Auflockerung oder Zerstörung der meisten *Grenzen* im Gesamtfeld. a) Die für die spezielle Topologie der Situation charakteristischen Grenzen innerhalb des Umfeldes und die Sonderheiten der einzelnen Gegenstandsgegebenheiten sind verwischt oder aufgehoben. Das Feld ist homogenisiert und primitiviert. Auch die Grenzen zwischen Realität und Irrealität sind verflüssigt. b) Die *innerseelischen* Bereiche, Schichten und Systeme sind auf Grund der Gesamtspannungslage relativ homogenisiert, insbesondere sind Oberflächen und Tiefenschichten sehr viel weniger geschieden. c) Die Grenzschicht zwischen den innerseelischen Systemen und psychischer Umwelt: die Schicht der ‚Handlungsmotorik' ist außerordentlich angespannt."

Als Ergebnis unseres kurzen Überblicks über die Forschungsergebnisse der Psychologie können wir damit festhalten: Der Affekt führt zu einer Regression, einer Primitivierung. Unter affektivem Druck regrediert sowohl das Verhalten wie die Person des Täters auf ein primitiveres Niveau, so daß er nicht mehr fähig ist, sich einem höheren Niveau gemäß zu verhalten *(Lewin)*. Der Täter, wie es *Thomae* formuliert, gerät in eine Region von bloßen Gerichtetheiten mit starrer Zielfixierung und primitiver Ziel- und Mittelorientierung, wobei alle anderen Strukturen des Umfeldes verfallen, vor allem auch hemmende Faktoren. Kennzeichnend ist also, wie *Undeutsch* hervorhebt, das Hindrängen allen seelischen Geschehens in eine bestimmte Richtung, eine Festlegung auf diese Richtung sowie eine weitgehende Abdeckung eines Großteils der umgebenden Realität einschließlich übergreifender Ziele und Normen. In der Terminologie der Schichtenlehre ausgedrückt, besagt dies schließlich, daß die Fähigkeit zur geistigen Kontrolle infolge des Affekts abgebaut ist und das Verhalten des Täters daher dem Appetenzverhalten des Tieres gleicht. Der Täter ist nicht mehr in der Lage, sein Verhalten im Sinne übergreifender Werte und Ziele zu steuern. Er handelt allein im Sinne des Aufforderungscharakters der momentanen Situation. Nicht er beherrscht die Situation, sondern die Situation beherrscht ihn. Normative Schranken sind abgebaut. Das Affektgeschehen ist also ein Sturm durch vernichtete Schranken, nicht der Sprung über bestehende Schranken[30].

[29] A. a. O., S. 144.

[30] Vgl. dazu auch die demnächst erscheinende Habilitationsschrift „Die Affekthandlung im Strafrecht" von *Krümpelmann* sowie dessen Beitrag zur Festschrift f. Welzel. 1974 S. 327 ff. der hier nicht mehr im einzelnen berücksichtigt werden konnte.

Damit dürfte jedoch feststehen, daß der Täter in einem hochgradigen Affektzustand nicht mehr fähig ist, sein Verhalten durch eine normative Überformungsleistung im Sinne der geltenden Rechtsnormen zu steuern, ihm also die Schuldfähigkeit fehlt. Die Rechtsprechung und h. L. Verdienen daher Zustimmung, wenn sie als Ursache einer Bewußtseinsstörung i. S. des § 51 auch einen normal-psychologischen Affekt anerkennen. Daraus folgt nun aber zwingend weiter, daß ein Schuldvorwurf gegenüber dem Affekttäter — bezogen auf den *Zeitpunkt seiner Affekttat* — ausgeschlossen ist, und zwar entgegen einer in der Rechtsprechung weit verbreiteten Ansicht[31] unabhängig davon, ob der Täter seine affektive Erregung verschuldet hat oder nicht[32]. Denn der Umstand, daß der Täter den Zustand der affekt-bedingten Schuldunfähigkeit schuldhaft hat entstehen lassen, vermag gerade nichts daran zu ändern, daß er im *Zeitpunkt der Tat* selbst infolge des Affektes eben unfähig ist, sein Verhalten durch die normative Überformungsleistung zu steuern. Insofern unterscheidet sich die Situation des Affekttäters grundlegend von der des Notstandstäters i. S. des § 54. Denn der entschuldigende Notstand mindert zwar die Schuld des Täters auf ein strafrechtlich nicht mehr relevantes Maß herab, doch schließt er sie nicht völlig aus. Verzichtet der Gesetzgeber in § 54 aber allein aus Gründen der Unzumutbarkeit auf die Erhebung eines an sich noch möglichen Schuldvorwurfs[33], so ist es durchaus legitim, wenn er diesen Verzicht davon abhängig macht, daß der Täter den Notstand nicht verschuldet hat und ihn auch nicht aus anderen Gründen besondere Gefahrtragungspflichten treffen. Daraus folgt zugleich, daß es nicht möglich ist, diese Regelung, wie es z. B. von *Witter*[34] befürwortet wird, auf den schuld*aus*schließenden Affekt zu übertragen.

III.

In den Mittelpunkt unserer Überlegungen rückt damit die Frage, ob es in den Fällen des verschuldeten Affekts nicht ausnahmsweise möglich ist, einen Schuldvorwurf gegenüber dem Täter wegen seiner im schuldausschließenden Affekt begangenen Tat auf die unmittel-

[31] OGHSt. 3, 19 (23), 80 (82); BGHSt. 3, 195; BGH bei *Dallinger*, MDR 1953, 146; BGH NJW 1959, 2317; vgl. ferner BGHSt. 7, 327 f.; 8, 125; 11, 25 f.

[32] So die h. L.; vgl. z. B. *Baumann*, Allg. Teil, S. 369; *Maurach*, Allg. Teil, S. 434; a. M. jedoch *Lange* in LK, 9. Aufl., § 51 Rn. 24.

[33] Vgl. dazu *Rudolphi*, ZStW Bd. 78 (1966), S. 74 ff. m. w. N.

[34] Kriminalbiologische Gegenwartsfragen, Heft 5 (1962), S. 95 f.; vgl. ferner *Geilen*, Maurach-Festschr., S. 191 f.

bare Affektgenese zu gründen, d. h. den Anknüpfungspunkt für den Schuldvorwurf vorzuverlagern und insoweit das Dogma von der zeitlichen Koinzidenz von Schuld und Tat aufzulockern.

Ihr hat jüngst bereits *Geilen*[35] eine eingehende Untersuchung gewidmet. In ihr vertritt er die Ansicht, daß dem Täter seine im Zustand der affekt-bedingten Unzurechnungsfähigkeit begangene Tat auch noch dann vorgeworfen werden könne, wenn er die die Tat auslösende affektive Erregung hätte vermeiden können. Denn nach den „Maßstäben einer verantwortungsethischen Schuldprüfung habe der Täter für den selbstverschuldeten Verlust seiner Unrechtseinsicht, aber auch seiner sonstigen Selbstkontrolle einzustehen"[36]. Im Ergebnis stimmt *Geilen* daher der Einschränkung der Exkulpation auf unverschuldete Affekte zu, wie sie von der Rechtsprechung[37] gefordert wird. Zu berücksichtigen ist nach ihm jedoch, daß diese Schuldprüfung nur auf die unmittelbare Affektgenese bezogen werden kann[38].

Gegen diese Vorverlagerung des Anknüpfungspunktes für den gegen den Affekttäter zu erhebenden Schuldvorwurf von der eigentlichen Tatausführung (im schuldausschließenden Affekt) auf die unmittelbar davorliegende Affektgenese ist im Grundsatz nichts einzuwenden. Gewiß ist richtig, daß dadurch das Dogma von der Koinzidenz von Schuld und Tat in den Fällen des verschuldeten Affekts eine gewisse Auflockerung erfährt. Doch ist es nicht prinzipiell unzulässig, zur Konstituierung eines Schuldvorwurfs auch auf bestimmte Verhaltensweisen von der eigentlichen Tatverwirklichung zurückzugreifen[39], sofern nur auch der so begründete Schuldvorwurf sich noch wenigstens mittelbar auf das vom Täter verwirklichte Unrecht bezieht. Im Gegenteil, es kann dies sogar aus kriminalpolitischen Gründen, d. h. zur Erreichung des von der Strafdrohung verfolgten Zwecks, geboten sein. So haben denn auch Rechtsprechung und Lehre keine Bedenken gehabt, in ähnlich gelagerten Fällen zur Begründung eines Schuldvorwurfs auf Verhaltensweisen des Täters vor seiner Unrechtstat zurückzugreifen. Genannt seien hier nur die Fälle des sogen. Übernahmeverschuldens im Bereich der Fahrlässigkeit und jene parallel gelagerten Fälle eines Verbotsirrtums, in denen der Täter sich im Tatzeit-

[35] Maurach-Festschr., S. 173 ff.

[36] A. a. O., S. 192. Vgl. z. B. auch *Welzel*, Lehrb., S. 150, der die Schuld des Affekttäters darauf gründet, daß er „den Affekt hat in sich groß werden lassen oder die diesen hemmenden Faktoren nicht entwickelt hat". Ausführlich dazu ferner *Krümpelmann*, a. a. O.

[37] OGHSt. 3, 19, 82; BGHSt. 3, 195; BGH bei *Dallinger*, MDR 1953, 146; BGH NJW 1959, 2317.

[38] A. a. O., S. 192.

[39] Vgl. dazu z. B. *Jakobs*, Studien zum fahrlässigen Erfolgsdelikt, 1972, S. 152 f. und *Welzel*, Lehrb. S. 150 ff.

punkt in unvermeidbarer Weise über die eine bestimmte von ihm ausgeübte Tätigkeit regelnden Normen irrt, dieser Irrtum jedoch darauf beruht, daß der Täter sein ihm vor der Tat gegebenes Können nicht zur Erkenntnis dieser Normen genutzt hat. Der Schuldvorwurf in den letztgenannten Fällen gründet sich darauf, daß der Täter vor seiner Tat seine Fähigkeit zur Erkenntnis der von ihm später übertretenen Rechtsnorm nicht genutzt hat und dadurch sich selbst zugleich der Möglichkeit beraubt hat, seine spätere Unrechtstat im Zeitpunkt der Tat durch eine normgemäße Motivation seines Handlungsentschlusses zu vermeiden. Es handelt sich also um einen auf vor der eigentlichen Tat liegende Versäumnisse gegründeten (mittelbaren) Tatschuldvorwurf[40].

Jüngst ist dies allerdings von *Stratenwerth*[41] bestritten worden. Er hält in den genannten Fällen einen Rückgriff auf vor der Tat liegende Versäumnisse des Täters für ebenso entbehrlich wie bedenklich. „Habe ein Arzt es unterlassen, sich die für seine Behandlung ‚erforderlichen Kenntnisse anzueignen oder über die neuen Erkenntnisse der medizinischen Wissenschaft zu informieren‘, so werde ihm nicht diese ‚Lebensführungsschuld‘, sondern eben die Übernahme der Behandlung vorgeworfen! Er könne wissen, daß die Behandlung Kenntnisse erfordern könnte, die er nicht hat. Und ebenso gelte, daß dem Autofahrer nicht die Unkenntnis des Straßenverkehrsrechts vorgeworfen werde, sondern das Autofahren trotz solcher (erkennbaren) Unkenntnis."

Gründet man jedoch mit *Stratenwerth* in diesen Fällen den Schuldvorwurf allein darauf, daß der Täter, weil er sich nicht oder nicht hinreichend über die seine besondere Tätigkeit regelnden Normen informiert habe, „praktisch bei *jeder* in diesen besonderen Bereich fallenden Tätigkeit damit rechnen müsse, aus Unkenntnis Rechtsvorschriften zu übertreten", so stellt sich zunächst die Frage, die Übertretung *welcher* Rechtsvorschriften hier dem Täter soll vorgeworfen werden können. Möglich sind wohl nur zwei Interpretationen. Gemeint sein können erstens *alle* objektiv existierenden Rechtsnormen, die die besondere Tätigkeit regeln, also z. B. für einen Verkehrsteilnehmer das gesamte Straßenverkehrsrecht, und zwar gerade unabhängig davon, ob der Täter diese Normen auf Grund seiner individuellen Fähigkeiten überhaupt vor seiner Tat hätte erkennen können. Die Konsequenz wäre dann, daß jedem, der sich nicht oder nicht hinreichend über die Straßenverkehrsvorschriften informiert hat[42], jede

[40] Vgl. dazu eingehend *Rudolphi*, Unrechtsbewußtsein, Verbotsirrtum und Vermeidbarkeit des Verbotsirrtums, 1969, S. 252 ff.

[41] ZStW Bd. 85 (1973), S. 495.

[42] Was sich wohl in diesen Fällen immer sagen ließe.

nur denkbare Übertretung einer dieser Normen vorgeworfen werden könnte, und zwar unabhängig davon, ob er persönlich überhaupt fähig gewesen wäre, diese Norm während oder vor seiner Tat zu erkennen. Eine solche Deutung, derzufolge in diesem Bereich ein unvermeidbarer Verbotsirrtum generell ausgeschlossen wäre und die damit auf eine Anerkennung des „versari in re illicita" hinausliefe, dürfte *Stratenwerth* wohl kaum vorgeschwebt haben. Möglich bleibt dann aber allein die Deutung, daß nur jene Rechtsnormen gemeint sind, die der Täter vor seiner Tat auf Grund seiner persönlichen Fähigkeiten hätte erkennen können[43]. Der Schuldvorwurf i. S. *Stratenwerths* ginge dann aber dahin, daß der Täter z. B. ein Auto gesteuert hat, obgleich für ihn bei Antritt seiner Autofahrt erkennbar war, daß er Rechtsnormen übertreten kann, die er bei Ausnutzung seiner Fähigkeiten vor Antritt der Reise hätte erkennen können. Bei der im Zeitpunkt der Übernahme oder Fortführung der besonders geregelten Tätigkeit gegebenen „erkennbaren Unkenntnis", auf die *Stratenwerth* den Schuldvorwurf gründen will, handelt es sich damit aber um nichts anderes als um die bloße Erkennbarkeit der Tatsache, daß der Täter vor seiner Tat fähig war, seinen bei Tatbegehung unvermeidbaren Verbotsirrtum zu vermeiden, d. h. um die erkennbare Vermeidbarkeit des Verbotsirrtums vor der eigentlichen Unrechtstat. Im Ergebnis wird damit aber deutlich, daß auch dann, wenn man in den erörterten Fällen, wie das *Stratenwerth* befürwortet, den Schuldvorwurf auf die Übernahme der besonders geregelten Tätigkeit gründet, sich gerade ein Rückgriff auf das Nichtnutzen eines dem Täter *vor* seiner Tat gegebenen Könnens nicht vermeiden läßt[44]. Er wird nur verschleiert.

Erweist es sich damit in den Fällen eines im Tatzeitpunkt unvermeidbaren Verbotsirrtums über rechtliche Sondernormen ebenso wie in den Fällen des Übernahmeverschuldens — entgegen *Stratenwerth* — als unentbehrlich und unbedenklich, zur Begründung eines (mittelbaren) Tatschuldvorwurfs auf bestimmte Versäumnisse des Täters vor seiner Tat zurückzugreifen, so eröffnet sich diese Möglichkeit grundsätzlich auch in den Fällen einer im Tatzeitpunkt schuldlosen Affekttat. Beide sind in ihren wesentlichen Punkten gleichgelagert. Der Verbotsirrtum stellt einen Wissensmangel dar. Bei seiner Vermeidbarkeit

[43] Von dem Fall, daß der Täter infolge seiner mangelnden geistigen Fähigkeiten *überhaupt* nicht z. B. als Autofahrer am Straßenverkehr teilnehmen darf, sei hier abgesehen. Es handelt sich dabei lediglich um a-typische Ausnahmefälle.

[44] Ja, es ist sogar festzustellen, daß es auch bei diesem Vorgehen letztlich allein die Versäumnisse des Täters vor seiner Tat sind, die den Schuldvorwurf tragen, und daher *Stratenwerths* Ansicht auf die Forderung hinausläuft, daß dem Täter seine eigene Schuld hätte erkennbar sein müssen.

geht es daher um die Frage, ob dem individuellen Täter eine real aufweisbare Möglichkeit gegeben war, seinen Wissensmangel (Verbotsirrtum) zu beheben. Entscheidend sind dafür seine geistigen Erkenntniskräfte, bereits vorhandene Wertvorstellungen, objektiv bestehende Erkundigungsmöglichkeiten und nicht zuletzt das Bestehen eines gewissen Anlasses, von diesen ihm gegebenen Möglichkeiten auch tatsächlich Gebrauch zu machen[45]. Der Affekt hebt demgegenüber, wie wir gesehen haben[46], die Steuerungsfähigkeit des Täters auf, d. h. seine Fähigkeit, einer vorhandenen Unrechtseinsicht gemäß zu handeln, ihm auf Grund seiner geistigen Fähigkeiten gegebene Möglichkeiten zur Unrechtserkenntnis zu nutzen oder auch nur eine inaktive Unrechtskenntnis zu aktivieren. Bei der Vermeidbarkeit eines Affektes geht es damit zwar nicht um die Behebbarkeit eines Wissensmangels, wohl aber um die parallel gelagerte Frage nach der Behebbarkeit eines die Schuld ausschließenden voluntativen Mangels, der Steuerungsunfähigkeit des Täters. Mit Recht spricht daher auch *Geilen*[47] in diesem Zusammenhang von einer Art voluntativer Vermeidbarkeitsprüfung.

Bestehen somit keine Bedenken, mit *Geilen* den Anknüpfungspunkt für den zu erhebenden Schuldvorwurf bei den Affekttaten auf die unmittelbare Affektgenese vorzuverlagern, so bedeutet dies allerdings nicht, daß damit bereits jeder nur mögliche, auf die Vermeidbarkeit des Affekts gegründete Schuldvorwurf ausreicht, um den Täter auch seine im Zustand affektbedingter Schuldunfähigkeit begangene Unrechtstat noch vorzuwerfen. Denn war der Affekt für den Täter vermeidbar, so ist damit noch in keiner Weise gesagt, daß sich der auf dieses Vermeidbarkeitsurteil gegründete Schuldvorwurf auch noch wenigstens mittelbar auf das von dem Täter später im schuldausschließenden Affekt verwirklichte tatbestandsmäßige Unrecht bezieht. Dies ist vielmehr nur dann der Fall, wenn der Täter während der Affektgenese, d. h. im Zeitpunkt der Vermeidbarkeit des Affekts, erkannt hat oder zumindest hätte erkennen können, daß er möglicherweise später im (schuldausschließenden) Affekt eine Unrechtstat der von ihm später verwirklichten Art begehen wird. Zu weit geht es daher, wenn *Geilen*[48] generell im Falle der Vermeidbarkeit des Af-

[45] Vgl. dazu *Rudolphi*, a. a. O., S. 200 f.

[46] Vgl. oben S. 205.

[47] Maurach-Festschr., S. 191. Allerdings beschränkt Geilen diese Aussage auf jene Fälle, in denen der Affekt die Fähigkeit des Täters ausschließt, einer vorhandenen Unrechtseinsicht gemäß zu handeln. Schließt der Affekt dagegen bereits die Einsichtsfähigkeit i. S. des § 51 aus, so handelt es sich nach ihm lediglich um einen Unterfall des Verbotsirrtums (S. 188 f.). Vgl. dagegen jedoch *Rudolphi*, a. a. O., S. 200 ff.

[48] Maurach-Festschr., S. 188 ff.

fekts gegen den Täter noch einen Schuldvorwurf wegen der Affekttat erheben will, und zwar gerade ohne dies zumindest davon abhängig zu machen, daß der Täter während der Affektentstehung die mögliche Entladung des Affekts durch die spätere Unrechtstat voraussehen konnte. Denn da dieser Schuldvorwurf in keiner Weise mehr auf das später vom Täter verwirklichte Unrecht bezogen ist, genügt er nicht den auch an einem (mittelbaren) Tatschuldvorwurf zu stellenden Anforderungen[49]. Dies ist — entgegen *Geilen*[50] — auch der Existenz des § 330 a zu entnehmen. Von ihm werden all die Fälle erfaßt, in denen der Täter sich zwar schuldhaft in einen seine Zurechnungsfähigkeit ausschließenden Rausch versetzt hat, seine Schuld aber gerade in keiner Weise mehr auf die später von ihm im Zustand der rauschbedingten Unzurechnungsfähigkeit begangene Tat bezogen ist. Dies bedeutet aber, daß der Gesetzgeber selbst die bloße Vermeidbarkeit eines die Zurechnungsfähigkeit ausschließenden Umstandes für sich allein gerade noch nicht genügen läßt, um dem Täter seine später im schuldunfähigen Zustand begangene Tat vorzuwerfen. Als Zwischenergebnis können wir daher festhalten: Dem Affekttäter kann seine im Zustand der affektbedingten Schuldunfähigkeit begangene Unrechtstat nur dann noch vorgeworfen werden, wenn erstens der Affekt als solcher für ihn vermeidbar war und wenn zweitens der Täter die später durch den Affekt ausgelöste Unrechtstat zumindest ihrer Art nach hätte vorhersehen können; der für ihn bestehende Anlaß, den Affekt zu vermeiden, seine ihn zur Affektvermeidung aufrufende Kraft also noch aus der später von ihm im Zustand affektbedingter Schuldunfähigkeit übertretenen Rechtsnorm bezog. Entscheidende Bedeutung für den gegenüber dem Affekttäter zu erhebenden Schuldvorwurf gewinnt damit die Affektgenese. Unser Interesse muß daher abschließend der Frage gelten, ob die unmittelbare Affektgenese überhaupt geeignet ist, eine hinreichende empirische Grundlage für diesen gegenüber dem Affekttäter dogmatisch möglichen und berechtigten Schuldvorwurf abzugeben[51].

IV.

Affekttaten haben — das ist unter Psychologen und Psychiatern allgemein anerkannt — fast immer eine mehr oder weniger lange Vorgeschichte. Der Entladung des Affekts durch die eigentliche

[49] Vgl. dazu *Rudolphi*, a. a. O., S. 268 ff., 274 ff.
[50] Maurach-Festschr., S. 192 Fn. 53.
[51] Vgl. dazu bereits *Geilen*, Maurach-Festschr., S. 193.

Affekttat vorgelagert ist das Aufstauen einer affektiven Spannung, infolge „einer Mehrheit gleichsinnig wirkender und einander steigernder Erlebnisreize“[52]. Ihre Ursache liegt in der Regel in dem Erleben eines für die Person des Täters hochbedeutsamen Konflikts sowie der Ausweglosigkeit der eigenen Situation. Nach *Hallermann*[53] lassen sich daher bei Affekttaten vielfach drei Phasen voneinander unterscheiden. „Die erste Phase, wir möchten sie die Phase der Voraussetzung zur Tat nennen, zeigt das Nichtfreiwerdenkönnen, das Nichtabschüttelnkönnen von Versagens- oder Kränkungserlebnissen oft wechselnder Art in der engeren Persönlichkeitssphäre ... Der eiternde Stachel in der oft labilen, nicht sehr willensstarken Persönlichkeit, das erfolglose Aufbegehren gegenüber einer als Demütigung erfahrenen Versagung oder Enttäuschung entfaltet seine Wirkung, bereitet den Boden und macht die besondere Art des Erlebens späterer ähnlicher Enttäuschungsreaktionen verständlich. In der zweiten Phase der Tat beginnt auf diesem vorbereiteten Untergrund der spezielle Konflikt zu schwelen und zu schmerzen, die Vorstellung immer stärker zu besetzen — wie bei einer Sucht —, immer weitere Vorstellungsinhalte zu umgreifen und das Gesamtgefüge der Persönlichkeit zu stören. Am Ende dieser zweiten Phase ist die Aufstauung, der Affektdruck, das Sichüberwältigenlassen so stark, daß hier schon oft Motiv und Handlungsbereitschaft sichtbar werden, so daß der Täter gleichsam auf eine Entladungssituation wartet. Diese Entladung in der dritten Phase ist ... vielfach von den Zufälligkeiten der Konstellation, von der äußeren Situation scheinbar weitgehend abhängig und vollzieht sich oft aus zunächst inadäquat erscheinenden Gelegenheitsursachen.“

Betrachten wir diese Schilderung des Affektgeschehens unter dem strafrechtsdogmatischen Aspekt, ob sich auf die unmittelbare Affektgenese überhaupt jemals ein Schuldvorwurf in dem oben geschilderten Sinne gründen läßt, so gewinnt dafür die Feststellung *Hallermanns* entscheidende Bedeutung, daß am Ende der zweiten Phase sich schon oft „Motiv und Handlungsbereitschaft“ zeigen. Ähnliche Aussagen finden sich bei allen Psychologen und Psychiatern, die sich mit der Entstehung von Affekten näher befaßt haben. So spricht z. B. *Stumpfl*[54] in diesem Zusammenhang von „Vorentwürfen und Vorgestalten der Tat“ und *Rasch*[55] kennzeichnet dieses Stadium als „homizidale Tatbereitschaft“, d. h. als eine in eine bestimmte Richtung weisende Gestimmtheit der Täterpersönlichkeit, aus der die

[52] *Undeutsch* in: *Ponsold*, Lehrb. d. gerichtl. Medizin, 2. Aufl., 1957, S. 138.

[53] D Zschr. f. Ger. Med. 1953, S. 22/01; ebenso *Steigleder*, Mörder und Totschläger, S. 104 ff.

[54] Motiv und Schuld, S. 30 ff.

[55] Tötung des Intimpartners, S. 67 ff.

Affekttat erwächst, und zwar „als das gewissermaßen ihr angemessene Verhalten, das auch keiner besonderen Motivation bedarf, sondern nur eben jenes ‚Schlüsselreizes', von dem *Stumpfl* spricht". *Steigleder*[56] gelangt darüber hinaus sogar zu der Feststellung, daß bei der inneren Handlungsbereitschaft der von ihm untersuchten Affekttäter „wirkliche innere Stellungnahmen" vorausgehen. „Wir haben", so heißt es bei ihm dazu, „bei unseren Untersuchungen ... feststellen können, daß es in allen Fällen von Tötungshandlungen unter Affektwirkung gelingt, im Verlauf dieser speziellen Konfliktsphase, d. h. in dem *Intervall zwischen spezifischem Affektstau und Affektentladung, Anhaltspunkte für diese personale Stellungnahme zu eruieren.* Die Art dieser Stellungnahme kann nach unserer Erfahrung ganz unterschiedlich sein. Die Skala der gedanklichen Auseinandersetzung reicht dabei von der fast spielerischen Vorstellung, was wäre, ‚wenn er bzw. sie tot wäre' über die schon ins Aggressive gehende Tendenz, ... ‚verdient eigentlich einen Denkzettel, eine Bestrafung, eine Züchtigung' bis zu der fast konkreten Vorstellung ‚ich könnte töten'." Auf derartige Vorformen der eigentlichen Affekttat ist auch T. *Dembo* in ihrer bereits erwähnten Untersuchung[57] gestoßen. Hervorgehoben sei hier nur ihre Feststellung, daß „sich nicht selten Steigerungsreihen der Affektivität ergeben, in denen der Realitätsgrad der Affekthandlung ... allmählich anwächst", vor allem also „der Übergang vom Gedanken zum Wort und vom Wort zur Handlung als typisch zu bezeichnen sei"[58] oder wie es an anderer Stelle[59] heißt, „daß das Außerachtlassen der hemmenden Realität bei gesteigerter Affektivität von den Träumen auf die Reden und Handlungen übergreife".

Dieser kurze Überblick mag hier genügen. Er dürfte bereits hinreichend deutlich gemacht haben, daß das Affektgeschehen vielfach der Entladung des Affekts durch eine mehr oder weniger bestimmte Unrechtstat zustrebt und dies nicht selten seinen Ausdruck auch in gedanklichen Erwägungen und Äußerungen (z. B. Drohungen) oder gar aggressiven Vorhandlungen des Täters findet, und zwar noch vor dem die Schuldfähigkeit des Täters ausschließenden Endstadium des Affekts. Für den Täter selbst bedeutet dies, daß er nicht selten vor allem auf Grund dieser auftretenden Vorformen der späteren Affekttat wird erkennen können, daß der sich in ihm aufstauende Affekt sich in einer derartigen Unrechtstat entladen kann. Der in diesen Fällen für den Täter bestehende Anlaß, den die spätere Unrechtstat auslösenden Affekt zu vermeiden, bezieht daher seine, den Täter zur

[56] Mörder und Totschläger, S. 108 f.

[57] S. 204 Fn. 28.

[58] A. a. O., S. 102.

[59] A. a. O., S. 98.

Affektvermeidung aufrufende Kraft noch aus der später von ihm im Zustand der affektbedingten Schuldfähigkeit tatsächlich übertretenen Rechtsnorm. Versäumt es der Täter trotz dieses ihm gegebenen Anlasses, seinen die spätere Unrechtstat auslösenden Affekt zu vermeiden, so ist folglich auch der auf die Vermeidbarkeit des Affekts gegründete Schuldvorwurf noch (mittelbar) auf das Unrecht der Affekttat bezogen. Damit genügt er aber den an einen (mittelbaren) Tatschuldvorwurf zu stellenden Anforderungen.

V.

Fassen wir abschließend das Ergebnis unserer Überlegungen zusammen, so ergibt sich folgendes:

1. Der normalpsychologische Affekt kann die Fähigkeit des Täters, sein Antriebsgeschehen normativ zu überformen, d. h. seine Schuldfähigkeit, ausschließen. Insoweit ist daher der Rechtsprechung und h. L. zuzustimmen.
2. Hat der Täter den seine Schuldfähigkeit ausschließenden Affekt verschuldet, d. h. konnte er ihn vermeiden, so kann ihm gegenüber zwar noch ein (mittelbarer) Tatschuldvorwurf begründet sein, doch muß dies nicht so sein. Der Fall ist dies nur dann, wenn der Täter im Zeitpunkt der Vermeidbarkeit des Affekts zumindest hätte vorhersehen können, daß der sich in ihm aufstauende Affekt sich in einer Unrechtstat von der Art entladen kann, wie er sie später im schuldausschließenden Affekt tatsächlich begangen hat. Insofern bedarf daher die von der Rechtsprechung geforderte Einschränkung der Exkulpation auf unverschuldete Affekte ihrerseits einer Eingrenzung.
3. Seine empirische Grundlage findet dieser gegenüber dem im Tatzeitpunkt schuldunfähigen Täter noch mögliche Schuldvorwurf in der unmittelbaren Affektgenese, so wie sie sich nach den Erkenntnissen der Psychologie und Psychiatrie darstellt.
4. Dieser gegenüber dem Affekttäter noch mögliche (mittelbare) Tatschuldvorwurf wiegt jedoch leichter als der in den Normalfällen schuldhaften Verhaltens zu erhebende Schuldvorwurf. Die Strafe ist daher in diesen Fällen gegenüber dem Affekttäter zu mildern.

Kriminologie und Strafrechtskommentare

FRIEDRICH SCHAFFSTEIN

Das Verhältnis der Rechtswissenschaft zu den empirischen Sozialwissenschaften ist in den letzten Jahren zu einem zentralen Thema der juristischen Diskussion geworden. So mag es gerechtfertigt sein, einige Überlegungen aus diesem Bereich zur Festschrift für den verehrten Jubilar beizusteuern, dessen Einführung in die Rechtsphilosophie[1] wichtige Aussagen über die Beziehung von Recht und Sozialstrukturen enthalten. Dabei kommt es uns freilich nicht darauf an, die vielfältigen neueren mehr oder auch minder tiefschürfenden Überlegungen über die Wechselbeziehung von Recht und Gesellschaft oder auch nur, um das Thema damit sogleich auf das eigene engere Fachgebiet einzuschränken, von strafrechtlicher und kriminologischer Betrachtungsweise um eine weitere zu vermehren. Das scheint uns um so weniger sinnvoll zu sein, als gerade die grundsätzliche Frage nach Gegenstand und Methode beider Wissenschaften im vergangenen Jahrzehnt in der deutschen Diskussion immer wieder aufgegriffen worden ist.[2] Diese immer wieder erneute Erörterung der grundsätzlichen Probleme des Gegensatzes und der sich befruchtenden Wechselbeziehungen der Rechts- und Sozialwissenschaft von Verbrechen und Strafe im deutschen kriminologischen Schrifttum steht freilich in einem auffälligen Gegensatz zu dem bisher relativ geringen Beitrag, den die deutsche Kriminologie etwa im Vergleich mit der methoden-naiveren angelsächsischen Wissenschaft auf dem Gebiet der eigenen empirischen Sozialforschung vorzuweisen hat. Fragt man nach den Gründen dafür, so ist es neben mehr äußeren institutionellen und finanziellen Ursachen doch wohl auch der Umstand, daß sich die deutsche Kriminologie gegenüber einer überaus entwickelten, insbesondere die angelsächsische weit übertreffenden Strafrechtsdogmatik ihren eigenständigen Platz zu erkämpfen und in einer methodischen Auseinandersetzung mit jener um ihr Selbstverständnis zu ringen hatte.

[1] Heinrich *Henkel*, Einführung in die Rechtsphilosophie 1964, insbes. S. 198 ff.

[2] Vgl. zum letzten Stand dieser Diskussion besonders den Beitrag von Detlef *Krauß*, Kriminologie und Strafrecht, in dem Sammelband Rechtswissenschaft und Nachbarwissenschaften, Bd. 1, S. 233 ff. (1973) mit einer Übersicht über das wichtigste neuere Schrifttum im Literaturverzeichnis, S. 263 ff. sowie im selben Bd. S. 267 ff. Günter *Schewe*, Strafrecht und Kriminologie. — Aus der Sicht der Kriminologie im Sinne einer strengen Trennung der beiden Disziplinen *Göppinger*, Kriminologie, 2. Aufl. 1973 S. 12 ff. Ferner Günter *Kaiser*, Kriminologie, 2. Aufl. 1973, S. 36 ff. und *Kürzinger*, ZStW 86, 1974, 211 ff.

Die folgenden Ausführungen betreffen aus dieser meist sehr prinzipiell und theoretisch geführten Diskussion nur einen kleinen, auf die praktische Strafrechtsanwendung bezogenen Ausschnitt, die rein praktische Frage nämlich, ob und in welchem Umfang jene neueste Entwicklung der Wissenschaften von Verbrechen und Strafe einerseits, die mit ihr korrespondierende Strafrechtsreform andererseits die Verfasser strafrechtlicher Kommentare dazu nötigen muß, nunmehr auch ihrerseits kriminologische Fakten und Forschungsergebnisse in ihre Gesetzeserläuterungen einzuführen.

Die Notwendigkeit, sich diese Frage ernsthaft vorzulegen, ergibt sich m. E. nicht etwa aus irgendeiner ideologisch bestimmten Soziologisierung oder Psychologisierung der juristischen Begriffsbildung, die zu einer zwar modischen, aber unklaren und methodisch unstatthaften Vermischung der Grenzen führen muß. Sie ist vielmehr Folge der jüngsten Wendung der deutschen Strafgesetzgebung, die im 1. und 2. Strafrechtsreformgesetz an zahlreichen Stellen, die für die Rechtsanwendung von wesentlicher Bedeutung sind, ausdrücklich oder unausgesprochen durch Übernahme kriminologischer Begriffe und Erfahrungssätze diese in Rechtsbegriffe und rechtliche Normen transformiert. Allerdings ist diese Erscheinung keineswegs völlig neu: der Krankheitsbegriff in § 51 StGB ist bisher das älteste und wichtigste Beispiel dafür, aber auch der Begriff des „gefährlichen Gewohnheitsverbrechens" im früheren § 20 a StGB und andere Begriffe, mit denen unser Recht seit dem Gewohnheitsverbrechergesetz von 1933 Voraussetzungen sichernder und bessernder Maßnahmen sowie später auch der Strafaussetzung umschrieben hatte.

Noch mehr als das StGB ist bekanntlich das Jugendgerichtsgesetz von Begriffen durchsetzt, mit denen unmittelbar auf jugendkriminologische Sachverhalte, Diagnosen und Prognosen Bezug genommen wird. Die Folge war, daß die Kommentare zum JGG, besonders der Kommentar von *Dallinger-Lackner*, in weit stärkerem Maße als irgendein Kommentar zum StGB in ihren Erläuterungen sich auch mit kriminologisch-kriminalpolitischen Fragen befassen, also etwa mit der Typologie jugendlicher Rechtsbrecher, für die die jeweiligen Maßnahmen, wie z. B. Jugendstrafe oder Jugendarrest bestimmt sind, oder mit den Voraussetzungen und mit dem zweckmäßigen Einsatz der unterschiedlichen vom JGG angebotenen Behandlungsformen. Das Jugendstrafrecht sollte, so scheint mir, seine so beschworene Schrittmacherfunktion gegenüber dem allgemeinen Strafrecht nunmehr auch in dieser Hinsicht entfalten.

Die fast völlige Ignorierung der kriminologischen Forschung in der bisherigen strafrechtlichen Kommentar- und Lehrbuch-Literatur hat zwar nicht den einzigen, aber doch wohl ihren hauptsächlichen Grund in dem Umstand, daß das Strafrecht bisher fast ausschließlich als rechtsstaatliches Schuldstrafrecht begriffen wurde, dessen Sanktionen in ihren Voraussetzungen durch den nulla-poena-Satz gesetzlich begrenzt, ihrer Bemessung nach aber durch das von der Praxis zugrunde gelegte Straftaxensystem der Schuldvergeltung bestimmt waren. Man sollte zwar meinen, daß die Anerkennung spezial- und generalpräventiver Strafzwecke, zuerst durch das RG (RG 61, 417, JW 57 (1928) 1749) bei der Auslegung des früheren § 27 b StGB, die Ergänzung der Strafe durch ein System spezialpräventiver Besserungs- und Sicherungsmaßnahmen und endlich durch die Gründung der richterlichen Strafzumessung auf die Spielraumtheorie seitens des BGH (BGH 7, 28; 20, 264 (266 f.) zu einer stärkeren Verflechtung strafrechtsdogmatischer Gesichtspunkte mit den Ergebnissen der empirischen Behandlungsforschung hätte führen müssen. Aber das war nicht der Fall. Zwar hat die Beschäftigung mit der Strafzumessungstheorie im letzten Jahrzehnt einen erfreulichen Aufschwung genommen, für den neben dem großen Werk von Hans-Jürgen *Bruns* die wichtige Schrift unseres Jubilars über „Die richtige Strafe“[8] und Aufsätze von *Dreher*, *Spendel*, *Schwalm* u. a., neuestens aber auch die lebhafte Diskussion um die neuen gesetzlichen Strafzumessungsregelungen der §§ 13 bzw. 46 des 1. und 2. Strafrechtsreformgesetzes, Zeugen sind. Sieht man sich indessen diese zweifellos sehr förderlichen Beiträge zu einem bisher allzu sehr vernachlässigten Thema näher an, so zeigt sich, daß auch sie fast ausnahmslos nur die dogmatische und rechtspolitische Problematik des Schuldstrafrechts im Bereich der Strafzumessung betreffen. Spielraumstrafe oder Punktstrafe, Zulässigkeit oder Verbot der Überschreitung und Unterschreitung des schuldadäquaten Strafmaßes, das Verbot der Doppelverwertung von Tatbestandsmerkmalen, die Bedeutung der Tatfolgen, des mitwirkenden Verschuldens und des Täterverhaltens vor und nach der Tat für die schuldangemessene Strafe, diese und ähnliche Fragen sind es, die vor allem in der erwähnten Strafzumessungsliteratur diskutiert werden. Dagegen ist von der spezial- und generalpräventiven Wirkung der zu verhängenden Strafe nur in sehr allgemeinen Floskeln die Rede, nicht aber in auf Erfahrung und wissenschaftliche Untersuchungsergebnisse gestützten Mitteilungen, die allein der Praxis Anhaltspunkte dafür geben könnten, ob, wann und in welchem Umfange und unter welchen Voraussetzungen von einer bestimmten Strafart, Strafdauer oder Strafaussetzung präventive Erfolge erwartet werden können. Nun liegt es

[8] Hans-Jürgen *Bruns*, Strafzumessungsrecht, Allg. Teil, 2. Aufl. 1974; Heinrich *Henkel*, Die richtige Strafe, Recht und Staat, H. 381/382, 1969.

uns ferne, eine solche Bescheidung des bisherigen monographischen Schrifttums zur Strafzumessung, die den Schuster bei seinen Leisten, nämlich den Juristen bei seiner Schulddogmatik bleiben läßt, zu tadeln. Es fragt sich aber, ob sie künftig in den Werken, die das neue Strafrecht der Reformgesetze für die *praktische Anwendung* erläutern und zubereiten sollen, also vor allem in den StGB-Kommentaren, noch zulässig ist. Mir scheint, daß diese Frage eindeutig verneint werden muß. Denn gegenüber dem bisherigen Recht, dessen Strafzumessung zwar nach der Rechtsprechung des RG und des BGH ebenfalls auf einer „Vereinigungstheorie" beruhen sollte, haben sich die Akzente deutlich zugunsten der präventiven Strafzwecke verschoben. Besonderer Belege dafür bedarf es nicht, da die einschlägigen Bestimmungen der beiden Strafrechtsreformgesetze, deren Entstehungsgeschichte, insbesondere aber auch das zur Zeit das Gesetzgebungsverfahren durchlaufende Strafvollzugsgesetz daran keine Zweifel lassen.

Ebenso sicher ist aber auch, daß diese Reformen des materiellen und Vollzugs-Rechts insuffizientes Stückwerk bleiben werden, wenn sie nicht ihre Ergänzung einerseits in einer Reform des Strafprozesses, andererseits aber in Begriffsarsenal und System der strafrechtlichen Dogmatik findet. Im Strafverfahren sind zur Zeit die ersten, längst fälligen Ansätze zum Aufbau der Gerichtshilfe zur Erforschung der Täterpersönlichkeit zu beobachten, und die Einführung des Schuldinterlokuts ist seit kurzem in den Mittelpunkt der Reformdiskussion gerückt[4]. Aber der Strafrichter würde die Gerichtshilfe nicht sachgerecht anleiten und ihren Bericht nicht sinnvoll verwerten können und er würde auch nach dem Schuldinterlokut ein Spielball in den Händen der Sachverständigen bleiben, wenn er nicht über gewisse Mindestkenntnisse hinsichtlich der Möglichkeiten, mit der Strafe oder anderen kriminalpolitischen Maßnahmen auf den Einzelnen und die Gesamtheit einzuwirken, verfügen würde. Dem, der eine solche Forderung von vornherein als utopisch und illusionär bezeichnen würde, ist wiederum das Beispiel der Jugendgerichtsbarkeit entgegenzuhalten. So sehr auch dort eine gründlichere jugendkriminologische Aus- und Fortbildung der Jugendrichter vermißt werden muß, so sind sie doch im Durchschnitt für ihre spezialpräventive Aufgabe weit besser gerüstet und auf sie eingestellt als die Strafrichter des allgemeinen Strafrechts.

[4] Vgl. u. a. *Kern-Roxin*, Strafverfahrensrecht, 11. Aufl., S. 208; *Blau*, ZStW 81, 31 ff.; Günther *Kaiser*, Strategie und Prozesse strafrechtlicher Sozialkontrolle, S. 9 ff.; E. *Horn*, ZStW 85, S. 7 ff.; Detlef *Krauss*, ZStW 85, 355 f.; J. *Herrmann*, Die Reform der deutschen Hauptverhandlung, S. 137 ff.

Natürlich wird es vor allem darauf ankommen, dem künftigen Strafrichter schon auf der Universität und später auf Fortbildungskursen jenes Mindestmaß an kriminologischem Rüstzeug zu vermitteln, ohne das sich die Absichten der Reformgesetze nicht werden verwirklichen lassen. Aber solange unsere Justiz an dem Prinzip des überall verwendbaren „all-round-Richters", der heute Grundbuchsachen, morgen Strafsachen bearbeiten kann, festhält, ist von einer solchen Spezialisierung, selbst wenn die dafür erforderlichen personellen und finanziellen Mittel zur Verfügung ständen, nicht allzu viel zu erwarten. Eben deshalb ist es für die Durchsetzung der kriminalpolitischen Ziele des neuen Strafrechts von wesentlicher, ja entscheidender Bedeutung, daß wenigstens die für die Praxis bestimmten und von ihr benutzten StGB-Kommentare bei den Erläuterungen derjenigen Gesetzesbestimmungen, deren richtige Anwendung kriminologische Kenntnisse voraussetzt, sich deren Vermittlung angelegen sein lassen. Wie dies im Rahmen einer sich ergänzenden Zusammenarbeit von dogmatischen und kriminologischen Kommentatoren am besten geschieht, dafür bieten sich natürlich je nach der Zusammensetzung des Bearbeiter-Teams verschiedene Möglichkeiten an. Diese mehr arbeitstechnische Frage kann hier nicht weiter verfolgt werden.

Ebensowenig kann im Rahmen dieses kurzen Beitrages die Aufstellung eines Katalogs der dafür in Frage kommenden Paragraphen erwartet werden. Die Anführung einiger Beispiele muß mit den gesetzlichen Strafzumessungsbestimmungen der §§ 13 und 14 StGB (künftig §§ 46/47) beginnen. Einerlei, ob man die Schuld als „Grundlage für die Zumessung der Strafe" mit dem BGH nach der Spielraumtheorie oder nach der Theorie der „Punktstrafe" bemißt, so sind doch nach Wortlaut und Entstehungsgeschichte daneben in einem mehr oder minder weit zu steckenden Rahmen spezialpräventive und generalpräventive Wirkungen bei der Festsetzung des konkreten richterlichen Strafmaßes zu berücksichtigen[5]. Auch braucht bloß an den vom Gesetz selbst (§ 14) geführten Kampf gegen die kurzzeitigen Freiheitsstrafen erinnert zu werden, um zu zeigen, daß in einem auf

[5] Anders aber wohl in diesem Punkt *Henkel*, Die richtige Strafe, S. 39 ff., der die „Wirkungen, die von der Strafe für das künftige Leben des Täters in der Gesellschaft zu erwarten sind", nicht bei der Bemessung der Dauer der Freiheitsstrafe, sondern nur bei der „Zumessung der Strafe im weiteren Sinne", nämlich bei den spezialpräventiv ausgerichteten Maßnahmen der §§ 23 ff. StGB berücksichtigt wissen will. Demgegenüber bin ich — freilich von der von *Henkel* abgelehnten Spielraumtheorie ausgehend — der Auffassung, daß auch solche übrigens auch von *Henkel* selbst erwähnten Erfahrungssätze wie der, daß für eine wirksame resozialisierende Behandlung im Strafvollzug in der Regel eine Vollzugsdauer von mindestens 1—1½ Jahren notwendig ist und daß ferner allzu lange Strafen, die etwa 4—5 Jahre überschreiten, wegen der damit verbundenen Abstumpfung und Ge-

Spezialprävention zielenden Strafrechtssystem Zumessung und Vollzug der Strafe eine kriminalpolitische Einheit bilden und die besten Vollzugsmethoden in ihrer Wirksamkeit durch allzu kurze, aber auch durch allzu lange Strafen in Frage gestellt werden. — Weitere Bestimmungen von fundamentaler praktischer Bedeutung, welche in diesem Zusammenhang zu nennen sind, sind die über die Strafaussetzung zur Bewährung, insbesondere § 23 und § 26, welche die Strafaussetzung von einer Prognose über das künftige Verhalten des Täters abhängig machen, aber auch etwa der § 24 h über die dem Probanden zu seiner Hilfe zu erteilenden Weisungen oder der § 25 (insb. Abs. 2) über den Widerruf und das Absehen von ihm. — Eine dritte Gruppe von Bestimmungen, bei denen es darauf ankommt, dem Richter kriminologisches Erfahrungswissen schon durch die Gesetzeskommentierung zu vermitteln, ist in den § 42 a bis § 42 p enthalten, betrifft also die Maßregeln der Sicherung und Besserung. Was bisher in Kommentaren, aber auch in der dort zitierten höchstrichterlichen Rechtsprechung zu den Kriterien des gefährlichen „Gewohnheitsverbrechers" oder des „Hangtäters" des neuen § 42 e angeführt worden ist, bewegte sich allzusehr im Rahmen vager und allgemeiner Werturteile, so daß es nicht erstaunlich ist, wenn die Untersuchungen von *Hellmer, Schachert und Fr. Jung*[6] übereinstimmend zu Tage gebracht haben, daß mit der von kriminologischen Erkenntnissen kaum beeinflußten Anwendung der §§ 20 a, 42 e alter Fassung fast ausschließlich nur immer wieder rückfällige Täter von Bagatelldelikten erfaßt worden sind.

Es kann natürlich nicht Aufgabe dieses Beitrages sein, selbst eine den kriminologischen Erkenntnissen Rechnung tragende Kommentierung der soeben angeführten Bestimmungen des neuen Strafrechts zu geben. Nicht nur die Fülle des dabei zu verarbeitenden Stoffes würde den mir gesetzten Rahmen sprengen, sondern auch dessen kritische Sichtung daraufhin, was aus ihm als so gesichert angesehen werden darf, daß es ohne Bedenken der richterlichen Urteilsfindung zugrunde gelegt werden darf. Auch wird sich eine kriminologische Kommentierung nicht anders als eine dogmatisch-juristische mit noch offenen Streitfragen befassen müssen, die es in einer empirischen

wöhnung resozialisierungsschädlich sind, bei der Bemessung der Strafdauer im Rahmen des Schuldspielraums zu berücksichtigen sind. Die noch fehlende wissenschaftliche Absicherung jener Erfahrungssätze der Vollzugspraxis zur Vollzugsdauer scheint mir deshalb eine der wichtigsten Aufgaben einer praxisbezogenen Kriminologie zu sein. Über erste, noch unvollkommene Ansätze dazu vgl. *Schaffstein,* ZStW 79 (1967) 232 ff. und Kriminologische Gegenwartsfragen, Heft 8 (1968) S. 76 f.

[6] *Hellmer,* J., Der Gewohnheitsverbrecher und die Sicherungsverwahrung, 1934 bis 1945, 1961; *Schachert,* Dieter, Kriminologische Untersuchungen an entlassenen Sicherungsverwahrten, Jur. Diss. Göttingen 1963; *Jung,* Friedrich, Kriminologische Untersuchungen an Vermögensverbrechern, Krim. Studien, Bd. 3, 1970.

Wissenschaft kaum seltener gibt als bei der dogmatischen Normenauslegung, zumal wenn diese Empirie so stark von sich befehdenden Ideologien durchsetzt, beeinflußt und verfälscht ist wie in der Kriminologie.

So müssen wir uns hier darauf beschränken, wenigstens an einem einzelnen Beispiel mit einigen skizzierenden Andeutungen zu zeigen, wie wir uns in concreto einen solchen Beitrag der Kriminologie zur Kommentierung eines Strafgesetzes vorstellen. Nach § 23 StGB (und dem soweit gleichlautenden § 56 des künftigen Rechts) setzt die Aussetzung einer Freiheitsstrafe zur Bewährung voraus, daß „zu erwarten ist, daß der Verurteilte sich schon die Verurteilung zur Warnung dienen läßt und künftig auch ohne die Einwirkung des Strafvollzuges keine Straftat mehr begehen wird". Damit wird die Aussetzung an die Voraussetzung einer günstigen Prognose geknüpft. Auf welche Weise und mit welchen Mitteln eine solche Prognose zu erstellen ist, hat bekanntlich die anglo-amerikanische und in ihrem Gefolge auch die deutsche kriminologische Forschung erheblich beschäftigt, wenngleich es um die Frage in den letzten Jahren wieder etwas ruhiger geworden ist. Nun haben wir nicht die Absicht, uns hier mit dem Gegensatz zwischen der bei uns die strafrichterliche Praxis ausschließlich beherrschenden intuitiven Prognose und den verschiedenen wissenschaftlichen, insbesondere dem kriminologisch-statistischen Prognoseverfahren auseinanderzusetzen[7]. Ich meine aber, daß ein Strafrechtskommentar diesen Streit nicht verschweigen darf, sondern den Benutzer und damit vor allem auch die strafrechtliche Praxis über ihn genau so zuverlässig und dem jeweiligen Umfang des Kommentars entsprechend ausführlich unterrichten sollte wie etwa über Streitfragen über die Bedeutung des Verbotsirrtums oder über die Abgrenzung von Täterschaft und Teilnahme. Daß bei uns bisher nur eine verschwindende Minderzahl der Strafrichter von den Bemühungen um eine wissenschaftlich-statistische Prognose und von deren bisherigen Ergebnissen und Mängeln jemals überhaupt etwas gehört hat, halte ich für eine schwerwiegende Lücke nicht nur in unserer strafrechtlichen Universitätsausbildung, sondern ebenso in der Kommentierung von den eine Prognose verlangenden Strafgesetzen. Das gilt auch dann, wenn man, wie ich selbst, geneigt ist, die bisher entwickelten in- und ausländischen Prognosetafeln noch mit einer erheblichen skeptischen Vorsicht zu betrachten. Aber auch abgesehen von einer Zusammenfassung in Punktetabellen haben die

[7] Vgl. dazu den Überblick über die verschiedenen Prognosemethoden bei G. *Kaiser*, Kriminologie, S. 78 ff., dessen abgewogener, aber kritischer Beurteilung ich mich im wesentlichen anschließen möchte. Ferner *Göppinger*, a. a. O., S. 242 ff.

Untersuchungen über die Bewährung und Rückfälligkeit solcher Probanden, denen Strafaussetzung bewilligt wurde, ungeachtet ihrer Ergänzungsbedürftigkeit schon jetzt wertvolles Material über die „Rückfallfaktoren" erbracht, d. h. über solche Kriterien der Persönlichkeit und der Umwelt des Probanden, bei deren Vorliegen entweder eine erhöhte, nämlich wesentlich über dem durchschnittlichen Prozentsatz liegende Wahrscheinlichkeit eines Rückfalls oder aber umgekehrt eine unter*durchschnittliche Mißerfolgswahrscheinlichkeit zu* beobachten ist. So sind etwa schon in einer der ersten einschlägigen Arbeiten, derjenigen von *Sydow*[8], der Abbruch der Lehre bei jüngeren Probanden, häufiger Arbeitsplatzwechsel, Trennung oder Zerrüttung der Ehe, das Fehlen eines festen Wohnsitzes, Bestrafung schon während der Minderjährigkeit, zwei und mehr Vorstrafen u.s.w. als prognostisch negative Merkmale, die Ausübung des erlernten Berufes und dgl. als positive Faktoren ermittelt worden. Die darauf aufbauende Punktetabelle von *Sydow* ist in der Dissertation von *Wittig*[9] in wesentlichen Ergebnissen bestätigt, in einigen anderen korrigiert (z. B. nichteheliche Geburt als Schlechtpunkt), vor allem aber durch weitere negative und positive Faktoren ergänzt worden. Auch bei aller gebotenen Vorsicht gegenüber Prognosen, die sich lediglich schematisch auf eine Punktetabelle stützen, wird man doch anerkennen müssen, daß solche Tabellen zur Kontrolle einer rein intuitiven Prognose nützlich sind und daß ferner auch unabhängig von solchen Tabellen der ihnen zu Grunde liegende Gedanke, daß nämlich bei einer Häufung bestimmter wissenschaftlich erwiesener negativer Faktoren, die nicht durch entsprechende positive Faktoren kompensiert werden, die Prognose ungünstig ist, zutrifft und deshalb Eingang in die richterliche Praxis finden sollte.

Nun mag man freilich einwenden, daß die negative prognostische Bedeutung eines Frühbeginns der Kriminalität, der Mehrzahl von Vorstrafen und anderer solcher angeführter Kriterien ohnehin jedem erfahrenen Strafrichter aus seiner täglichen Praxis geläufig seien, so daß es dafür weder besonderer statistischer Verifizierungen noch

[8] Karl-Heinz *Sydow*, Erfolg und Mißerfolg der Strafaussetzung zur Bewährung, Kriminolog. Untersuchungen Heft 13, Bonn 1963. Während *Sydows* Arbeit sich auf 21—29jährige Probanden bezieht, befassen sich u. a. die Göttinger Dissertationen von *Bindzus*, *Voigt* und *Schünemann* mit Jugendlichen und Heranwachsenden. Die oben erwähnte Ergänzungsbedürftigkeit solcher Untersuchungen bezieht sich sowohl auf eine erhebliche Vermehrung der Probandenzahlen und eine Verfeinerung der Methoden wie namentlich auch eine weitere Differenzierung der jeweils untersuchten Probanden nach Alter, Geschlecht, eventuell auch noch nach Deliktsarten und dgl.

[9] Klaus *Wittig*, Die Praxis der Strafaussetzung zur Bewährung bei Erwachsenen, jur. Diss. Göttingen 1969.

deren Anführung in Strafrechtskommentaren bedürfe. Indessen würde ein solcher Einwand die durch Erfahrung gewonnenen kriminologischen Einsichten unserer Strafrichter doch wohl zu hoch bewerten. Denn sonst hätte es nicht vorkommen können, daß — um nur ein Beispiel aus vielen Aktenuntersuchungen anzuführen — von den 150 männlichen Probanden *Wittigs* immerhin 20 Strafaussetzung erhalten haben, obwohl bei ihnen infolge der Häufung von 5 oder mehr Schlechtpunkten im Sinne *Sydows* mit 87 % (bei 5—7 Punkten) bzw. 100 % Wahrscheinlichkeit (bei mehr als 7 Punkten) ein Mißerfolg zu erwarten war und mit genau dieser prozentualen Quote dann auch tatsächlich eingetreten ist[10]. Ähnliche Fehlgriffe der Praxis sind auch in anderen Untersuchungen sowohl bei männlichen wie bei weiblichen Probanden konstatiert worden.

Diese Fehlgriffe beruhen allerdings wohl nicht nur auf einer falschen Einschätzung der prognostisch relevanten Faktoren, sondern ebenso oft auch auf zwei anderen Gründen, die das grundsätzliche Verhältnis von Kriminologie und Strafrechtsdogmatik betreffen. Von vielen nur dogmatisch geschulten Richtern wird immer wieder verkannt, daß es sich bei den zahlreichen kriminologischen Prognosen, die das neue Recht im Rahmen der Präventionsprinzipien vom Richter verlangt, — mag es sich nun um die Feststellung der Gefährlichkeit von Geisteskranken oder von Hangtätern oder um die voraussichtliche Wirkung des Strafvollzuges bei der präventiven Bemessung der Freiheitsstrafe in dem von § 13 StGB gesetzten Rahmen oder um die Prognosen bei der Strafaussetzung handeln — immer nur um die Feststellung von Wahrscheinlichkeiten handeln kann. Daher kann der Grundsatz in dubio pro reo hier jedenfalls nicht in dem Sinne gelten, als, wie sonst bei der Verhängung von für den Täter nachteiligen Rechtsfolgen, eine „an Sicherheit grenzende Wahrscheinlichkeit" künftigen Verhaltens verlangt werden müßte und könnte. Mit anderen Worten: für die Versagung der Strafaussetzung reicht die Feststellung erheblicher Wahrscheinlichkeit eines Mißerfolges aus, ohne daß sich natürlich deren Grad zahlenmäßig genau fixieren ließe.

Ein zweiter Grund für die richterlichen Fehlurteile in diesem Bereich ist der, daß viele Strafrichter gerade auch die Strafaussetzung insofern der ihnen geläufigen Schulddogmatik einordnen, als sie geneigt sind, in ihr die Prämierung eines geringen Schuldgrades zu

[10] Vgl. *Wittig*, a. a. O., S. 176. Die Rückfallquote seiner 15 Probanden, die 5—7 Schlechtpunkte hatten, betrug 86,7 %. Unsicher ist, wie *Kaiser*, a. a. O. S. 82 zutreffend hervorhebt, die statistische Prognose regelmäßig im sog. Mittelfeld der Straftäter, d. h. also bei einer mittleren Schlechtpunktezahl. Aber auch diese Schwäche der Prognosetafeln sollte dem Strafrichter durch die Kommentierung der eine Prognose voraussetzenden Gesetzesnormen mitgeteilt werden.

sehen. Deshalb widerstrebt ihnen umgekehrt die Berücksichtigung solcher prognostisch bedeutsamer Minuspunkte, die nicht schuld-, sondern schicksalsbedingt sind, wie z. B. die Herkunft aus einem schlechten erzieherischen Milieu, für das allenfalls die Eltern, nicht aber der junge Täter verantwortlich sind. An dieser Stelle macht sich die oft berufene und nicht aufhebbare Antinomie der Strafzwecke auch in der alltäglichen richterlichen Praxis geltend. Derselbe Umstand, der bei der Anwendung von § 13 Abs. 1 Satz 1 (Schuld als Grundlage der Bestrafung) die Strafe mildert, kann sich möglicherweise aus spezialpräventiven Gründen, also im Rahmen des § 13 Abs. 1 Satz 2, im Sinne einer längeren Strafdauer oder einer Versagung der Aussetzung nach § 23 auswirken. Eine verschiedene Strafzwecke gleichzeitig berücksichtigende Gesetzeskonzeption muß nun einmal mit solchen Aporien bezahlt werden, und es wäre verfehlt, sie mit schön klingenden Harmonisierungsformeln zudecken zu wollen. Für den Strafrechtskommentator ergibt sich daraus die Aufgabe, den Benutzer, d. h. also vor allem die strafrechtliche Praxis, auf diese zwangsläufige Widersprüchlichkeit zwischen kriminologischer und schulddogmatischer Betrachtungsweise hinzuweisen und an der Stelle und in dem Maße, in dem das Gesetz seine Rechtsfolgen auf Prävention abstellt, darauf zu dringen, daß hier ohne Rücksicht auf Schuld und Verdienst nur die voraussichtlich wirksamste Verhütung maßgebend ist. Dabei ist freilich die durch den Verhältnismäßigkeitsgrundsatz gegebene Schranke auch unabhängig vom Schuldprinzip zu beachten.

Haben uns die letzten Erwägungen bereits wieder in einen Bereich an der Grenze von juristischer Dogmatik und Kriminologie zurückgeführt, dessen Erörterung in den Kommentaren auch die auf strenge Methodenreinheit bedachten Dogmatiker gestatten werden, so ist es abschließend notwendig, noch auf zwei naheliegende und besonders gewichtige Einwände einzugehen, die gegen Einbeziehung auch rein empirisch-kriminologischer Forschungsergebnisse in die Kommentierung der gesetzlichen Rechtsfolgevorschriften erhoben werden könnten. Der erste Einwand würde auf dem Hinweis beruhen, daß jene kriminologischen Fakten die Tatsachenfeststellung, also die Beweisfrage, betreffen, während sich die Kommentierung des Gesetzes hier wie auch sonst auf Rechtsfragen zu beschränken habe. Ebensowenig wie etwa die Fachkenntnisse der Gerichtsmediziner über die Feststellung und Wirkung von Giften in die Kommentierung des § 211 StGB, so gehöre das Fachwissen des Kriminologen über die prognostische Bedeutung etwa des Frühbeginns der Kriminalität oder anderer Faktoren in die Kommentierung der §§ 23, 13 und anderer einschlägiger Gesetzesbestimmungen. Darauf ist zu erwidern, daß bei grundsätzlicher Anerkennung des Unterschieds von Tat- und Rechtsfragen die ohnehin unscharfe Grenze zwischen ihnen in dem uns hier interessierenden Bereich in besonderem Maße zu verschwimmen scheint. Der Gesetzgeber hat hier nicht nur, wie etwa beim Krankheitsbegriff des § 51 StGB, die Begriffe aus einer anderen, wenn auch benachbarten Wissenschaft übernommen und dadurch die Notwendigkeit begründet, sie durch teleologische Transformation in juristische umzuwandeln, sondern er hat mit solchen Begriffen wie der Prognose (d. h. deren Umschreibung in § 23) oder des gefährlichen Hangtäters (§ 42 e Nr. 3) diese einer Wissenschaft, nämlich der Kriminologie entnommen, die sich wenn auch mit verschiedenen Methoden, so doch mit dem gleichen Gegenstand und den gleichen Zielen befaßt wie die Strafrechtswissenschaft im engeren Sinne. Vor allem die gleiche Zielsetzung ist hier wesentlich: denn durch die (natürlich nach § 13 Abs. 1 Satz 1 begrenzte) Anerkennung der Spezialprävention als Strafzweck hat sich der Gesetzgeber gleichsam jene Zwecke zu eigen gemacht, welche auch das Ziel der kriminologischen Persönlichkeitsforschung, die ja auch nicht als l'art pour l'art betrieben wird, ausmachen. Dabei hängt dann die Frage der strafgesetzlichen Kommentierung der einschlägigen kriminologischen Begriffe mit jener weiteren zusammen, ob ihre fehlerhafte Anwendung im Sinne der Nichtbeachtung gesicherten kriminologischen Tatsachenwissens einen Revisionsgrund darstellt. Es wäre wünschenswert, wenn sich die Revisionsgerichte hier zu einem Standpunkt durchringen würden, der die Tatsacheninstanz verpflichten würde, in der Regel von jenem als einigermaßen gesichert geltenden kriminologischen Erfahrungswissen auszugehen, und ihnen eine Abweichung, z. B. in der prognostischen Beurteilung eines Täters, nur dann zu gestatten, wenn ganz besondere Umstände des Einzelfalls eine zu begründende Ausnahme zulassen. Aber mit diesem Hinweis auf die strafprozessuale Problematik, die abermals die schon oben erwähnte Interdependenz von Straf- rechts- und Verfahrensreform betrifft, ist ein weites Feld betreten, in das wir hier nicht weiter eindringen können.

Dagegen ist es notwendig, sich noch kurz mit einem zweiten möglichen Einwand gegen unsere These zu befassen. Er würde dahin gehen, daß zur Zeit die kriminologische Forschung ausreichend gesicherte wissenschaftliche Forschungsergebnisse hinsichtlich der hier interessierenden Fragen, also etwa über die spezial- und generalpräventive Wirkung von Strafen oder bestimmter Vollzugsformen oder über die in einem konkreten Fall optimale Strafdauer oder hinsichtlich der prognostischen Beurteilung eines Verurteilten im Rahmen des § 23 StGB, überhaupt noch nicht liefern könne. Dieser Einwand ist bis zu einem gewissen Grade zutreffend, sollte die Strafrechtskommentatoren aber doch nicht zu absoluter Resignation verleiten. Denn neben vielen ausländischen, insbesondere angloamerikanischen Untersuchungen gibt es auch bei uns seit den Zeiten der Exnerschule eine Vielzahl von Arbeiten aus den hier in Frage kommenden Bereichen, die zwar gewiß noch sehr ergänzungs- und verfeinerungsbedürftig sind, die aber doch auch jetzt schon zahlreiche, für die Praxis wesentliche übereinstimmende Resultate erbracht haben, die insbesondere für den oben beispielsweise angeführten Fragenkreis der prognostisch bedeutsamen Rückfallfaktoren sehr wohl Konsequenzen für die Rechtsprechung zulassen[11]. Auf anderen Gebieten, so etwa dem der umstrittenen generalpräventiven Wirksamkeit der Strafandrohung, fehlt es, abgesehen etwa von den Arbeiten von *Kaiser* und besonders von *Schöch* über die Verkehrskriminalität[12], noch völlig an verwertbaren empirischen Untersuchungen, obwohl man wohl trotz der offenkundigen Schwierigkeiten bei entsprechendem Aufwand unter Verwendung moderner sozial- und tiefenpsychologischer und massenstatistischer Methoden über den bisherigen Stand bloßer unbestimmter Vermutungen hinausgelangen könnte. Freilich würde gerade eine solche Untersuchung über die Generalprävention völlige ideologische Unvoreingenommenheit voraussetzen.

Damit haben wir den Punkt berührt, der in der Gegenwart dem Zusammenwirken von Kriminologen und Strafjuristen die größten Hindernisse bereitet. Der Forderung, in der Kriminologie die „angewandten" d. h. unmittelbar der richterlichen Praxis dienenden Forschungsrichtungen zu intensivieren, steht die zur Zeit weit verbreitete ideologische Tendenz der kriminalsoziologischen Wissenschaft entgegen, die „Botmäßigkeit der Kriminologie gegenüber dem Strafrecht zu unterlaufen" und das Strafrecht „nur noch politischfunktional als Selektions- und Sanktionsgeschehen zu begreifen"[13]. Die „Projekte" dieser Richtung, die freilich nur unvollständig

[11] Die Tatsache, daß viele, wenn auch keineswegs alle dieser Arbeiten nur auf Aktenauswertung beruhen, ist, wie *Schneider* und andere immer wieder hervorgehoben haben, gewiß ein wesentlicher Nachteil. Andererseits scheinen mir solche auf einem unvollkommenen Ausgangsmaterial beruhenden Untersuchungen immer noch besser zu sein als überhaupt keine oder als die bloße Wiedergabe der auf deutsche Verhältnisse nur mit erheblichen Einschränkungen anwendbaren amerikanischen Forschungsergebnisse, so anregend und beispielgebend die letzteren auch sein mögen. Es kommt hinzu, daß die Aktenuntersuchungen mindestens den Vorzug haben, auch manche für die Kritik der Gesetzanwendung wichtigen Aufschlüsse über die richterliche Strafzumessungspraxis und über die Praxis der Persönlichkeitsbeurteilung des Strafvollzuges zu geben.

[12] Günter *Kaiser*, Verkehrsdelinquenz und Generalprävention, 1970; H. *Schöch*, Strafzumessungspraxis und Verkehrsdelinquenz, 1973.

[13] Vgl. *Kürzinger*, a. a. O. S. 218 unter Berufung auf D. und H. *Peters* und andere Autoren des Kriminologischen Journals.

durch das Stichwort „labeling approach" gekennzeichnet wird, zielen mehr darauf ab, die Strafjustiz zu verunsichern als ihr Hilfe zu gewähren. Zwar ist nicht zu verkennen, daß sie der Kriminologie eine bisher vernachlässigte, aber sehr beachtenswerte neue Dimension erschlossen haben. Auch kann die Verunsicherung zu einer wünschenswerten Schärfung des sozialen Gewissens beitragen. Dennoch ist die Abwendung von den vornehmlich auf die Täterpersönlichkeit abstellenden Forschungsansätzen der traditionellen Kriminologie zu bedauern und zwar um so mehr, als sie ausgerechnet in dem Augenblick erfolgt, in dem ein neues Strafrecht sich weit mehr als bisher einer solchen Täter-Kriminologie öffnet, ja ihre Hilfe geradezu voraussetzt. Eine Auswahl der Maßnahmen nach kriminaltherapeutischen Gesichtspunkten und eine therapeutische Gestaltung des Vollzuges sind nur auf Grund einer sehr viel genaueren Kenntnis der Persönlichkeit des zu Therapierenden möglich, als wir sie heute besitzen. Daher enthält unser Thema nicht nur einen Appell an die Strafrechtskommentatoren, bei der Erläuterung der Rechtsfolge-Vorschriften der Strafrechtsreformgesetze nicht wie bisher kriminologische Untersuchungsergebnisse zu ignorieren. Es enthält in gleicher Weise einen Appell an die Kriminologie, sich der Aufgabe und der Chance bewußt zu werden, die ihr die Reformgesetzgebung im Sinne unmittelbarer Einflußnahme auf die strafrichterliche Praxis bietet.

Über die Praxis der Gerichte, die richterliche Verantwortung in der Strafrechtsanwendung zu verschleiern

Eberhard Schmidhäuser

1.

Wenn hier über die im Titel bezeichnete Beobachtung berichtet und nachgedacht werden soll, so handelt es sich nicht etwa um eine immer und überall anzutreffende Verhaltensweise unserer Strafgerichte; dies sei zur Beruhigung der Leser sogleich gesagt. Vielmehr geht es um eine Erfahrung, die nur an einigen Punkten der Strafrechtsanwendung, dort allerdings ziemlich regelmäßig, zu machen ist.

Die Aufgabe des Richters liegt in jenem eigentümlichen Spannungsfeld von Bindung und Freiheit, in dem sich jede Rechtsverwirklichung vollzieht. Immer geht es um den Schritt vom Allgemeinen der abstrahierenden und generalisierenden Rechtsregel zum Besonderen ihrer Anwendung auf den einzelnen Fall. Die Bindung an das Allgemeine findet ihre Grenze an der Besonderheit des einzelnen Sachverhalts, über den zu entscheiden ist; die Freiheit in der Anerkennung des Besonderen findet ihre Grenze an der Allgemeinheit der Rechtsregel, die die Reduktion des einzelnen Sachverhalts auf die für die Rechtsregel wesentlichen Momente notwendig macht.

Im Laufe der geschichtlichen Entwicklung sind — wie wir wissen — die Akzente unterschiedlich gesetzt worden. Zu manchen Zeiten hatte der Richter, aus heutiger Sicht gesehen, zu wenig gesetzliche Bindung; die Rechtsprechung entartete in Willkür. Zu anderen Zeiten war er zu fest gebunden; die Rechtsprechung verkümmerte in formalem Schematismus. Das heutige Bild der Strafrechtsanwendung durch den Strafrichter kann, wenn wir die Dinge über größere Zeiträume hinweg sehen, in mancher Hinsicht noch immer als die Ablösung einer allzu engen Bindung begriffen werden. Halten wir uns an zwei Bereiche aus der Rechtsanwendung durch den Tatsachenrichter, nämlich an die Feststellung der Tatsachen im Hinblick auf den anzuwendenden Rechtssatz und an die Entfaltung des Rechtssatzes im Hinblick auf den festgestellten Sachverhalt, so zeigt sich im weitgespannten historischen Rückblick beispielhaft, daß wir die gesetzlichen Beweisregeln des gemeinen Strafprozesses (und zwar im Gefolge jener Gedanken, die in Vorbereitung der französischen Revolution aufgetaucht sind) längst abgeschafft haben und daß die Kommentierungsverbote der absoluten Landesherren mit der Verdrängung der Reste des Absolutismus verschwunden sind; beides sind Vorgänge, die z. T. weit in das 19. Jahrhundert hineinreichen.

In der langen Zeit seitdem haben sich die Richter an die größere Freiheit und an das größere Maß von Verantwortung gewöhnt. Ja, inzwischen ist das Bewußtsein der richterlichen Freiheit und damit auch der richterlichen Verantwortung in betonter Weise Allgemeingut der Juristen geworden und noch erheblich gewachsen. Wir brauchen hier nur an die Entwicklung der Psychologie in den letzten 70 Jahren zu denken, die u. a. auch zu einer neuen psychologischen Sicht der richterlichen Überzeugungsbildung geführt hat, um uns dessen bewußt zu werden, wie sehr die naive Vorstellung erschüttert worden ist, es gehe in der Tatsachenfeststellung durch den Richter um eine Aufgabe, die bei einiger Selbstkontrolle des Richters von seiner Subjektivität befreit bleibe. Und wir brauchen in der Geschichte der juristischen Methodenlehre nur an ein so markantes Ereignis wie die Freirechtsschule zu denken, um zu erkennen, als wie groß die Freiheit des Richters gegenüber dem Gesetz gesehen werden kann.

Die Richtigkeit dieser oder anderer Auffassungen soll hier nicht untersucht werden. Selbst wenn wir manche Ansicht für übertrieben halten, so ist in der kritischen Reflexion die richterliche Verantwortung doch in ihrem weiten Ausmaß aufgezeigt worden, eben jene Verantwortung, die den Freiheitsraum betrifft, der — auch im Bereiche des Strafrechts — noch innerhalb der Bindung ans Gesetz notwendig verbleibt, und zwar sowohl bei der Wahrheitsfindung wie in der Entfaltung des Rechtssatzes. Und man wird nicht bestreiten, daß dieser Entscheidungsfreiraum durch das Bewußtmachen gar noch erweitert worden ist.

Erweiterte Freiheit bedeutet indes auch mehr Verantwortung. Wer vor Verantwortung zurückschreckt, wird sich daher gegen die Erweiterung der Freiheit wehren. Man erinnert sich hierzu der Stimmen jener Richter aus der ersten Hälfte des 19. Jahrhunderts, die den abgeschafften gesetzlichen Beweisregeln nachtrauerten und sich gegen die Aufgabe der freien Beweiswürdigung wehrten[1].

[1] Herr Assessor Günter *Haber* macht mich darauf aufmerksam, daß sich während der frühliberalen Reformdiskussion die Berufsrichter überwiegend gegen die freie Beweiswürdigung (jedenfalls im Hinblick auf rechtsgelehrte Richter) ausgesprochen haben. Vgl. z. B. H. B. v. *Weber*, damals Vice-Direktor des Gerichtshofes in Tübingen: Über den Begriff der strafrechtlichen Gewißheit, in: Neues Arch. d. Criminalrechts Bd. 8 (1826), S. 557, 574 ff.; und anonym im amtl. Entw. einer StPO f. d. Kgr. Württemberg, 1820, Art. 280—367. — *Trefurt*, damals Hofgerichtsrath in Rastatt: Über die Geschwornenanstalt ... in: Arch. f. d. Rechtspflege u. Gesetzgebung in Baden Bd. 4 (1837), S. 275, bes. 296 ff. — J. *Zentner*, damaliger HofGR in Mannheim, in: Andeutungen über die Einführung einer auf Collegialität gebauten Gerichtsverfassung ... (1839), S. 91 ff., 94 ff., der das Schwurgericht aber

Aber wenn eine Aufgabe sachgerecht erfüllt werden soll, dann muß der, der die Aufgabe zu erfüllen hat, möglichst vollständig über sie unterrichtet sein. Wer seine Verantwortung nicht kennt, kann ihr von vornherein nicht gerecht werden. Man sollte nun meinen, daß die Gerichte heutzutage — und das heißt: nach der langen Entwicklung in der Sache selbst und in der kritischen, Verantwortung aufzeigenden Reflexion — diese ihre Verantwortung nicht nur erkennen, sondern sich auch zu ihr bekennen. Oft mag dies in der Tat so sein; aber wir machen öfters auch die Erfahrung, daß die Richter ihre Verantwortung verschleiern, sei es nun, daß sie selbst diese Verantwortung nicht oder nicht voll erkennen, sei es, daß sie sich nur nicht zu ihr bekennen.

2.

a)

Hinsichtlich der prozessualen Tatsachenfeststellung ist heute allgemein anerkannt, daß die richterliche Überzeugungsbildung nicht auf einem rein rationalen Denkvorgang beruht. Heinrich *Henkel* bezeichnet Überzeugung als „das Führwahrhalten ohne Zweifel" und gibt zu bedenken, „daß der Vorgang der Urteilsbildung nicht ausschließlich durch Verstandestätigkeit beherrscht wird, sondern daß ebenso rational nicht erfaßbare Eindrücke (insbesondere bezüglich der Glaubwürdigkeit der zu beurteilenden Aussagen) eine wesentliche Rolle spielen, auch das emotionale Element der Willensentschließung mitbestimmend ist, so daß die Urteilsfindung im letzten Grunde eine aus vielfachen Elementen gebildete, gesamt-psychische Leistung darstellt".[2] Wenn dem aber so ist, dann ergibt sich hieraus zugleich das Gewicht der richterlichen Verantwortung; und um so mehr muß auffallen, daß die Gerichte an einem Punkt im Rahmen der Tatsachenfeststellung immer wieder den Eindruck erwecken, es gehe gar nicht um die Bildung voller Überzeugung, sondern um die Errechnung eines mathematisierbaren Ergebnisses. Ich denke hier an die in der Rechtsprechung übliche Art der Erfolgszurechnung bei Unterlassungstaten. Nach jener in Gerichtsurteilen oft wiederholten Formulierung wird die sog. Kausalität der Unterlassung für den Erfolg dann bejaht, wenn „eine an Gewißheit grenzende Wahrscheinlichkeit" dafür besteht, daß der Erfolg bei Vornahme der unterlassenen Handlung

ausnahm. Beweisregeln selbst für dieses forderte J. C. *Hagens*, preuß. Obergerichtsrat, in: Über die Einführung der Geschworenen ... (1848), S. 48. Auf Einzelheiten der Beweistheorien und Gegenansichten ist an dieser Stelle nicht einzugehen.

[2] Heinrich *Henkel*, Strafverfahrensrecht, 2. Aufl. (1968), S. 351.

nicht (oder wesentlich später oder in wesentlich geringerem Umfang) eingetreten wäre.[3]

Es kann hier dahingestellt bleiben, wie dies im einzelnen begründet wird. Man geht davon aus, daß die Abwendbarkeit eines Erfolges nicht gleichermaßen sicher festgestellt werden könne wie die Herbeiführung eines Erfolges. Aber dies gilt allenfalls hinsichtlich der statistischen Häufigkeit entsprechender Fälle. Im Einzelfall ist auch hier eine volle richterliche Überzeugung möglich, etwa so: Hätte die Mutter das Kind an dieser gefährlichen Wegstelle an die Hand genommen und nicht allein gehen lassen, dann wäre es nicht in den See gefallen und nicht ertrunken; hätte der verantwortliche Vorarbeiter die Baustelle mit einem Zaun umgrenzt, dann wäre der alte Spaziergänger nicht in die Baugrube gestürzt und verletzt worden; hätte die Kinderschwester in diesem Zeitpunkt nach dem schreienden Baby geschaut, dann hätte es sich nicht in den Haltegurten verfangen und wäre nicht erstickt. Doch im Bekenntnis des Richters zu einer so gearteten Überzeugung läge offenbar — verglichen mit der als so selbstverständlich gehandhabten Feststellung der Kausalität positiven Tuns für einen Erfolg — ein für das eigene Bewußtsein besonders deutliches Bekenntnis zu jenem Subjektiven, das zur eigenen Überzeugungsbildung immer gehört, und das heißt, zugleich auch ein Bekenntnis zu der Verantwortung, die man mit derartigen Feststellungen trägt. Wieviel unbeteiligter erscheint dagegen der Richter, der nur von der „an Sicherheit grenzenden Wahrscheinlichkeit" spricht. Dabei erweist sich diese übliche Formulierung als ein Kunstgriff, als ob es sich nur um eine besondere Art kognitiver Tatsachenfeststellung handle und nicht vielmehr auch um ein wertendes Urteil über Fakten. Wahrscheinlichkeit läßt sich in Prozenten angeben, auch Sicherheit läßt sich als objektive Gegebenheit einer Tatsache behaupten; der Richter hat offenbar nur festzustellen, welche Prozentzahl an Wahrscheinlichkeit gegeben ist, und die Antwort erscheint dann zwingend, wie wenn etwa jemand einem Fahrplan die Angaben über eine bestimmte Bahnverbindung entnimmt. So sieht alles zunächst ganz gut aus; aber wenn man schon auf die unmittelbare Überzeugung des Richters verzichten zu können meint, dann bliebe doch zu fragen, wieviel Prozent Wahrscheinlichkeit an Sicherheit grenzen und, überhaupt schon, wie man diese Art von Wahrscheinlichkeit mißt. Doch uns ist hier nicht nur diese Erkenntnis wichtig, daß sich der Richter auf solche Weise nicht zu der Überzeugung bekennen muß, die der Sache nach gefordert ist, sondern auch, daß er in die Versuchung gerät, die hinreichende Wahrscheinlichkeit einer Erfolgsabwendung schon dort

[3] Vgl. etwa RGSt. 75, 49 (50) und 372 (374); BGH/NJW 1954, 1048.

zu bejahen, wo er nicht davon überzeugt ist, daß der abzuwendende Erfolg wirklich abgewendet worden wäre.

b)

Öfter als bezüglich der Tatsachenfeststellung läßt sich bezüglich der Entfaltung des Rechtssatzes beobachten, daß in richterlichen Entscheidungen die Aufgabe und die Verantwortung des Richters hinter Formulierungen versteckt werden, die vielleicht nicht nur bei dem vom Urteil Betroffenen, sondern beim Richter selbst den Eindruck erwecken, daß nicht er es sei, der hier die Entscheidung treffe und voll zu verantworten habe, sondern daß er die Entscheidung sozusagen nur aus Vorgegebenheiten (mehr oder weniger zwingend) übernehme. Besonders deutlich ergibt sich dies naturgemäß da, wo der Gesetzestext für das Verständnis viel offen läßt. Hier sind dann als Termini der Verdeckung Formulierungen zu beobachten wie „Begriff des täglichen Lebens“ oder „Begriff der Umgangssprache“, ferner „die natürliche Auffassung“, „die Auffassung der billig und gerecht Denkenden“ usf. Wir vergegenwärtigen uns im folgenden einige Beispiele.

Was Diebstahl ist, wird im Vergleich zur Unterschlagung danach bestimmt, ob sich die fremde Sache, um deren Enteignung es bei diesen Taten geht, in einer fremden Herrschaftssphäre befindet, die noch neben dem Eigentum Anerkennung verdient. Man hat dieser Sphäre den Namen Gewahrsam gegeben und die Wegnahme beim Diebstahl insoweit als den Bruch fremden (und die Begründung neuen) Gewahrsams definiert. Viele Sachverhalte geben hier keine großen Fragen auf, andere sind problematisch in der gebotenen Grenzziehung; man hilft sich dann in der Rechtsprechung damit, daß man sich für den Begriff des Gewahrsams auf die „Anschauungen des täglichen Lebens“ oder auf die „Verkehrsauffassung“ beruft. In diesem Sinne sagt eine Entscheidung des Bundesgerichtshofs aus dem Jahre 1961 u. a., Gewahrsam sei die tatsächliche Sachherrschaft; für die Frage der Sachherrschaft kommt es entscheidend auf die Anschauungen des täglichen Lebens an; der Gewahrsamsbegriff sei wesentlich durch die Verkehrsauffassung bestimmt, eine Ansicht, die wiederholt bereits in Entscheidungen des Reichsgerichts zum Ausdruck gekommen sei; zweifellos weise die Verkehrsauffassung auch dem, der einen Gegenstand in der Tasche seiner Kleidung mit sich trage, regelmäßig Gewahrsam zu; sicher gelte das nicht uneingeschränkt; wiederum nach der Verkehrsauffassung ergäben sich Ausnahmen[4]. — Gewiß nun muß die Strafrechtsanwendung versuchen, die im sozialen Leben anerkannten Herrschaftsverhältnisse über eine Sache in ange-

[4] BGHSt. 16, 271 (hier: S. 273 f.).

messener Weise im Verständnis des Diebstahls-Straftatbestandes zu berücksichtigen. Aber die genannten Formulierungen erwecken den Eindruck, als könne man den Rechtsbegriff des Gewahrsams sozusagen der Laienauffassung entnehmen; und dieser Eindruck ist falsch. Das Mißverständnis zeigt sich oft deutlich in der Rechtsanwendung durch die Studenten der Anfängerübungen: Sie verlassen sich zunächst gläubig auf die gängigen Formulierungen und suchen aus mancherlei Alltagserfahrung den Begriff des Gewahrsams zu bestimmen, bis sie sich schließlich belehrt sehen, daß die rechtsanwendenden Juristen selbst es sind, die bestimmen, was den Anschauungen des täglichen Lebens zu entsprechen habe. Die Studenten erkennen dann, daß sich, was Faust zu Wagner über den „Geist der Zeiten" sagt, auf die Verlautbarungen der Gerichte übertragen läßt: „Was Ihr den Geist des Volkes heißt, das ist im Grund der Herren eigner Geist."

Auch bei der Abgrenzung von Vorbereitung und Versuch, die oft genug über die Straflosigkeit oder Strafbarkeit eines Verhaltens entscheidet, bekennt sich die Rechtsprechung nicht wirklich zu jener Entscheidung, die sie hier jeweils treffen muß und die, wie ich glaube, sachgerecht nur mit offenen Grenzen, etwa als „hinreichende Vollendungsnähe" beschrieben und aus der jeweiligen Ganzheit der Geschehensmomente bestimmt werden kann[5]. Es ist hier der Sache nach ausgeschlossen, durch Definition die Grenze so festzulegen, daß eine glatte „Subsumtion" möglich wird. Aber eine solche Grenze wird von der Rechtsprechung vorgegeben, indem sie sich auf die „natürliche Auffassung" beruft. So sagt eine Entscheidung des Bundesgerichtshofs aus dem Jahre 1955, die Grenze zwischen der straflosen Vorbereitungshandlung und dem Versuch liege dort, wo die Handlung des Täters „nach natürlicher Auffassung" den vom Gesetz mißbilligten Enderfolg näherrücke[6]. Auch in anderen Entscheidungen[7] ist von der „natürlichen Auffassung" die Rede, wie sie *Frank* als Abgrenzungsmerkmal eingeführt[8] und auch das Reichsgericht in einer Reihe von Entscheidungen[9] zugrunde gelegt hat. In welcher Art von Natur diese „natürliche" Auffassung ihren Platz hat, kann freilich niemand sagen; aber sicher ist, daß jeder Gebrauch dieses Ausdrucks eine objektiv-vorfindliche Grenze vorspiegelt und auch hier wieder den Eindruck erweckt, als beschränke sich die richterliche Verantwortung auf das Auffinden dieser Grenze.

[5] *Schmidhäuser*, Strafrecht, Allg. Teil (1970), Rdnr. 15/1, 53, 55 f., 59.
[6] BGHSt. 9, 62 (64).
[7] Z. B. BGHSt. 2, 380 (381); 7, 291 (292).
[8] *Frank*, StGB, 18. Aufl. (1931), § 43 II 2 b.
[9] Z. B. RGSt. 73, 142 (143); 77, 2, 164.

Ähnliches ist bei der Abgrenzung von Täterschaft und Teilnahme in jenen praktisch häufigen Fällen zu beobachten, in denen nicht einzelne Merkmale der Tatbestandsfassung (etwa das Fehlen einer schon im gesetzlichen Straftatbestand für die Täterschaft vorausgesetzten Willensrichtung oder einer bestimmten sozialen Rolle) die Unterscheidung ergeben, sondern in denen auf eine Beurteilung der gesamten Tatumstände zurückgegriffen werden muß. Hier ist es die formelhafte Fassung von Theorien, die in der Rechtsprechung Unverrückbares vorgibt und die Art der Begriffsbildung verschleiert. Es ist hinreichend bekannt, daß die Rechtsprechung in der subjektiven Theorie nicht — wie sie zunächst glauben machen möchte — einen unmittelbar zu erfassenden psychischen Sachverhalt zur Unterscheidung heranzieht, sondern in das von ihr behauptete Ziel des Täters, die Tat „als eigene" zu wollen[10], notwendig eine ganze Anzahl unterschiedlicher, je nach Fallgestalt auch sog. objektiver Momente hineinpackt und schließlich in einer Gesamtbewertung beurteilt. Aber wenn man die Dinge beim Namen nennt und die Ganzheit der Momente als maßgeblich bezeichnet — ich nenne diese Auffassung Ganzheitstheorie[11] —, dann führt das im Schrifttum zu der Frage, ob eine solche Konzeption denn der Praxis ihr „Abgrenzungsgeschäft" zu erleichtern vermöge, und es werden im Hinblick auf die Praktikabilität „griffigere" Kriterien gewünscht[12]. Aber man wird solche „griffigeren" Kriterien nicht finden, sondern allenfalls erfinden können und damit weiterhin die Selbst- und Fremdtäuschung ermöglichen, als würden die Gerichte durch diese Kriterien und Begriffe eine festere Führung erhalten. Ein solcher Wunsch entspricht offenbar der Tradition unserer Rechtsprechung. Die Gerichte können jedoch in solchen Fällen die gewichtige Entscheidung nicht umgehen, die ihnen innerhalb der Führung durch das Gesetz bezüglich der Unterscheidung von Täterschaft und Teilnahme jeweils neu aufgetragen ist; sie können lediglich das Bewußtsein verdrängen, diese gewichtige Entscheidung treffen zu müssen und der Sache nach auch tatsächlich zu treffen.

c)

Weitere Stellen, an denen die Gerichte ohne enge Führung durchs Gesetz besonders große Verantwortung tragen, sind die sog. unbestimmten Rechtsbegriffe und auch die sog. normativen Tatbestandsmerkmale.

[10] Vgl. zuletzt vor allem BGHSt. 18, 87 (95); 23, 203 (205 f.).
[11] *Schmidhäuser*, a. a. O., RdNr. 14/156 f.
[12] *Eser*, Juristischer Studienkurs, Strafrecht 2 (1971), S. 122.

Als normatives Tatbestandsmerkmal verlangt[12a] das Merkmal der „Unzucht“ oder der „unzüchtigen Handlung“ in den die Sexualdelikte betreffenden Strafbestimmungen eine Entscheidung darüber, welches in den Bereich des Sexuellen fallende Verhalten nicht mehr nur unanständig, sondern Unzucht i. S. des Gesetzes ist. Gewiß finden sich in der Gesellschaft hierzu die unterschiedlichsten Auffassungen, von der weitesten Großzügigkeit bis zur strengsten Prüderie. Die Gerichte haben zu verantworten, wo sie jeweils die Grenze ziehen; sie haben zu entscheiden, wo noch nicht und wo schon bestraft wird. Statistische Erhebungen und demoskopisches Verfahren sind undenkbar. Zwar müssen sich die Gerichte bei derartigen Entscheidungen die in der Gesellschaft vorhandenen Meinungen und Haltungen vergegenwärtigen; aber trotz der Notwendigkeit solcher Vergewisserung ist die Entscheidung der Gerichte nie nur Feststellung von Fakten, auch nicht i. S. der Feststellung fremder Werturteile; vielmehr geht es allemal um eine eigene Wertentscheidung der Gerichte.

Aber das Bekenntnis hierzu und zu der damit gegebenen Verantwortung fällt offenbar schwer. Der bekannte Ausweg, den die Gerichte hier seit langem gehen, ist der, daß sie eine scheinbar nur von außen an sie herantretende Größe in die Begründung einführen. So wird in einer Entscheidung des Bundesgerichtshofs aus dem Jahre 1969 die ständige Rechtsprechung genannt, nach der „eine Schrift dann als unzüchtig i. S. des § 184 StGB anzusehen“ sei, „wenn sie geeignet ist, das Scham- und Sittlichkeitsgefühl des normalen Menschen in geschlechtlicher Beziehung zu verletzen“.[13] Und eine Entscheidung aus dem Jahre 1957 bezeichnet als unzüchtig, „was dem normalen, gesunden Durchschnittsempfinden der Gesamtheit in geschlechtlicher Beziehung widerspricht“.[14] Das Reichsgericht ging in einer hier nur beispielhaft anzuführenden Entscheidung vom „Scham- und Sittlichkeitsgefühl der Gesamtheit der sittlich anständig Empfindenden“ aus[15]. Die richterliche Verantwortung scheint also nach diesen Formulierungen, die mit dem Hinweis auf die „Gesamtheit“ noch eine zusätzliche objektivierende Größe einbeziehen, ganz auf die Feststellung fremden Erlebens beschränkt zu sein. Besonders deutlich zeigt dies eine Entscheidung des OLG Köln aus dem Jahre 1967, in der über die Unzüchtigkeit von Schallplatten zu befinden war: „Dafür, daß der Tatrichter sich beim Anhören der Schallplatten in der Beweisaufnahme in das Empfindungsvermögen des durchschnittlichen

[12a] Die Neufassung der §§ 174 ff. StGB durch Gesetz vom 23. 11. 1973 hat das Merkmal „Unzucht“ während der Drucklegung dieses Beitrags beseitigt.

[13] BGHSt. 23, 40 (41 f.).

[14] BGHSt. 11, 67 (72).

[15] RGSt. 67, 112.

und unbefangenen Hörers versetzt hat, trägt er — wie überhaupt für die Beweisführung — die Verantwortung, die ihm das Revisionsgericht nicht abnehmen kann."[16]

Nicht viel anders verhält sich die Strafrechtsprechung, wenn sie den Begriff der „guten Sitten" zu § 226 a StGB zu bestimmen hat, also zu entscheiden hat über die Frage, ob eine mit Einwilligung des Verletzten vorgenommene Körperverletzung rechtswidrig ist, weil sie „trotz der Einwilligung gegen die guten Sitten verstößt". In seiner bekannten Entscheidung aus dem Jahre 1953 über die Strafbarkeit der Schlägermensur beruft sich der BGH auf das „Anstandsgefühl aller billig und gerecht Denkenden"[17], in einer anderen Entscheidung aus demselben Jahre auf das „sittliche Empfinden eines gerecht Denkenden"[18]. Der naive Leser solcher Entscheidungen wird annehmen, es müsse doch wohl ein der Rechtsprechung vorgegebenes Kriterium geben, das die billig und gerecht denkenden Personen so erkennbar mache, daß die Gerichte deren Meinung durch Befragung erforschen und den Strafurteilen zugrunde legen könnten. Wir wissen, daß davon keine Rede sein kann und daß die genannten Formulierungen lediglich dazu dienen, die Verantwortung der Gerichte für den Betrachter scheinbar aus der Subjektivität der Richtenden herauszurücken oder doch wenigstens kleiner erscheinen zu lassen, als sie in Wirklichkeit ist.

Gleiches gilt für jene z. T. spektakulären Entscheidungen, in denen sich die Rechtsprechung auf die „aus sich selbst heraus" geltenden „Normen des Sittengesetzes" beruft und in denen sie die Inhalte dieser Normen mit solcher Sicherheit heranzieht, als ob es sich um Gesetzestexte des Bundesgesetzblattes handle. Auch hier, und zwar vor allem in der berühmten Entscheidung über die Strafbarkeit der Kuppelei gegenüber Verlobten[19], entsteht der Eindruck, als habe letztlich nicht das Gericht diese Entscheidung zu verantworten, sondern unmittelbar das angegebene Sittengesetz.

3.

Die kurzen Betrachtungen sollten zeigen, daß die Gerichte sich verschiedentlich bemühen, die eigene richterliche Verantwortung in der Strafrechtsanwendung zu verschleiern. Mit dieser Feststellung ist freilich nicht etwa der Vorwurf einer Verschleierungstaktik im un-

[16] OLG Köln, GA 1968, 346.

[17] BGHSt. 4, 24 (32). — Dieter *Meurer*, Fiktion und Strafurteil, 1973, S. 49, sieht in dieser Formel eine Fiktion, die der „Plausibelmachung der getroffenen Entscheidung" dient.

[18] BGHSt. 4, 88 (91).

[19] BGHSt. 6, 46 (hier S. 52—54).

guten Sinne verbunden, sondern eben nur ein zu beobachtendes Faktum festgestellt. Es ist demnach auch ganz unbekümmert zu fragen, worauf eine solche Verhüllung des Gewichts der eigenen Verantwortung zurückzuführen ist oder wie sie jedenfalls verstanden werden kann.

Vielleicht ist es so, daß die Richter selbst ihre Verantwortung in Entscheidungen der genannten Art als zu schwer empfinden und daß sie daher vor sich selbst das Gewicht der ihnen gestellten Aufgabe verkleinern. Dies wäre um der Sache willen zu bedauern. Denn wenn jemand etwas zu entscheiden hat, ohne sich seiner Aufgabe voll bewußt zu sein, dann ist auch die Selbstkontrolle von vornherein unangemessen beschränkt. Und damit ist zugleich jene Rationalität unmöglich gemacht, die trotz aller unabweisbaren Subjektivismen und Wertungen in der Rechtsprechung möglich und daher zu fordern ist: daß nämlich die Prämissen und der eigentliche Gegenstand der Entscheidung soweit wie möglich aufgedeckt werden und daß damit auch gezeigt wird, wo die vom Gericht zu verantwortenden Wertungen stecken. Rationalität in diesem Sinne ist aber schon um deswillen zu fordern, daß vermeidbare Emotionen auf seiten aller Betroffenen möglichst unterbleiben, auch auf seiten der Richtenden selbst. (Vielleicht vermehrt solche Rationalität dann auch die Gerechtigkeit richterlicher Entscheidungen.)

Die beobachtete Verschleierung könnte aber auch darin ihren Grund haben, daß die Richter sich dem jeweils Betroffenen gegenüber nicht voll zu ihrer Verantwortung bekennen wollen. Dies wäre immerhin verständlich, insbesondere eben im Strafverfahren, wenn und soweit ein Richter dem Angeklagten im Strafausspruch Unerfreuliches zufügen muß. Man könnte dann in dieser Verschleierung eine Art von Ausweg sehen, der erlaubt, das Verhältnis zwischen Richter und Angeklagtem so unbelastet wie möglich zu halten. Vielleicht ist dies immer eine Frage der beteiligten Persönlichkeiten. Jedenfalls gilt für diesen Aspekt, daß die intellektuelle Redlichkeit auch die Ehrlichkeit gegenüber dem Betroffenen verlangt und daß es insoweit im Grunde besser ist, zu sagen, wie es sich mit der Verantwortung für die getroffene Entscheidung verhält. Dann wird allerdings auch stärker in das Bewußtsein gerückt, wieviel menschliche Unzulänglichkeit richterlichen Entscheidungen anhaften kann. Der Richter erscheint nicht mehr nur als Handlanger einer ihn determinierenden Macht, sondern er bekennt sich zu der Aufgabe, die um der Notwendigkeiten des Zusammenlebens willen bewältigt werden muß.

Von der dreifachen Bedeutung der Dunkelziffer

Hans Schultz

Wohlvertraut ist dem Praktiker die Tatsache, daß keineswegs alle tatsächlich verübten strafbaren Handlungen den Behörden der Strafverfolgung bekannt noch daß alle Urheber der ihnen angezeigten Straftaten ausfindig gemacht werden. Für die erste Tatsache spricht die Erfahrung, daß Delinquenten, welche zahlreiche Delikte begangen haben und die reinen Tisch machen wollen, nicht selten den Behörden völlig unbekannte Taten, die sich aber später als wirklich ausgeführt erweisen, bekannt geben. Die zahlreichen Anzeigen gegen unbekannte Täterschaft, die nie zur Ermittlung der Täter führen, beweisen die zweite Tatsache.

Um so erstaunlicher ist es, festzustellen, daß die wissenschaftliche Diskussion die Dunkelziffer in ihrer grundsätzlichen Bedeutung so lange übersah. Zwar ist sie an sich schon lange bekannt. Bereits Enrico *Ferri* unterscheidet in seinen kriminalstatistischen Erörterungen die verschiedenen Arten der Kriminalität, nämlich die criminalità reale, welche alle wirklich begangenen Delikte umschließt, die criminalità apparente, zu welcher die den Behörden bekannt gewordenen Taten zählen, endlich als criminalità legale die Zahl der Verurteilten[1]. Shigama *Oba* führte den Begriff der Dunkelziffer in die Kriminalstatistik ein[2]. Deshalb waren sich die Kriminalstatistiker stets klar darüber, daß sie nur die angezeigten und die beurteilten Straftaten sowie einen Teil der Urheber solcher Taten in Griff bekamen, doch nie die wirkliche Kriminalität noch gar alle wirklichen Kriminellen, wenn als Krimineller völlig undifferenziert einfach der bezeichnet wird, der eine mit Strafe bedrohte Handlung ausführte.

Kriminalstatistisch sind die ersten Versuche, hinter die Geheimnisse der Dunkelziffer zu kommen, zuerst durch Schätzungen[3], dann durch

[1] Enrico *Ferri*, Sociologia criminale (1881), 5. Aufl., besorgt von Arturo *Sandro*, Turin 1929, I 379, siehe auch 338.

[2] Shigama *Oba*, Unverbesserliche Verbrecher und ihre Behandlung, Berlin 1928, 28.

[3] Insbesondere Kurt *Meyer*, Die unbestraften Verbrechen; eine Untersuchung über die sogenannte Dunkelziffer in der Kriminalstatistik, Kriminalist. Abh., herausgegeben von Franz *Exner*, Heft XLVII, Leipzig 1941; Berndt *Wehner*, Die Latenz der Straftaten (Die nicht entdeckte Kriminalität), Schriftenreihe des Bundeskriminalamtes, Wiesbaden 1957; Hans *von Hentig*, Die unbekannte Straftat, Berlin—Göttingen—Heidelberg 1964; Heinrich *Popitz*, Über die Präventivwirkung des Nichtwissens, Reihe Recht und Staat Heft 350, Tübingen 1968, S. 22/3.

Befragung einer größeren Zahl zufällig ausgewählter Personen nach den von oder an ihnen begangenen, jedoch nicht angezeigten Straftaten[4]. Heute dürfte feststehen, daß jüngere Personen aus allen Schichten keineswegs selten strafbare Handlungen bis zu solchen mittlerer Schwere begehen, ohne daß sie deswegen strafrechtlich verfolgt werden. Für bestimmte Delikte, beispielsweise Diebstähle in Selbstbedienungsgeschäften oder Zuwiderhandlungen im Straßenverkehr, haben auch ältere Jahrgänge in erheblichem Ausmaße an der Dunkelziffer teil[5].

Doch recht jungen Datums sind die Forschungen, welche die Folgerungen aus dem Bestehen der Dunkelziffer für die gesamte Strafrechtswissenschaft zu ziehen suchen. Erst in den letzten Jahren rückte die Dunkelziffer als späte Entdeckung der Kriminologie in den Mittelpunkt des wissenschaftlichen Interesses und bildete einen Markstein auf dem Wege dieser Disziplin zum labeling approach[6].

Heinrich *Henkel* hat in seiner Einführung in die Rechtsphilosophie vor „der Hochzüchtung eines Spezialistentums ... auf Kosten des Gesamtüberblicks über das Recht" eindrucksvoll gewarnt[7]. Ihm als Jubilar sei der Versuch, die grundlegende Bedeutung der Dunkelziffer für die Kriminalpolitik, die Anwendung des Strafrechts und die

[4] Zuerst wohl Fred J. *Murphy*, Mary J. *Shirley*, Helen L. *Witmer*, The Incidence of Hidden Delinquency, Am. Journ. Ortho-Psychiatry 1946, zitiert von Fritz *Sack*, Neue Perspektiven in der Kriminologie, in F. *Sack*, R. *König* (Herausgeber), Kriminalsoziologie, Frankfurt a. M. 1968. 458, Anm. 51; James S. *Wallerstein*, Clement J. *Wyle*, Our Law-Abiding Law-Breakers, Probation 1947, 107, zitiert von Marshall B. *Clinard*, Sociology of Deviant Behavior, New York 1957, 165 Anm. 6; insbesondere James F. *Short*, F. Ivan *Nye*, Reported Behavior as a Criterion of Deviant Behavior, Social Problems 1957, 207, jetzt deutsch in *Sack/König*, op. cit. 60. — Übersicht über neuere solche Forschungen bei Hans *Göppinger*, Kriminologie, Eine Einführung, 2. Aufl., München 1973, 84; Roger *Hood*, Richard *Sparks*, Key Issues in Criminology, London 1970, 253—57. Kritisch zu diesen Forschungen *Göppinger*, op. cit. 85.

[5] Siehe die Tabelle der Altersverteilung von 1481 Dieben in Selbstbedienungsgeschäften, von denen 75,5 % nicht der Polizei angezeigt wurden, mit deutlicher Abweichung von der altersmäßigen Verteilung der wegen Vermögensdelikten Verurteilten bei Rolf *Stephani*, Die Wegnahme von Waren in Selbstbedienungsgeschäften durch Kunden. Eine kriminologische Untersuchung von 1481 Tätern, Bern—Stuttgart 1968, 24—26, 56.

[6] Dazu Fritz *Sack*, op. cit. (Anm. 4) 442, 463; *derselbe*, Definition von Kriminalität als politisches Handeln: der labeling approach, Kriminolog. Journal 4 (1972) 24; B. *Kutchinsky*, Aspects sociologiques de la déviance et de la criminalité (aperçu des recherches empiriques), in Etudes relatives à la recherche criminologique vol. IX, La perception de la déviance et de la criminalité, Conseil de l'Europe, Strassburg 1972, 87.

[7] Heinrich *Henkel*, Einführung in die Rechtsphilosophie, München—Berlin 1964, 1.

Kriminologie zu skizzieren, gewidmet. Während die kriminalpolitische und die kriminologische Bedeutung der Dunkelziffer heute bekannter ist[8], blieb sie für die Anwendung des Strafrechts unbeachtet.

Allein vorerst ist eine begriffliche Klärung geboten. Als Dunkelziffer wird, mit der wohl herrschenden Meinung übereinstimmend, nur der Unterschied zwischen den wirklich begangenen und den den Behörden der Strafverfolgung bekannt gewordenen Straftaten bezeichnet[9]. Die Urheber der diesen Stellen angezeigten Delikte, die unbekannt bleiben, werden unbekannte Täter genannt. Es wird zu prüfen sein, ob den unbekannten Tätern eine ähnliche dreifache Bedeutung zukommt wie der eigentlichen Dunkelziffer[10].

I. Die kriminalpolitische Bedeutung der Dunkelziffer

Kriminalpolitik kann mit Rudolf *Sieverts* verstanden werden als „der Inbegriff von Überlegungen und Maßnahmen der Gesellschaft und des Staates mit dem Ziel, die Zahl der Verstöße gegen die kri-

[8] Schon Ernst *Roesner* wies in seinem Beitrag „Kriminalstatistik" zum Handwörterbuch der Kriminologie und der anderen strafrechtlichen Hilfswissenschaften, herausgegeben von Alexander Elster & Heinrich *Lingemann*, Band II, Berlin—Leipzig 1936, 33, darauf hin, „das eine möglichst exakt geschätzte Dunkelziffer ... für die praktischen Maßnahmen der Kriminalpolitik von besonders hohem Wert ist, da diese Kriminalität mit wenigen Ausnahmen den überwiegenden Teil einzunehmen pflegt". Zur Dunkelziffer als Ausschnitt aus dem Problem der Effektivität der Gesetze überhaupt Peter *Noll*, Gesetzgebungslehre, Reinbek bei Hamburg 1973, 147. — Zur kriminologischen Bedeutung Inkeri *Anntila*, The criminological significance of unregistered criminality, Excerpta criminologica 4 (1964), 411 f.; Karl O. *Christiansen*, Artikel „Kriminologie (Grundlagen)", Handwörterbuch der Kriminologie, 2. Aufl., herausgegeben von Rudolf *Sieverts*, Band 2, Berlin 1968, 212 B 1; *Göppinger*, op. cit. (Anm. 4) 81 f.; *Hood/Sparks*, op. cit. (Anm. 4) 11 f.

[9] Weil diese Zahl nicht genau bestimmt werden kann, schlägt Hans *von Hentig*, Zur Psychologie der Einzeldelikte I, Tübingen 1954, 18, vor, von Dunkelfeld zu sprechen. Allerdings lassen die diesen Begriff erläuternden Ausführungen nicht klar erkennen, ob *von Hentig* einzig den sonst Dunkelziffer genannten Unterschied meint oder ob er die nicht ermittelten Urheber angezeigter Taten einbezieht. Für den Ausdruck Dunkelziffer spricht, daß er mit den im Englischen, dark figure, und Französischen, chiffre noir, verwendeten Worten übereinstimmt.

[10] Für einzelne Delikte mit geringer Aufklärungsziffer ist die Zahl der nicht ermittelten Urheber angezeigter Taten außerordentlich hoch, siehe z. B. die Aufklärungsquoten von 13,4 bis 33,8 % für verschiedene Diebstahlsarten in der BRD im Jahr 1962 bei *Sack*, op. cit. (Anm. 4) 456 Anm. 47, ferner den Hinweis von *Göppinger*, op. cit. (Anm. 4) 412, 2.21, auf die Aufklärung von Diebstählen im Jahre 1966. — Zur kriminologischen Bedeutung der unbekannten Täter *Hood/Sparks*, op. cit. (Anm. 4) 46, *Christiansen*, op. cit. (Anm. 8) 213, B 2.

minalgesetzliche Ordnung zu senken ...“[11]. Es liegt auf der Hand, daß die Zahl der nicht bekannten und damit auch nicht verfolgten Straftaten eine Tatsache kriminalpolitischer Bedeutung erster Ordnung darstellt. Es scheint einfach zu sein, zu bestimmen, in welcher Weise die Dunkelziffer kriminalpolitisch erheblich ist: Übersteigt die Zahl der den Behörden nicht bekannten Straftaten bestimmter Art eine gewisse Höhe, so scheint daraus die Schwäche dieses strafrechtlichen Schutzes zu sprechen und die Folgerung unabweisbar, daß eine Verstärkung dieses Schutzes, sei es durch schärfere Strafbestimmungen, sei es durch strengeres Zugreifen in der Strafverfolgung, zu fordern ist.

Allein die Untersuchungen von Frau Anne-Eva *Brauneck*[12] und Heinrich *Popitz*[13] sprechen dafür, daß die kriminalpolitische Bedeutung der Dunkelziffer sich keineswegs darin erschöpft, Zeichen der Schwäche des strafrechtlichen Schutzes zu sein. Beide Arbeiten zeigen vielmehr deutlich, wie gerade die Tatsache, daß so viele Straftaten nicht bekannt werden, zum Schutz der durch das Strafrecht zu sichernden Rechtsgüter beiträgt, weil derart die Annahme begründet wird, Straftaten zu begehen sei eine seltene Ausnahmeerscheinung im menschlichen Verhalten. *Popitz* weist darauf hin, daß es unerträglich wäre, in einer Gesellschaft zu leben, in der die strafrechtlichen Verstöße aller Mitglieder bekannt wären, und daß es den Apparat der Strafrechtspflege zum Erliegen brächte, wenn sämtliche Straftaten entdeckt würden und verfolgt werden müßten[14].

Klaus *Lüderssen* ergänzt diese Ausführungen mit der Bemerkung, daß die Berufung auf eine hohe Dunkelziffer in kriminalpolitischen Diskussionen allein noch gar nichts besagt. Erst in Verbindung mit anderen Argumenten ist es möglich zu begründen, daß der strafrechtliche Schutz verstärkt oder aber daß er aufgegeben werden sollte[15]. Die Berufung nur auf die Dunkelziffer gehört zu den vielen Argumenten, die in genau entgegengesetzter Richtung verwendet werden können; sie gleicht, wie der Verteidiger von Dmitrij *Karamasoff* von der Psychologie sagte, „einem Stock mit zwei Enden“.

Die kriminalpolitische Auseinandersetzung über die Berechtigung

[11] Rudolf *Sieverts*, Artikel Kriminalpolitik im Handwörterbuch der Kriminologie, 2. Aufl. (Anm. 8), Band 2, 1.

[12] Anne-Eva *Brauneck*, Zur sozialpsychologischen Bedeutung des Kriminalitätsumfanges; Erinnerungsgabe für Max Grünhut (1893—1964), Marburg 1965, 23.

[13] Heinrich *Popitz*, Über die Präventivwirkung des Nichtwissens; Reihe Recht und Staat Heft 350, Tübingen 1968.

[14] *Popitz*, op. cit. (Anm. 13) 14/5.

[15] Klaus *Lüderssen*, Strafrecht und „Dunkelziffer“, Reihe Recht und Staat Heft 412, Tübingen 1972.

einer bestehenden oder zu schaffenden Strafbestimmung wird davon auszugehen haben, daß jede Strafnorm in der Weise fragmentarisch bleibt, daß es nie gelingen wird, alle von der Norm getroffenen Täter zu verfolgen. Immer werden mehr oder weniger viele andere Menschen die betreffende Straftat begehen, doch strafrechtlich nicht zur Rechenschaft gezogen werden. Der erwischte und bestrafte Täter wird stets in mehr oder weniger starkem Maße stellvertretend für andere die strafrechtliche Sanktion auf sich nehmen müssen, weil anders die Rechtsordnung nicht aufrechterhalten werden kann[16]. Die kriminalpolitische Erörterung kann sich deshalb nicht allein darauf stützen, daß eine bestehende Regelung zu einer nicht bestraften Delinquenz geführt hat, sondern die Dunkelziffer wird erst dann von Bedeutung, wenn sie eine bestimmte Höhe erreicht hat[17]. Und selbst dann genügt nicht einzig die Berufung auf sie, um eine Änderung des Rechts in einer bestimmten Richtung herbeizuführen. Sondern es ist zu prüfen, ob, etwa des hohen Wertes des zu schützenden Rechtsgutes wegen, selbst eine hohe Dunkelziffer in Kauf genommen werden muß, insbesondere dann, wenn andere Möglichkeiten, rechtsgetreues Verhalten zu erwirken, fehlen. So wird die offenkundige, nämlich jedem Verkehrsteilnehmer sichtbare, hohe Dunkelziffer der Verstöße gegen die Vorschriften im Straßenverkehr nie dazu führen können, auf jede strafrechtliche Sanktion zu verzichten, selbst wenn sie sich in dem Kleid der Ordnungswidrigkeit verstecken mag. Denn die straßenverkehrsrechtlichen Bestimmungen beabsichtigen, zumindest mittelbar, das menschliche Leben zu schützen[18]. Anders wird es stehen mit der Erörterung der Strafbarkeit des Ehebruchs, den es kriminalstatistisch in der Schweiz seit Jahrzehnten kaum gibt[19], oder mit Straftaten, deren unveränderte Beibehaltung aus anderen Grün-

[16] *Lüderssen,* op. cit. (Anm. 15) 23/4. Trotz Straflosigkeit anderer den erwischten Täter zu bestrafen, verletzt die Rechtsgleichheit nicht, BGE 98 [1972] I a 20.

[17] Ähnlich wie Emile *Durkheim* von der Kriminalität als einem normalen Phänomen sprach und sie nur dann als abnorm bezeichnete, wenn sie ein gewisses Maß überschreitet, *Durkheim,* Règles de la Méthode sociologique, 13. Aufl., Paris 1956, 66, jetzt auszugsweise in *Sack/König,* op. cit. (Anm. 4) 4, kann gesagt werden, daß die Dunkelziffer eine normale Erscheinung ist.

[18] Zur Strafe als Mittel des Straßenverkehrsrechtes Günter *Kaiser,* Verkehrsdelinquenz und Generalprävention. Untersuchungen zur Kriminologie der Verkehrsdelikte und zum Verkehrsstrafrecht, Tübingen 1970, besonders 429; Urs *Bürchler,* Kann das Strafrecht an die Verkehrssicherheit einen Beitrag leisten? Zürich 1973.

[19] Die schweizerische Kriminalstatistik für das Jahr 1971 wies fünf Verurteilungen wegen dieses Deliktes auf, Eidg. Statist. Amt, Die Strafurteile in der Schweiz 1971, Bern 1972, Tab. 7, S. 36. Das Strafrecht der BRD kennt seit dem 1. StrRG dieses Delikt nicht mehr.

den umstritten ist, wie die Abtreibung, die Unzucht mit Kindern[20] oder der Genuß von Drogen[21]. In diesen Fällen kann eine hohe Dunkelziffer ein Argument für die Neuregelung bilden, wenn es gelingt, sie einigermaßen glaubhaft zu machen.

Bieten die kaum anzweifelbaren Nachweise der für einzelne Delikte sogar erheblichen Dunkelziffern Anlaß, das Steuer in der Kriminalpolitik entschieden herumzuwerfen[22]? Das scheint mir nicht der Fall zu sein. Entscheidend für die Kriminalpolitik sind nicht einzig die mehr oder weniger gesicherten empirischen Befunde, die stets nur Hilfen kriminalpolitischer Entscheidungen sein können. Fritz *Sack* warnt davor, erfahrungswissenschaftliche Erkenntnisse, die immer nur vorläufig sein können und unter dem Vorbehalt ständiger Überprüfung stehen, ohne weiteres zur Grundlage kriminalpolitischer Entscheide, die der Aufgabe des Rechts wegen auf beständige Lösungen zielen sollten, zu nehmen[23].

Für die grundlegenden kriminalpolitischen Entscheidungen sind vielmehr die Ansichten über den Menschen und seine Stellung in der Welt überhaupt maßgebend; Annahmen, die ausgesprochen oder unausgesprochen dem wissenschaftlichen Verständnis des Menschen vorausgehen und es leiten. Hier kommt alles darauf an, ob eine Auffassung des Menschen zugrunde gelegt wird, die ihn als von vornherein und umfassend determiniert ansieht und die deshalb alle menschlichen Einrichtungen in derselben Weise bestimmt erachtet, weshalb von einer Änderung solcher Determination alles Heil erwar-

[20] Die § 176 Abs. 1 Ziff. 3 entsprechende Unzucht mit Kindern gemäß schweiz. StrGB Art. 191 setzt das Schutzalter auf 16 Jahre an, was zweifellos zu hoch ist.

[21] Dazu Hans *Schultz*, Die strafrechtliche Behandlung der Betäubungsmittel, SJZ 1972, 229; *derselbe*, Nochmals: Zur strafrechtlichen Behandlung der Betäubungsmittel, SJZ 1973, 65; Rolf *Jenny*, Drogenkonsum und Drogenhandel im Blickpunkt des Kriminologen, Zürich 1973.

[22] Zu dieser Frage, unter Berücksichtigung grundsätzlicher Kritiken der heutigen Kriminalpolitik, die sich auf den labeling approach und psychoanalytische Theorien stützen, Hans-Heinrich *Jescheck*, Die Kriminalpolitik der deutschen Strafrechtsreformgesetze im Vergleich mit der österreichischen Regierungsvorlage 1971, in Festschrift für Wilhelm Gallas, Berlin — New York 1973, S. 28—30. Kritisch zum labeling approach auch Hans-Jürgen *Kerner*, Verbrechenswirklichkeit und Strafverfolgung, München 1973, 52 f. Werner *Springer*, Kriminalitätstheorien und ihr Realitätsgehalt, Stuttgart 1973, 131/132, 138, weist darauf hin, daß empirische Untersuchungen die Grundvoraussetzung des labeling approach, die gleichmäßige Verteilung der als kriminell angesehenen Verhaltensweisen auf alle Schichten nicht bestätigten. „Es zeichnet sich ... eine Differenzierung nach Alter, Schichtkontext sowie Größenordnung des jeweiligen Schichtsystems ab“, S. 138. Zu überprüfen wäre ferner, ob die schichtbedingte Auswahl der Verurteilten für alle Delikte gilt, es sei nur an Führen eines Fahrzeuges im Zustande der Angetrunkenheit oder an Sexualdelikte erinnert.

[23] *Sack*, op. cit. (Anm. 4) 445/6.

tet wird. Eine Verbindung mehrerer solcher Determinationen, etwa sozialer und psychologischer Art, wie sie psychoanalytisch gestützten neomarxistischen Deutungen des Menschen zugrunde liegen, ist ebenfalls einem solchen Menschenbild verpflichtet.

Wird hingegen der Mensch als weltoffen[24] angesehen, was heißen soll, daß er zu sich selber und der Außenwelt, durch das Mittel der distanzierenden Sprache, Stellung nehmen kann und sich zu entscheiden vermag, so ist zugleich gesagt, daß er zur Sicherung seiner Existenz der verläßlichen Ordnung des Rechtes bedarf, um durch Kultur zu schaffen, was ihm die Natur noch nicht gab, und ohne daß die rechtliche Ordnung, wie dies heute häufig behauptet wird, auf eine bloße Machtfrage reduziert werden kann. Diese Auffassung vom Menschen, der sich auch die Rechtsphilosophie des Jubilars verpflichtet weiß[25], führt zu der ebenso grundlegenden Annahme, daß die Rechtsnormen mißachtet werden können. In diesem Sinn ist die Kriminalität nach *Durkheim* normal[26]. Soll sich die Rechtsordnung dennoch als verbindlich bewähren, so muß sie dem Rechtsbrecher gegenüber zur strafenden Sanktion greifen.

Überdies deutet die geschichtliche Entwicklung der sozialen Ordnungen in dieselbe Richtung. Es wird gerne übersehen, daß die Strafe in das System eines voll ausgebildeten Rechtsstaates gehört, dessen Bürger ihm allein die Befugnis zuschreiben, unter genau bestimmten Voraussetzungen dem Rechtsbrecher gegenüber Gewalt anzuwenden, damit die Selbsthilfe überwindend und das Recht als Friedensordnung sichernd. Und allzu leicht wird die Mahnung überhört, die aus der Einsicht Jacob *Burckhardt's* spricht: „von den furchtbaren Krisen bei der Entstehung des Staates, von dem was er ursprünglich *gekostet hat*, klingt noch etwas nach in dem enormen absoluten Vorrecht, das man ihm von jeher gewährt hat"[27]. Nur nebenbei sei bemerkt, daß allen anarchistisch-chiliastischen Hoffnungen zum Trotz der Menschheit in den kommenden Jahren nicht weniger Recht und Staat bevorstehen, sondern immer mehr, will sie in der Zeit einer weltweit sich ausbreitenden städtisch-technischen Lebensweise überleben.

[24] Diese Kennzeichnung des Menschen stammt von Max *Scheler*, Die Stellung des Menschen im Kosmos, zuerst Bonn 1929, München 1949, 39. *Gehlen*, Der Mensch (1940), 4. Aufl., Bonn 1950, 37, 40 f., übernahm sie, ohne deren Herkunft bekanntzugeben. Dies ist zu *Henkel*, op. cit. (Anm. 7) 187 anzumerken.

[25] *Henkel*, op. cit. (Anm. 7) 186 f.

[26] Zu betonen ist, daß *Durkheim* ausdrücklich nur von der Normalität der Kriminalität im soziologischen Sinne spricht, siehe seine Mißverständnisse abweisenden Anmerkungen op. cit. (Anm. 17) 66 und besonders 72, in *Sack/König*, op. cit. (Anm. 4) 4 und 8.

[27] Jacob *Burckhardt*, Weltgeschichtliche Betrachtungen, Ausgabe Rudolf *Marx*, Leipzig 1935, 32.

Mit dem Hinweis auf die Unausweichlichkeit der Strafe, die aus dieser Rechtsauffassung abzuleiten ist, soll keineswegs gesagt werden, daß die Strafe deswegen vergeltender Ausgleich der Schuld sein soll[28]. In der Art und Weise, wie die Strafe rechtlich geformt wird, ist vielmehr den Einsichten, wie sie die Kriminologie nicht zuletzt mit ihrer Dunkelzifferforschung bietet, Rechnung zu tragen. Der Ruf nach einem nur fragmentarischen und subsidiären Strafrecht ist verstärkt zu erheben[29]. Es genügt vollauf, wenn die Schuld nur Voraussetzung der Strafe ist und deren Höhe begrenzt; sie in jedem Fall auszuschöpfen, ist keineswegs geboten, wird die Aufgabe der Strafe, Schutz der Rechtsordnung zu sein, ernst genommen[30].

Ähnliche kriminalpolitische Richtlinien vermittelt jede Besinnung auf die Härte des durch eine Strafe ausgeführten Eingriffes und auf seine andere Menschen als den Täter treffenden Auswirkungen; eine weitere Überlegung, die zu äußerster Zurückhaltung mit Strafe überhaupt sowie zur Verwendung der gelindesten nötigen Strafart führt, ferner zum Rückgriff auf den tatsächlichen Entzug der Freiheit als ultima ratio, insbesondere wenn es um kurzfristige Strafen geht[31]. Diese Einstellung entspricht dem von *Jescheck* als „Grundsatz der Humanität" bezeichneten kriminalpolitischen Prinzip[32].

Einführung der bedingten Verurteilung in ihren verschiedenen Spielarten, Ersatz der kürzeren Freiheitsstrafen durch Geldstrafen oder andere weniger einschneidende Strafarten, wie gemeinnützige Arbeit, Absehen von Strafe oder Einstellung des Strafprozesses mit oder ohne Bedingungen, sind technische Mittel, diese Kriminalpolitik zu verwirklichen.

Noch steht die Frage offen, ob die Unkenntnis der Persönlichkeit der Urheber der nicht angezeigten Taten kriminalpolitisch von Be-

[28] Diese Fehldeutung scheint der von Richard *Lange*, Das Rätsel der Kriminalität, Frankfurt a. M. — Berlin 1970, an der Kriminologie geübten Kritik zu Grunde zu liegen.

[29] So schon Karl *Binding*, Lehrbuch des Gemeinen deutschen Strafrechts Bes. Teil I, 2. Aufl., Leipzig 1902, 20, *derselbe*, Handbuch des Strafrechts I, Leipzig 1885, 9, wo allerdings vom Strafrecht als „accessorischer Rechtsteil" gesprochen wird.

[30] Siehe AE § 59 und Begründung dazu. Kritisch zur Praktikabilität dieser Regel Heinrich *Henkel*, Die „richtige" Strafe, Reihe Recht und Staat Heft 381/2, Tübingen 1969, S. 45 f.; grundsätzliche Kritik neuestens bei Karl *Lackner*, § 13 StGB — eine Fehlleistung des Gesetzgebers? in Festschrift Gallas (Anm. 22), 130, in der Auseinandersetzung mit Günter *Stratenwerth*, Tatschuld und Strafzumessung, Reihe Recht und Staat Heft 406/7, Tübingen 1972.

[31] Vide Conseil de l'Europe Comité des Ministres, Résolution (73) 17, sur le traitement de courte durée des délinquants adultes; Jürg *Knaus*, Das Problem der kurzfristigen Freiheitsstrafe, Zürich 1973.

[32] Hans-Heinrich *Jescheck*, Lehrbuch des Strafrechts Allg. Teil, 2. Aufl., Berlin 1972, 17.

deutung ist. Die Frage ist vorbehaltslos zu verneinen, wenn am Grundsatz der Rechtsgleichheit festgehalten werden soll.

II. Die Bedeutung der Dunkelziffer für die Anwendung des Strafrechts

Weil die Dunkelziffer die Straftaten betrifft, welche gar nicht zur Kenntnis der Behörden gelangen, könnte es scheinen, wie wenn sie für die Anwendung des Strafrechts unbeachtlich wäre. Indessen ist eine solche Schlußfolgerung wohl voreilig.

Einmal deswegen, weil die Rechtsanwendung sich der Einrichtungen bedienen soll, welche der Gesetzgeber ihr zur Verfügung stellt, wenn er die, vielleicht nicht einzig durch die Rücksicht auf die Dunkelziffer gestützten, kriminalpolitischen Grundsätze befolgte, die zu einem zurückhaltenden Gebrauch strafrechtlicher Sanktionen, insbesondere freiheitentziehender, anweisen. Dem deutschen Strafrichter standen derart seit Jahrzehnten die durch § 27 b ermöglichte Ersetzung der Freiheitsstrafe durch Geldstrafe und im Zusammenwirken mit der Staatsanwaltschaft die Einstellung des Verfahrens wegen Geringfügigkeit gemäß § 153 StPO zur Verfügung, später kam die Strafaussetzung zur Bewährung dazu. Das Erste Gesetz zur Reform des Strafrechts ist in dieser Hinsicht noch weiter gegangen. Zu nennen ist in erster Linie § 13 Abs. 1 Satz 2, der gebietet, in der Strafzumessung „die Wirkungen, die von der Strafe für das künftige Leben des Täters in der Gesellschaft sind, ... zu berücksichtigen“[33]. Außerdem ist auf die Einschränkung der kurzen Freiheitsstrafe in § 14 und die erleichterte Zulassung der Strafaussetzung zur Bewährung, § 23 Abs. 1 bis 3, hinzuweisen, ferner auf das durch § 16 ermöglichte Absehen von Strafe. Das Zweite Gesetz zur Reform des Strafrechts wird, wenn es einmal in Kraft getreten sein wird, mit seinen §§ 47 und 59 auf diesem Wege weitergehen.

Allein, es wäre verfehlt, die Bedeutung der Dunkelziffer für die Rechtsanwendung ausschließlich in diesen Vorschriften zu sehen. Sie sollte sich unmittelbar in der Strafzumessung auswirken, wenn es um die Bestimmung der Schuld geht. Sie liefert ein Argument mehr dafür, daß hier wirklich einzig die Tatschuld ins Spiel kommen und jede Erinnerung an die Lebensführungsschuld getilgt werden sollte[34].

[33] Daß § 13 Abs. 1 Satz 2 nicht nur die Resozialisierung zu berücksichtigen gebietet, wie *Schönke/Schröder*, Kommentar, 15. Aufl., 1972, Vorbem. zu § 13, Rn. 15, anzunehmen scheinen, sondern auch schädliche Wirkungen der Strafe abhalten soll, betont *Koffka* in LK, 9. Aufl. 1971, § 13 Rn. 13.

[34] Dazu *Stratenwerth*, op. cit. (Anm. 30).

Wenn es so sein sollte, und es sprechen überaus deutliche Ergebnisse der Forschungen in zahlreichen Ländern dafür, daß die Begehung nicht allzu schwerer Straftaten weitaus häufiger und in allen sozialen Schichten verbreiteter ist, als zuvor angenommen wurde, so dürfte wenigstens für den Täter, der zum ersten Mal vor Gericht steht, mit höchster Wahrscheinlichkeit vermutet werden, daß er sich in seiner Persönlichkeit von dem Nichtbestraften nicht unterscheidet. Dann kann die Schuld eben nur nach der Tat bemessen werden. Dazu gehören, dies versteht sich, deren Umstände, anders gesagt, die Lage des Täters, der gerade deswegen zutreffend als Situationsverbrecher bezeichnet wird[35]. Die Kenntnis der Vielzahl nicht verfolgter Straftaten verbietet, sich pharisäisch von dem Delinquenten zu distanzieren, indem er zu dem ganz Anderen gestempelt wird. Die Zurückweisung und die Mißbilligung soll nicht den Täter, sondern die Tat treffen, so schwer es auch fallen mag, auf diese Weise zu unterscheiden[36]. Es braucht kaum betont zu werden, daß eine im Strafverfahren bekundete Abwendung vom Täter das Ziel zu erreichen erschwert, welches schon vor Jahren O. A. *Germann* dem ganzen Strafrecht setzte, wenn er sagte, es habe „dem humanen Bestreben nach Wiedergewinnung des Delinquenten für das Leben in der freien Gesellschaft" zu dienen[37] Und dazu genügen oft gelinde Mittel: die öffentlich durch den Schuldspruch ausgesprochene Mißbilligung der Tat, ganz abgesehen von der unbeabsichtigten repressiven Wirkung des Strafprozesses.

Für diese Einstellung spricht ferner, daß Kriminalität als Normbruch keine dauernde Eigenschaft eines Menschen, sondern ein vorübergehendes Verhalten ist[38], welches nach einer intensiveren staatlichen Einwirkung nur dann ruft, wenn es sich wiederholt oder in einer besonders schweren Tat bekundete. Begeht der als Ersttäter nur milde Bestrafte nicht lange nach der Verurteilung erneut Straftaten, so ist ein schärferes Zugreifen mit strafrechtlichen Sanktionen, nicht zuletzt mit bessernden oder sichernden Maßregeln, angezeigt.

[35] Nach E. *Mezger*, Kriminologie, Berlin—München 1951, 152, anstatt des früher üblichen Ausdruckes Gelegenheitsverbrecher.

[36] Wollte man ganz genau sein, müßte gefordert werden zu trennen zwischen der Ablehnung des Delinquenten als Täter und seiner Ablehnung schlechthin; allein eine solche Unterscheidung ist nicht vollziehbar. Eine ähnliche Unterscheidung scheint *Kutchinsky*, op. cit. (Anm. 6) 94, vorzuschweben, wenn er das Problem der Kriminalität von dem der Kriminellen trennt und betont, weshalb einer Straftaten begeht, wisse man heute nicht, wohl aber, wie er zum Kriminellen werde.

[37] O. A. *Germann*, Maßnahmenrecht des schweizerischen Strafgesetzbuches, SchwZStrR 73 (1958) 74, im Original kursiv.

[38] Dazu H. *Bianchi*, Position and subject-matter of criminology, Amsterdam 1956, 186; Stephan *Quensel*, Sozialpsychologische Aspekte der Kriminologie. Handlung, Situation und Persönlichkeit, Stuttgart 1964, bes. S. 113 f.

Auch hier stellt sich die Frage, ob die unbekannten Täter die Problematik beeinflussen, und nochmals ist zu antworten, daß es in bezug auf die Anwendung des Strafrechts ebensowenig auf die Kenntnis dieser Personen ankommt wie hinsichtlich der Kriminalpolitik. Wird das Strafrecht derart angewendet, so befindet sich der betreffende Staat zwar nicht auf dem Wege zu dessen Abschaffung, ein Ding der Unmöglichkeit[39], wohl aber auf dem, der durch viele kleine Schritte und unablässiges Bemühen um Reformen zu einer immer stärkeren Milderung und Humanisierung des Strafrechts führt, Leitmotive aufnehmend, welche in der Aufklärung angeschlagen wurden.

III. Die Bedeutung der Dunkelziffer für die Kriminologie

Die Berücksichtigung der Dunkelziffer ist insbesondere für die kriminologische Forschung von Bedeutung. Und gleich zu Beginn ist zu betonen, daß die unbekannten Täter in genau derselben Weise kriminologisch wichtig sind, wie es für die Urheber der überhaupt nicht verfolgten Taten der Fall ist.

Während die ältere Forschung erörterte, ob die Dunkelziffer die Zuverlässigkeit der Kriminalstatistiken beeinträchtige und in welcher Weise[40], läßt sich jetzt nicht mehr übersehen, daß ihr und den unbekannten Tätern eine viel größere Bedeutung zukommt. Denn wohl alle Untersuchungen von kriminellen Persönlichkeiten beziehen sich auf tatsächlich verurteilte Personen. Deshalb spricht *Christiansen* mit Recht davon, daß sich diese Untersuchungen nicht mit dem Kriminellen schlechthin, den es, nebenbei gesagt, ohnehin nicht gibt, befassen, sondern nur mit „den registrierten Gesetzesübertretern"; überdies fänden fast ausschließlich die Urheber schwerer Rechtsbrüche die Aufmerksamkeit der Wissenschaft[41]. Hinsichtlich der unbekannten Täter gibt er eine ganze Reihe von Gründen an, welche die Ermittlung erschweren oder erleichtern. Er weist darauf hin, daß die Intensität der Verfolgung schwerer Verbrechen besonders groß ist[42]; daß

[39] Die auch nicht dadurch behoben wird, daß die Sanktionierung einzelner Taten auf „gesellschaftliche" Stellen verlagert wird, wenn diese in einen straffen staatlichen Aufbau eingefügt sind, wie dies für die Gesellschafts- oder Volksgerichte der kommunistischen Staaten zutrifft; siehe Albin *Eser,* Gesellschaftsgerichte in der Strafrechtspflege, Reihe Recht und Staat Heft 388/9, Tübingen 1970.

[40] So noch Hermann *Mannheim,* Comparative Criminology I, London 1965, 109, 5 a.

[41] *Christiansen,* op. cit. (Anm. 8), 214.

[42] Nur für solche Verbrechen wird die Fahndung mit der Fernsehsendung Aktenzeichen XY beansprucht!

der der Polizei bereits Bekannte leichter erwischt wird, wenn er erneut delinquiert; daß die soziale Stellung des Delinquenten von Einfluß ist, ferner sein Alter, sein Geschlecht und seine Intelligenz[43]. *Christiansen* verneint deshalb entschieden die Frage, „ob die registrierten Gesetzesübertreter als ein repräsentativer (zufälliger) Querschnitt von allen Personen angesehen werden können, die kriminelle Handlungen begangen haben"[44]. Resigniert hält er hinsichtlich kriminologischer Untersuchungen fest, „was man beleuchten kann, ist gewöhnlicherweise nur die Frage, was die registrierten Kriminellen von den Menschen unterscheidet, die nicht als kriminell registriert werden ..."[45]. Es bedarf keines Beweises, daß das Fehlen der Urheber nicht angezeigter, die Dunkelziffer bildenden Taten diese Schlußfolgerung nur zu bestärken vermag.

Allein die Zweifel müssen noch weiter getrieben werden: Ist anzunehmen, daß sich unter den strafrechtlich nicht verfolgten Personen in erheblicher Zahl solche befinden, welche dennoch strafbare Handlungen begangen haben, so geraten auch die Untersuchungen von verurteilten und einer Kontrollgruppe nicht bestrafter Personen ins Zwielicht, wenn aus den in solchen Erhebungen ermittelten Unterschieden beider Gruppen unbesehen Schlüsse auf die Persönlichkeit der Angehörigen beider Gruppen gezogen werden und wenn gar diese Ergebnisse als Grundlage von Prognosetafeln zu dienen haben. Wenn solche Untersuchungen kritischer Überprüfung standhalten sollen, so ist auf die Möglichkeit, daß sich in der Kontrollgruppe Urheber strafbarer Handlungen finden, hinzuweisen und die Bedeutung dieser Tatsache zu erörtern. Außerdem ist zu erwägen, inwieweit allfällig festgestellte besondere Eigenheiten bestrafter Delinquenten Folge der Strafverfolgung, insbesondere des Strafvollzuges sein könnten, inwieweit solche Auffälligkeiten, wenn sie vor der Strafverfolgung bestanden, bewirkt haben, daß die Aufmerksamkeit der Behörden der Strafverfolgung oder anderer Amtsstellen sich auf die betreffenden Personen richtete. Erst wenn diese Vorfragen beantwortet sind, ohne daß alle allfälligen Befunde an verurteilten Straffälligen sich auf diese Weise erklären ließen, kommt die Möglichkeit, daß besondere Eigenschaften eines Menschen mit seiner Delinquenz unmittelbar zusammenhängen, in Betracht. Daß bei dem immer wieder Rückfälligen solche Zusammenhänge bestehen können, ist eine Hypothese, die auf Grund der Ergebnisse früherer Untersuchungen zu erneuter Prüfung aufgestellt werden darf.

[43] *Christiansen*, op. cit. (Anm. 8), 213/4.
[44] *Christiansen*, op. cit. 3213.
[45] *Christiansen*, op. cit. 214.

Wie die Antwort lauten wird, läßt sich nicht voraussagen. Es wird darauf ankommen, ob sich Methoden finden lassen, welche es erlauben, die hier angedeuteten möglichen Einwirkungen auf den verurteilten Täter voneinander zu trennen und selbständig zu erfassen. Und vielleicht wird, nach einer längeren Zeit der großen Reihenuntersuchungen, vorerst wieder eine Zeit kommen, in welcher in möglichst eingehenden Untersuchungen des Lebenslaufes einzelner Krimineller versucht wird, auf die hier gestellten Fragen eine Antwort zu finden. Sollte sich am Ende vielleicht erweisen, daß die auf *Wahlberg* und *Maybox* zurückgehende Unterscheidung zwischen Gelegenheits- und Gewohnheitsverbrechern, heute als die zwischen Situations- und Zustandsverbrechern bezeichnet, möglicherweise mit geänderter Begründung, eines der wenigen Ergebnisse der Typologie der Kriminellen ist, welches zu bestehen vermag[46]?

[46] Die Vermutungen von *Kutchinsky*, op. cit. (Anm. 6), 90, scheinen in dieselbe Richtung zu gehen.

Strafprozeß und Tatsachenforschung

Ein Beitrag zum Verhältnis von Rechtswissenschaft und Soziologie

Karl Peters

I.

Die deutsche Soziologie befaßt sich in den letzten Jahren in immer stärkerem Ausmaß mit Gegebenheiten und Vorgängen im Gerichtswesen, vor allem im Strafverfahren[1]. Sie will damit klären, wer die Rechtsanwendenden sind und wie sie das Recht anwenden. Damit soll aufgezeigt werden, was an Kräften, Vorstellungen und Tendenzen sich bei dem Vollzug von Gesetzen auswirkt und welche geistigen und ideologischen Grundlagen die Rechtswirklichkeit bestimmen. Es geht um die Tatsachenklärung und die Tatsachenerklärung. Für wie entscheidend dabei derartige Untersuchungen gehalten werden, kommt in dem Titel der Schrift von Rüdiger *Lautmann* „Soziologie vor den Toren der Jurisprudenz“[2] zum Ausdruck.

Dieser Titel gibt freilich das Verhältnis von Rechtswissenschaft und Soziologie nicht ganz richtig wieder. Denn ganze Zweige der

[1] Zum *Richter: Dahrendorf,* Rolf, Bemerkungen zur sozialen Herkunft und Stellung der Richter an Oberlandesgerichten. Ein Beitrag zur Soziologie der deutschen Oberschicht in: Hamburger Jahrbuch für Wirtschafts- und Gesellschaftspolitik 5 (1960) 260—275; *ders.*, Deutsche Richter. Ein Beitrag zur Soziologie der Oberschicht in: Gesellschaft und Freiheit 1961; *ders.*, Zur Soziologie des Richters, Deutsche Richterzeitung 1965, 5—9; *Feest,* Jürgen, Die Bundesrichter. Herkunft und Auswahl der juristischen Elite in *Zapf,* W., Beiträge zur Analyse der deutschen Oberschicht 1965, 95—113; *Kaupen,* Wolfgang, Die Hüter von Recht und Ordnung. Die soziale Herkunft, Erziehung und Ausbildung der deutschen Juristen 1969; *Lautmann,* Rüdiger, Justiz — die stille Gewalt 1972; *Peters,* Dorothee, Der Richter im Dienst der Macht. Zur gesellschaftlichen Verteilung der Kriminalität 1973.

Zur *Polizei: Goeschel,* A. — *Heyer,* A. — *Schmidbauer,* G., Beiträge zur Soziologie der Polizei I 1971; *Feest,* J. — *Blankenburg,* E., Die Definitionsmacht der Polizei. Strategien der Strafverfolgung und sozialen Selektion 1971; *Feest,* J. — *Lautmann,* R. (Hrsg.), Die Polizei. Soziologische Studien und Forschungsberichte 1971.

Eingehende Schrifttumsangaben (bis 1967) in *Hirsch,* E. — *Rehbinder,* M. (Hrsg.), Studien und Materialien zur Rechtssoziologie, Kölner Zeitschrift für Soziologie und Sozialpsychologie, herausgegeben von René *König.*

[2] *Lautmann,* Rüdiger, Soziologie vor den Toren der Jurisprudenz. Zur Kooperation der beiden Disziplinen 1971.

Rechtswissenschaft haben sich schon seit langer Zeit mit den tatsächlichen Vorgängen im Rechtsbereich befaßt. Sicherlich soll nicht in Abrede gestellt werden, daß die Rechtswissenschaft weitgehend die juristisch-normative Seite einseitig in den Vordergrund gestellt hat und zu wenig sich mit dem befaßt hat, was tatsächlich sich ereignet. Das berechtigt aber nicht, so zu tun, als ob andere Richtungen nicht vorhanden gewesen wären. Vor allem nahm die *Verwaltungslehre* im 19. Jahrhundert eine beachtliche Stellung ein[3]. In seinem Lehrbuch der Verwaltung weist Hans *Peters*[4] drei Zweige der Verwaltungswissenschaft auf: Verwaltungslehre, Verwaltungsrecht, Verwaltungspolitik. Als Verwaltungslehre bezeichnet er „die Wissenschaft, die die Verwaltung in all ihren Erscheinungsformen und Bestandteilen beschreibt, systematisch ordnet, die Begriffe klärt, Kausalzusammenhänge und Existenzgründe aufzeigt, sowie auf ihre Zwecke untersucht". Die Verwaltungslehre hat es mit den tatsächlichen Vorgängen zu tun. Sie hat „alles Wesentliche der Verwaltung zu erfassen, unabhängig von der normativen Ausprägung der einzelnen Institution und von einer rechtlichen Erfaßbarkeit überhaupt". Ferner sind „über das Beschreibende und begrifflich Klärende hinaus die Gründe und Triebkräfte der Verwaltung wie ihrer einzelnen Entscheidungen herauszuarbeiten". Schließlich sind die Zielrichtungen der Verwaltung aufzuzeigen. In ähnlicher Weise hat sich auch die *Staatslehre* verstanden. Ihre Aufgabe wurde darin gesehen, „den Staat nach allen Seiten seines Wesens zu erforschen", woraus sich zwei Hauptgebiete der Staatswissenschaft ergaben: die gesellschaftliche (soziale) Staatslehre und die Staatsrechtslehre[5]. Auch innerhalb der Strafrechtswissenschaft und der Prozeßlehre sind rechtliche und tatsächliche Forschungen nebeneinander betrieben worden. Da im Justizbereich im Gegensatz zur Verwaltung und Staatsführung die Rechtsanwendung nicht nur Rahmen, sondern Ziel der Aufgabenbetätigung ist, gewinnt die Rechtsbetrachtung selbstverständlich eine hervorragende Bedeutung[6]. Das hat aber nicht gehindert, daß sich innerhalb der Kriminalwissenschaft neben dem Straf- und Strafverfahrensrecht die empirisch begründete

[3] Vgl. dazu Hans *Peters*, Verwaltungsrecht in: Staatslexikon, herausgegeben von der Görresgesellschaft 6. Aufl. Bd. 8 (1963) Sp. 211 (216).

[4] Hans *Peters*, Lehrbuch der Verwaltung 1949 S. 14 f.

[5] So schon Georg *Jellinek*, Allgemeine Staatslehre 3. Aufl. 1914 (Nachdruck 1920) S. 14.

[6] Infolge des Justizcharakters des Strafprozesses liegt das Verhältnis Strafprozeßlehre—Strafprozeßrecht nicht gleich wie das Verhältnis Verwaltungslehre—Verwaltungsrecht. Zum Grundsätzlichen vgl. *meinen* Beitrag: Strafprozeßlehre im System des Strafprozeßrechts in Maurach-Festschrift 1972 S. 453.

Kriminologie[7] und *Kriminalistik*[8] entwickelt hat. Das Bemühen die außerrechtlichen Grundlagen neben den rechtlichen zur Darstellung zu bringen, offenbart sich vor allem an der *Strafzumessungslehre*[9]. Zu erwähnen sind weiterhin die Bestrebungen in das Strafprozeßrecht die *Strafprozeßlehre*[10] einzubauen. In ihr geht es um die Frage, wie der Strafprozeß innerhalb der durch das Strafprozeßrecht gewährten Rahmen, Ermächtigungen, Ermessensfreiheiten und Beurteilungsspielräumen[11] tatsächlich vor sich geht. Damit ergeben sich notwendigerweise soziologische, aber nicht nur soziologische, sondern vor allem

[7] Die empirische Kriminologie ist in Deutschland begründet worden durch Gustav *Aschaffenburg*, Das Verbrechen und seine Bekämpfung. Einleitung in die Kriminalpsychologie für Mediziner, Juristen und Soziologen; ein Beitrag zur Reform der Strafgesetzgebung 1. Aufl. 1902, 3. Aufl. 1923. Sie ist fortgeführt worden von *Exner*, *Mezger*, *Sauer*, *Seelig* und *von Weber* sowie den von ihnen angeregten Schülerarbeiten. Besondere Hervorhebung verdienen die von *Exner* herausgegebenen kriminalistischen Abhandlungen (auch mit eigenen Arbeiten *Exners*). Die neueste Periode wird bestimmt durch Hans *Göppinger* und dessen Schüler *(Eidt, Kerner, Schöch)*, Hilde *Kaufmann* und Günther *Kaiser* sowie durch das von Rudolf *Sieverts* und Hans Joachim *Schneider* herausgegebene Handwörterbuch der Kriminologie 2. Aufl.

[8] Als Wissenschaftszweig innerhalb der gesamten Strafrechtswissenschaft begründet durch Hans *Groß*, Handbuch für Untersuchungsrichter 1893, zuletzt als Handbuch der Kriminalistik bearbeitet von E. *Seelig* (8. Aufl. 1944/1951).

[9] Die Strafzumessungslehre kann in Deutschland auf eine Geschichte von mehr als fünfzig Jahre zurückblicken. Vgl. dazu *meine* Abhandlung: Praxis der Strafzumessung und Sanktionen in: Kriminologische Gegenwartsfragen, herausgegeben von H. *Göppinger* — R. *Hartmann*, Heft 10 1972 S. 51 ff. Für die empirische Erfassung des Problems auch heute noch wichtig F. *Exner*, Studien zur Strafzumessungspraxis der deutschen Gerichte 1931. Grundlegend für die heutige und künftige Arbeitsweise H. *Schöch*, Strafzumessungspraxis und Verkehrsdelinquenz. Kriminologische Aspekte der Strafzumessung am Beispiel einer empirischen Untersuchung zur Trunkenheit im Verkehr 1973. Mit dem Thema der Strafzumessung hat sich auch Heinrich *Henkel* befaßt: Die richtige Strafe. Gedanken zur richterlichen Strafzumessung 1969, ferner „Strafempfindlichkeit und Strafempfänglichkeit des Angeklagten als Strafzumessungsgründe" in der Festschrift für Heinrich Lange.

[10] Hinweise zur Sache in *meinem* Strafprozeß 2. Aufl. 1966. Entwicklung des Begriffs in den Abhandlungen: „Strafprozeßlehre. Zugleich ein Beitrag zur Rollenproblematik im Strafprozeß" in der Gedächtnisschrift für Hans *Peters* 1967 und „Strafprozeßlehre im System des Strafprozeßrechts" in der Maurach-Festschrift 1972.

[11] Auf diesen Fragestellungen beruhen zahlreiche neuere Arbeiten von Juristen: Werner *Filthaut*, Der Freispruch bei Unzucht mit Kindern. Eine Untersuchung über die Gründe bei Freisprechung Münst. Diss. 1962; Walter *Kiwit*, Fehlurteile im Strafrecht. Entstehung, Gesetzmäßigkeiten und Möglichkeiten zur Vermeidung untersucht an Wiederaufnahmeverfahren im Oberlandesgerichtsbezirk Hamm Münst. Diss. 1965; Wilhelm *Haddemhorst*, Die Einwirkung der Verfahrensrüge auf die tatsächlichen Feststellungen im Strafverfahren anhand der höchstrichterlicher Rechtsprechung eines Jahres 1971; Hans-Jürgen *Kerner*, Verbrechenswirklichkeit und Strafverfolgung 1973; von eigenen Arbeiten sei auf die Tübinger Untersuchungen

auch psychologische Fragestellungen. Auch diese sind nicht erst heute erstmalig aufgeworfen worden[12].

Zwischen den in der Rechtswissenschaft vorgelegten Fragen und den soziologischen Untersuchungen über Justizvorgänge und Justizverhalten sollte durchaus eine Verbindung hergestellt werden können[13]. Zur Zeit scheint die Verknüpfung noch nicht hergestellt zu sein. Es ist zuzugeben, daß das Verlangen der Juristen nach der Kenntnis der tatsächlichen Grundlagen ihrer Tätigkeit intensiver sein könnte, es ist aber auf der anderen Seite nicht zu übersehen, daß die neuere deutsche Soziologie den Juristen den Willkomm nicht ganz einfach macht. Am wenigsten geht es dabei um die verschiedene Form der Sprache. Entscheidend ist vielmehr die weitgehende Ideologisierung eines Teils der Soziologie und die unfreundliche, kämpferische Einstellung gegen den Juristen, die so mancher neuere Soziologe[14] zur Schau trägt.

zu den Fehlerquellen im Strafprozeß (Bd. I 1970, Bd. II 1972) sowie ergänzend: Gescheiterte Wiederaufnahmeverfahren in der Gallas-Festschrift 1973 S. 441 verwiesen. Die Fruchtbarkeit des Ausgangspunkts wird in dem hervorragenden Buch von Hans *Dahs*, Handbuch des Strafverteidigers 3. Aufl. 1971 deutlich.

[12] Zur Behandlung psychologischer Fragen seien von juristischen Autoren beispielsweise genannt: Ludwig *Bendix*, Zur Psychologie der Urteilstätigkeit des Berufsrichters 1967 (mit umfassender Übersicht über das Gesamtwerk von *Bendix* S. 431 f.); Gotthold *Bohne*, Zur Psychologie der richterlichen Überzeugungsbildung 1948; Karl *Peters*, Freie Beweiswürdigung und Justizirrtum in Olivecrona-Festschrift 1964; das Gesamtgebiet des Strafverfahrens erfassend Roland *Graßberger*, Psychologie des Strafverfahrens 2. Aufl. 1968. — Kaum übersehbar ist das Schrifttum zur gerichtlichen Psychologie: führend Udo *Undeutsch* (Hrsg.), Forensische Psychologie Bd. 11 des Handbuchs der Psychologie 1967 mit umfassenden Schrifttumsangaben. Wichtig auch Robert *Weimar*, Psychologische Strukturen richterlicher Entscheidung 1969 mit Auseinandersetzung mit den verschiedenen Meinungen und Hinweisen auf die umfangreiche interdisziplinäre Literatur.

Beiträge zur forensischen Psychologie bringt das juristische Schrifttum im Zusammenhang mit dem Justizirrtum *(Alsberg, Selo, Hellwig, Hirschberg)* und den Vernehmungsproblemen *(Groß-Seelig, Hellwig, Krönig, Meinert)*. Die Zusammenarbeit mit den Vertretern anderer Fächer, vor allem mit Psychologen und Psychiatern, hat sich bei der Forschung zur Glaubwürdigkeit bewährt. Belege bei *Undeutsch*, a. a. O. Neuere Beispiele für Beiträge von psychologischer Seite: Friedrich *Arntzen*, Psychologie der Zeugenaussage 1970; Arne *Trankell*, Der Realitätsgehalt von Zeugenaussagen. Methodik der Aussagepsychologie (aus dem Schwedischen übersetzt von U. *Undeutsch* 1971).

[13] Bedeutsam im Hinblick auf einen Brückenschlag sind die Arbeiten des Instituts für Rechtstatsachenforschung Stuttgart e. V., dessen erste Veröffentlichung Rolf *Bender* (Hrsg.), Tatsachenforschung in der Justiz 1972 ist.

[14] Zuweilen freilich auch von Juristen unterstützt. Beispiele: Xaver *Berra* (= Theo *Rasehorn*). Im Paragraphenturm. Eine Streitschrift zur Entideologisierung der Justiz 1966; Theo *Rasehorn* — Helmut *Ostermeyer* — Fritz *Hasse* — Dieter *Huhn*. Im Namen des Volkes? Vier Richter über Justiz und Recht 1968; Rudolf *Wassermann* (Hrsg.), Justizreform 1970, Helmut *Ostermeyer*, Strafunrecht 1971.

Dazu kommt das beharrliche Vorbeigehen an den Bemühungen innerhalb der deutschen Rechtswissenschaft. Dabei mag die Verwurzelung der deutschen Soziologie in der nordamerikanischen soziologischen Wissenschaft, der wesentlich andere Verhältnisse zugrunde liegen, mitspielen[15].

II.

Sollen Art und Umfang der Tatsachenforschung festgelegt werden, so bedarf es der Klarheit über den Zweck eines solchen Unternehmens. Es geht uns um eine von der Rechtswissenschaft her gestellte Aufgabe, nämlich um die Klärung dessen, was innerhalb der Strafprozeßordnung im Strafprozeß vorgeht. Die Zweckbestimmung für die von uns programmierte Tatsachenforschung ist strafprozeßbezogen. Sie ist ein Instrument der Strafprozeßlehre und steht als solches im Dienst des Rechts. Sie will eine Betrachtung der Rechtswirklichkeit und der Vorgänge bei der Durchsetzung des Rechts innerhalb der gesetzten Ordnung ermöglichen. Ihr Ziel ist aber nicht Materialbeschaffung zur „Gesellschaftsveränderung“ und zur „Systemüberwindung“.

Die so abgesteckte Tatsachenforschung hat zunächst die Vorgänge und Geschehnisse innerhalb des Strafprozesses zum Gegenstand. Sie breitet die in und vor Gericht sich abspielenden Fakten aus. Darüber hinaus hat es die Strafprozeßlehre mit Umständen zu tun, die außerhalb des Strafprozesses liegen, die jedoch innerhalb des Prozesses zur Anwendung kommen. Es bedarf auch der Aufhellung der sich im Strafprozeß auswirkenden außerstrafprozessualen Realien. Sie bilden die Grundlage für verschiedene innerhalb des Strafprozesses benötigten Kenntnisse und Sachvoraussetzungen anderer Fachgebiete (Naturwissenschaften einschl. Medizin, Technik, Psychologie und Soziologie). Die dort herausgearbeiteten Realien werden in der *Kriminalistik* und *gerichtlichen Medizin* zusammengefaßt. Die auf diesen Gebieten zu klärenden Fakten und Vorgänge liegen nur zu einem geringen Teil im Untersuchungsbereich des Juristen, am ehesten noch auf dem Gebiet der Psychologie und Soziologie, soweit ihm die alltägliche Praxis ständig Material liefert, dessen Aufbereitung zur Alltagspflicht des Juristen gehört. Aber selbst hier muß der Jurist die Grenzen seiner Möglichkeiten erkennen.

Die erste Aufgabe der Tatsachenforschung ist die *Beschreibung*.

[15] Sehr instruktiv zur amerikanischen wissenschaftlichen Entwicklung Manfred *Weiss*, Die Theorie der richterlichen Entscheidungstätigkeit in den Vereinigten Staaten von Amerika. Gießener Beiträge zur Rechtswissenschaft Bd. 5 1971.

Objektiv gegebene Umstände sind zu ermitteln und darzustellen. Möglicherweise ergibt die Beschreibung selbst schon wissenswerte Ergebnisse, ohne daß noch Schlußfolgerungen auf weitere Tatsachen notwendig sind. Unter Umständen läßt sich aber erst durch Schlußfolgerungen die angestrebte Tatsachenkenntnis gewinnen.

Beispiel: Die Untersuchungen ergeben die Häufigkeit der Anwendung der Untersuchungshaft. Die sich ergebende Zahlen sind bereits für den Verlauf des Strafprozesses bedeutsam.

Die Untersuchung von durchgeführten Wiederaufnahmeverfahren — so sei die Annahme — ergibt, daß der Anteil derjenigen Verfahren, an denen derselbe Richter und ein fremder Richter beteiligt sind, annähernd gleich ist. Die Festlegung dieses Umstandes ergibt noch nicht das erstrebte Ziel. Dieses besteht vielmehr darin zu wissen, wie es mit bestimmten psychischen Einstellungen der Richter (Voreingenommenheit, Bindung an getroffene Entscheidungen) steht. Diese lassen sich aber nur durch Schlußfolgerungen erkennbar machen.

Die Schlußfolgerungen überschreiten den Rahmen der Beschreibung. Sie sind bereits das Ergebnis einer Stellungnahme und unterliegen subjektiven Einflüssen. Sicher bedarf es auch ihrer. Aber es handelt sich bei ihnen um einen zweiten Arbeitsgang, der deutlich vom ersten zu trennen ist. Kommt es auf die Erkenntnis von Tatsachen an, bei denen es der Schlußfolgerungen bedarf, so kann dadurch das Programm und der Umfang der Beschreibung bestimmt werden.

Beispiel: Wenn festgestellt werden soll, ob es bei dem Wiederaufnahmeverfahren darauf ankommt, ob dieselben Richter oder andere Richter tätig werden, ob sich bei denselben Richtern wiederaufnahmefeindliche Haltungen und Einstellungen ergeben, so genügt eine Vergleichung der erfolgreich durchgeführten Wiederaufnahmeverfahren je nach der Besetzung der zulassenden, den Antrag für begründet haltenden und in der neuen Hauptverhandlung tätig gewordenen Richter nicht. Es muß vielmehr eine Paralleluntersuchung an gescheiterten Wiederaufnahmeverfahren durchgeführt werden. Darüber hinaus können der Untersuchung nur solche Verfahren zugrunde gelegt werden, bei denen das Ergebnis nicht eindeutig festliegt, also nicht jeder Richter, gleichgültig ob derselbe oder ein anderer urteilt, in derselben Weise entscheidet. Sowohl bei den durchgeführten als auch den gescheiterten Wiederaufnahmeverfahren sind die eindeutig bestimmten Fälle keineswegs selten. So ist das Ergebnis in den Fällen der Doppelverurteilung desselben Beschuldigten, des Fehlens eines Strafantrags, der bereits eingetretenen, aber übersehenen Verjährung, der Ermittlung des wirklichen Täters oder der nachträglich eindeutig festgestellten Schuldunfähigkeit für jeden Richter, der sich mit dem Wiederaufnahmeantrag zugunsten der Wiederaufnahme zu befassen hat, eindeutig. Ebenso eindeutig negativ ist das Ergebnis von Anträgen, die offensichtlich nicht ausreichend begründet sind. Diese Verfahren verfälschen das Ergebnis etwaiger Schlußfolgerungen, worauf Ursula *Brandt-Janczyk* in einer demnächst erscheinenden Arbeit über den vorbefaßten

Richter zutreffend hinweist. Das Untersuchungsprogramm muß im Hinblick auf die Ermöglichung von Schlußfolgerungen anders aufgebaut werden. Um die Verschiedenheit der Verhaltensweisen „derselben" und „anderer" Richter darzulegen, müssen durchgeführte und gescheiterte Wiederaufnahmeverfahren mit offenem Ausgang der Beweiswürdigung gegenübergestellt werden. Damit ergibt sich jedoch wiederum die Gefahr einer Verfälschung, indem „offen" subjektiv ausgelegt wird. Die subjektiv bestimmte Materialauswahl läßt sich jedoch ausscheiden. Man kann davon ausgehen, daß bei Wiederaufnahmeverfahren, die die schwerere und schwere Kriminalität betreffen, die Beweiswürdigung in aller Regel offen ist. Es würde daher die Untersuchung anhand von Mord, Tatschlag, fahrlässiger Tötung, Raub, Brandstiftung, Sittlichkeitsdelikten unter Ausschluß eindeutiger Ermittlung eines anderen Täters durchgeführt werden können. Älteres Material vor dem Strafprozeßrechtsänderungsgesetz 1964 würde je nachdem zu sondern sein, ob dieselben oder andere Richter tätig geworden sind. In dem Wiederaufnahmematerial nach dem Inkrafttreten dieses Gesetzes sind die Richter kraft gesetzlicher Bestimmung ohnehin ausgewechselt.

Dieses Beispiel zeigt, daß es notwendig ist zu prüfen, ob das beschreibende Material überhaupt Schlüsse in der programmierten Richtung zuläßt. Nicht selten fehlen die hinreichenden Grundlagen. Wenn *Dahrendorf*[16] aus der sozialen Herkunft der Oberlandesgerichtsräte Schlüsse auf die Immobilität der Juristen und auf die Entscheidungsart gegenüber Angehörigen der dem Richter fremden Unterschicht zieht, so sind derartige Schlüsse aus dem zugrundeliegenden Material nicht möglich. Daß Oberlandesgerichtsräte aus dem OLG-Bezirk stammen, also immobil sind, ist selbstverständlich. Beim Oberlandesgericht, das sich überwiegend mit Straßenverkehrssachen befaßt, spielt das Schichtenproblem schon wegen seiner gesetzlichen Zuständigkeit eine untergeordnete Rolle. Die Schichttheorie findet von der Materialgrundlage, die *Dahrendorf* beibringt, überhaupt keine Stütze. Die Vorstellung, die Strafjustiz von Schichten her zu deuten, hat auf die spätere deutsche Soziologie faszinierend gewirkt. Auch hier wird jedoch aus ungenügendem Material zu weitgehende Schlüsse gezogen[17].

Die beschreibende Tatsachenforschung erfolgt nach objektiven Maßstäben. Die Beschreibung muß unabhängig von demjenigen sein, der sie durchführt. Ihr Ziel muß die Beschaffung für alle gültigen Materials sein. Das Tatsachenmaterial muß unvoreingenommen beigebracht werden. Vermutungen, Vorstellungen und Reformwünsche dürfen die Beibringung und Beschreibung des Materials nicht beeinflussen. Hier liegt die Gefahr, der Untersuchung Hypothesen zugrunde zu legen, falls nicht die der Untersuchung zugrunde gelegte Hypothese infolge

[16] *Dahrendorf* (vgl. Anm. 1).

[17] Das gilt auch für die an sich sorgfältig aufgebaute Arbeiten von Dorothee *Peters* und von *Feest-Blankenburg* (vgl. Anm. 1).

ihrer allgemeinen Anerkennung nahezu objektiven Wert hat[18]. Ich habe Zweifel, ob die Behauptung von *Bender*[19] richtig ist, daß eine Tatsachenforschung ohne Hypothesenaufstellung unmöglich ist. Die Hypothese, an den Anfang gestellt, bedeutet bereits eine Annahme oder Vermutung eines Sachverhalts oder eines bestimmten Zusammenhangs. Der Untersuchende nimmt bereits Stellung. Daß sich die Stellungnahme trotz wirklicher und scheinbarer Kontrollen bestätigt, ist nur schwer auszuschließen. Der Hinweis von *Bender*[20], daß der praktische Jurist bei der Sachverhaltsfestellung im Prozeß nicht anders vorgehe und seiner Untersuchung ebenfalls eine Hypothese voranstelle, scheint mir sehr fraglich. Die Hypothese etwa, der Angeklagte hat seine Geliebte im Badezimmer durch Gaszufuhr getötet, schränkt bereits die Beurteilungsfreiheit des Richters ein. Der Urteilende gerät in die Gefahr, mindestens in den Verdacht der Befangenheit. Ohne Bindung an ein Ergebnis, ohne dessen Zielbestimmung, sozusagen ohne Interesse an dem, was sich ergeben wird, muß sich der Richter die Frage vorlegen, was er an Material sammeln kann, um Stellung dazu nehmen zu können, ob der zur Anklage gestellte Sachverhalt erweisbar ist oder nicht. Beide Möglichkeiten sind von ihm bei der Sachverhaltsfeststellung gleichwertig ins Auge zu fassen.

Würde man die Tatsachenerforschung auf das gesamte strafprozessuale Leben ausdehnen, so würde ein niemals auszuschöpfendes und zu bewältigendes Forschungsprogramm zu erledigen sein. Vielerlei ist auch ohne Forschungen und Untersuchungen erkennbar. Das eine ist mehr wissenswert als das andere. So ergibt sich die Frage der Auswahl der durch Tatsachenforschung zu klärenden Vorgänge. Maßgeblich ist das Sachinteresse. Dies ist sachlich oder persönlich bestimmt. Für den Gesetzgeber ergeben sich die Fragen aus den jeweiligen Reformvorhaben. Die Justizverwaltung hat das Bedürfnis, den Umfang der Tätigkeit ihrer Organe und den Ablauf des Gerichtswesens in den Massenerscheinungen, aber auch in den einzelnen Vorgängen kennen zu lernen. Die an den einzelnen Prozessen beteiligten und betroffenen Organen und Personen sind daran interessiert zu erfahren, wie die Prozesse im einzelnen sich vollziehen, wie die Chancen für bestimmte Vorhaben stehen, wie sich bestimmte Verhaltensweisen auswirken oder auswirken können, welche Wege zur Erreichung bestimmter Ziele einzuschlagen sind und wodurch Einstellungen und Vorstellungen bestimmt sind.

[18] Zum Hypothesenproblem: Peter *Atteslander*, Methoden der empirischen Sozialforschung 3. Aufl. 1971 S. 10 ff., 16 ff.; Rolf *Bender*, Tatsachenforschung in der Justiz S. 19 f.; Hans *Göppinger*, Kriminologie 2. Aufl. 1973 S. 54, 60.

[19] *Bender*, a. a. O. S. 19.

[20] *Bender*, a. a. O. S. 20.

Beispiele: Je nach dem, ob die Tatsachenuntersuchung ergeben hat, daß in einer erneuten Verhandlung mit einer verstärkten Voreingenommenheit des früheren Richters zu rechnen ist oder nicht, wird sich der Verteidiger anders einstellen, wenn in dem Gericht, an das das Revisionsgericht die Sache zurückgewiesen hat, dieselben Richter auftauchen (möglich infolge BGH 21, 142). Je nach dem Ergebnis der Tatsachenforschung wird er mehr oder weniger bemüht sein, Ablehnungsgründe gegen diese Richter zu finden. Je nach dem Ergebnis solcher Untersuchungen wird sich die Rechtsprechung zu einer Änderung bereitfinden. Schließlich wird auch der Gesetzgeber sich überlegen, eine andere gesetzliche Lösung zu finden, indem er § 358 II StPO der Vorschrift des § 23 II StPO angleicht.

Wenn sich durch eine hinreichend breit angelegte Untersuchung, wie die von W. *Haddenhorst*[21], ergibt, daß bei Aufhebung von Strafurteilen der Schwurgerichte und Großen Strafkammern auf Grund formaler Rügen im neuen Verfahren auffallend oft andere Tatsachen festgestellt werden, so wird der Verteidiger der Rüge formeller Fehler eine andere Beachtung beimessen, als wenn sich regelmäßig erneut die Feststellung des früheren Sachverhalts ergibt.

Wieder andere Tatsachen werden den interessieren, der sie in seine wissenschaftliche Forschung oder die Lehre hineinstellen will. Dabei wirkt sich auch die Fachrichtung aus. Die Verknüpfung von Theorie und Praxis innerhalb der Strafprozeßwissenschaft wird für den Juristen Anlaß sein, seine empirischen Forschungen nach der praktischen Bedeutung zu bestimmen.

Zu welchem Zweck auch die Tatsachenforschung erfolgt, in aller Regel wird das aufgearbeitete Material auch für Untersuchungen verwertet werden können, die mit dem ursprünglich gesetzten Ziel nichts mehr zu tun haben.

So erbrachten die zum Zwecke der Wiederaufnahmeuntersuchung durchgeführten Arbeiten auch Material, das für die Psychologie der Prozeßbeteiligten oder für die Strafzumessungslehre verwertbar war.

III.

Die für die Tatsachenforschung allgemein üblichen Methoden[22] sind auch für die Strafprozeßlehre verwertbar. Die bei der Untersuchung angewandte Methode hängt von der jeweiligen Fragestellung

[21] Wilhelm *Haddenhorst*, Die Einwirkung der Verfahrensrüge auf die tatsächlichen Feststellungen im Strafverfahren 1971.

[22] Zur Methodenfrage: Peter *Atteslander*, Methoden der empirischen Sozialforschung 3. Aufl. 1971; Rolf *Bender* — Peter *Wax*, Einführung in die Methoden der Tatsachenforschung an Hand von Daten zur Verfahrensbeschleunigung im Zivilprozeß in Rolf *Bender* (Hrsg.), Tatsachenforschung in der Justiz 1972; Hans *Göppinger*, Kriminologie 3. Aufl. 1973 S. 54—126; Heinz *Schöch*, Strafzumessungspraxis und Verkehrsdelinquenz 1973 S. 30 ff.

ab. Infolgedessen kann das Gewicht der einzelnen Methode für die verschiedenen Fachgebiete unterschiedlich sein[23].

1. Die Statistik

Die Statistik gibt die Häufigkeit eines bestimmten Vorkommnisses, eines bestimmten Verhaltens oder einer bestimmten Einstellung wieder. Als Massenstatistik sucht sie immer wieder vorkommende Tatsachen zahlenmäßig zu erfassen und zu ordnen. Als Gruppenstatistik will sie die Bedeutung des Vorkommens einzelner Umstände, die durch Untersuchung von Fallgruppen erkannt worden sind, zahlenmäßig darstellen. Der Grad der Bedeutung wird in solchen Fällen nach statistisch-mathematischen Regeln und Überlegungen bestimmt[24]. Sie ermöglichen die Signifikanz festgestellter Tatsachen zu ermitteln. Auf diesem Wege ist es möglich, bestimmte Tatsachen als Naturgesetz[25] zu ermitteln, andere Tatsachen als sachtypisch und wieder andere als zufällig zu erkennen.

Zur Ermittlung strafprozessualer Gegebenheiten ist die Massenstatistik ein wichtiges Erkenntnismittel. Auf diesem Wege lassen sich beispielsweise feststellen: der Arbeitsanfall bei den Strafverfolgungseinrichtungen (Polizei, Staatsanwaltschaft, Gerichten), die Verteilung auf die einzelnen erstinstanzlichen Gerichte (Amtsrichter, Schöffengerichte, Strafkammern, Schwurgerichte, Oberlandesgerichte), die Rechtsmittelverfahren (Berufung, Revision), die Verfahrensarten (Offizialverfahren, Privatklageverfahren), die Entscheidungsarten bei der Staatsanwaltschaft (Klageerhebung: Einreichung einer Anklageschrift, Antrag auf Voruntersuchung; Einstellung) oder bei Gericht (Verurteilung, Freispruch, Einstellung- Urteil, Strafbefehl, Strafverfügung, Bußgeldbescheid), die Art der angefallenen Sachen (Verbrechen, Vergehen, Übertretungen, Ordnungswidrigkeiten)[26]. Aus der Verurteilungstatistik läßt sich wiederum die Straf- und Reaktionsbemessung erkennen. Die Massenstatistik ist in der BRD sowohl Polizei

[23] Das ist bei der Beurteilung der Methodenkritik zu beachten!

[24] Zur Verwendung des mathematischen und statistischen Verfahrens vgl. *Atteslander,* a. a. O. S. 185 ff.; *Göppinger,* Kriminologie S. 67; ferner Günther *Dotzauer* — Klaus *Jarosch,* Tötungsdelikte, Schriftenreihe des Bundeskriminalamts 1971 H. 1—3 S. 9.

[25] Man denke an die Grundlagen der Daktyloskopie oder des Vaterschaftsausschlusses.

[26] Die vom Statistischen Bundesamt herausgegebene Strafverfolgungsstatistik: Bevölkerung und Kultur, Reihe 9 Rechtspflege erbringt reiches Material. Frühere Angaben (vgl. zum Titel Organisation, Personal und Geschäftsanfall im Gerichtswesen unter Nr. 4) fehlen leider in der heutigen Statistik. Vgl. dazu die Jahre 1968 und 1971.

als auch Gerichtsstatistik. Die vergleichende Auswertung wird erschwert, wenn sich der Aufbau von Statistiken ändert. Die amtlich veröffentlichten Statistiken enthalten nur einen Teil wissenswerter Angaben. Gelegentlich müssen andere Angaben im Schrifttum oder bei einzelnen Behörden beschafft werden. Zuweilen fehlen statistische Zusammenfassungen ganz[27].

Solche statistischen Erkenntnisse sprechen zuweilen schon für sich. Sie vermitteln einen Eindruck von dem Ablauf der Strafjustiz und der Bedeutung einzelner Institutionen und Regelungen. Die Zahlen lassen auch erkennen, daß für die grundlegenden Vorstellungen und Einrichtungen nicht die Zahlenhöhe sondern das Zahlengewicht eine Rolle spielt. Die größeren Zahlen beziehen sich auf die Bagatell- und kleinere Kriminalität. Die Zahlen werden um so geringer je schwerer die Verbrechen sind und je mehr die große Strafkammer, das Schwurgericht und das Oberlandesgericht erstinstanzlich entscheiden. Strafverfügungen und Strafbefehle nehmen gegenüber Urteilen einen zahlenmäßig weit größeren Raum ein. Die Verfahrensgarantien kommen demnach bei den schweren Sachen mehr, im Verhältnis zu den Gesamtzahlen jedoch weniger zur Geltung. Lehre und Unterricht befassen sich vorzüglich mit dem kleineren, aber wichtigeren Verfahrensanteil.

Das Zahlenmaterial der Massenstatistik gibt einen Überblick darüber, was in der Praxis geschieht und wie häufig es geschieht. Vielfach dient es dazu, bestimmte Fragestellungen zu beantworten. Diese können sehr verschiedener Art sein, etwa mehr organisatorisch, mehr auf die praktische Handhabung oder mehr auf die wissenschaftliche Erkenntnis ausgerichtet. Ein Musterbeispiel für die Auswertung der Statistik für eine praktische und wissenschaftliche Sachfrage stellen die Untersuchungen von *Exner* über die Strafzumessungspraxis der deutschen Gerichte (1931) dar.

2. *Die Aktenuntersuchung*

Die Aktenuntersuchung kann einzelne Akten oder eine ganze Gruppe von Akten, die nach einer bestimmten Fragestellung ausgesucht werden, zum Gegenstand haben. Schon die Verwertung einzelner Akten[28] kann für die Erkenntnis des Strafprozesses von Bedeutung sein. Selbst wenn die Einzelakte über einen außergewöhnlich liegenden Einzelprozeß berichtet, kann doch bereits ein solches Ein-

[27] So z. B. in neuerer Zeit Statistiken über durchgeführte und gescheiterte Wiederaufnahmeverfahren.

[28] Kritik zur Einzelfallschilderung vom Standpunkt des Kriminologen aus bei *Kaiser*, Kriminologie Rn. 463, 524.

zelgeschehen, sein Vorkommen und seine Möglichkeit, aufschlußreich sein. Eine Einzelakte kann auch zu Lehrzwecken benutzt werden, weil sie den Zusammenhang von Theorie und Praxis, von Recht und Wirklichkeit deutlichmachen kann.

So habe ich in der Strafprozeßvorlesung versucht, an dem in Bd. I S. 83 behandelten Mordfall den Strafprozeß von der Anzeige bis zum Wiederaufnahmeabschluß darzulegen. So kann dem Studierenden ein lebensnahes Bild von Justizvorgängen und den damit verbundenen formalen Vorgängen vermittelt werden. Da es sich um einen Fall handelt, der noch nach dem alten Schwurgerichtsverfahren abgeurteilt wurde — Jahresangabe 1929 muß richtig 1922 lauten —, ergab sich auch die Möglichkeit, historische Ausblicke einzuflechten. Der Zugang zum Strafprozeß kann in sehr verschiedener Weise erfolgen, etwa auch von einem bestimmten Thema aus: der Richter, der Verteidiger, der Beweis, das Urteil. Auch von hier aus gelangt man zum Allgemeinen. Weiterhin kann der Strafprozeß anhand von Fällen behandelt werden. Bei solchen Versuchen ist freilich zu beachten, daß jedenfalls für einen Teil der Studierenden — keineswegs den schlechtesten! — eine systematische Darstellung mit Ergänzungen aus der Tatsachenforschung ansprechender ist.

In aller Regel werden Aktenuntersuchungen zur Aufhellung eines Einzelproblems durchgeführt. Diese Methode wurde auch in den Tübinger Untersuchungen über die in der Bundesrepublik durchgeführten Wiederaufnahmeverfahren angewandt. Solche Untersuchungen lassen sich nicht beliebig oft durchführen. Sie sind mit einem erheblichen Aufwand an Zeit, Arbeitsaufwand, personalen und sachlichen Kräften sowie Kosten verbunden. Selbst bei amtlicher Unterstützung ist eine vollständige Beschaffung des Materials nicht zu garantieren. Sie ist aber auch je nach dem Ziel der Untersuchung nicht nötig. Solange die Häufigkeit nicht statistisch festgestellt werden soll, kommt es auf Lückenlosigkeit nicht an.

In den Tübinger Untersuchungen ging es vornehmlich darum, zu prüfen, welche Schwierigkeiten sich einer richtigen Entscheidung des Richters entgegenstellen, aus welchen Gründen dieses Ziel in der Praxis verfehlt wird und wie der Irrtum im Wiederaufnahmeverfahren behoben wird. Es sollte dargestellt werden, was vorkommt. Selbst wenn das Material nur die Hälfte oder gar ein Drittel des tatsächlich vorhandenen ausgemacht haben sollte, so genügen doch die bearbeiteten 1140 Wiederaufnahmeverfahren dazu, die tatsächlichen Probleme sichtbar zu machen. Bereits nach der Bearbeitung einiger hundert Akten ergaben sich kaum mehr neue Probleme. Das hindert nicht, daß jeder Fall seine Variante und vor allem ein menschliches Schicksal enthält.

Je nach dem Forschungsgegenstand, wird man sich mit der beschreibenden Darstellung und bewertenden Beurteilung vom Einzelfall her begnügen und so eine Summe von Erfahrungen sammeln, oder aber man wird die Ergebnisse statistisch auswerten und unter

Anwendung der mathematischen Statistik Signifikanzberechnungen aufstellen.

Die Tübinger Untersuchungen verzichteten bewußt auf die statistische Auswertung, sieht man von geringen zahlenmäßigen Zusammenstellungen in Band II ab. Es wurde auch auf eigene Untersuchungen zum Verhältnis von richtigen und falschen Urteilen oder auf die Herausarbeitung der Regelmäßigkeit von Fehlern verzichtet. Es kam vielmehr darauf an, die Tatsache von Fehlurteilen und die Streuweite von Fehlern, typisch oder einzeln vorkommenden, deutlich zu machen, um so ein Bild von der Möglichkeit des Justizirrtums zu entwerfen. Da jeder falsch entschiedene Fall für die Justiz und den Betroffenen seine Eigenbedeutung hat, würde der geringe statistische Anteil des Fehlurteils an der Gesamtrechtspflege das Gewicht des einzelnen Fehlurteils verwischen.

Aktenuntersuchungen enthalten auch ihrerseits Gefahrenquellen. Schon die Aktendurchsicht muß sorgfältig, objektiv und umfassend sein. Das für die Untersuchung erforderliche Material muß lückenlos sein. Falldarstellungen müssen alles Notwendige enthalten[29]. Die beschreibende Aktenuntersuchung enthält bereits von der Persönlichkeit des Untersuchenden her bestimmte Momente. Zuverlässigkeit und Befähigung des Untersuchenden zur Aktenarbeit ist die Grundvoraussetzung für die Anwendbarkeit dieser Methode. Sie gewähren allein die sachlich richtige Darstellung. Im Idealfall müßte die Darstellung vom Untersuchenden unabhängig sein.

Dagegen gleiten die Untersuchungen prinzipiell ins Subjektive über, sofern es sich um die nachfolgende Stufe der Wertungen (richtiges oder falsches Urteilsergebnis, Fehler für den Richter erkennbar oder nicht erkennbar, schwerwiegender oder verständlicher Irrtum) oder die dritte Stufe der allgemeinen Folgerungen handelt. Sicherlich können auch hier objektivierende Kontrollen eingebaut werden, wie Prüfung der Übereinstimmung mit im Schrifttum mitgeteilten Ergebnissen, Berücksichtigung allgemeiner Erfahrungen, Besprechungen in einem sachverständigen Arbeitskreis. Immer sollte die Grenze des Objektiven und Subjektiven in der Untersuchung deutlich hervortreten.

Wer Aktenuntersuchungen vornimmt, muß sich der Grenzen des eingeschlagenen Weges bewußt sein. Es ist Klarheit darüber erforderlich, was Akten auszusagen vermögen. Dabei bietet das Gerichtsaktenmaterial, das zu Zwecken der strafprozessualen Erkenntnis verwertet wird, gegenüber dem dem Historiker zur Klärung geschichtlicher, insbesondere politischer Vorgänge vorliegenden Material die Sicherheit der Unverfälschtheit. Allerdings sind die Gerichtsakten nicht immer vollständig, weil sich möglicherweise wesentliche Umstände in den

[29] *Kaiser*, a. a. O. Rn. 524 rügt, daß die Einzelfallschilderung in der Regel zu dürftig ist.

meist nicht zugänglichen Handakten der Staatsanwaltschaft befinden. Gerichtsakten vermitteln, so vollständig sie auch sein mögen, nur ein Bild von dem äußeren Verfahrenshergang. Festgelegt sind nur prozessuale Ereignisse (Vernehmungen, Gutachten, Prozeßhandlungen, Urteile). Subjektive Vorgänge enthalten sie nur insoweit, als sie sich in prozessualen Vorgängen niederschlagen. Was in den Akten niedergelegt ist, ist notwendigerweise verkürzt. So wird nicht die Vernehmung als solche — jedenfalls in der Regel — aufgezeichnet, sondern ein meist vom Vernehmenden diktiertes zusammenfassendes Protokoll. Das Urteil enthält meistens nur die rational darstellbaren Gründe. Subjektive Umstände, wie Sympathie oder Antipathie, Voreingenommenheit kommen nur selten in den Akten zutage, gelegentlich in Ablehnungsanträgen, Revisionsbegründungen, Beschwerden, Briefen an das Gericht oder des Richters an einen Prozeßbeteiligten. Verräterisch wirken unter Umständen Randbemerkungen und Unterstreichungen. Alle Ausdruckserscheinungen, wie Erregung, Zurückhaltung, Erröten, Stottern, Umherblicken usw. sind der Aktenuntersuchung verschlossen. So entfallen durchaus wissenswerte Umstände, die möglicherweise den Schlüssel für den Verfahrensablauf darstellen.

Aktenuntersuchungen nehmen auch die Arbeit Dritter in Anspruch. Auch das ist zu bedenken. Sie erfordert die Bereitschaft der für die Akten verantwortlichen und sie aufbewahrenden Behörde. Sie trägt die Mitverantwortung für die Wahrung des Aktengeheimnisses. Der Beschuldigte, aber auch die sonstigen Prozeßbeteiligten, wie Richter, Staatsanwälte, Verteidiger, Sachverständige und Zeugen haben gegenüber der Untersuchung einen Persönlichkeitsanspruch auf Wahrung ihrer Integrität. Forschungsinteresse und Persönlichkeitsinteresse können in Einzelfällen in Konflikt geraten. Wo die Persönlichkeitsrechte der Beteiligten nicht hinreichend gewährleistet sind, ist die Grenze derartiger Untersuchungen erreicht. In der Regel wird sich freilich durch Verschlüsselung, Garantierung der unmißbräuchlichen Aktenbenutzung und der Wahrung des Persönlichkeitsschutzes ein Ausgleich herbeiführen lassen. Vom Bearbeiter ist die geordnete Registrierung und verschlossene Aufbewahrung der Akten sicherzustellen. Ob die notwendigen Absicherungen garantiert sind, hat die die Akten versendende Behörde oder die vorgesetzte Zentralbehörde zu entscheiden.

3. Beobachtung

Jeder, der an einem Strafverfahren teilnimmt, macht, gleichgültig in welcher Rolle er anwesend ist, Beobachtungen. Meist registriert er sie auch. Solche Beobachtungen sind zufällig, ungeplant und ungezielt. Zu einer wissenschaftlichen Forschungsmethode wird die Beobachtung erst dann, wenn sie systematisch mit dem Ziel der Klärung von Verfahrensvorgängen und Verhaltensweisen gemacht wird. So bedeutsam auch Presseberichterstattungen, sofern sie von sachkundigen Berichterstattern gemacht werden, sein mögen, so dienen sie in erster Linie doch der Unterrichtung der Allgemeinheit, nicht wissenschaftlichen Zielen. Wissenschaftliche Beobachtungen können „von außen" und „von innen" durchgeführt werden. Auf einer Beobachtung „von außen" beruht die erste Untersuchungsreihe, die Dorothee *Peters*[30] durchgeführt hat, um die Einstellung der Amtsrichter zum Diebstahl zu erhellen. Sie hat im Verlauf von drei Monaten als Zuhörer an 51 Strafsitzungen zweier großstädtischer Amtsgerichte (Einzelrichterabteilungen) teilgenommen. Anhand eines ausgearbeiteten Arbeitsbogens hat sie die Beobachtungen notiert. Ihre Beobachtungen bezogen sich auch auf die mündlichen Urteilsbegründungen. Entgegen den Aktenuntersuchungen lassen sich auf diesem Wege auch persönlichkeitsbestimmte Tatsachen ermitteln. Es können unter Umständen für die Entscheidung maßgebliche Verhaltensweisen der Beteiligten erkannt werden, die sonst nicht feststellbar sind. Die mündliche Urteilsbegründung des Richters gibt vielfach seine Einstellung besser wieder, als die objektivierte, schablonisierte, meist in längerem Denkvorgang gewonnene schriftliche Begründung. Daß die Hauptverhandlungen regelmäßig öffentlich sind, erleichtert die Anwendung dieser Methode.

Auch diese Untersuchungen setzen eine sorgfältige Vorbereitung voraus. Es muß bei der Planung bedacht werden, welche Feststellungen aufgezeichnet werden sollen. Die Beobachtung erfordert eine unvoreingenommene, objektive Einstellung. Legt der Untersuchende seiner Untersuchung Hypothesen zugrunde, so bedarf es der Sicherheit, daß auch hypothesenwidrige Umstände wahrgenommen und festgehalten werden. Trotz des vorbereiteten Bogens muß die Freiheit bestehen, ihn je nach den Umständen zu erweitern. Nicht nur was „ich" für wesentlich halte, ist feststellenswert, sondern auch was „man" für beachtenswert hält. Damit wird die Untersuchung objektiviert.

Die Beobachtung „von innen" bedeutet, daß Angehörige des Justizkörpers, wie Richter, Staatsanwälte oder Rechtsanwälte, im Laufe ihrer beruflichen Tätigkeit bewußt Beobachtungen machen, um sie wissenschaftlich zu verwerten. Diese teilnehmende Beobachtung hat den Vorzug der Sachnähe und Sachkenntnis. Sie kann sich auf einzelne Fälle oder auf den Ablauf von Fallgruppen oder auf strafprozessuale Vorgänge überhaupt (unausgesondert, in ihrer kaum übersehbaren Vielfalt) beziehen. Beiträge zu Einzelfällen liefert beispielsweise das Werk von Max *Alsberg*, Justizirrtum und Wiederaufnahme (1913) oder das Buch von Max *Hirschberg*, Das Fehlurteil im Straf-

[30] Dorothee *Peters*, Anm. 1.

prozeß 1960. Eigene Beobachtungen liegen etwa den Arbeiten von Albert *Hellwig*, Psychologie und Vernehmungstechnik bei Tatbestandsermittlungen 3. Aufl. 1951 oder von Erich *Döhring*, Die Erforschung des Sachverhalts im Prozeß 1964 zugrunde.

Auf der Grenze einer Beobachtung „von innen" und „von außen" liegen die Untersuchungen von *Feest*[31] über die Polizei und deren Bedeutung für die Feststellung und Nichtfeststellung von Straftaten. *Feest* nahm über längere Zeit gastweise an der polizeilichen Tätigkeit teil. Seine Beobachtungen legte er seinem Buch zugrunde. Es zielte auf einen Beitrag zum Legalitätsprinzip.

Teilnehmende Beobachtung „von innen" ist die Grundlage der Untersuchungen von R. *Lautmann*[32] zur Klärung der richterlichen Arbeit und Denkweise. *Lautmann*, der als Soziologe gleichzeitig Volljurist ist, ließ sich als Gerichtsassessor einstellen, um innerhalb eines bestimmten Zeitraums als Mitwirkender die Richter zu beobachten und seine Beobachtungen wissenschaftlich, vornehmlich soziologisch auszuwerten. Der Einstellungszweck war der vorgesetzten Behörde, nicht aber den Richterkollegen bekannt. Diese Geheimhaltung ermöglichte sicherlich einen unverfälschten Einblick in das Verhalten der Mitarbeiter. Dabei wurden manche spontane, unüberlegte und nicht zur Veröffentlichung bestimmte Äußerungen von Kollegen festgehalten. Ich habe Zweifel, ob wissenschaftliche Untersuchungen, in denen die beobachteten Personen ohne ihr Wissen „getestet" und zum Objekt von Beobachtungen gemacht werden, noch mit dem Persönlichkeitsrecht der Beteiligten oder mit dem Beratungsgeheimnis vereinbar sind. Die schon bei der Aktenuntersuchung aufgeworfene Frage der Grenzen wissenschaftlicher Arbeit stellt sich auch hier.

4. Befragung

In der heutigen Öffentlichkeitsarbeit spielen Befragungen zur Feststellung von Geschehnissen und Meinungen eine erhebliche Rolle. Sie ein umfassender Katalog von Fragen vorgelegt, in dem es zum Teil um die Beantwortung eindeutiger Realien (Geburt, Herkunft, Lebensfinden auch im Wissenschaftsbereich statt. Dem Befragten wird meist und Berufslauf), zum Teil auch um Meinungen, Beurteilungen und Entscheidungen geht. Diese Methode hat Dorothee *Peters*[33] als zweite Untersuchungsreihe zur Klärung richterlicher Tätigkeit und Einstellung verwertet. Zur Erhellung bestimmter Fragen ist sie auch in den Arbeiten des „Instituts für Rechtstatsachenforschung Stuttgart e. V."[34]

[31] *Feest-Blankenburg*, Anm. 1.

[32] R. *Lautermann*, Justiz — die stille Gewalt 1972.

[33] Dorothee *Peters*, Anm. 1.

[34] R. *Bender*, Tatsachenforschung in der Justiz 1972.

angewandt worden. Sieht man von den (meist auch anders feststellbaren) objektiven Daten ab, so ergibt die Befragung einen Einblick in einen augenblicklichen, möglicherweise nicht sehr tief begründeten und nicht näher kontrollierbaren Meinungsstand. Einen Ausgleich oder eine Berichtigung könnte das anschließende Interview bringen. Da niemand verpflichtet ist, sich Befragungen zu stellen, und viele ohnehin sie als Eingriff in die Persönlichkeitssphäre ansehen, bedeutet die Teilnahme an einer solchen Befragungsaktion eine Art Selbstauswahl, die der einzelne aus sehr verschiedenen Gründen vornimmt (sachliches Interesse, einfache Bereitschaft zum Mitmachen, eine Art Spieltrieb u. a. m.). Sicherlich sind die Gründe der Sichselbstausschließenden nicht immer grundsätzlicher Art. Auch Gleichgültigkeit und Trägheit können mitspielen. Es fragt sich aber doch, ob die Antworten begründete und zuverlässige Schlüsse auf „den Richter" zulassen.

Eine Unterart der Befragungsmethode ist die Aufforderung, zu fiktiven Fällen Stellung zu nehmen. Mit der Vorlage fiktiver Fälle arbeiten Dorothee *Peters* und *Opp-Peucker*[35]. Aus den Antworten werden Schlüsse über die Grundeinstellung des Richters zu Spezialproblemen und Material für die Hintergründe der Strafzumessung gezogen. Gegen die Methode der fiktiven Fälle lassen sich Einwände erheben. Der fiktive Fall löst nicht all die Kräfte aus, die der Richter bei der Entscheidung in der Hauptverhandlung einsetzt. Wie auch immer der fiktive Fall gestaltet ist, er bleibt abstrakt. Bei der Beantwortung füllt ihn der Richter bewußt oder unbewußt mit eigenen früher erlebten Fällen aus. Bei jedem Befragten werden eigene Assoziationen in Bewegung gesetzt. Trotz scheinbarer Gleichheit des Falles beantworten die Befragten einen anderen Sachverhalt. Entscheidend bleibt aber, daß der fiktive Fall nicht die gleiche Verantwortlichkeit und die gleichen Emotionen bewirkt wie der lebendige Fall. Der fiktive Fall bleibt eben doch eine Denksportaufgabe. Wie schwierig es ist, Strafzumessungsfragen an fiktiven Fällen zu behandeln, weiß jeder, der in Strafrechtsübungen an die Behandlung eines „Falles" versucht hat, Strafzumessungsprobleme anzuknüpfen.

5. *Erfahrungen*

In den vielfältigen Erfahrungen, die Prozeßbeteiligte und Außenstehende in und mit dem Strafprozeß machen, findet die Prozeßwirklichkeit ihren Niederschlag. Sicherlich sind die Erfahrungen subjektiv. Aber es ist schon wissenswert, wie der Strafprozeß, seine Vorgänge und beteiligten Menschen vom Beobachter erlebt und ange-

[35] Karl-Dieter *Opp* — Rüdiger *Peuckert*, Ideologie und Fakten in der Rechtsprechung. Eine soziologische Untersuchung über das Urteil im Strafprozeß 1971, dazu kritisch *Schöch*, Strafzumessung und Verkehrsdelinquenz S. 46 ff.

sehen werden. Erfahrungen enthalten in aller Regel auch einen objektiven Kern. Sie geben — wenigstens teilweise — richtig wieder, was sich ereignet hat. Unter Umständen muß der subjektive Überbau, der auf der Einstellung und Beurteilung beruht, entfernt werden.

Demgemäß kommt der Sammlung von Erfahrungen für die Strafprozeßerkenntnis eine erhebliche Bedeutung zu. Derjenige, der die Erfahrungen gemacht hat, kann sie selbst literarisch verwerten, sei es in der Darstellung einzelner Probleme, sei es in einem allgemeinen Überblick, wie in den Memoiren von Richtern, Rechtsanwälten oder sich mit dem Gerichtswesen befassenden Publizisten.

Eine Sammlung von Erfahrungen kann sich in einer unfangreichen Korrespondenz zu einem bestimmten Tatsachenkreis niederschlagen. Eine solche Sammlung ist um so wertvoller, je beliebiger und zufälliger der sich äußernde Kreis ist. Die Arbeiten zu den „Fehlerquellen im Strafprozeß" haben zu einem mehrere Schnellhefter umfassenden Schriftwechsel mit Rechtsanwälten und Nichtjuristen geführt, in denen die Erfahrungen zum gescheiterten Wiederaufnahmeverfahren und zu Fehlurteilen zum Ausdruck kommen. Bei aller sachlichen Betroffenheit und der damit verbundenen subjektiven Einstellung ergibt sich, namentlich unter Berücksichtigung des umfassenden durchgearbeiteten Wiederaufnahmematerials sowie eigener Erfahrungen und Erfahrungen zuverlässiger Gewährsleute, soviel an objektivem Gehalt und zum mindesten an frag- und untersuchungswürdigen Anhaltspunkten, daß sich daraus das Bild vom Strafprozeß wesentlich ergänzen läßt. Ein anfänglicher Versuch, den so gewonnenen Tatsacheneinblick auszuwerten, stellt *mein* Beitrag zur *Gallas*-Festschrift: Gescheiterte Wiederaufnahmeverfahren dar.

6. Auswertung von juristisch ausgerichteten Quellen

Hierbei handelt es sich um Äußerungen, die der Lösung von Rechtsfragen dienen, die jedoch den tatsächlichen Unterbau erkennen lassen, zugleich aber auch als Entscheidungsvorgänge Grundhaltungen und Einstellungen faktischer Art sichtbar werden lassen. In dieser Beziehung sind die Sammlungen von Gerichtsentscheidungen zu Strafprozeßfragen noch nicht systematisch ausgewertet worden. Sie interessieren den Juristen vorwiegend wegen ihrer rechtlichen Auswirkungen. Darüber hinaus enthalten sie jedoch Material über das, was in dem Verfahren vorgeht, und wie die Vorstellungen und Einstellungen der Richter der einzelnen Instanzen sind (Richtermentalität). Daraus läßt sich ein Bild vom Richter gewinnen. Für den theoretisch und praktisch tätigen Juristen ergeben sich daraus Folgerungen für die

Art seines wissenschaftlichen oder praktischen Vorgehens zur Durchsetzung als richtig erkannter Ziele.

IV.

Es bleibt als letztes Problem: der Einbau der Ergebnisse der strafprozessualen Tatsachenforschung in die Strafprozeßdarstellung. Die Schwierigkeiten liegen ähnlich wie bei dem Versuch, materielles Strafrecht und Kriminologie[36] miteinander zu verknüpfen. Es fragt sich, inwieweit es möglich ist, in einer einheitlichen Darstellung Normatives und Tatsächliches so miteinander zu verknüpfen, daß eine Einheit entsteht, ohne daß die eine Betrachtungsweise die andere überwuchert und ohne daß der Leser oder Hörer in seiner Denkrichtung ständig wechseln muß. Der Versuch sollte aber unternommen werden. Dabei darf freilich die Tradition der Strafprozeßwissenschaft nicht beiseitegeschoben werden. Sie hat nach dem zweiten Weltkrieg eine große Aufgabe gelöst, nämlich die Wiedergewinnung der Rechtsstaatlichkeit im Strafverfahren. Durch diese Zielsetzung ist die Arbeit von *Henkel* rechtsphilosophisch und strafprozeßwissenschaftlich bestimmt.

Das Lehrbuch: Strafverfahrensrecht ist eines der hervorragenden Zeugnisse für den Dienst am Rechtsstaat[37]. Diese Aufgabe bleibt auch in Zukunft an erster Stelle. Rechtsstaatlichkeit hängt aber nicht nur von Ordnungen und Bestimmungen ab, sondern auch davon, was sich in ihrem Rahmen vollzieht. Auch die richtig verstandene Tatsachenforschung ist auf das letzte und höchste Ziel des Strafprozesses, auf Gerechtigkeit und Wahrheit als dem Inbegriff der Rechtsstaatlichkeit ausgerichtet. Darum ist auch die Mitarbeit des Juristen an der Tatsachenforschung unentbehrlich[38].

[36] Ein in seiner Art einmaliger Versuch zur Verbindung von materiellem Strafrecht und Kriminologie: Wilhelm *Sauer*, Allgemeine Strafrechtslehre 3. Aufl. 1955.

[37] Zur Zielrichtung seines Lehrbuchs vgl. Vorwort zur ersten Auflage.

[38] Zur Mitwirkung der Rechtswissenschaft an der Tatsachenforschung vgl. die grundsätzlichen Ausführungen von G. *Kaiser*, Kriminologie Rn. 127.

Zum Wesen des Grundsatzes „in dubio pro reo"

WOLFGANG FRISCH

Kaum ein Grundsatz des Strafrechts erfreut sich im Kern so einhelliger Billigung und ist doch zugleich in den Einzelheiten so umstritten wie der Satz „in dubio pro reo" (i. d. p. r.). Schon über den Grund seiner Geltung[1] gehen die Auffassungen weit auseinander: Die Begründungen spannen sich von prozessualen Ableitungsversuchen über die Deduktion aus den Vorschriften des sachlichen Rechts bis hinauf in die Höhen des Verfassungsrechts und der Menschenrechtskonvention. Daß angesichts solcher Unklarheiten über die Quelle des Satzes auch dessen rechtliche Einordnung in das formelle oder das materielle Recht umstritten ist[2], verwundert kaum. Noch größer als der Streit über diese beiden Probleme ist die Kontroverse über die Tragweite des Satzes: Gilt er nur im materiellen Recht? Oder sind nach ihm auch tatsächliche Zweifel bei der Anwendung verfahrensrechtlicher Vorschriften zu lösen[3]?

Daß eine Klärung all dieser Streitpunkte den Rahmen eines gedrängten Beitrags sprengen würde, liegt auf der Hand. Was hier jedoch möglich erscheint, ist, den einschlägigen Sacherwägungen einen bisher kaum beachteten Lösungstopos beizusteuern. Es ist das *Wesen* des Satzes i. d. p. r. Eigenartigerweise hat man diesen Gesichtspunkt auch in der Wissenschaft bisher weitgehend vernachlässigt. Dabei drängt sich seine Klärung an sich auf: Denn solange das genaue Wesen des Satzes im Dunkel liegt, muß auch die Suche nach dessen Geltungsgrund und der Zugehörigkeit zum formellen oder materiellen Recht als blindes Tasten erscheinen. Aber auch die Tragweite eines Satzes läßt sich natürlich erheblich leichter ergründen, wenn man dessen Wesen kennt.

I.

Dieses Wesen scheint nun zunächst allerdings — und das mag die Abstinenz der Wissenschaft erklären — schon nach dem Inhalt des

[1] Dazu umfassend *Stree*, In dubio pro reo, 1962, insbes. S. 12 ff.; s. auch *Sax*, Festschrift f. Stock, 1966, S. 164 f., und unten IV. 1.

[2] Näher dazu m. w. N. *Sarstedt*, Die Revision in Strafsachen, 4. Aufl. 1962, S. 239 f., und unten IV. 3.

[3] Vgl. *Sarstedt*, a. a. O. S. 244 ff.; *Sax*, a. a. O. S. 165 ff.; *Stree*, a. a. O. S. 53 ff.; s. auch unten IV. 2.

Satzes selbst eindeutig zu sein: Das Gericht hat bei unbehebbaren tatsächlichen Zweifeln — dem Fall des sog. non liquet — jene Entscheidung zu treffen, die angesichts der konkreten zweifelhaften Tatsachenlage die für den Angeklagten günstigere ist. Der Satz beinhaltet also eine tendenziell charakterisierende Entscheidungsregel[4].

Doch was heißt es, daß das Gericht zugunsten des Angeklagten zu *entscheiden* habe? Die richterliche Entscheidung ist bekanntlich kein monolithisches Ganzes, sondern ein in die Bildung des Obersatzes, die Tatsachenfeststellung und die Subsumtion gegliederter Prozeß. Wirkt der Satz i. d. p. r. nun auf eine dieser Stufen ein, läßt sich sein Wesen also vielleicht von daher präzisieren? Oder hat er ein mit diesen Kategorien nicht faßbares, besonders zu bestimmendes Wesen? — Durchmustert man die strafrechtliche Judikatur und Lehre unter diesem Aspekt, so stößt man nach Ausscheidung einiger mehr bildhafter Formulierungen alsbald auf zwei Ansichten, die eine Präzisierung des Wesens des Satzes i. d. p. r. ermöglichen könnten.

1.

Nach der einen soll der Satz bei zweifelhafter Tatsachenlage offenbar Einfluß auf die festzustellende Tatsachenbasis des Urteils gewinnen. In diesem Sinne meint etwa *Peters*[5]: Der Grundsatz i. d. p. r. „besagt, daß der Richter in tatsächlicher Hinsicht bei Zweifelsfällen den dem Angeklagten günstigen Sachverhalt feststellen muß ... Vermittels des Grundsatzes i. d. p. r. findet das Gericht bei einem tatsächlich zweifelhaften Sachverhalt eine eindeutig gesicherte Urteilsgrundlage". Ähnliche Formulierungen begegnen in der Rechtsprechung[6], zum Teil in der — abgeschwächten — Form, der Richter habe die günstigere Tatsachenlage „anzunehmen"[7], „zu unterstellen"[8] oder „zugrunde zu legen"[9]. Und auch hinter den häufigen Charakterisierungen des Satzes als „Beweisregel"[10] oder als „Beweiswürdigungs-

[4] Auf diesen Grundtenor lassen sich alle Stimmen — mögen sie mehr bildhaft formulieren („zum Vorteil gereichen", „für den Angeklagten ausschlagen", „für ihn zu buchen") oder präzisere Sachvorstellungen entwickeln (vgl. dazu den anschließenden Text) — zurückführen.

[5] Strafprozeß, 2. Aufl. 1966, S. 247; ähnlich z. B. *Baumann*, NJW 1958, 453 („Beweisregel bei der Tatsachenfeststellung").

[6] Vgl. z. B. BGH NJW 1958, 392 (Leitsatz b).

[7] So früher *Löwe-Rosenberg*, 19. Aufl. 1934, S. 758 a. E.

[8] RGSt. 48, 308; vgl. auch BGHSt. 19, 36 („Berücksichtigung").

[9] RGSt. 70, 3; zust. *Seibert*, DRZ 1949, 557.

[10] Z. B. RGSt. 52, 319; *Schwinge*, Grundlagen des Revisionsrechts, 2. Aufl. 1960, S. 159; *Seibert*, DRZ 1948, 372 (anders DRZ 1949, 558); *Wolter*, Alternative und eindeutige Verurteilung auf mehrdeutiger Tatsachengrundlage im Strafrecht, 1972, S. 44.

regel"[11], als „beherrschender Grundsatz der Beweiswürdigung"[12] und „fundamentaler Beweisgrundsatz"[13] dürfte wohl weitgehend die Ansicht stehen, der Satz wirke sich auf die tatsächliche Grundlage des Urteils aus.

Die Wirkung des Grundsatzes dort zu lokalisieren, wo das von ihm vorausgesetzte Problem aufbricht, erscheint prima facie einleuchtend. Einer näheren Überprüfung hält dieser Ansatz jedoch nicht stand. Zunächst fällt schon eines auf: Die Qualifikation als Beweisregel, Beweiswürdigungsregel u. ä. steht in einer gewissen Spannung zu der von den Anhängern[14] dieser Ansicht oft zugleich behaupteten Zugehörigkeit des Satzes zum sachlichen Recht. Für die Charakterisierung des Grundsatzes nicht recht passend erscheint auch das Beiwort „Beweis". Denn der Satz regelt ja nicht den Beweis als solchen, er sagt nicht, welche Schlüsse der Richter aus den Beweismitteln zu ziehen habe, sondern er greift erst dann ein, wenn die Beweisaufnahme trotz Erschöpfung aller Beweismittel gescheitert ist[15]. In dieser Situation wird dann nichts mehr bewiesen, es werden auch keine Beweise mehr gewürdigt[16] — das ist längst geschehen und wird im non liquet vorausgesetzt —, sondern es werden allenfalls gewisse Tatsachen ohne Beweis „festgestellt", „unterstellt" oder „zugrunde gelegt". Aber lassen wir derlei Friktionen und terminologische Unebenheiten einmal beiseite. Entscheidend ist, daß ein in den zitierten Äußerungen etwa zum Ausdruck kommendes Verständnis des Grundsatzes als Aufforderung zur — wörtlich gemeinten — Feststellung der dem Angeklagten günstigen Tatsachen schon der Konsequenzen wegen nicht gebilligt werden kann.

Feststellung von Tatsachen bedeutet eine Aussage darüber, daß etwas wirklich ist[17]. Knüpft der Satz i. d. p. r. nun selbst daran an, daß dem Gericht eine Aussage über die Wirklichkeit nicht möglich ist, so wäre es wenig einleuchtend, wenn er das Gericht gleichwohl zu

[11] *Stree*, a. a. O. S. 56.

[12] *Gollwitzer*, in Löwe-Rosenberg, 22. Aufl. 1971, 6 a zu § 261 StPO.

[13] *Kern-Roxin*, Strafverfahrensrecht, 12. Aufl. 1974, S. 71; *Baumann*, Strafrecht — AT, 6. Aufl. 1974, S. 165.

[14] So z. B. von *Geier*, in Löwe-Rosenberg, 21. Aufl. 1963, 4 zu § 261 StPO; konsequent dagegen *Baumann*, Strafrecht, S. 166.

[15] Deshalb ist die Bezeichnung „Beweisregel" auf jeden Fall schief; so mit Recht *Stree*, a. a. O. S. 56 und *Wimmer*, DRZ 1950, 395. Allenfalls könnte man im sachlichen Sinn der oben Zitierten von einer „Tatsachenfeststellungs-" oder „Unterstellungsregel" sprechen.

[16] Schief daher auch *Strees* Qualifikation als „Beweis*würdigungs*regel" (a. a. O. S. 56).

[17] Statt aller: *Engisch*, Logische Studien zur Gesetzesanwendung, 3. Aufl. 1963, S. 61 m. w. N.

einer tendenziell bestimmten Aussage über die Wirklichkeit anweisen wollte[18]. Durch eine derartige Aufforderung würde er in hohem Maße die Gefahr fehlerhafter Aussagen über die Wirklichkeit heraufbeschwören. Denn der Satz baut ja keineswegs auf einer größeren (abstrakten) Wahrscheinlichkeit für die Realität der dem Angeklagten günstigen Tatsachenversion auf; eine solche Wahrscheinlichkeit läßt sich auch nicht aus der verfassungsrechtlichen Ausgangsvermutung für den Menschen ableiten[19]. Solange es Möglichkeiten einer gefahrloseren Deutung des Grundsatzes gibt, wird man daher ein Verständnis des Satzes als Aufforderung zur Feststellung der günstigeren Tatsachen schon dieser Gefahren wegen ablehnen müssen.

Hiervon abgesehen, verbietet sich eine derartige Interpretation des Satzes aber auch deshalb, weil sie zu untragbaren Ergebnissen führen müßte, sobald dieselbe Lebenstatsache im Prozeß nach dem Grundsatz i. d. p. r. einmal als vorliegend, das andere Mal als nicht vorliegend festgestellt werden müßte[20]. Als Aussage über die Wirklichkeit gedacht, wären derartige Feststellungen des Gerichts ein Unding. Mögen Fälle dieser Art auch nicht allzu häufig sein, so sind sie doch denkbar und haben auch bereits die Gerichte beschäftigt[21]. Auch ihnen muß deshalb eine sinnvolle Wesensbestimmung des Grundsatzes i. d. p. r. Rechnung tragen.

Freilich läßt sich nicht ausschließen, daß die zitierten Äußerungen gar nicht wirklich im Sinne einer echten Tatsachenfeststellung verstanden werden wollen. Denkbar ist das vor allem, soweit von einem „Unterstellen“ die Rede ist[22]. Insoweit tragen die obigen Argumente dann nicht mehr, zumindest nicht mehr voll[23]. Doch braucht uns das hier nicht weiter zu beschäftigen. Worauf es hier ankam, war nur, zu zeigen, daß das Wesen des Satzes i. d. p. r. durch die Kategorien „Tatsachenfeststellung“, „Beweisregel“, „Beweisgrundsatz“ usw. nicht sachgerecht erfaßt werden kann. Was aber ein nicht in diesem Sinne gemeintes „Unterstellen“ anlangt, so ist dieses für sich genom-

[18] I. d. S. gegen die hier zit. Meinung auch Eb. *Schmidt*, Lehrkomm. I, 2. Aufl. 1964, RN 373 a. E.; gegen „Tatsachenfeststellungen“ mit Hilfe des Grundsatzes auch *Wimmer*, DRZ 1950, 395.

[19] Näher dazu *Leipold*, Beweislastregeln und gesetzliche Vermutungen, 1966, S. 131 (gegen P. *Schneider*).

[20] Vgl. z. B. den Fall NJW 1957, 1643 (wo freilich die Möglichkeit konträrer Aussagen bejaht wird, weil *keine* Wirklichkeitsaussagen angenommen wurden).

[21] Beispiele bei *Gollwitzer*, a. a. O. (Fn. 54); daneben noch OLG Köln NJW 1953, 157.

[22] I. d. S. ausdrücklich etwa BGH NJW 1957, 1643; andererseits aber NJW 1958, 392. Klare Abgrenzung der „Annahme“ gegen die „Feststellung“ bei OLG Nürnberg DRZ 1950, 423; s. auch OLG Koblenz VRS 44, 194.

[23] Konträre Unterstellungen sind nie eine Zierde der Begründung!

men zunächst zu blaß, um genauere Aufschlüsse über das Wesen des Satzes zu geben[24].

2.

Einen gänzlich anderen Charakter erhält der Grundsatz i. d. p. r., wenn man sich für seine Wesensbestimmung an einen von *Sarstedt*[25] ausgearbeiteten Ansatz hält. Für *Sarstedt* steht der Grundsatz in (fast) jeder Vorschrift des Besonderen Teils des StGB. „Wer einen Menschen tötet" — dieser Satz treffe von vornherein nicht auf einen Angeklagten zu, von dem es zweifelhaft sei, ob er getötet habe. Gemeint sei natürlich nur: „Derjenige, von dem es feststeht, daß er einen Menschen getötet hat ...", nicht „derjenige, der sich einer Tötung verdächtig gemacht hat".

So gesehen wurzelt der Grundsatz somit — um im Schema des Syllogismus zu bleiben — bereits im Obersatz; man könnte sagen, er sei die Kehrseite einer bestimmten inhaltlichen Ausgestaltung der gesetzlichen Obersätze, und er „gelte", soweit die Auslegung der Norm diese Ausgestaltung ergebe. Obzwar ungewöhnlich, erscheint eine solche Deutung doch immerhin deshalb verlockend, weil sie in der Frage nach dem Geltungsgrund, der Zugehörigkeit zum formellen oder zum materiellen Recht und der Tragweite des Satzes gewisse Richtlinien zu geben vermag[26]. Bei näherer Betrachtung erweist sich jedoch auch dieser Ansatz als unbrauchbar.

Zwar läßt sich ihm noch nicht als durchschlagendes Argument entgegenhalten, daß es bei solcher Deutung für die Zwecke der Rechtsanwendung des Satzes i. d. p. r. doch eigentlich gar nicht mehr bedürfe, weil der Ausspruch der Rechtsfolge trotz unbehebbaren Zweifels auf dem Boden dieser Auffassung bereits einen Subsumtions- oder Auslegungsfehler darstelle[27]. Denn immerhin könnte der Satz ja wirklich nur ein Trugbild sein, dem Wissenschaft und Praxis seit Jahrzehnten überflüssigerweise hinterherjagen[28].

Der entscheidende Mangel der *Sarstedt*'schen Deutung liegt in der verfehlten Reduzierung der Normen des materiellen Rechts in Urteilsanweisungen an das Gericht. Natürlich ist es richtig, daß nach § 212 StGB nicht derjenige bestraft werden soll, „der sich einer Tötung

[24] Näher zur „Unterstellungskonstruktion" und deren Bedeutung für das Wesen des Satzes i. d. p. r. unten III.

[25] A. a. O. S. 240 f.; zust. *Kleinknecht*, in KMR, 5. Aufl. 1963, 1 f (3) bb vor § 48 StPO.

[26] Vgl. dazu die insoweit ausgezeichneten Darlegungen bei *Sarstedt*, a. a. O. S. 241 ff.

[27] Daß es sich für die praktische Rechtsanwendung um einen Subsumtionsfehler handelt, betont *Sarstedt*, S. 240 f. selbst.

[28] Z. T. in dieser Richtung *Sax*, a. a. O. S. 143 ff., 164 f.

verdächtig gemacht hat"; an den Anschein der Tötung hat der Gesetzgeber die Rechtsfolge „Strafe" selbstverständlich nicht geknüpft. Aber dies allein trägt noch nicht *Sarstedts* Schluß, § 212 StGB sehe schon als materielle Norm nur für denjenigen Strafe vor, von dem es feststeht — und das kann doch wohl nur heißen: nach Ansicht des zuständigen Gerichts feststeht —, daß er einen Menschen getötet habe. Mit dieser Einbeziehung eines Erkenntnisproblems des zuständigen Organs in die materielle Strafvorschrift verquickt *Sarstedt* die materiell-rechtliche Aussage des Gesetzes mit der Stufe der Verwirklichung. Er übersieht, daß sich die Strafvorschrift des Besonderen Teils mit der Stufe der Verwirklichung und den in dieser auftauchenden Erkenntnisproblemen prinzipiell überhaupt nicht befaßt, daß es ihr vielmehr nur darum geht, aus der Fülle wirklicher Lebenssachverhalte jene herauszuheben, die nach Ansicht des Gesetzgebers Strafe verdienen. Bei dieser Kennzeichnung knüpft das Gesetz stillschweigend an die Wirklichkeit[29] bestimmter, der Art nach gekennzeichneter Verhaltensweisen an, nicht etwa an deren Erwiesenheit im Prozeß[30]. Daß dies so ist, wird zunächst schon durch den Wortlaut der gesetzlichen Bestimmungen nahegelegt: Mit Ausnahme einiger weniger Tatbestandsmerkmale besonders strukturierter Delikte[31] ist in den Strafvorschriften des StGB von Beweisproblemen keine Rede. Die Strafe wird nicht an den Beweis der Tötung oder der Wegnahme einer fremden beweglichen Sache geknüpft, sondern schlicht an die Tötung und die Wegnahme. Eine Rückbesinnung auf den objektiven Sinn bestätigt diese Deutung: Es wäre doch geradezu absurd, wollte man annehmen, daß derjenige, der seine Tat besonders geschickt zu verschleiern wußte, dem gegenüber sich das Gericht daher nicht zur Überzeugung von der Wirklichkeit der Tat durchringen kann, ja dessen Tat wegen der besonderen Raffinesse vielleicht nicht einmal entdeckt worden ist, in Wahrheit gar nicht von der materiellen Norm erfaßt würde, daß er schon nach materiellem Recht keine Strafe verdiene! — *Sarstedt* verwechselt in Wahrheit zweierlei: die Frage, wann eine Person nach materiellem Recht Strafe verdient, und die Frage, wann der Staat diese Strafe verwirklichen darf. Daß diese beiden Fragenkreise ungeachtet mancher Überschneidungen grundsätzlich scharf zu trennen sind, hat jüngst erst *Hilde Kaufmann*[32] klar herausgearbeitet.

[29] S. auch *Kleinknecht*, StPO-Komm., 31. Aufl. 1974, 8 zu § 261: „(Nur) der *wirklich* Schuldige hat Strafe verwirkt." Soweit *Kleinknecht* daraus freilich etwas für die Lösung des Erkenntnisproblems entnehmen will, ist das verfehlt.

[30] Vgl. die eingehende Ablehnung einer prozessualen Reduzierung der Normen des materiellen Rechts bei *Leipold*, a. a. O. S. 22 ff. m. w. N.

[31] So der sog. „Risikodelikte", wie z. B. § 186 StGB, § 245 a StGB a. F.

[32] Strafanspruch, Strafklagrecht, 1968, S. 133 ff.; s. auch S. 5 ff.

Das materielle Recht, das sich über das Seinsollende ausspricht, das die Voraussetzungen bestimmt, unter denen bestimmte Rechtsfolgen eintreten sollen, existiert unabhängig von den Normen, die sich über seine Durchsetzung verhalten. Wenn diese einfache Erkenntnis im Strafrecht — anders als etwa im Zivilrecht — zum Teil verschüttet ist, so allein deswegen, weil es im *praktischen* Strafrecht keine Strafverwirklichung ohne Prozeß gibt, im praktischen Strafrecht eine dem Zivilrecht ähnliche Rechtsverwirklichung ohne Prozeß nicht auftritt. Doch dies darf nicht dazu verleiten, auch das materielle Strafrecht von vornherein durch die Einbeziehung des Problems der Verwirklichung im Prozeß zu beschneiden. Dem materiellen Recht geht es allein um die Frage, im Anschluß an welche menschlichen Verhaltensweisen (z. T. unter gewissen weiteren Voraussetzungen) Strafe eintreten soll, und zwar der Idee nach zunächst einmal unabhängig vom Prozeß, sagen wir, unter der Hypothese, Strafe würde ohne das Stadium des Prozesses eintreten[33].

3.

Mit diesem Ergebnis stehen wir freilich vor einem Problem: Wenn der Satz i. d. p. r. weder den Untersatz der richterlichen Entscheidung noch deren Obersatz beeinflußt, wo setzt er dann an? Welches Wesen kann er dann überhaupt noch besitzen?

II.

Den Schlüssel für die Beantwortung dieser Frage erhalten wir, wenn wir die Situation des non liquet in normtheoretischer Hinsicht präzisieren.

Nehmen wir an, der Prozeß, in dem es allein darum gegangen sein möge, ob A den B (vorsätzlich) getötet hat, habe nach Ausschöpfung aller Beweismittel und eingehender Beweiswürdigung zu einem non liquet hinsichtlich der Täterschaft des A geführt. In dieser Situation ist dem Richter eine Subsumtion unter die Vorschrift des § 212 StGB nicht möglich, denn diese Vorschrift knüpft nach unseren Darlegungen unter I. die Rechtsfolge „Strafe" an die Wirklichkeit der Tötung durch A, und an der Überzeugung von eben dieser Voraussetzung fehlt es dem Gericht. Die Vorschrift des § 212 StGB ist daher (zunächst) sicher nicht anwendbar. Kann der Richter den A in dieser Situation nun ohne weiteres freisprechen?

[33] So H. *Kaufmann*, a. a. O. S. 134, 135.

Eine solche Folgerung liegt in der Tat nahe[34]: A erfüllt ja nach Ansicht des zur Entscheidung berufenen Organs nicht die Voraussetzungen, unter denen nach dem Gesetz Strafe eintreten soll! Diese Folgerung wäre jedoch voreilig: Sie übersähe, daß auch die Nichtanordnung der Strafe, der Freispruch, sich als sachliche Entscheidung des Gerichts aus den Normen des materiellen Rechts ableiten lassen muß. Die Ablehnung des Ausspruchs einer bestimmten materiellen Rechtsfolge stellt nämlich keineswegs nur die kurzschlüssige Folgerung aus der Nichtvollziehbarkeit der Subsumtion unter die die Rechtsfolge anordnende Norm dar. Hinter ihr verbirgt sich vielmehr — wie vor allem *Engisch*[35] erkannt hat — die Subsumtion unter einen Obersatz, nach dem bei Nichtvorliegen all jener Tatbestände, die eine bestimmte Rechtsfolge (hier: „Strafe") vorsehen, diese Rechtsfolge nicht eintreten soll („negative Ergänzungsnorm").

Für den Bereich des Strafrechts macht die Begründung und Substantiierung einer solchen „negativen Ergänzungsnorm" keine großen Schwierigkeiten. Der negative Ergänzungssatz folgt hier unmittelbar aus Art. 103 Abs. 2 GG i. V. m. § 2 Abs. 1 StGB. Denn wenn es in diesen Vorschriften heißt, daß „eine Tat nur bestraft werden (kann), wenn die Strafbarkeit gesetzlich bestimmt (ist) ...", so bedeutet das — umgeformt — nichts anderes als:

„Wenn nicht T_1 und nicht T_2 und ..., dann nicht St!"[36]

Unter diese Ergänzungsnorm kann der Richter nun zwar ohne weiteres subsumieren, wenn er festgestellt hat, daß A den B nicht getötet habe. Im Falle des non liquet wird diese Norm aber ebenso unanwendbar wie die Strafvorschrift. Denn wie diese ordnet sie die Rechtsfolge („nicht St") nur unter der Voraussetzung an, daß A *wirklich* kein einen Tatbestand erfüllendes Verhalten an den Tag gelegt hat — eine Voraussetzung, von der sich das zur Anwendung berufene Organ eben gerade nicht überzeugen konnte.

Was an diesem einfachen Beispiel demonstriert wurde, gilt für den Fall des tatsächlichen non liquet allgemein: Hinter ihm „steckt" das Problem der Unanwendbarkeit sowohl der eine — u. U. ganz bestimmte — Rechtsfolge anordnenden Norm wie der ihr (bzw. genauer: allen solche Rechtsfolgen vorsehenden Normen) korrespondierenden negativen Ergänzungsnorm. Es ist dem Richter unmöglich, allein mit Hilfe der die Rechtsfolgen enthaltenden Vorschriften und

[34] I. S. einer solchen Auffassung — die nicht mit der *Sarstedt*schen Reduktionsthese zu verwechseln ist — z. B. für die entsprechende zivilrechtliche Problematik *Rosenberg*, Die Beweislast usw., 5. Aufl. 1965, S. 12, 98; dagegen *Leipold*, a. a. O. S. 32 ff. m. w. N.

[35] A. a. O. S. 12 f.; eingehend zum Ganzen *Leipold*, a a. O. S. 20 f., 22.

[36] Wobei T_1, T_2, T_3 usw. die verschiedenen Tatbestände des StGB bezeichnen; St = Strafe.

ihrer entsprechenden Ergänzungsnormen eine sachliche Entscheidung zu treffen.

III.

Eine solche wird ihm vielmehr erst dann möglich, wenn eine nunmehr einspringende zusätzliche Norm den Weg zur sachlichen Entscheidung ebnet. Die einfachste, natürlichste und direkteste Art, in der dies geschehen kann, ist die, daß die einspringende Norm entweder die rechtsfolgeanordnende Norm oder die korrespondierende Ergänzungsnorm trotz der an sich bestehenden Unanwendbarkeit für anwendbar erklärt, d. h. also trotz Nichtfeststellbarkeit der Rechtsfolgevoraussetzungen zum Ausspruch der Rechtsfolge ermächtigt. Vor diesem normtheoretischen Hintergrund erhält nunmehr auch die Regel i. d. p. r. klare Konturen: Sie entpuppt sich als ein im Falle des *non liquet* (= Tatbestandsvoraussetzung) eingreifender Satz, der es dem Richter *ermöglicht*, die rechtsfolgeanordnende Norm oder die negative Ergänzungsnorm trotz Ungewißheit über die Anwendungsvoraussetzungen *anzuwenden* (formaler Aspekt der Rechtsfolge). Dabei läßt sie ihm freilich nicht freie Hand, sondern weist ihn zur Anwendung der für den Angeklagten *günstigeren* Norm — und das heißt: zum Ausspruch der günstigeren Rechtsfolge trotz Nichtfeststellbarkeit der für diese an sich geforderten Voraussetzungen — an (inhaltlicher Aspekt der Rechtsfolge).

So gesehen gehört der Satz i. d. p. r. zur Gruppe der sich über die Rechtsanwendung verhaltenden Normen: zum Rechtsanwendungsrecht[37]. Innerhalb dieser weiteren Gruppe, zu der z. B. auch die Normen des Internationalen Privatrechts zählen, läßt er sich wiederum der engeren Kategorie der Entscheidungsnormen zuordnen[38].

Der eben skizzierte Weg bildet freilich nicht die einzige Möglichkeit, um zu einer sachlichen Entscheidung zu gelangen. Denkbar wäre auch ein Satz, der nicht selbst schon zur Anordnung der günstigen Rechtsfolge anweist, sondern nur dazu, die eine oder andere (günstigere) Tatsachenversion *zur Ermöglichung der Subsumtion* unter die rechtsfolgeanordnende Norm oder die negative Ergänzungsnorm *„anzunehmen“*. Rechtssystematisch wäre diese Anweisung, an die offenbar bei den meisten „Unterstellungskonstruktionen“[7–9] mehr oder weniger deutlich gedacht ist, gleichfalls eine (nur eben anders wirkende) Norm des Rechtsanwendungsrechts[39]. Da auch hier im Endergebnis zugunsten des Angeklagten

[37] So mit Recht schon *Moser*, I. d. p. r., Diss. München 1933, S. 72 f.

[38] Entsprechend für die zivilrechtlichen Beweislastregeln *Leipold*, a. a. O. S. 65 f.

[39] Auch sie hätte ja lediglich die Funktion, nicht anwendbare Normen anwendbar zu machen!

entschieden wird, käme eine so verstandene Deutung des Grundsatzes i. d. p. r. auch durchaus in Betracht[40]. Dennoch wird man sie ablehnen müssen. Nicht nur, weil sie einen abschüssigen Weg in Richtung auf die verfehlte Feststellung von Tatsachen (I. 1.) dargestellt[41] und Unterstellungen, zumal konträre, ein nicht gerade überzeugendes Instrument zur Rechtsfindung sind, das man tunlichst vermeiden sollte, solange weniger fragwürdige, aber zum gleichen Erfolg führende Mittel zur Verfügung stehen. Der entscheidende Mangel der ganzen „Unterstellungskonstruktion" liegt darin, daß sie den hinter dem Satz i. d. p. r. stehenden tieferen sachlichen Grund nicht adäquat zum Ausdruck bringt: Wenn dieser Satz letztlich aus dem Gedanken fließt, daß bestimmte Rechts f o l g e n bei Ungewißheit über die Normvoraussetzungen nicht verhängt werden dürfen bzw. angeordnet werden müssen[42], so ist überhaupt nicht einzusehen, wieso das nicht auch in der konstruktiven Lösung geradlinig zum Ausdruck kommen soll. Die Zuflucht in Unterstellungen zum Zwecke der Ermöglichung der Subsumtion stellt hier einen absolut überflüssigen, die wahre Sachlage nur verschleiernden Umweg dar[43]. Wie umständlich dieses ganze Verfahren ist, bestätigen die Vertreter der „Unterstellungskonstruktion" in schöner — weil ungewollter — Weise im Grunde selbst: Auf die Frage, welche Tatsachenversion als die günstige

[40] Festgelegt ist der Grundsatz auf sie aber keinesfalls; das zeigen schon die anderen Deutungen und die vielen rein bildhaften Formulierungen!

[41] Vgl. BGH NJW 1958, 392 (Ls b), wo zunächst von „Unterstellung", kurz darauf aber von „Tatsachenfeststellung" die Rede ist.

[42] Warum das so ist, dazu unten IV. 1.

[43] Sie findet auch in § 244 Abs. 3 StPO keine Stütze, wonach ein Beweisantrag abgelehnt werden darf, „wenn eine erhebliche Behauptung, die zur Entlastung des Angeklagten bewiesen werden soll, so behandelt werden kann, als wäre die behauptete Tatsache wahr". Einmal wäre dieser üblicherweise als „Wahrunterstellung" apostrophierte Ablehnungsgrund, auch wenn die ihn enthaltende Vorschrift zur Unterstellung von Tatsachen ermächtigen sollte, eine allzu schmale Basis, um von daher die Frage zu entscheiden, wie das in viel breiterem Umfang vorkommende non liquet aufzulösen sei; dies um so mehr als gerade der Ablehnungsgrund der Wahrunterstellung mit einer Fülle von Fragwürdigkeiten befrachtet ist (vgl. *Schröder*, NJW 1972, 2105 ff.) und man zum Teil vehement für seine Abschaffung plädiert (vgl. *Grünwald*, Festschrift für Honig, 1970, S. 68). Zum anderen ist es aber auch überaus fraglich, ob man § 244 Abs. 3 StPO überhaupt als Beleg für die gesetzliche Sanktionierung von tatsächlichen Unterstellungen anführen kann. Das Gesetz selbst fixiert in § 244 Abs. 3 ja zunächst nur einen Grund für die Ablehnung eines Beweisantrags. Daß die infolge dieser Ablehnung verbleibende Unklarheit (die voraussetzungsgemäß allenfalls noch hätte zugunsten des Angeklagten auf geklärt werden können, vgl. *Grünwald*, a. a. O. S. 56) durch Unterstellung zu lösen sei, sagt § 244 Abs. 3 StPO weder ausdrücklich noch bedarf es insoweit überhaupt einer besonderen gesetzlichen Aussage. Denn für diesen Fall greift bereits der (im Ablehnungsgrund der „Wahrunterstellung" aus prozeßökonomischen Gründen auf die Ebene der Beweiserhebung vorprojizierte, vgl. *Grünwald*, a. a. O. S. 56, 59, 65 f., 68; *Schröder*, NJW 1972, 2108 f.) Satz i. d. p. r. mit der Aufforderung, die für den Angeklagten günstigere Rechtsfolge zu verhängen, ein.

zu unterstellen sei, heißt es regelmäßig, dies könne nur durch eine Betrachtung der auf der jeweiligen Tatsachenbasis (im Falle der Gewißheit) möglichen Rechtsfolge festgestellt werden[44]. Warum dann nicht gleich der Ausspruch der günstigen Rechtsfolge? — Tatsächlich dürfte die Wurzel des gesamten Unterstellungsvokabulars in überholten rechtstheoretischen Vorstellungen gründen: Ganz offensichtlich im Bann des an die materielle Norm anknüpfenden Urteilssyllogismus, glaubt man zur günstigen Rechtsfolge nur dadurch gelangen zu können, daß man die sonst feststellbaren Tatsachen im Falle der Nichtfeststellbarkeit unterstellt und damit wieder den Weg für die Subsumtion freimacht. Dahinter steckt indes ein schlichter Irrtum: Materielle Rechtsfolgen können abgesehen vom Falle der Subsumtion unter die sie primär vorsehende Norm auch dann ausgesprochen werden, wenn besondere Rechtsanwendungsvorschriften hierzu bei Nichtvollziehbarkeit der Subsumtion auffordern.

Zusammenfassend läßt sich somit feststellen: Der Grundsatz i. d. p. r. ist weder eine Regel, die bei unbehebbaren tatsächlichen Zweifeln zur Feststellung des dem Angeklagten günstigen Sachverhalts auffordert (I. 1.), noch die Kehrseite der inhaltlichen Ausgestaltung der je anzuwendenden Normen (I. 2.)[45]. Sie ist vielmehr eine sog. Entscheidungsregel des Rechtsanwendungsrechts, die den Richter zum Ausspruch der für den Angeklagten günstigen, sonst nur bei Erwiesenheit der tatbestandlichen Voraussetzungen möglichen Rechtsfolge verpflichtet[46]. Durch diese Verpflichtung stellt der Grundsatz bereits selbst das non liquet dem erwiesenen günstigen Sachverhalt gleich; jede besondere „Unterstellung“ oder „Zugrundelegung“ des günstigen Sachverhalts durch das Gericht ist daher überflüssig und in Wahrheit nur geeignet, das Wesen des Grundsatzes zu verzeichnen.

[44] Vgl. *Gollwitzer*, a. a. O. S. 1433, 3. Abs.

[45] Ebensowenig trifft es den Kern der Sache, wenn der Sinn des Satzes i. d. p. r. darin gesehen wird, daß ein Zweifel des Richters dessen Überzeugung ausschließe (so *Wimmer*, DRZ 1950, 395; *Seibert*, DRZ 1949, 557). Dies folgt vielmehr bereits aus dem Rechtsbegriff der Überzeugung. Und es geht auch am zentralen Punkt vorbei, den Satz i. d. p. r. als Verbot ungünstiger Feststellungen im Falle eines non liquet aufzufassen (so Eb. *Schmidt*, Lehrkomm. I, RN 376; deshalb etwas sonderbar, weil Eb. *Schmidt* den Satz zuvor — RN 373 a. E. — völlig richtig als Entscheidungsregel charakterisiert). Zwar ist es richtig, daß auch hier dann im Ergebnis bei Zweifeln eine Entscheidung contra reum zustande kommt. Aber der Verstoß liegt in Wahrheit bereits darin, daß hier trotz vorhandener unüberwindbarer *subjektiver Zweifel* ein Sachverhalt *nach der Überzeugung* des Gerichts als *wirklich* festgestellt wird; dies ist ein Widerspruch in sich. Für solche Fälle braucht man den Grundsatz i. d. p. r. gar nicht.

[46] In diese Richtung scheinen mir auch die Darlegungen des verehrten Jubilars zu gehen, der die „Unterstellungskonstruktion“ vermeidet und stets die Unstatthaftigkeit oder Gebotenheit gewisser *Folgen* betont (Strafverfahrensrecht, 2. Aufl. 1968, S. 352). Wie hier wohl auch Eb. *Schmidt*, a. a. O. RN 374.

IV.

Mit dieser theoretischen Wesensbestimmung ist ein durchaus bedeutsamer Topos für die Beantwortung der eingangs skizzierten Streitfragen gewonnen:

1.

Wenn der Grundsatz i. d. p. r. eine (auf die materiellen Rechtsfolgen verweisende) Norm des Rechtsanwendungsrechts ist, so muß man seinen *Geltungsgrund* in den sich über die Gewinnung des tatsächlichen Untersatzes verhaltenden Vorschriften über die Beweiserhebung (§ 244 StPO) oder die richterliche Beweiswürdigung (§§ 261, 267 StPO) vergeblich suchen. Aber auch die viel benützte Begründung aus dem Schuldprinzip[47] führt nicht recht weiter: Dieses besagt zunächst nur, daß ohne *wirkliche* Schuld keine Strafe eintreten soll, liegt also wie die Normen des BT (dazu oben I. 2.) ganz auf der materiellen Ebene des Seinsollenden. Eine Aussage über die Lösung eines im Stadium der Verwirklichung aufbrechenden Erkenntnisproblems in bezug auf die Wirklichkeit der Schuld kann man ihm allenfalls entnehmen, wenn man das Prinzip zuvor stillschweigend — aber mit welcher Begründung? — in diese Richtung erweitert hat.

Der tiefere, sachliche Geltungsgrund[48] liegt vielmehr darin: Bei einer Gegenüberstellung der je denkbaren zwei Möglichkeiten von Rechtsanwendungsnormen erscheinen im materiellen Strafrecht vor dem Forum der Gerechtigkeit allein jene haltbar, die bei Zweifeln über strafbegründende und -ausschließende bzw. straferhöhende Umstände die Rechtsfolge „Nicht Strafe" bzw. „Strafe nach dem Grunddelikt", also die Anwendung der negativen Ergänzungsnorm, bei Zweifeln über mildernde Umstände die Anwendung der Milderungsvorschriften anordnen. Die Verurteilung eines Unschuldigen zu Strafe oder eines Schuldigen zu höherer Strafe, als er verdient, würde angesichts des in der Strafe (auch deren Höhe) enthaltenen Schuld-

[47] Näher dazu m. w. N. *Stree*, a. a. O. S. 16; treffend dagegen *Leipold*, a. a. O. S. 132. — *Sax*, der den Satz früher aus dem Schuldprinzip herleitete (JZ 1958, 179), legt den Akzent nunmehr offenbar stärker auf die Einschätzung der Rechtsfolge „Strafe". Das deckt sich mit dem Text — freilich ergibt sich der Satz i. d. p. r. nicht aus der so begriffenen „Strafe", sondern daraus, daß eine so begriffene Strafe nach den Maximen der Gerechtigkeit nur unter bestimmten Voraussetzungen verhängt werden darf.

[48] Eine Überprüfung aller Begründungen ist im Rahmen dieser methodischen Überlegungen nicht möglich. — Recht besehen stellen etwa aufweisbare positive Anhaltspunkte (z. B. — str. — Art. 6 Abs. 2 Menschenrechtskonvention) auch nur einen Niederschlag der folgenden sachlichen Überlegungen dar.

vorwurfs und des überaus schwerwiegenden Eingriffs als tiefe Ungerechtigkeit empfunden; daß ein Schuldiger dagegen seiner an sich verdienten Strafe entgeht, erscheint für Randbereiche immerhin tragbar. Da „Nicht Strafe“, „Strafe nach dem Grunddelikt“ und „mildere Strafe“ nun stets eine Entscheidung zugunsten des Angeklagten bedeuten, lassen sich die für das materielle Strafrecht gewonnenen einzelnen Entscheidungsnormen des Rechtsanwendungsrechts dann kürzer unter dem abstrahierenden (Rechts-)Satz i. d. p. r. vereinigen. Dessen Geltungsgrund liegt also darin, daß das dem Rechtsstaatsprinzip immanente Gerechtigkeitsgebot[49] ganz bestimmte, unter dem Satz i. d. p. r. zusammenfaßbare Rechtsanwendungsnormen induziert.

2.

Wenn der Satz nur die — nach der Tendenz — abstrahierende Zusammenfassung bestimmter Rechtsanwendungsnormen ist und mit diesen seine Kraft aus tiefer liegenden Wurzeln ziehen muß (1.), so kann man die *Geltung* des Satzes *im Verfahrensrecht* nicht mit seiner überwölbenden Bedeutung begründen. Methodisch richtig ist es vielmehr allein, durch die Abwägung der bei tatsächlichen Zweifeln über das Tatbestandsmerkmal einer bestimmten prozessualen Vorschrift je denkbaren Rechtsanwendungsnormen vor dem Hintergrund der leitenden Wertungen der Verfassung (insbes. Gerechtigkeit und Rechtssicherheit) und den je in Betracht kommenden spezifisch verfahrensrechtlichen Prinzipien die sach- und verfahrensgerechte Rechtsanwendungsnorm herauszuarbeiten. Ein solches induktives Vorgehen[50] ist schon deshalb geboten, weil die richtige Rechtsanwendungsnorm natürlich ganz entscheidend von der je fraglichen Rechtsfolge abhängt. Nur soweit die so erhaltenen Rechtsanwendungsnormen dann generell zugunsten des Angeklagten ausschlagen — eine Aussage, die sich bei ambivalenten Rechtsfolgen[51] von vornherein nicht treffen läßt —, kann man auch im Verfahrensrecht von einer Geltung des Grundsatzes i. d. p. r. sprechen[52].

3.

Die Einsicht in das Wesen des Satzes i. d. p. r. als Norm des Rechtsanwendungsrechts erschließt endlich auch die richtige Fragestellung in

[49] Auf diesen Gesichtspunkt hebt mit Recht auch *Stree*, a. a. O. S. 15 ab.

[50] Das vor allem *Sax* seit langem fordert (vgl. a. a. O. S. 165 ff.). Im methodischen Ansatz richtig auch BGHSt. 18, 274 ff., 277 a. E.

[51] Näher dazu *Sax*, a. a. O. S. 144, 166 f.

[52] Die Frage nach der „Geltung“ des Satzes täuscht über diese tiefer liegenden materialen Erwägungen, deren ablesbares Ergebnis dann nur die Geltung der tendenziellen Entscheidungsregel i. d. p. r. ist, allzu leicht hinweg; so mit Recht *Sax*, a. a. O.

der Kontroverse über die Zugehörigkeit des Satzes zum *formellen oder materiellen Recht.* Sie muß lauten: Gehören die entscheidungsbestimmenden Normen des Rechtsanwendungsrechts zum formellen oder zum materiellen Strafrecht? — Die Antwort hierauf hängt ganz von der allgemeinen begrifflichen Abgrenzung dieser beiden Materien ab: Anerkennt man als Normen des materiellen Rechts etwa mit *Hilde Kaufmann* nur jene, die sich über das Seinsollende unter Eliminierung der prozessualen Verwirklichung aussprechen[32, 33], so handelt es sich um einen Satz des Prozeßrechts[53]. Geht man dagegen weiter und bezieht in das materielle Recht auch jene Vorschriften ein, die sich mit dem *Inhalt* der Entscheidung beschäftigen[54], so erscheint eine Qualifikation als Norm des sachlichen Rechts folgerichtig.

[53] So auch ausdrücklich S. 167.
[54] Nachweise dazu bei *Leipold*, a. a. O. S. 74.

Zum „Toleranzbereich" bei der revisionsgerichtlichen Kontrolle des Strafmaßes *

HANS-JÜRGEN BRUNS

I. Die gegenwärtige Lage

1.

Trotz aller Fortschritte der modernen Strafzumessungs-(StrZ-) Lehre bildet die viel erörterte Frage nach der Revisibilität des Strafausspruchs immer noch ein bestrittenes Kapitel mit zweifelhaften Ergebnissen. Zwar sind die Zeiten vorbei, in denen man glaubte, diesen zentral wichtigen Punkt — seinem Schwierigkeitsgrad nach — mit der Quadratur des Kreises vergleichen zu müssen; auch können zahlreiche Einzelprobleme aus dem „Vorfeld" der abschließenden Entscheidungen heute als geklärt, zumindest als lösbar bezeichnet werden. Hinsichtlich der bloßen „Angemessenheit" der zahlenmäßig fixierten Endstrafe und ihrer Überprüfbarkeit jedoch gehen die Meinungen weiterhin *erheblich auseinander,* obwohl *Zipf* und *Frisch* ein systematisch sauberes Modell zur Erörterung aller Gesichtspunkte entwickelt haben[1]. Aber die Diskussion leidet nach wie vor unter unklaren Fragestellungen und Mißverständnissen; zuweilen redet man auch schlicht aneinander vorbei, z. B. wenn *Kaiser*[2] die Vorschläge für eine Erweiterung der Revisibilität an dieser neuralgischen Stelle für entbehrlich erklärt, weil heute ohnehin ein Revisionsgrund anerkannt werde, wenn die Strafe „unangemessen streng oder mild" erscheint — was gerade nicht zutrifft. Auch einige neuere, vorwiegend prozessual ausgerichtete Stellungnahmen[3] geben Anlaß, die oft verwirrende Vielzahl der Argumente, Einwendungen und Ausgangspositionen mit ihrer wechselseitigen Abhängigkeit in eine leichter

* Wegen des beschränkten Raumes kann hier nur eine Gedankenskizze entworfen werden. Vgl. nähere Angaben und Schrifttumsnachweise in der 2. Auflage meines „Strafzumessungsrechts".

[1] Vgl. *Zipf,* Die Strafmaßrevision, 1969; *Frisch,* Revisionsrechtliche Probleme der Strafzumessung, 1971.

[2] ZRP 1972, 277 unter Bezugnahme auf *Kleinknecht.*

[3] Vgl. *Gollwitzer* und *Meyer* in Löwe-Rosenberg, 22. Aufl. zu §§ 267, 337 StPO; *Kleinknecht* zu §§ 267, 337 StPO; *Dahs-Dahs,* Die Revision im Strafprozeß, S. 76 ff.; *Koffka,* ZStW 84, 693; Werner *Schmid,* ZStW 85, 360; *Dahs,* Handbuch des Strafverteidigers, 3. Aufl. RN 803.

verständliche Ordnung und damit einem größeren Interessentenkreis näherzubringen, die entscheidenden Alternativen deutlicher zu markieren, ohne mit einer solchen *Standortmessung* der abschließenden Meinungsbildung im einzelnen vorzugreifen. Denn nicht zuletzt handelt es sich auch um ein Informationsproblem.

2.

Die Schwierigkeiten sind sachlich bedingt durch die Eigenart der StrZ-Entscheidung, die oft zu Unrecht neben der Tatsachenfeststellung und Rechtsanwendung als eine dritte spezifische Kategorie richterlicher Tätigkeit bezeichnet wird, es aber nicht ist. Ihre *Besonderheit* liegt vielmehr darin, daß es bei der Fixierung der Strafhöhe nicht um eine Stellungnahme zu zwei Alternativen geht, sondern „mehrere Quantitäten ins Spiel kommen", für die sich rechnerisch exakte Größen (Zahlen) nicht mit Sicherheit bestimmen lassen[4]. Deshalb drängen sich hier stärker als sonst, zumal bei naheliegender Kritik, Zweifel an der Richtigkeit des Endergebnisses auf. Man empfindet eine subjektive Ungewißheit, spricht von einer individuellen Komponente bei der StrZ, die sich in einem sozialen Gestaltungsakt vollziehe und für deren Ausrichtung nur ungenaue Obersätze zur Verfügung stünden, weshalb sich ihr Ergebnis nicht in vollem Umfang rational überprüfen lasse[5]. Jedenfalls hinsichtlich der Angemessenheit der Endstrafe, die aber nicht mit der Rahmenschuldstrafe i. S. der Spielraumtheorie (Zwischenstadium) verwechselt werden darf, müsse man sich mit einer „Bandbreite" der Entscheidung zufrieden geben, dem Tatrichter einen *„Toleranzbereich"* einräumen und Strafen, die sich innerhalb der Grenzen des noch „Vertretbaren" halten, durchgehen lassen. Ein solcher „Beurteilungsspielraum" sollte auch in der Formulierung der Reformvorschläge für eine erweiterte Strafmaßkontrolle zum Ausdruck kommen, die darauf abstellen, ob erhebliche, wesentliche oder schwerwiegende Bedenken gegen das Endstrafmaß bestehen[6], womit aber weniger ein gesteigerter Beanstandungsgrad als vielmehr eine größere „Höhendifferenz" gemeint war. Einigkeit besteht also auch darin, daß der Umfang jenes Toleranzbereichs über den bloßer Beckmesserei hinausgeht.

[4] Die modernen Bemühungen um ein „berechenbares Strafmaß", um eine rationale, sogar um eine „automatisierte StrZ" können hier unerwähnt bleiben; vgl. dazu die gleichnamigen Arbeiten von *Haag*, *Hassemer* und *von Linstow*.

[5] Darüber, daß Imponderabilien und irrationale Gesichtspunkte trotz aller gegenteiligen Feststellungen in einer rationalen StrZ nichts zu suchen haben, vgl. *Frisch* und *von Linstow*, a. a. O.; *Spendel*, Schwinge-Festschrift S. 21.

[6] Vgl. näheres bei *Frisch*, a. a. O. S. 306.

3.

Diese — oft nur gefühlsmäßig begründete — Einschränkung der Revisionskontrolle ist das Ergebnis einer längeren Entwicklung, in deren Verlauf die Revisibilität des Strafmaßes zunehmend durch die Entdeckung von *„Rechtsfehlern"* bei der Entscheidung über den Strafausspruch erweitert wurde, ohne daß sich die dafür maßgebenden rechtlichen Grundlagen geändert hätten. Ihren Höhepunkt erreichte sie durch die zwischenzeitlich gesetzlich ermöglichte Korrektur sog. Übermaßstrafen, die durch eine besonders krasse — manchmal bis zur Rechtsbeugung gesteigerte — Unangemessenheit gekennzeichnet wurden, so extrem aber nur ganz selten vorkommen sollen. War schon mit der Einführung einer derartigen „Willkürrüge"[7] das Problem zur bloßen Maßfrage zurückgestuft, so rechtfertigt die Gesamtentwicklung heute geradezu eine *Umkehrung der Fragestellung* nach der grundsätzlich zu bejahenden Revisibilität des Strafmaßes dahingehend: Welcher Restbereich ist aus den dargelegten Erwägungen der revisionsgerichtlichen Kontrolle nach wie vor entzogen? Für diese Prüfung ergeben sich *drei* verschiedene Ansatzpunkte der Beurteilung: Wo, weshalb und wieweit sind der rechtlichen Nachprüfung Grenzen gesetzt? Es geht um die Präzision des systematischen Ortes, des rechtsdogmatischen Grundes und des effektiven Umfangs jenes der revisionsgerichtlichen Kontrolle (angeblich) entzogenen Toleranzbereiches:

II. Die Verlagerung der Problematik auf bestimmte Phasen des StrZ-Aktes

1.

Zur Beantwortung der Ausgangsfrage gilt es zunächst, diejenige Stelle genauer zu bezeichnen, an der die eigentlichen Schwierigkeiten beginnen, die Probleme „lokalisiert" sind. Wesentlich dafür ist die Erkenntnis, daß sich der gesamte Strafbemessungsvorgang in mehreren, deutlich *trennbaren Phasen* vollzieht, die wegen ihrer unterschiedlichen Struktur hinsichtlich der revisionsgerichtlichen Überprüfbarkeit nicht gleich behandelt werden können. Ihre nähere Prüfung ergibt allerdings, daß die meisten Zwischenentscheidungen bis zum Auswerfen einer zahlenmäßig fixierten Strafgröße ihrer Natur nach eindeutig Rechtsanwendungsfragen betreffen und deshalb revisibel sind, so daß der Beurteilungsspielraum sich von vornherein auf einen geringen restlichen Teil des Gesamtkomplexes beschränkt:

[7] So *Meyer*, a. a. O.

a) Das gilt zunächst für die Orientierung der StrZ an den Richtung und Maß gebenden *Strafzwecken.* Alle Fragen aus diesem Bereich, namentlich die mit ihrer Anerkennung und Antinomie zusammenhängen, unterliegen als echte Rechtsfragen der revisionsgerichtlichen Kontrolle, z. B. die Bedeutung des Schuldprinzips, das sich, je nachdem, ob man ihm eine nur limitierende oder auch eine konstitutive Funktion zuerkennt, als Schuldmaß- oder als Schuldsühneprinzip erweist, die Anwendung der Spielraumtheorie mit all ihren Zweifelsfragen, der Einfluß der Präventionszwecke, ihr Verhältnis zueinander, einschließlich der Rivalität von Resozialisierung und Verteidigung der Rechtsordnung, also die Trennung ihrer negativen und positiven Komponenten. Zwar hat der Gesetzgeber wieder einmal das kriminalpolitisch so wichtige Grundproblem der Strafzwecke vor sich hergeschoben, seine Lösung der Rechtsprechung und Lehre überlassen. Aber es finden sich dafür doch genügend Anhaltspunkte, z. B. Schlußfolgerungen aus der Regelung der StrZ-Tatsachen in § 13 StGB, über die Auslegung der §§ 14, 16, 23 StGB oder über einen Rückgriff auf Gewohnheitsrecht u. a. m. Stets handelt es sich um Fragen des geltenden Rechts, mögen sie auch unvollkommen oder unvollständig normiert worden sein. Die Annahme, das gesamte StrZ-Recht sei deshalb verfassungswidrig[8], erscheint jedoch abwegig; zu den meisten Einzelfragen liegen bereits revisionsrichterliche Entscheidungen, auch des BGH, vor, über deren „Richtigkeit" man allerdings verschiedener Ansicht sein kann.

b) An Hand der Strafzwecke muß der Richter sodann die für den jeweiligen Tatbestand erheblich werdenden *StrZ-Tatsachen* prüfen, wofür ihm der Katalog des § 13 II StGB einige Hinweise gibt, allerdings ohne abschließende Umschreibung und ohne Zwang, sie in jedem Fall zur Anwendung zu bringen. Auch diese StrZ-Relevanz bestimmter Tatsachen hängt von rechtlichen Überlegungen ab, die der Revisionskontrolle unterliegen. Sie führen zum Teil zu einer einschränkenden Auslegung des Gesetzes, etwa hinsichtlich der Bedeutung des Vorlebens und des Nachtatverhaltens (keine Lebensführungsschuld!), z. T. mußten sie, wie bei der Strafempfindlichkeit des Täters, jenseits des § 13 II StGB selbständig entwickelt werden. Stets aber setzt die „Verwertung" der relevanten StrZ-Tatsachen ihre prozeßordnungsgemäße „Feststellung" voraus. Sie bilden in ihrer Gesamtheit den *StrZ-Sachverhalt,* den es unter verschiedenen rechtlichen und damit revisiblen Gesichtspunkten zu beurteilen gilt.

[8] So *Bruckmann,* ZRP 1973, 30.

c) Dabei muß sich der Richter zunächst über ihre *„Bewertungsrichtung“* klar werden, nämlich entscheiden, welche Umstände „für oder gegen den Angeklagten sprechen“, ihn belasten oder entlasten. Aus unzähligen BGH-Entscheidungen schält sich immer deutlicher ein umfangreicher Katalog solcher *Strafschärfungs- oder -milderungsgründe* heraus. Auch hier hat der Gesetzgeber — schon wegen der doppelten Ambivalenz dieser Tatsachen je nach Strafzweck und Tatbestand — davon Abstand genommen, ihre Bewertungsrichtung generell festzulegen. Gleichwohl kann und muß der StrZ-Richter im Einzelfall darüber nach rechtlichen Gesichtspunkten entscheiden, mag das auch zuweilen mangels genauerer Anhaltspunkte schwierig sein, z. B. wenn der (nicht zur Aussage verpflichtete) Angeklagte auch noch das Versteck der Beute verschweigt. Andererseits aber läßt sich der maßgebende Obersatz zuweilen direkt dem § 13 StGB entnehmen („verschuldete Auswirkungen der Tat“, Wiedergutmachungsbemühungen), so daß man hier sogar bis zu einem gewissen Grade von einer „Vertatbestandlichung“ bestimmter StrZ-Fragen sprechen dürfte, deren Entscheidung unter solchen Bewertungsgesichtspunkten revisionsgerichtlich überprüfbar ist.

d) An entsprechenden Hinweisen fehlt es allerdings weitgehend bei der nächsten Gedankenoperation, nämlich der im Gesetz vorgeschriebenen *„Abwägung“* der verschiedenen StrZ-Faktoren, insbesondere der StrZ-Tatsachen, deren „Gewicht“ ja zuvor ermittelt werden muß. Obwohl § 13 StGB auch darüber schweigt, kann der Richter sich dieser Aufgabe nicht entziehen, darf er jenen „Stellenwert“ nicht beliebig festsetzen. Zwar schreibt das Gesetz dem Tatrichter nicht vor, *„welches Gewicht“* er den einzelnen StrZ-Faktoren beizumessen hat (BGH VRS 31, 429), und noch weniger kann er die Abwägung mit Hilfe eines rechnerischen Plus-Minusverfahrens durchführen[9]. Aber das ändert nichts daran, daß diese Entscheidung neben der tatsächlichen auch eine rechtliche Komponente aufweist, bei deren Würdigung revisible Rechtsfehler vorkommen können, schon deshalb, weil dabei falsche Maßstäbe angelegt worden sind.

Für die *„richtige Abwägung dem Grade nach“* (BGH 17, 35) soll das allerdings nicht gelten, offenbar deshalb, weil hier erstmals „Quantitäten“ ins Spiel kommen („wieviel“?). Gleichwohl hat die Rechtsprechung — zwar selten — aber auch an dieser Stelle kontrollierend eingegriffen, z. B. beanstandet, daß das mitwirkende Verschulden des Verletzten oder der Erziehungszweck bei jugendlichen Angeklagten „zu wenig“ berücksichtigt, der Gesichtspunkt der Gene-

[9] Vgl. aber *Baumann*, 1. StrRG S. 54, und das Punktbewertungssystem von *Bruckmann*, a. a. O.; dagegen zutreffend *Mittelstein*, ZRP 1973, 256.

ralprävention „überbewertet" (BGH MDR 1973, 190) oder die Schuld des Täters „nicht genügend" veranschlagt worden sei (RG HRR 1941 Nr. 527). Auch die „Richtigkeit" des Abwägungsvorgangs ist also nicht schlechthin der auf ihre kassatorische Funktion beschränkten Revisionskontrolle entzogen[10], mag hier das Vorliegen eines Rechtsfehlers auch schwerer, nämlich nur bei gesteigerter Intensität des Fehlgreifens mit deutlichen Maßkonsequenzen feststellbar sein.

e) Das gilt noch mehr für den letzten Akt des StrZ-Vorgangs, die Schlußphase der *„Umwertung"*. Hierbei geht es um die Übersetzung der im Vorfeld gefundenen relativen Ergebnisse in absolute Größen (Zahlen), um die Einordnung des Falles in die unsichtbare Wertskala und Strafenstaffelung des (richtig ausgesuchten) Strafrahmens, der nach neuerem Verständnis eine solche positive Funktion ausübt, also nicht mehr lediglich äußerste Reaktionsgrenzen setzt. Trotzdem bleibt die Umwertung schwierig, ihr Ergebnis zweifelhaft. Obwohl heute weitgehend Einigkeit darüber besteht, daß sich nun alle einschlägigen Überlegungen zu einer einzigen, allein richtigen „Punktstrafe" konkretisieren müssen, kann diese nicht einfach irgendwie „abgelesen", als im voraus richtig berechnet „gefunden" werden. Ihre Fixierung erfolgt vielmehr durch einen wertenden sozialethischen Gestaltungsakt (Dreher), dessen Ergebnis sicher nicht genau mathematisch determiniert ist, wohl aber durch intendiert eindeutige Rechtsanwendung bestimmt werden kann[11]. Rechtsfehler sind auch dabei nicht ausgeschlossen, z. B. wenn der Tatrichter sich nicht oder nicht genügend an der *Schwereskala des Strafrahmens* orientiert hat. Falls es sich nicht um ein grobes Vergreifen in der Oktave, um eine offenkundige Fehlentscheidung handelt, werden sich derartige Rechtsfehler allerdings seltener feststellen lassen. Damit sind wir bei dem entscheidenden Grenzfall angelangt, an dem die eindeutige, aber „schlichte" Unangemessenheit der ohne sonstige Rechtsfehler ungerecht oder unzweckmäßig fixierten („unrichtigen") Strafe gerügt werden soll[12], ein Toleranzbereich der StrZ-Kontrolle aber aus den alsbald zu schildernden Gründen nicht ganz verneint werden kann.

2.

Schon mit dieser strukturellen Aufgliederung und Unterteilung des gesamten StrZ-Vorgangs ist für die *„Lagebestimmung"* möglicher

[10] Vgl. *Koffka*, LK[9], RN 108 zu § 13 StGB.
[11] Vgl. eingehend dazu Frisch, a. a. O. und NJW 1973, 1345.
[12] Vgl. *Stöckel*, NJW 1968, 1862.

Rechtsfehler viel gewonnen. Die Überprüfung der einzelnen Phasen bestätigt, daß die StrZ überall Rechtsanwendung ist, derart, daß der Richter den prozeßordnungsgemäß festgestellten Sachverhalt unter verschiedenen rechtlichen Gesichtspunkten „richtig" würdigen muß. Die Eigenart der dabei zu vollziehenden Denkprozesse[13] entspricht durchweg rational-rechtslogischen Überlegungen und läßt vorläufig nicht erkennen, was der revisionsgerichtlichen Überprüfung entgegenstünde. Es fehlt auch nicht an BGH-Entscheidungen, die in jedem Abschnitt des StrZ-Aktes Rechtsfehler entdeckt und beanstandet haben, und zwar gleichviel, ob es sich um die Auswahl der Strafzwecke, die Feststellung und Bewertung der StrZ-Tatsachen oder die Abwägung und Umwertung der StrZ-Umstände handelt. Dieser *„Rechtsfehlervorbehalt"* muß stets der mißverständlichen Ausgangsthese der Rechtsprechung, die StrZ sei weitgehend „die Domäne des Tatrichters", hinzugedacht werden. Nur dem Umfang nach vermindert sich in den beiden letzten Abschnitten seine Bedeutung, ohne daß dafür bisher plausible, d. h. rationale Gründe ersichtlich wären. Die bloße Schwierigkeit der anzustellenden Erwägungen dürfte hier, wie auch sonst, ihrer Qualifikation als Rechtsfragen nicht entgegenstehen. Ob es sich dabei — so in der Tat meistens — um *„Subsumtion"* handelt, für die hinreichend deutliche Obersätze zur Verfügung stehen, oder um *„Argumentation"*[14], kann vorläufig offenbleiben, da beide Denkmethoden auf einer rechtsdogmatischen Beweisführung aufbauen. Soweit „Steigerungsbegriffe" erfahrungsgemäß zu Quantitätsdifferenzen führen, die sich nicht eindeutig fixieren lassen, mag sich — trotz typologischer Rechtsfindung — ein gewisser Toleranzbereich gefühlsmäßig als Folgerung aufdrängen. Eine abschließende Stellungnahme dazu erscheint erst möglich, wenn wir die Ursachen dafür näher auf ihre rechtliche Tragweite untersucht haben.

III. Die Einschränkung der Revisibilität der StrZ aus materiell-rechtlichen Gründen

Läßt man die (angebliche) Einwirkung von Imponderabilien und irrationalen Einflüssen, die bei der Lösung rechtsdogmatischer Fragen, namentlich auch bei der StrZ, nichts zu suchen haben, ebenso beiseite[5] wie die modernen Vorschläge, das Strafmaß mehr oder weniger rechnerisch, vielleicht sogar automatisch mit Hilfe von Computern zu bestimmen[4], so kommen als Ursachen für die Einräumung eines

[13] Vgl. *Rolinski,* Die Prägnanztendenz im Strafurteil, S. 34 ff.
[14] Vgl. *Hassemer,* In Gedächtnisschrift für Radbruch S. 281.

Toleranzbereichs bei der Revisionskontrolle vornehmlich *drei materiell-rechtliche Gründe* in Betracht, die — wohl gemerkt: hinsichtlich der Endstrafe — eine gewisse Unbestimmtheitsrelation, unscharfe Grenzen rechtfertigen oder wenigstens erklären können: Die Charakterisierung der StrZ als einer echten Ermessensentscheidung, ihre Ausrichtung am Modell des unbestimmten Rechtsbegriffs mit Beurteilungsspielraum und ihre (angeblich) weitgehende unlösbare Verknüpfung mit der zur Tatsachenfeststellung gehörenden Beweiswürdigung. Alle drei Gesichtspunkte erweisen sich letzten Endes als nicht durchschlagend:

1.

Wäre die Fixierung der Strafhöhe wirklich, wie bis in die neueste Zeit behauptet wird, ein *echter Akt freien Ermessens*, so müßte es innerhalb dieses Bereiches mehrere gleichrichtige, aber verschiedene Strafen geben, die nicht auf ihre Gerechtigkeit oder Zweckmäßigkeit überprüft und allenfalls bei Ermessensmißbrauch, Ermessensüberschreitung und Ermessensmangel beanstandet werden könnten. Von diesen relativ seltenen Ansätzen der Kritik abgesehen, wären innerhalb des Ermessens in der Tat „Rechtsfehler nicht denkbar". In der (stillschweigenden) Anlehnung an das verwaltungsrechtliche Ermessensmodell lag der *Geburtsfehler* der StrZ-Praxis, der früher bekanntlich zur grundsätzlichen Nichtüberprüfbarkeit des tatrichterlichen Ermessens geführt hat. Auch heute scheint er sich in den Restbezirken der Abwägung und Umwertung noch teilweise zu halten. Aber die Gegenmeinung gewinnt zunehmend an Boden[11], nachdem gerade die Verwaltungsrechtler schon immer auf den Unterschied zwischen freiem Ermessen und richtiger StrZ hingewiesen haben. Die sich daraus ergebende Folgerung, daß es deshalb (theoretisch!) stets nur eine richtige Endstrafe geben könne, pflegt zwar wegen der Fehldeutung der sog. Punktstrafe als einer mathematisch festliegenden Größe eine Schockwirkung auszuüben, erweist sich aber nach Berichtigung dieses Fehlers als grundsätzlich zutreffend. Nur dieser Wandel der Erkenntnis klärt die Fronten: Bei Annahme echten Ermessens ergibt sich die Möglichkeit „rechtsextern" bedingter, unterschiedlicher Ergebnisse von selbst. Geht man aber von einem ausnahmslos rechtlich gebundenen Konkretisierungsakt aus, so scheidet eine objektive Wahlmöglichkeit zwischen mehreren, gleichrichtigen Endstrafen aus.

2.

Als verwaltungsrechtliches Denkmodell bietet sich deshalb die Lehre vom *unbestimmten Rechtsbegriff mit Beurteilungsspielraum* an[15]. In

[15] Vgl. *Bruns*, Festschrift für Engisch S. 718.

der Tat kann man den Strafrahmen als ein Bündel von Direktiven für die richtige Strafe auffassen und als unbestimmten Rechtsbegriff deuten, dessen Auslegung und Anwendung[16] zwar nur eine richtige Endstrafenentscheidung zuläßt, deren Kontrolle aber wegen der unscharfen Grenzziehung eine Bandbreite vertretbarer Entscheidungen, einen gewissen Beurteilungsspielraum nahelegt. Auch in ein solches Konzept könnte man die geschilderten Unsicherheitsfaktoren einbauen und einen Toleranzbereich rechtfertigen, der aber wohl erheblich enger als beim freien Ermessen gezogen werden müßte; beim unbestimmten Rechtsbegriff der Verteidigung der Rechtsordnung neigt die Rechtsprechung schon heute zu dieser Lösung, die Werner *Schmid*[17] vor kurzem ganz allgemein befürwortet hat. Eine solche „Richtigkeitsprüfung" der StrZ-Entscheidung auf ihre bloße *„Vertretbarkeit"* wäre in dem streitigen Bereich der Abwägung und Umwertung der StrZ-Faktoren zwar schon ein Fortschritt. Aber die Gegenüberstellung von freiem Ermessen und unbestimmten Rechtsbegriff ist neuerdings grundsätzlich, auch im Verwaltungsrecht, zweifelhaft geworden, so daß ihre Übertragung auf das StrZ-Recht — ganz abgesehen von den Einwendungen, die *Frisch*[11] dagegen geltend gemacht hat — nicht als Endlösung empfohlen werden kann.

3.

Als dritter Begründungsweg für eine Einschränkung der Strafmaßrevision scheint sich der Hinweis zu halten, die StrZ bleibe grundsätzlich dem Tatrichter anvertraut, an dessen tatsächliche Feststellungen das Revisionsgericht gebunden sei. Das gelte namentlich für die mit der Straffestsetzung *„unlösbar verknüpfte" Beweiswürdigung*, weil sich bei ihr in der Urteilsdarstellung die Tat- von der Rechtsfrage nicht so deutlich trennen lasse, daß das Revisionsgericht bei der Überprüfung nicht zwangsläufig in die Tatsachenfeststellung eingreifen müßte[18]. Es fragt sich allerdings, wieweit die bindende Beweiswürdigung des Tatrichters reicht, und wo die kontrollierbare Rechtsanwendung, namentlich auf der Ebene der Abwägung und Umwertung, beginnt. Wenn es z. B. wahr wäre, daß die Sozialprognosen zur Tatfrage gehören und deshalb der Nachprüfung „nur in beschränktem Umfang zugänglich" sind, so könnte und müßte man sich damit abfinden; die Eigenart der Abwägungs- und Umwertungsentscheidung würde dadurch wenig berührt. Aber gerade die Prämisse ist neuerdings zweifelhaft geworden, weil das zukünftige Verhalten des

[16] Über die Problematik vgl. BFH NJW 1969, 1736.
[17] ZStW 85, 392 ff.
[18] *Koffka,* ZStW 84, 693; JR 1972, 382.

Angeklagten nicht einfach — wie Tatsachen — „festgestellt" werden kann, die Sozialprognose vielmehr auf einem Wahrscheinlichkeitsurteil des Gerichts über die voraussichtliche Wirkung der strafrechtlichen Reaktion auf den Täter beruht und deshalb — am Erfahrungswissen ausgerichtet — *zur rechtlichen Würdigung* gehört[19]. Auch die Integrationswirkung i. S. der Verteidigung der Rechtsordnung setzt empirische Feststellungen voraus, die aber noch rechtsnormativ gewertet werden müssen. Allgemein geht es gerade bei der Abwägung weniger um tatsächliche Feststellungen als um Anwendung rechtlicher Maßstäbe, insbesondere um die richtige Einordnung des Falles in die Wertskala des Strafrahmens, die einer rechtlichen Kontrolle durchaus zugänglich ist. Soweit aber Tat- und Rechtsfrage „unlösbar verknüpft" erscheinen, insbesondere bei der Beweiswürdigung, spitzt sich die entscheidende Frage darauf zu, ob aus einer solchen *„Verzahnung"* nicht gerade umgekehrt, als *Koffka* annimmt, eine *Erweiterung* der Revisionsgrenzen hergeleitet werden muß. Das aber hängt von der Auslegung des Begriffs „Gesetzesverletzung" i. S. des § 337 StPO ab, die wir bisher noch nicht berücksichtigt haben.

IV. Die Einschränkung der Revisibilität der StrZ aus prozessualen Gründen

Obwohl sich auch die bisher geschilderten materiell-rechtlichen Erwägungen am Begriff des Rechtsfehlers orientieren, dabei — ziemlich grob — zwischen der sog. Tat- und Rechtsfrage unterscheiden, stellen sie doch nur eine von zwei Meinungsgruppen dar, deren unterschiedliche Grundausrichtung wichtig ist, aber nicht genügend betont wird:

1.

Während sich die Erläuterungen zu § 13 StGB naturgemäß mit materiell-rechtlichen Fragen der StrZ beschäftigen und das Thema der Revisibilität — durchweg im Zusammenhang mit der Ermessensproblematik — nur kurz streifen, ziehen die *„Prozessualisten"* bei der eingehenden Auslegung des § 337 StPO Konsequenzen aus der Eigenart des Revisionsverfahrens, in dem eine Beweisaufnahme auf Grund unmittelbar mündlicher Verhandlung fehlt. Dann aber ist es nicht mehr das Wesen des StrZ-Ermessens, sonder die beschränkte Mitteilbarkeit der Tatsachengrundlage, die eine volle Revisionskontrolle

[19] So *Frisch* in einer demnächst erscheinenden Untersuchung über das Wesen strafrechtlicher Prognosen.

unmöglich macht. Der Maßstab für die Abgrenzung des revisiblen vom irrevisiblen Gebiet wird aus dem Aufbau des Verfahrens gewonnen. Da das Revisionsgericht zu erneuter Sachverhaltsprüfung nicht befugt ist, sind unangreifbar alle Fehler, bei deren Beurteilung die Sache neu aufgeklärt werden müßte, revisibel dagegen alle Mängel, die der Revisionsrichter auch ohne Beweiserhebung erkennen kann[20]. Wie *Henkel*[21] dazu näher darlegt, führen über den *Grenzgraben* zwischen rechtlichen und tatsächlichen Fragen *manche Brücken;* in die revisionsgerichtliche Prüfung sei daher „in gewissem Umfang Tatsächliches mit einzubeziehen!" — eine Veränderung des Ausgangspunktes, die erhebliche praktische Konsequenzen nach sich zieht.

2.

Die Verschiebung der Fronten zeigt sich nicht nur darin, daß StrZ-Ermessen und unbestimmte Rechtsbegriffe hinsichtlich ihrer Revisibilität nun weitgehend gleich behandelt werden, sondern in einer bemerkenswerten Erweiterung der StrZ-Kontrolle, für die *Henkel* bezeichnenderweise als Beispiele die nach falschen Maßstäben erfolgte „Abwägung" verschiedener StrZ-Faktoren und die von anerkannten Regeln abweichende Beurteilung einer offensichtlich unangemessenen Strafe anführt. Diese Methode ist das Ergebnis einer langjährigen Entwicklung und hat sich in *drei Diskussionsstufen* vollzogen, in deren Mittelpunkt die Frage nach dem Zweck der Revision stand[22]:

a) Die traditional-logischen Abgrenzungsversuche, die von der Gegenüberstellung von Tat- und Rechtsfrage ausgingen, versagten bei sog. *Gesamtsituationen,* in denen wegen der Vielschichtigkeit der unter unbestimmte Begriffe zu subsumierenden Sachverhalte deren präzise Erfassung mit den Mitteln der Umgangssprache nicht mehr möglich war. Da dem Revisionsgericht in solchen Fällen der lebendige Eindruck von der Sache fehlt, es „sachfern" auf die schriftlichen Urteilsgründe des Tatrichters angewiesen ist, dem aber zur Wiedergabe der entscheidenden Fakten prägnante, „natürliche" Begriffe nicht zur Verfügung stehen, verhindert die *„Inadäquanz"* der Umgangssprache häufig eine sinnvolle Ausgestaltung der auf der Unterscheidung von Tat- und Rechtsfrage aufbauenden Revisionskontrolle. Schon ihr Ausgangspunkt erweist sich als ungeeignet, und das wird vor allem bei Strafmaßrügen von Bedeutung.

[20] So u. a. *Warda, Henkel, Lamertz, Roxin, Frisch, Zipf, Peters* (nähere Angaben bei *Bruns,* Strafzumessungsrecht, 2. Aufl., S. 645—719).

[21] Strafverfahrensrecht, 2. Aufl. S. 376.

[22] Vgl. dazu *Zipf, Frisch, Schmid,* a. a. O.

b) Überholt oder wenig brauchbar erscheint heute auch die *teleologisch* auf den Rechtseinheitszweck oder den Gesichtspunkt der Einzelfallgerechtigkeit ausgerichtete Abgrenzungsmethode (Schwinge), die in ihrer ersten Alternative (Richtlinien- oder Beispielwirkung) als zu weit, in der zweiten Modalität als zu eng getadelt wird. Wegen der doppelten Funktion der Revision würde hier auch die Gefahr entstehen, daß die beiden Zwecke miteinander kollidieren und daß bei einer Präponderanz des Rechtseinheitszwecks der für die StrZ zunehmend wichtiger werdende Gesichtspunkt der Einzelfallgerechtigkeit zur bloßen Nebenwirkung herabsinkt. Auch so läßt sich offenbar eine befriedigende Abgrenzung des revisiblen Teils des Strafausspruchs vom irrevisiblen nicht erreichen; der entscheidende Ansatz muß außerhalb der Revisionszwecke liegen.

c) Er wird von der h. L. der Prozessualisten in der *sog. funktionalen Leistungsmethode* gefunden, die den „maßgeblichen und zugleich einzig legitimen Grund" für die Einschränkung der Revisibilität der StrZ und der unbestimmten Rechtsbegriffe in der „nur begrenzten Mitteilbarkeit der entscheidungserheblichen Tatsachen und Erwägungen" erblickt[23]. Sie dürfte im wesentlichen nur dort in Frage kommen, wo der Tatrichter einen von subtilen Einzelfaktoren abhängigen Gesamteindruck oder ein durch unmittelbare Anschauungen gewonnenes Bild von einem bestimmten Vorgang wiederzugeben hat. Die Kontrolle scheitert, wenn sich der Sachverhalt *objektiv der schriftlichen Fixierung entzieht;* das wird aber nur relativ selten der Fall sein[24], z. B. wenn es auf einen bestimmten persönlichen Eindruck ankommt, den der Tatrichter vom Angeklagten in der Hauptverhandlung gewonnen hat, und seine Stellungnahme — über die analytische Durchleuchtung hinaus — auf einer ganzheitlichen Bewertung des Persönlichkeitsbildes beruht, dessen Feinschattierungen wegen der Inadäquanz der Umgangssprache nicht restlos mitgeteilt werden können.

3.

Über den Umfang des so prozessual begründeten Toleranzbereiches kann man natürlich streiten[25], namentlich wenn es um die richtige Ausfüllung des Schuldrahmens durch präventive Erwägungen geht.

[23] Vgl. *Roxin*, Strafverfahrensrecht S. 272 und *Henkel*, a. a. O.

[24] Ausführlich darüber *Frisch*, a. a. O.; vgl. dazu *Dahs*, NZ WehrR 1973, 95.

[25] Vgl. die abweichenden Ergebnisse bei *Frisch* und *Zipf*. Zu beachten ist, daß bestimmte Strafmaßunterschiede, z. B. von zwei bis drei oder acht bis 12 Monaten Freiheitsstrafe, sich ganz verschieden auswirken, je nachdem sie bei einer relativ niedrigen oder hohen Strafe auftreten.

sog. Willkürrüge des Über- oder Untermaßes, sofern man diesen Gesichtspunkt nicht einfach als formelhafte Wortbrücke benutzt, um Insgesamt gesehen, ist der Spielraum ganz erheblich enger als bei der die schlichte Unangemessenheit der Strafe rechtstechnisch auch dann in den Griff zu bekommen, wenn sich der Tatrichter „nicht grob in der Oktave", wohl aber eindeutig in der Höhe der „Tonart" vergriffen hat[12]. Der irrevisible Bereich der StrZ ist deshalb erheblich *enger abzustecken,* als es gemeinhin geschieht. Der Einwand, daß die Tatrichter regelmäßig nicht in der Lage seien, die als StrZ-Tatsache verwendete Täterpersönlichkeit auch nur annähernd richtig zu schildern, wäre ein Armutszeugnis, das man der Praxis nicht ausstellen sollte. Im Grunde prüft übrigens der BGH heute schon die „Angemessenheit" der Strafe, wenn auch meist mit anderen „Revisions-Etiketten" oder auf indirektem Wege, indem er die Strafmaßentscheidung wegen nicht hinreichender oder widerspruchsvoller Begründung beanstandet[26]. Deshalb sollte er — was mit einer unzulässigen eigenen Straffestsetzung nichts zu tun hat — auch den letzten Schritt nicht scheuen und die eindeutige Unangemessenheit der Strafe als solche zum Rechtsfehler erklären.

V.

Dafür gibt es *verschiedene Wege,* die vorstehend skizziert wurden; ihre nähere Begründung ist in den einschlägigen Untersuchungen der Rechtslehre nachzulesen, hat sich aber in der Rechtsprechung und in den Praktikerkommentaren noch nicht genügend niedergeschlagen. Nötig erscheint vor allem eine Klärung der Ausgangspositionen und Grundsatzfragen, von deren Vorentscheidung alles weitere abhängt. Die Arbeitsteilung zwischen Tat- und Revisionsrichter bleibt nichtssagend, solange sie nicht inhaltlich genauer abgegrenzt wird. Der Umfang des Toleranzbereiches darf nicht nach dem subjektiven Gefühl der Unsicherheit, sondern muß rechtsdogmatisch, materiellrechtlich oder (und) prozessual, bestimmt werden. Die Spielraumtheorie bei der Rahmenschuldfrage hat mit der erforderlichen Konkretisierung der intendiert eindeutigen Endpunktstrafe nichts zu tun. Ermessensentscheidungen und Anwendung unbestimmter Rechtsbegriffe sind deutlich auseinanderzuhalten. Die sog. Willkürrüge des Über- und Untermaßes erfaßt gerade nicht die schlichte, aber eindeutige Unangemessenheit der Strafe. Von einer allgemeinen Umdeutung der Richtigkeits- in eine Vertretbarkeitsprüfung darf man sich

[26] *Koffka,* LK^{9}, RN 108 zu § 13 StGB.

nicht zu viel versprechen; aus der Rechtsprechung des BGH läßt sie sich nicht herleiten. Daß durch die Neuregelung in § 13 StGB „das Tor zur Revision des Strafmaßes weit aufgestoßen" worden sei[27], beruht auf einem Irrtum. Was wir nach der Einfügung der neuen Bestimmung und ihrer materiellrechtlichen Klärung brauchen, ist eine *Grundsatzentscheidung zu § 337 StPO*, die nun auch die prozessuale Seite der Strafmaßkontrolle aus der etwas verwirrenden Vielfalt neuer Strömungen auf eine eindeutige und tragfähige Basis stellt. Erst danach erscheint eine weitere Diskussion bestimmter Einzelfragen fruchtbar und ein Plädoyer für die eine oder andere Ansicht sinnvoll. Das Streben nach Rechtssicherheit, das nun erfreulicherweise auf das Gebiet der StrZ übergegriffen hat, fordert zunächst die Beseitigung unklarer Entscheidungen. Notfalls sollte der Gesetzgeber die Lösung der aufgeworfenen Fragen durch die Neuformulierung einer speziellen Strafmaßrüge sicherstellen, für deren Formulierung bereits hinreichende Vorschläge gemacht worden sind.

[27] *Dahs*, Handbuch des Strafverteidigers, 3. Aufl. RN 803, der sich aber später zum Teil selbst berichtigt; vgl. auch *Dahs-Dahs*, a. a. O., S. 28 ff.

Das Markgrafentum in der Mark Brandenburg

Eberhard Schmidt

Wenn ich zu der Festschrift für den hochverehrten Jubilar einen Beitrag aus dem Gebiete der Geschichte und der Rechtsgeschichte der Mark Brandenburg beisteuere, so geschieht dies nicht ohne Absicht. Die Rechtsgeschichte, die nur ein besonderer Aspekt der allgemeinen Geschichte überhaupt ist und nur auf dem Hintergrunde der allgemeinen Geschichte verstanden werden kann, ringt, wie ihre neueste Darstellung durch Karl *Kroeschell*[1] zeigt, um ihr Selbstverständnis und ihre Daseinsberechtigung überhaupt. Es ist ein Zeichen der Zeit, daß *Kroeschell*, was *Brunner* und *Schröder* niemals in den Sinn gekommen wäre, im Ersten Teil seines Buches ausführlich erörtert, was deutsche Rechtsgeschichte zu bedeuten habe, und wie man sie studiert. Daß Rechtsgeschichte nicht historistisch betrieben werden darf, versteht sich heute von selbst. Aber auch der Jurist hat die „Verpflichtung gegen die Vergangenheit als ein geistiges Kontinuum, welches mit zu unserem höchsten geistigen Besitz gehört" (Jacob *Burckhardt*). Und darum muß er sich durch Geschichte und Rechtsgeschichte als einem „Sich-Verhalten zur Vergangenheit" *(Kroeschell)* immer erneut das Verständnis für das Recht als ein gerade so Gewordenes erschließen.

Bei diesen Bemühungen verdient der heute verlorene Raum zwischen Elbe und Oder unsere besondere Aufmerksamkeit. Ist dieser Raum doch die Keimzelle des brandenburgischen und damit des preußischen Staates geworden, der das deutsche Schicksal weitgehend bestimmt hat. Auf diesem Raum hat sich die Ostpolitik des Deutschen Reichs in zwei sehr unterschiedlichen Phasen vollzogen. Unter Kaiser Otto I (936—973)[2] beherrscht ein großer kirchlich-politischer Zug die Ostpolitik. Die Gründung der Bistümer Brandenburg und Havelberg (948) und des Erzbistums Magdeburg (962)[3] bezeugen das. Die Idee der Ottonischen Reichskirchen- und Ostpolitik ist so bedeutsam, daß sie sogar vermocht hat, den schweren Rückschlag zu überdauern, den für anderthalb Jahrhunderte der von den Redariern ausgehende,

[1] Karl *Kroeschell*, Deutsche Rechtsgeschichte I (bis 1250), Rowohlt, Taschenbuch Verlag 1972; vgl. auch den bedeutenden Aufsatz von Otto *Brunner*, in: Herrschaft und Staat im Mittelalter, Wege der Forschung II 1964, S. 1 ff.

[2] *Heimpel*, Deutsches Mittelalter, 1941, S. 44; *Jordan* bei Leo *Just*, Handbuch der deutschen Geschichte Band I, 1957, S. 12, 13.

[3] Joh. *Schultze*, Blätter für deutsche Landesgeschichte, 104. Jahrg., 1968, S. 32; M. *Bünding-Naujoks*, in: Heidenmission und Kreuzzugsgedanke, 1963, S. 70.

zur Zerstörung der ostelbischen Bistümer führende Slavenaufstand von 983 bedeutet hat. Kaiser Heinrich II. (1002—1024) hat dann im Kampf mit Boleslaw Chrobry (992—1025), dem Begründer des großpolnischen Reichs, die Idee der Reichs-Ostpolitik zu verteidigen vermocht[4].

Aber unter Heinrich V. (1106—1125) trat die Wendung ein[5]. Herzog Lothar von Sachsen schafft sich dem Kaiser und seinen Nachbarfürsten gegenüber eine Machtposition, die zum Übergang der deutschen Ostpolitik vom Reich auf das Territorialfürstentum geführt hat. Die Schwäche des Königtums hat nicht verhindern können, daß Lothar eigenmächtig, entgegen den Plänen des Königs, Vergabungen bezüglich der Ostmark, der Lausitz und der Mark Meißen vollzog[6]. Maßgebend sind für Lothar dynastische, territorialstaatliche Gesichtspunkte gewesen. Und Lothar hat auch nach seiner Wahl zum deutschen König an diesen Gesichtspunkten festgehalten: Dem Wettiner Konrad von Meißen wurde die Ostmark (Lausitz), dem Askanier Albrecht dem Bären wurde 1134 die Nordmark übertragen[7], die, nachdem Albrecht die Brandenburg 1150 in Besitz genommen und 1157 gegen die Angriffe Jaczos von Köpenick siegreich behauptet hatte[8], als „Mark Brandenburg" bezeichnet worden ist. Albrecht der Bär und sein Sohn Otto I. führen nunmehr den Titel „Markgraf in Brandenburg". „Adelbertus, marchio de Salzwedel, expugnavit Brandenburg et mutato nomine se scripsit marchionem de Brandenburg", so steht es in *Hermann Korners* Chronik zum Jahre 1157 zu lesen.

Was aber hat „Markgrafentum" bedeutet?

Albrecht der Bär ist mit der Mark Brandenburg vom König *belehnt* worden. Dies aber ist in derjenigen Epoche der deutschen Verfassungsgeschichte erfolgt, in der das Lehnrecht schon nicht mehr der Stärkung der königlichen Zentralgewalt diente, sondern die Grundlage für die erstarkende Territorialgewalt darstellte. Der Sachsenspiegel (Landrecht III 53 § 3, III 60 § 1) zeigt uns die damalige Rechtswirklichkeit, die darin bestanden hat, daß — man hat

[4] *Brackman*, Ges. Aufsätze, 1967 S. 207, 208

[5] Vor allem *Maschke* bei Leo *Just*, Handbuch der deutschen Geschichte Band 1, IV S. 18 ff., 22.

[6] *Maschke*, a. a. O. S. 22; *Krabbo*, in Forschungen zur Brandenburg. und preuß. Geschichte 19. Band, 2. Hälfte, 1906 S. 58.

[7] Dazu *Maschke*, a. a. O. S. 27, 29 ff.

[8] Hans-Dietrich *Kahl*, Slaven und Deutsche in der Brandenburg. Geschichte des 12. Jahrhunderts, 1964, S. 350 ff., 384 ff.

hier ungenau von „Leihezwang" gesprochen[9] — beim Vorhandensein eines erbberechtigten und erbfähigen Sohnes, sofern dieser beim Tode des väterlichen Lehnsinhabers das Lehen binnen Jahr und Tag „mutet", für diesen Sohn ein *Anspruch* auf Investitur mit dem väterlichen Lehen besteht. In der zweihundertjährigen Geschichte des Hauses Askanien (1134—1320) ist beim Tode eines Markgrafen stets ein erbberechtigter und erbfähiger Sohn vorhanden gewesen, auf den die Markgrafschaft mit dem väterlichen Lehen übergegangen ist.

Nicht aus dem Lehnrecht ergibt sich die Bedeutung des Markgrafentums, sondern aus dem von der Geschichte bezeugten tatsächlichen Inhalt dieses Amtes. Für dessen Ausgestaltung ist es entscheidend gewesen, daß der Markgraf von Brandenburg an der Ostflanke des Reiches, weit entfernt von der königlichen Zentralmacht, mit einem Eroberungs-, Besiedelungs- und Christianisierungsauftrag ganz auf sich selbst gestellt gewesen ist. Gewiß: Auf der Brandenburg residierte als *königlicher* Amtsträger auch ein Burggraf, dem zweifellos dem Markgrafen gegenüber eine reichsrechtliche Kontrollfunktion zukam[10]. Aber dieser Kontrolle wußte sich der Markgraf leicht zu entziehen, so daß nach Erlaß der Fürstengesetze (1231/32) das Scheindasein dieses königlichen Amtsträgers gänzlich erlosch.

Mit der Markgrafschaft ist in erster Linie die volle Gerichtsherrlichkeit (jurisdictio) verbunden. Markgräfliche Gerichtsherrlichkeit in einer Mark und gräfliche Gerichtsherrlichkeit in einem Komitat ist genau dasselbe gewesen[11]. Mit der Übertragung des Markgrafenamtes ist die gräfliche Gerichtsbarkeit über das ganze Gebiet der Mark übertragen, ohne daß es noch eines besonderen Königsbannes bedurft hätte: „Der Markgreve dinget bi sines selbis hulden obir sechz wochen; dar vint itlich man orteil obir den anderen, den man an sime rechte nicht beschelden mag" (Ssp. Landrecht III 65 § 1)[12]. Auf die auch heute noch bestehende Problematik dieser Stelle im einzelnen einzugehen, ist hier nicht der Ort; sie soll hier nur als quellenmäßige Grundlage der markgräflichen Gerichtsherrlichkeit angeführt werden. Wie der Markgraf seine Gerichtsherrlichkeit, sei es selbst, sei es durch Hofrichter oder Vögte, ausgeübt hat, wie dann noch in askanischer Zeit ein Abbröckeln der markgräflichen Gerichtsbarkeit und der Übergang zur zersplitterten Patrimonialgerichtsbarkeit eingesetzt hat, das habe ich an anderer Stelle mit ausführlichen Belegen dargestellt.

[9] Klärend W. *Goez*, Der Leihezwang, 1962.

[10] Joh. *Schultze*, Forschungen zur brandenburg. und preuß. Geschichte, 1964, S. 89.

[11] *Conrad*, Deutsche Rechtsgeschichte Band I, 2. Aufl., S. 374/5.

[12] *Mitteis*, Der Staat des Hohen Mittelalters S. 242, 322; *Conrad*, a. a. O. S. 376; *Mitteis-Lieberich*, Deutsche Rechtsgeschichte, 11. Auflage 1969, S. 136 ff.

Eine außerordentlich große Bedeutung haben unter den markgräflichen Rechtstiteln die *Regalien* dargestellt. Die Untersuchungen von *Hans Thieme*[13] haben das bemerkenswerte Ergebnis gebracht, daß Regalien nicht nur als Einnahmequelle wichtige und ergiebige Hoheitsrechte dargestellt haben, daß vielmehr die Innehabung von Regalien auch die Pflicht zu Verwaltung und pfleglicher Betreuung derjenigen Vermögenswerte involvierte, die das Objekt der Regalien im einzelnen ausmachten. Herr aller Regalien ist grundsätzlich der deutsche König gewesen, der sie auf andere, insbesondere auch auf die aufkommenden landesherrlichen Territorialgewalten hat übertragen können. Tatsächlich sind Regalien in großem Maße auf diese Weise aus der Hand des Königs auf geistliche und weltliche Fürsten übergegangen. Betrachtet man nun das Verhältnis des *Markgrafen* zu den Regalien, so fällt auf, daß sich Übertragungsakte seitens des Königs nicht nachweisen lassen, daß aber der Markgraf *von Anfang an* Regalien aller Art in Anspruch genommen hat. Das legt den Gedanken nahe, daß mit der Übertragung des Markgrafenamtes zugleich und incidenter die Regalien auf den Markgrafen übergegangen sind. Es muß also wohl so gewesen sein, daß Markgrafschaft mit der in ihr beschlossenen „Jurisdictio" zugleich auch die Regalien umfaßt hat. Der Begriff der „Jurisdictio" darf für die askanische Zeit nicht mit Gerichtsherrlichkeit identifiziert werden. Vielmehr ist „Jurisdictio" der Inbegriff aller Hoheitsrechte überhaupt. Aus der Amtsgewalt des Markgrafen folgt, wie *Spangenberg*[14] gezeigt hat, eine spezifische „justitia quae spectat ad Marchiam", die als solche eben auch das Recht umfaßt, alle Regalien auszuüben. Auf sämtliche Regalien kann hier im einzelnen nicht eingegangen werden. Mit einigen Beispielen müssen wir uns begnügen. Schon *Conrad*[15] hat bemerkt, daß die Markgrafen das Burgregal, d. h. das Recht, Burgen zu bauen und Orte zu befestigen, „kraft ihres Amtes innerhalb des Markengebietes" ausgeübt haben. Gerade hierfür liegt die Erklärung sehr nahe: wer anders als der seinen Eroberungsauftrag erfüllende Markgraf hat beurteilen können, ob und wo die Anlegung von Burgen erforderlich gewesen ist?

Von besonderer Bedeutung für die wirtschaftliche Förderung des Landes ist das *Marktregal* gewesen, kraft dessen der Markgraf Marktrechte an Städte hat verleihen können. Schon um 1160 hat Albrecht der Bär „in sein Eigendorf namens Stendal einen Markt für Kauf-

[13] Hans *Thieme*, Die Funktion der Regalien im Mittelalter, Sonderausgabe (Wiss. Buchgesellschaft) 1968.

[14] *Spangenberg*, Hof- und Zentralverwaltung der Mark Brandenburg im Mittelalter 1908.

[15] Deutsche Rechtsgeschichte Band I, 2. Auflage, S. 272.

waren gelegt"[16] und mit dieser Markterrichtung eine Zollbefreiung für fünf Jahre verbunden. Sehr wichtig ist das *Stromregal*[17] gewesen, weil es die Befugnis zur Errichtung von Wasserbauten aller Art, insbesondere von Wassermühlen in sich schloß. Gegen Ende der Askanierzeit tritt das *Judenregal*[18] in die Erscheinung. Es bedeutet das Recht des Markgrafen, zu bestimmen, ob, wo und unter welchen Bedingungen sich Juden in der Mark niederlassen dürfen. Gerade bei diesem Regal zeigt es sich, daß es nicht nur eine Einnahmequelle (die Juden hatten bestimmte Abgaben in Geld an den Markgrafen zu leisten) gewesen ist, daß sich aus ihm auch die Pflicht, die Juden vor allem gegen Übergriffe markgräflicher Amtsträger zu schützen, ergeben hat. In Markgraf Ottos IV. Judenordnung für die Stendaler Juden vom 4. 4. 1297 dürfte das älteste Zeugnis für das brandenburgisch-markgräfliche Judenregal zu sehen sein.

Das Dargelegte zeigt, daß die „Jurisdictio" des Markgrafen ein Büschel verschiedenartiger Hoheitsrechte darstellt. Die „staatliche" Entwicklung ist in dieser Frühzeit der brandenburgisch-preußischen Geschichte noch weit entfernt von der Auffassung, daß markgräfliche Herrschaftsgewalt ein einheitliches, alles umfassendes staatliches Hoheitsrecht bedeuten müsse, das weder teilbar noch im einzelnen veräußerlich sei. Gerade das ist die Schwäche der markgräflichen Herrschaftsgewalt gewesen, daß die einzelnen, in jenes Büschel gehörenden Hoheitsrechte auf andere Gewalten im Wege der Schenkung, Verpfändung und sonstigen Veräußerung haben übertragen werden können. So geht etwa die Gerichtsbarkeit (mit Einschluß der Hoch- und Blutgerichtsbarkeit) auf Städte, auf geistliche Herren und markgräfliche Ministerialen über. Das Landbuch Kaiser Karls IV. von 1375 zeigt, zu welcher unvorstellbaren Zersplitterung der Gerichtsherrlichkeit dieser Prozeß geführt hat. So hat es zu sogen. Zaungerichtsbarkeiten kommen können[19], deren Wesen darin besteht, daß innerhalb eines Dorfes die Gerichtsbarkeit über einzelne Hufen oder Häuser einem Stadtbürger oder einem Ministerialen zusteht, während andere Hufen und Häuser desselben Dorfes wieder anderen Gerichtsherren zugeordnet sind. Solche schon in askanischer Zeit auftretenden Erscheinungen sind Vorboten des Verfalls, in den die Mark Brandenburg nach dem Aussterben der Askanier in der Zeit der Wittelsbacher und Luxemburger geraten ist.

[16] Abdruck der Urkunde in: Urkunden und erzählende Quellen der deutschen Ostsiedlung im Mittelalter, 1. Teil, 1968 unter Nummer 32, S. 147 ff.

[17] *Peschke*, Das Mühlenwesen der Mark Brandenburg. Phil. Diss. 1937.

[18] Dazu insbesondere W. *Heise*, Die Juden in der Mark Brandenburg bis zum Jahre 1571. In: Histor. Studien Heft 220, 1932.

[19] K. S. *Bader*, Das mittelalterliche Dorf als Friedens- und Rechtsbereich Band I S. 169 ff.

Wir fragen zum Schluß: *Was hat das Markgrafentum der Mark Brandenburg für die geistig-kulturelle Entwicklung des Gebietes zwischen Elbe und Oder bedeutet?* Hier ist festzustellen, daß Träger und Hort höherer geistiger Kultur in askanischer Zeit zunächst der Klerus gewesen ist. Dem in Klosterschulen gebildeten Klerus gesellt sich das Mönchstum der Praemonstratenser und der Zisterzienser. Ihnen sind neben großartigen Leistungen bezüglich des Landesausbaus bedeutende architektonische Werke zu danken: die Marienkirche auf dem Harlunger Berg, die Westfassade des Klosters Lehnin und vor allem der hoheits- und anmutsvolle Bau von Chorin mit seiner wundervollen Westfassade. Freilich: gerade an diesem Wunderwerk ist, wie *Schmoll gen. Eisenwerth*[20] überzeugend dargelegt hat, der Einfluß des Markgrafen Ottos IV. mit dem Pfeil von wohl entscheidender Bedeutung gewesen. Daß unter Otto IV. die westlich-abendländische Kultur die Mark Brandenburg erreicht hat, zeigt auch die Tatsache, daß der Minnesang, jene eigenartige, uns so fremd erscheinende Artikulierung des „Schönen" am Hofe Ottos IV. eine Heimstätte gefunden hat[21]. Otto IV. ist selbst Minnesänger gewesen, von dem die Heidelberger Mannesse-Liederhandschrift sieben ansprechende Lieder aufweist. Freilich ist *Burdach*[22] darin zuzustimmen, daß es sich bei diesen dichterisch-künstlerischen Bemühungen an den norddeutschen Höfen des ausgehenden 13. Jahrhunderts um eine „fröhliche Nachblüte" gehandelt hat, daß diese Bemühungen die Bedeutung des großartigen Werkes Walthers von der Vogelweide nicht haben erreichen können, da sich die fürstliche Dichtkunst ganz auf die konventionelle Thematik und die ebenso konventionelle Form der sogen. „Hohen Minne" beschränkt hat, die sich in Huldigungen an die nicht gekannte, nie begehrte Dame höheren Standes erschöpfte. Diese aufgezwungene Thematik bewirkt, daß Ottos IV. Liedern nichts von dem anklingt, was sein tatenreiches, von Krieg und Fehden erfülltes Leben mit seinen Siegen und Niederlagen erfüllt hat. Und doch zeigt die Pflege des Minnesangs am Hofe Ottos IV., daß das askanische Rittertum, wenn auch spät, zu den von augustinischer Lehre geforderten, vom Reformgeist Clunys geprägten Rittertugenden der „staete, triuwe, zucht, êre" hat finden können. Der im Minnesang geübte Frauendienst hat, wie Wilhelm *Flitner* mit Recht dargelegt hat, zur Milderung der auf Kampf, Fehde und Krieg gerichteten Gesinnung geführt. Es ist der Gedanke des „Schönen", der die Idee ritterlicher Würde

[20] *Schmoll gen. Eisenwerth:* Das Kloster Chorin und die askanische Architektur in der Mark Brandenburg (Veröff. der Histor. Komm. Berlin) 1961.

[21] Wilhelm *Flitner*, Europäische Gesittung, 1961, S. 254 ff., 258 ff., 261.

[22] Allgemeine deutsche Biographie XXV S. 661.

prägt und der vom Ritter Zucht und Anstand besonders im Frauendienst verlangt. So hat die Entwicklung des brandenburgischen Markgrafentums dazu geführt, daß sich mit der politischen Zugehörigkeit zum Deutschen Reich auch die geistig-kulturelle Ebenbürtigkeit mit der westlich-abendländischen Kultur des Altreichs verbunden hat. Diese kulturelle Leistung dürfte an geschichtlicher Tragweite und Bedeutung der politischen und wirtschaftlichen Leistung, wie sie durch Eroberung und Landesausbau im Raum zwischen Elbe und Oder vollzogen worden ist, durchaus gleichzustellen sein.

Bei Fragen zur Produktsicherheit wenden Sie sich bitte an:
If you have any questions regarding product safety,
please contact:

Walter de Gruyter GmbH
Genthiner Straße 13
10785 Berlin
productsafety@degruyterbrill.com